# 费耶阿本德哲学新探

## Feyerabend's Philosophy

郭元林 ○ 著

中国社会科学出版社

**图书在版编目（CIP）数据**

费耶阿本德哲学新探／郭元林著 . —北京：中国社会科学出版社，2023.12
ISBN 978 - 7 - 5227 - 2314 - 3

Ⅰ.①费⋯　Ⅱ.①郭⋯　Ⅲ.①费耶阿本德—哲学—研究　Ⅳ.①B712.5

中国国家版本馆 CIP 数据核字（2023）第 139849 号

| | |
|---|---|
| 出 版 人 | 赵剑英 |
| 策划编辑 | 朱华彬 |
| 责任编辑 | 王　斌　李　立 |
| 责任校对 | 谢　静 |
| 责任印制 | 张雪娇 |

| | |
|---|---|
| 出　　版 | 中国社会科学出版社 |
| 社　　址 | 北京鼓楼西大街甲 158 号 |
| 邮　　编 | 100720 |
| 网　　址 | http://www.csspw.cn |
| 发 行 部 | 010 - 84083685 |
| 门 市 部 | 010 - 84029450 |
| 经　　销 | 新华书店及其他书店 |

| | |
|---|---|
| 印　　刷 | 北京君升印刷有限公司 |
| 装　　订 | 廊坊市广阳区广增装订厂 |
| 版　　次 | 2023 年 12 月第 1 版 |
| 印　　次 | 2023 年 12 月第 1 次印刷 |

| | |
|---|---|
| 开　　本 | 710×1000　1/16 |
| 印　　张 | 23.5 |
| 插　　页 | 2 |
| 字　　数 | 364 千字 |
| 定　　价 | 148.00 元 |

凡购买中国社会科学出版社图书,如有质量问题请与本社营销中心联系调换
电话:010 - 84083683

# 目　录

# Contents

# 另类哲学家和另类哲学

毫无疑问，费耶阿本德是 20 世纪伟大的哲学家。但是，他却否认自己是哲学家，只承认自己是哲学教授，因为他认为"哲学家是自由独立的人（free spirit）——一位哲学教授是公务员，他不得不遵循日程安排，只是为了获得报酬"①。一方面，他对理想完美的哲学家充满敬意，渴望成为这样的哲学家，即成为无拘无束的独立自由的人。但是，在现实生活中，为了生存，他不得不谋生，讲课、讲座、写作和应酬，成为一个平庸的公务员。另一方面，他对现实中的哲学家没有多少好感和敬意，例如，他曾严厉批判康德关于诚实的伦理观。康德认为人类社会是以信任为基础的，所以对一个人不诚实，就会伤害整个人类。因此，康德认为，即使基于善意，也决不允许说一丁点谎话。例如，一个即将离世的老夫人问起她儿子的情况，也要把他的不幸的消息告诉她，让她绝望地离开这个世界。因为康德认为：与人类的幸福相比，她的绝望没有价值。对此，费耶阿本德毫不客气地予以驳斥道：这种所谓的人类幸福完全是康德自己构建的一种怪物。② 确实，幸福是一个个活生生的个体的幸福，不存在抽象而空泛的所谓的人类幸福，因为只有个人才能体验、感受幸福，抽象空洞的整体人类无法感受体验幸福，所以，"人类幸福"这种抽

① ［美］费耶阿本德：《知识对话录》，郭元林译，韩永进校，中国科学技术出版社 2020 年版，第 173 页。注：经与费耶阿本德夫人确认，费耶阿本德一直都是奥地利国籍，从未加美国籍或其他国籍，国内有些译者对其国籍标注有误，特予以澄清。

② ［美］费耶阿本德：《知识对话录》，郭元林译，韩永进校，中国科学技术出版社 2020 年版，第 58 页。

象的怪物是极权主义哲学的构想。如果以这种怪物为伦理标准，那么，任何个体的任何幸福都可以牺牲，任何个体的任何苦难都必须承受，因为与整个人类的幸福相比，它们不值一提。对于康德的这种伦理观，费耶阿本德最后得出一个刻薄的结论："哲学家是为残忍行为发现奇妙理由的伟大艺术家"。①

此外，关于否认自己是哲学家，费耶阿本德的另一个理由是，自己不是专业人士，也不想成为专业人士，特定的学科不会使他感兴趣。而今天的哲学家却几乎都是专业人士，如罗蒂、库恩和海德格尔等都是如此。他甚至声称："……我很少'思考哲学'（think philosophy）。我从未研究过哲学……"② 他非常欣赏柏拉图和亚里士多德，因为他们研究处理一切，不是今天所谓的"哲学家"。如果不是把哲学当作一个专业学科，而是看作一个"大杂烩"，当作一种万能的批判武器，那么，在这种意义上，他承认自己是哲学家。对此，他有自己的论述：

> 如果你认为一位哲学家是万能的半吊子（universal dilettante），他力图正确地看事物，设法阻止人们强迫别人接受他们的信仰（不管是使用论证，还是使用其他强迫手段），那么，我肯定是一位哲学家——但是，新闻记者（journalist）和剧作家（playwright）也是如此。然而，今天称他们自己为哲学家的大多数人想成为"专业人士"（professional），即他们想用一种特殊方式来处理事物，并用这种方式为他们自己捞到一种地位，从而脱离其他人类活动。③

由上述段落可以看出，费耶阿本德认为哲学旨在怀疑批判，从而使人们正确地看待世界，而不在于所谓的"专业"。在这方面，它与新闻和

---

① ［美］费耶阿本德：《知识对话录》，郭元林译，韩永进校，中国科学技术出版社 2020 年版，第 57 页。

② ［美］费耶阿本德：《知识对话录》，郭元林译，韩永进校，中国科学技术出版社 2020 年版，第 176 页。

③ ［美］费耶阿本德：《知识对话录》，郭元林译，韩永进校，中国科学技术出版社 2020 年版，第 173 页。

戏剧类似。如此说来，费耶阿本德的哲学就是"半吊子"哲学，不同于
20世纪的专业主流哲学。他也不愿加入那样的共同体，因为这些专业哲
学家的所谓"专业"是脱离人类其他活动的，他们会用特殊方式来处理
事物，其目的是提升地位，捞到好处。

如果用哲学意指"流变的故事"，那么，在这种意义上，费耶阿本德
也承认自己是哲学家，认为自己是有哲学的。

> 如果你用哲学意指一组原理及其应用，或者，意指一种基本的
> 不变的态度（attitude），那么，我确实没有哲学。在不同的意义上，
> 我确实有哲学，我有世界观（world view），但我无法细致地说明它，
> 只有当我碰到与它相冲突的东西时，它才显示自身；它也发生变化；
> 它更多是一种态度，而不是一种理论，除非你用"理论"意指故事，
> 而且故事的内容永远不一样。①

由此可见，费耶阿本德的哲学不是固化的原理、理论或态度，而是
流变的故事，不断变化，在冲突中显示自身，但无法言说清楚，具有模
糊性。这种哲学观与分析哲学的哲学观南辕北辙——分析哲学追寻明晰、
固化的语义，而费耶阿本德却不回避模糊性，甚至认为语言模糊是好事。

那么，费耶阿本德有无哲学？他是否为哲学家？对这些问题，他自
己的回答并不十分清晰。但有一点是十分清楚的，如果哲学意指专业主
流哲学，那么，他就坚决否认自己是哲学家。相反，如果哲学意指他自
己所指的含义，那么，他也认可自己是哲学家，有自己的哲学。因此，
我们可以把他的哲学称为另类哲学。然而，言说这种另类哲学并非易事，
将它言说清楚更是难事。

因此，研究费耶阿本德哲学是一件困难的事情，因为研究就是梳理、
分析、论证、说明和总结，其目的是要条理化、系统化和明确化，从而
知其得失利弊，知其在哲学发展史上的地位，而费耶阿本德却似乎反对

---

① ［美］费耶阿本德：《知识对话录》，郭元林译，韩永进校，中国科学技术出版社2020
年版，第175页。

这一切。例如，研究费耶阿本德哲学最起码要知道他的哲学观点和哲学立场是什么，但是，关于自己的哲学立场，他却有这样的说法："我用某些方式来对事物做出反应，在这种意义上，我有立场；而我的反应（reaction）不能被普遍原理（universal principle）和稳定的意义（stable meaning）所束缚，在这种意义上，我又没有立场。"① 由此可见，在"反对方法"（即"怎么都行"）的意义上，他是有立场的；可是，在一般稳定的哲学原理和理论意义上，在前后一致融贯的意义上，他是没有立场的。也就是说，在我们一般学习哲学知识和理论的意义上，他没有立场，至少是没有明确、固定的立场。值得特别注意的是，他这样做不是无意的，而是有意为之。例如，有人批判他的哲学缺乏一致性，他却用下面这段话来回击：

> 麦克哈梅尔常常招来我几世纪前（主观时间！）写的文章的鬼魂，同我较近写的文章作斗争。就此而言，他无疑受那些哲学家影响，他们作出某个小小的发现之后，又由于没有新东西可说而一再回到这发现上去。他们把这失败——缺乏思想——转变为一种至高无上的优点，即一致性。在写一篇文章时，我通常忘掉我以前写过的东西。②

由此可见，费耶阿本德压根就不在乎其哲学思想的一致性和系统性，只关注单独一篇文章观点和逻辑论证，而且把追求所有写作和思想前后一致看作没有创造力的表现，对此不屑一顾——在学习和研究费耶阿本德哲学时，这是特别要注意的一点。

此外，纵观费耶阿本德的著作，他似乎在有意避免甚至反对系统化。对于系统化，他有过这样的评说："让我补充一个脚注。你可能已经注意到我的讲述并不是非常系统。好了，我们生活在一个混沌世界，将系统

---

① ［美］费耶阿本德：《知识对话录》，郭元林译，韩永进校，中国科学技术出版社 2020 年版，第 168 页。

② ［美］费耶阿本德：《反对方法：无政府主义知识论纲要》，周昌忠译，上海译文出版社 2007 年版，第 94 页。

引入其中意味着引入假象。"① 他赞成用故事来研究和表述哲学，赞美模糊性，反对系统阐释和概念的明晰固定，认为它们是一种幻想，会遏制思想的发展，扼杀创造力。而且，在他看来，系统阐释也是一种故事，不能取代模糊性。

> 我认识一些人，他们更喜欢他们所称的系统阐释。这种阐释是阐释概念的，而不是阐释人的，它说明这些概念如何相互联系。这种阐释也是一个故事。但对我而言，它看起来是一个非常虚幻的故事……你设法固定概念——纵然你没有说你为什么应该那样做。你在自己的著作中固定了它们，然后就认为：在你的心灵中固定了它们，别人将像你一样来理解它们。这是非常幼稚的假定！……绝对精确的概念会窒息思想，概念发展以模糊性为先决条件；不是一种清晰明确的模糊性能被另一种系统阐释来定义，而是一种模糊性在一个人的生活中来显示自身。……我认为系统阐释（远没有使事情变得清楚明白）是用妄想取代了思想和行动的实在世界。②

在其自传《消磨时光》中，费耶阿本德这样描述自己的写作：用故事来避免系统分析，因为系统分析是一种欺骗。

> 我写作非常讲究用词：它们必须听起来悦耳，必须有适当的韵律，其意义必须略微偏离常规语义，因为没有什么会像一系列熟悉的观念那样彻底使心灵变得愚笨。然后，故事形成了，它应当是有趣的、易于理解的，其中应当存在某些奇特的曲折。我避免"系统"（systematic）分析。各种成分完美组合在一起，但是，如果论证自身不与个人（或特殊群体）的生活和利益相联系，那么，它就好像是来自太空。当然，它们已经有这样的联系，否则，论证自身就是不

---

① ［美］费耶阿本德：《科学的专横》，郭元林译，韩永进校，中国科学技术出版社 2018 年版，第 47 页。

② ［美］费耶阿本德：《科学的专横》，郭元林译，韩永进校，中国科学技术出版社 2018 年版，第 105 页。

可理解的；但是，这种联系被隐藏起来了，所以，严格说来，这意味着"系统"分析是一种欺骗。因此，为什么不直接使用故事来避免这种欺骗呢？①

费耶阿本德反对哲学具有系统性，因此，他的哲学看起来是"杂乱"的，是具体的，是充实丰富的，联系现实，处理各种具体问题，如科学、传统、历史、文化、理性、非理性、量子力学、热力学、生活方式、教育、医疗和艺术。特别是，他反对抽象，在《征服丰富性》（*Conquest of Abundance*）中专门探讨了理性抽象产生的问题，由此造成世界贫乏和干枯，使世界失去了丰富性，所以，他也极力避免那种玄而又玄的抽象的体系哲学。

在哲学研究和论述中，费耶阿本德不仅反对系统阐释和概念明晰固定，而且还借用艺术中的达达主义，在哲学中引入"混乱"、"冲突"和"矛盾"，把相互排斥的概念或思想组合到一起，造成令人震撼的效果。例如，在谈到自己的著作《反对方法：无政府主义知识论纲要》时，他用调侃的语气说道："什么是无政府主义？混乱。什么是理论？秩序。把混乱和秩序两方面组合到一起是达达主义的一种手法；这种手法是讲给那些无政府主义者的，他们想成为无政府主义者，也有一种理论——是一个不可能完成的任务。"②

因此，他思考和发展其哲学，不是为了提出和论证自己的观点，使自己的哲学理论系统化，而是为了与别人论争，为了反对甚至摧毁别人的观点，为了挑战权威、流行意见、主流思想和主流哲学，甚至为了造成"混乱"、"无序"和"对抗"。他说："今天，许多人热爱科学，蔑视宗教。所以，我揭示科学的短处，宗教的长处。今天，许多人热爱自由，

--------

① Paul Feyerabend. *Killing Time：The Autobiography of Paul Feyerabend.* Chicago：The University of Chicago Press，1995，p. 163.

② ［美］费耶阿本德：《科学的专横》，郭元林译，韩永进校，中国科学技术出版社 2018 年版，第 120 页。

鄙视专制。因此，我（总是在历史背景中）揭示自由的不足，专制的优势。"① 由此可见，他的哲学就是要与主流思想和意见"对着干"，挑战占统治地位的知识和思想。换言之，他可以说是一个"哲学医生"，努力发现"哲学疾病"和治疗"哲学疾病"。他引入无政府主义，作为一种知识论和科学哲学的良药。他把自己的知识论称为无政府主义知识论，而且对无政府主义有这样的描述："一个无政府主义者就像一个隐蔽的代理人，他为了挖'理性'（'真理'、'诚实'和'正义'等）权威的墙脚而玩弄'理性'。"② 概而言之，他的哲学不是为了言说自己"对"，而是为了言说别人"不对"，使别人改变看法。例如，在反驳别人对《反对方法》的批判时，他写道："我的目的不是要确立命题的真实性，而是要使我的对手改变看法。为了达到这一目的，我向对手提出了这样的陈述：'任何理论都从未与其领域中的一切已知事实相符。'"③

　　为了消遣，为了"戏弄"别人，费耶阿本德虽坚决反对任何普适性的东西，但又可以相信和运用这种普适性的东西。总之，他的哲学言说什么，主张什么，相信什么，都不重要，重要的是要好玩有趣，要能挑战权威，摧毁固定、永恒、普适的东西，造成"混乱"，启发思考，改变读者的态度和观念。在《反对方法》中，费耶阿本德用下面这段话说得非常明确：

　　　　认识论无政府主义者同达达派相似，远甚于同无政府主义者相似。…… 他爱好的消遣是为不合理的学说发明无可置辩的理由，使

---

① Collodel, Matteo and Eric Oberheim (eds.). *Feyerabend's Formative Years* (Volume 1. Feyerabend and Popper, Correspondence and Unpublished Papers). Cham, Switzerland: Springer Nature Switzerland AG, 2020, p. 23.

② ［美］费耶阿本德：《反对方法：无政府主义知识论纲要》，周昌忠译，上海译文出版社2007年版，第11页。另外，请参见英文版 Paul Feyerabend. *Against Method: Outline of an Anarchistic Theory of Knowledge.* London: Verso, 1978, pp. 32 – 33. 根据英文原文，笔者对上述中文引文有所改动。

③ ［美］费耶阿本德：《自由社会中的科学》，兰征译，上海译文出版社2005年版，第176页。另外，请参见英文版 Paul Feyerabend. *Science in a Free Society.* London: Verso, 1982, p. 143. 根据英文原文，笔者对上述中文引文有所改动。

理性主义者陷入窘境。任何观点，不管它多么"荒谬"或者"不正派"，他都不会拒绝考虑，也不会拒绝按之行动；他也不认为，有什么方法是不可或缺的。他明确而绝对反对的一样东西，是普适标准、普遍定律、普遍观念，例如"真理"、"理性"、"正义"、"爱"，以及它们所带来的行为，尽管他并不否认，行动时权当这种定律（这种标准、这种观念）存在，并好像相信它们，常常不失为一种上策。①

因此，他虽然留下了非常丰富的著述，但是，却只有一部较为系统的著作，那就是《反对方法》。② 其余的著述都是论文或论文集。单独研读其一篇论文，把握其思想通常没有什么困难——有问题有结论，有观点有论证。然而，若想研究其所有著述（至少其主要著述），系统梳理其思想，就会令人感到困惑，甚至感到坠入迷雾，不知所云。这是研究费耶阿本德哲学所面临的一种困难。

费耶阿本德哲学写作文笔优美，感染力极强，诉诸情感响应，往往胜过论证说服，所以很容易引起读者共鸣。他喜好修辞，常用笑话、讽刺、反话和侮辱等刺激性话语，造成语义模糊，甚至遮蔽真实的意图。他的许多文章都可以说是美文，他是伟大的散文大师。此外，他还利用语言的模糊性，使语言突现出朦胧美，甚至梦幻美。因此，他的一些文章的宣传感染力远远超过论证说服力。对于分析哲学的逻辑论证和分析方法，他并不重视，甚至还蔑视，反而非常看重语言文字的文学运用，也重视其他艺术手段。他希望通过戏剧和艺术等形式来感染人、打动人进而改变其思想，但反对哲学强制，即使是通过论证或证明来强制别人

---

① ［美］费耶阿本德：《反对方法：无政府主义知识论纲要》，周昌忠译，上海译文出版社2007年版，第166页。

② 如果我们仔细阅读《反对方法》，会发现其系统性也有限。在自传中，费耶阿本德认为《反对方法》是一个"拼盘"，称《告别理性》是另一个"拼盘"。《反对方法》最初发表时（1970年）就是一篇长论文，1975年被扩展、完善成著作出版。后来，费耶阿本德多次修改该著作，在其生前，共出版了三个英文版和三个德文版，这些版本之间存在或大或小的差异。在费耶阿本德去世后，出版了英文第四版。中国大陆中文版是根据英文第一版翻译的，中国台湾地区的中文版是根据英文第三版翻译的。

改变立场和观点，他也同样反对。在这方面，阿伦特对莱辛的评价似乎也适用于费耶阿本德。

他不仅不愿受任何人强制，而且也不愿强制任何人，无论这强制是用力量还是用证明来达成。他认为，那些试图以说理或诡辩、以强制性的论证来支配思想的暴政，比保守派对自由的威胁更大。最重要的是，他从不强制自己，他并不打算建立一个完美的自洽体系，以在历史中确定自己的身份。相反，正如他自己认为的那样，他向世界抛撒的"只是思想的酵素（fermenta cognitionis）"。①

对于自己作品的影响和成功，费耶阿本德似乎并不在乎，甚至有些漫不经心。

一些作者对自己的作品怀有宗教热忱，无疑，我没有感到这种宗教热忱。就我所关心的而言，《反对方法》只是一本书，不是《圣经》。此外，我很容易确信，几乎任何观点都有优势。在我看来，写就的文本（包括我自己的文本）常常是模棱两可的：它们意味着一个事情，又意味着另一个事情；它们似乎是合理的，又似乎是荒谬的。②

对于自己的学术生涯和学术成就，费耶阿本德似乎也不十分看重和认真。在退休后，他说很快就忘掉了其三十五年的学术生涯，正如在他从纳粹军队退役后，很快就忘掉了其军旅生涯一样。对于其著述，他写道："我的作品甚至都使我感到诧异。我心想，自己真的写过那些东西吗？而且，还是用完美的美式英语写的？"③ 由此看来，对于所谓的学术

---

① ［德］阿伦特：《黑暗时代的人们》，王凌云译，江苏教育出版社 2006 年版，第 6 页。
② Paul Feyerabend. *Killing Time*: *The Autobiography of Paul Feyerabend*. Chicago: The University of Chicago Press, 1995, p. 145.
③ Paul Feyerabend. *Killing Time*: *The Autobiography of Paul Feyerabend*. Chicago: The University of Chicago Press, 1995, p. 168.

和研究，他怀有一种游戏心态，顺其而为，随意而发，绝不为我独尊。在这方面，他与其敬佩和赞美的莱辛非常相似。莱辛就写道："我没有义务来解决我所造成的困难。或许我的观点是有些不太连贯，甚至显得彼此矛盾，但只要读者在它们中能发现一些刺激他们自己思考的材料，这就够了。"① 费耶阿本德的哲学和学术研究也可以这样来解释：在他的哲学中，连贯性、系统性和理论性都不是第一位的，学派和影响力也不是最重要的，而是要促发人们思考，改变人们的观念和态度，甚至是造成"混乱"和"冲突"，形成"对抗"效果。

　　一般而言，哲学家会用哲学论证来论述、证明自己的观点，但是，费耶阿本德在哲学论证中经常使用归谬法，以此来论证对手的观点站不住脚，迫使对手改变观点，却并不表达自己的观点。他写道："论证的一个重要规则是，论证并不揭示论证者的'真实信念'。论证不是表白，而是用来使对手改变主意的工具，一本书中存在某种类型的论证，这可以使读者推出作者认为什么是有效的劝诱，却不能使他推出作者认为什么是真的。"② 费耶阿本德使用归谬论证方法来驳斥对手，却常常使读者误认为他持有某种观点，从而造成混淆和混乱。这也给理解费耶阿本德思想和观点带来一定的困难。

　　研究费耶阿本德哲学之所以困难，还有另一个重要原因，即其知识渊博，涉及领域甚广。在中学时期，费耶阿本德就阅读了大量书籍，主要对戏剧和小说感兴趣，涉猎哲学，学习音乐，练习唱歌，观看戏剧，他还是天文学的业余爱好者，自己制作望远镜。在大学期间，费耶阿本德本打算学习物理学、数学或天文学，后来又学习历史、社会学和哲学，最后获得哲学博士学位。在漫长的研究生涯中，他早期集中研究物理学哲学（特别是量子物理学哲学）；③ 在中期，他又集中研究一般科学哲学，

---

　　① ［德］阿伦特：《黑暗时代的人们》，王凌云译，江苏教育出版社2006年版，第6页。

　　② ［美］费耶阿本德：《自由社会中的科学》，兰征译，上海译文出版社2005年版，第192—193页。

　　③ 他的量子物理学造诣之高令人震惊。2016年剑桥大学出版社出版了其物理学哲学论文集《物理学和哲学》。从该论文集可以看出，他积极参与了当时的量子物理学哲学争论，和那个时代的世界一流物理学家和哲学家争论该领域的前沿问题。

出版了其成名作《反对方法》；在后期，他主要研究古希腊哲学——这方面的研究其实在中期就开始了。此外，他的哲学研究常常以历史（特别是科学史）为基础，充分显示了他有厚实、广博的哲学史和科学史知识。他还终生痴迷于艺术。二战结束后，他跟随艺术家布莱希特从事艺术工作，而且，后者让他担任助手，他谢绝了，然后去大学读书。然而，他终生热爱艺术：在加州大学伯克利分校任教期间，因为歌唱教师住在伯克利，为了跟随老师学习歌唱，他宁愿放弃到其他地方工作的机会，尽管这种机会明显对其学术生涯非常重要。因此，他的哲学著作经常论及艺术，而且，他还主张用艺术来处理哲学问题，并认为在研究和表述哲学时，艺术方法要优于语言文字方法。

显然，要想研究费耶阿本德哲学，在科学、哲学、历史和艺术等方面都需要有坚实的基础和较高的修养。但是，我国当代教育学科壁垒森严，专业细化分割，在高中就文理分科，很难培养出满足这一条件的人才。笔者虽然大学学习物理学，后来又研读哲学和历史，但是，深感艺术方面的知识和修养欠缺，这是笔者研究费耶阿本德哲学的短板。

对费耶阿本德进行定位不是一件容易的事情。他的说法大多是否定性的，说自己不是哲学家、不是学者、不是专业人士、不是知识分子，只承认自己是哲学教授。他把科学家、哲学家、学者、政治家、专业人士和知识分子等贬称为"思想蚂蚁"。①

费耶阿本德说："而且，我不是一个学者，也不希望成为一个学者。"②

他认为自己所受的训练（或非训练）不是科学训练，而是记者训练，所以，他对稀奇古怪的事感兴趣。费耶阿本德在其自传中写道："我从来不认为自己是知识分子，更别说是哲学家了。我从事这一行业，是因为我由此获得收入。我继续这一行业，部分是由于惰性，部分是因为我喜欢讲故事——写文章讲故事，在电视上讲故事，给现场听众讲故事。我

① Paul Feyerabend. *Farewell to Reason*. London：Verso, 1988, p. 126.
② ［美］费耶阿本德：《自由社会中的科学》，兰征译，上海译文出版社 2005 年版，第 185 页。

总是喜欢谈论天底下的几乎一切事情。"①

根据索维尔的定义，知识分子始于思想观念，终于思想观念。② 他们的成果是思想观念，即使是奇谈怪论和谬论，只要符合他们的利益、思维框架和价值观，他们也要不遗余力地为之辩护，因为很难马上验证其真假，而且他们对于其思想观念所造成的结果不承担任何责任，故他们甚至可以信口开河、胡说八道。正是在这种意义上，索维尔认为哲学家肯定是知识分子，而科学家、工程师和医生等不是知识分子。因此，根据索维尔对知识分子的定义，费耶阿本德无疑是知识分子，因为他就是在耍嘴皮子，出产的也仅是思想观念。

但是，对于知识分子，费耶阿本德有自己的理解和界定。他认为知识分子不是科学家和哲学家，似乎是万金油，构成一个特殊群体，似乎一种怪物，具有特殊情感和特殊文风。他对这个群体没有好感，因此，他不承认自己是知识分子。

> 渐渐地，我了解了"知识分子"（intellectual）。他们构成一个特殊群体。他们用特殊的风格来写作，具有特殊的情感，似乎认为他们自己是人类（在这里，人类实际上意味着其他知识分子）的唯一合法代表。知识分子不是科学家，却可以狂热地谈论科学成就。他们也不是哲学家，但是，在哲学界却有秘密代理人。③

在《自由社会中的科学》中，费耶阿本德写道："幸运的是，我不是理性主义者。"④ 在《无政府主义主题》中，他又说自己是一个特殊类型的理性主义者，是像莱辛或海涅那样的理性主义者，而不是像康德或波

① Paul Feyerabend. *Killing Time*：*The Autobiography of Paul Feyerabend*. Chicago：The University of Chicago Press，1995，p. 162.

② Sowell，Thomas. *Intellectuals and Society*. New York：Basic Books，2011，p. 13.

③ Paul Feyerabend. *Killing Time*：*The Autobiography of Paul Feyerabend*. Chicago：The University of Chicago Press，1995，p. 147.

④ ［美］费耶阿本德：《自由社会中的科学》，兰征译，上海译文出版社 2005 年版，第 172 页。

普尔这样的理性主义者，是今天理性主义旗帜的敌人。①

据费耶阿本德自己的说法，在维也纳大学读书期间，由于受逻辑实证论者克拉夫特影响，他是狂热的实证论者。后来，在其哲学研究早期，他转变成了实在论者，但并没有成为辩证唯物论者。他写道："虽然我接受了实在论，但我没有接受辩证法和历史唯物主义——我对抽象论证（这是实证论的另一个残余）的爱好仍然太强烈。"②

《反对方法》出版后，引起许多人的注意，造成广泛争论，得到许多评论。对于这些评论，费耶阿本德深感不满，甚至愤怒，并进行了有力回击，言辞犀利。这些评论最后结集成一本书《自由社会中的科学》。在回击中，他批判和攻击别人，也阐释自己。他否定自己是经验论者："我不是一个经验论者，甚至也不是 CS 所定义的广义经验论者，我不接受方法主义，我不接受理论负载的论点，也不接受把主体—客体对应作为正确的条件……"③ 然而，费耶阿本德却承认自己是浪漫主义者。这种浪漫主义喜好旧的传统，因为旧传统不同于现状，可以对现代传统构成挑战，可以为人们提供别的生活方式。此外，这种浪漫主义者偏好情感和想象，从而可以用它们来限制和补充理性，但不是取代理性。

> 我的确是一个浪漫主义者，但不是他所说的意义上的浪漫主义者。他认为浪漫主义是对旧传统的怀念、对想象和感情的爱好。我说旧传统应该保留，这并不是因为它们是旧传统，而是因为它们不同于现状，因为它们可以使我们正确地看待现状，因为许多人仍然对它们感兴趣并想按照它们去生活。我也喜欢想象和感情，但我并

---

① Paul Feyerabend（Herausgegeben von Thorsten Hinz）. *Thesen zum Anarchismus*. Berlin：Karin Kramer Verlag, 1996, pp. 111 – 112.

② ［美］费耶阿本德：《自由社会中的科学》，兰征译，上海译文出版社 2005 年版，第 141页。另外，请参见英文版 Paul Feyerabend. *Science in a Free Society*. London：Verso, 1982, pp. 113 – 114. 根据英文原文，笔者对上述中文引文有所改动。

③ ［美］费耶阿本德：《自由社会中的科学》，兰征译，上海译文出版社 2005 年版，第 199页。另外，请参见英文版 Paul Feyerabend. *Science in a Free Society*. London：Verso, 1982, pp. 160 – 161. 根据英文原文，笔者对上述中文引文有所改动。

不想用它们取代理性，而想用它们限制理性、补充理性。①

关于自己的归属，费耶阿本德的论断大都是否定性的。他宣称自己不是哲学家，也不想成为哲学家；宣称自己不是学者，也不想成为学者；却承认自己是哲学教授。他虽然自己曾是狂热的实证论者，后来又成为实在论者，但是，他否认自己是理性主义者和经验论者。他自称虽然接受了实在论，而且曾经认为理论的正确性在于其符合对象——这样看来，他的认识论似乎与马克思主义反映论极为相似——但他自称没有接受马克思主义哲学。他也承认自己是浪漫主义者。在哲学上，他主张过无政府主义认识论、多元方法论和取消型唯物论等。由此可见，费耶阿本德哲学是复杂多面的，充满哲学迷雾；从社会影响来看，甚至是充满冲突和矛盾的。他在 1969 年 2 月 21 日写给阿尔伯特的信中说，耶稣会大学将授予他博士学位，毛主义者出版他的作品，列宁主义者翻译他的作品。② 他既得到教会的认可，也对西方马克思主义者产生了一定的影响。

总的说来，费耶阿本德的哲学不是抽象的体系哲学，而是紧密联系现实和历史，紧密联系具体的问题。不像黑格尔哲学，从概念和体系出发，显得抽象、空洞；相反，费耶阿本德的哲学始终关注具体的个体，关注个体的生活和幸福，从现实和问题看历史，从现实、问题和历史看哲学。如果把黑格尔哲学作为哲学的标准和范式，那么，费耶阿本德哲学可能算不得哲学，二者之间是不可通约的，只能称之为另类哲学。在这方面，费耶阿本德有自己的言说。

我的第二个批判是，这个（哲学）呼吁是自私自利的（哲学家和科学家想要他们的学科有更大权力），并充满大话和空洞的一般性，甚至没有触及我们时代的真正问题，而这些问题是什么？它们

---

① ［美］费耶阿本德：《自由社会中的科学》，兰征译，上海译文出版社 2005 年版，第 236 页。

② Baum, Wilhelm（ed.）. *Paul Feyerabend—Hans Albert Briefwechsel*. Frankfurt am Main：Fischer Taschenbuch Verlag GmbH, 1997, p. 99.

是战争、暴力、饥饿、疾病和环境灾难。交战各方发现了"克服现存矛盾"的绝妙手段——种族清洗。此呼吁对这些恶行只字未提，在某种程度上，它甚至用其所提出的概念清洗和（或）文化清洗来支持它们。那些签名的哲学家和科学家本该做得更好，应当措辞强烈地谴责在我们中间发生的罪行和杀戮，并呼吁所有政府要干预和停止屠杀（如果有必要，就要动用军队）。这种谴责和呼吁会被理解，并将表明：哲学家关心其人类同胞，哲学不是仅仅关注空洞的一般性的事业，而是必须被考虑的道德和政治力量；此外，相比于政府资助的任何哲学计划来说，它将更好地让年轻一代懂得，花些时间学习哲学是值得的。[①]

由上述段落可见，费耶阿本德对于哲学的理想要求主要有两点：第一，反对哲学的抽象、空洞和一般性，要求哲学应当关注现实问题，特别是人间的苦难，如战争、暴力、饥饿、疾病、杀戮和自然灾难。第二，要求哲学成为一种道德和政治力量，关注人的幸福，要不断增进人的福祉。换句话说，道德伦理是哲学的根本基础，伦理目标是哲学的最终目标。

关于费耶阿本德哲学的分期，学界有不同看法。英国学者普瑞斯顿以 1970 年为界，把它分为前期和后期：前期哲学主要研究科学认识论，捍卫多元主义科学方法论；后期哲学主要研究政治哲学。[②] 在他看来，在前期，费耶阿本德是波普尔主义者和科学实在论者；在后期，费耶阿本德是相对主义者、后现代主义者和认识论的无政府主义者。在其著作《费耶阿本德：哲学、科学和社会》中，他用前八章来研究前期哲学，只用后两章来探讨后期哲学。普瑞斯顿的这种分期的依据是，费耶阿本德

---

[①] Paul Feyerabend. *Conquest of Abundance*：*A Tale of Abstraction versus the Richness of Being*. Chicago：The University of Chicago Press, 1999, pp. 272 – 273. 另外，请参见［美］费耶阿本德《征服丰富性》（特波斯特拉编），戴建平译，中国人民大学出版社 2007 年版，第 276—277 页。根据英文原文，笔者对上述中文引文有所改动。

[②] Preston, John. *Feyeabend*：*Philosophy, Science and Society*. Cambridge, UK：Polity Press, 1997, p. 7.

在 1970 年左右对前期研究工作失去了兴趣，所以，就进入后期研究阶段了。① 这种分期似乎不是十分严谨，理论依据和材料依据都不是十分充足。而且，他的这本著作也主要研究了费耶阿本德的前期哲学，对后期哲学研究不多。不过，他发表过论文，专门研究费耶阿本德的后期哲学，特别是其中的后现代思想。②

布朗和基德把费耶阿本德哲学的发展分为三个阶段。哲学早期（大约 1951—1975）：捍卫语义实在论，反对实证论；赞同科学多元主义，反对科学哲学束缚科学。中期哲学（大约 1978—1987）：赞同社会多元主义，反对科学"霸权"，主张相对主义。后期哲学（大约 1989—1994）：回归实在论，否定相对主义，探究形而上学。③ 相对于普瑞斯顿的分期，这种分期细化了，但是，也存在明显的不足。根据这种分期，费耶阿本德的哲学基本观念在短时间内就发生了很大的变化，甚至前后观念截然相反。例如，中期主张相对主义，后期否定相对主义。几年之间，他就完全颠覆了自己。

德国学者奥博海姆和霍宁 – 惠尹不同意普瑞斯顿的分期，认为费耶阿本德的基本哲学主张是多元论和反对独断论，在不同时期几乎没有变化，是连续的，不是断裂的。④ 笔者基本上赞同这一看法。纵观费耶阿本德的哲学生涯，其哲学风格、理念和态度是一致的，就是要批判主流哲学，"攻击"其他人的观点和理论，而不是提出自己的哲学观点，死死抓住不放，甚至顶礼膜拜。在这种意义上，费耶阿本德哲学是真正的"批判哲学"——它不是提出或坚持某种观点，而是批判别人的观点。因此，本书对费耶阿本德哲学进行的划分，不是根据不同时期的观点变化，而是根据其不同时期的研究兴趣和研究范围。为了研究和表述

---

① Preston, John. *Feyeabend*：*Philosophy*，*Science and Society*. Cambridge, UK：Polity Press, 1997, p. 8.

② Preston, John. Science as Supermarket：'Post – Modern' Themes in Paul Feyerabend's Later Philosophy of Science. *Studies in History and Philosophy of Science*, Vol. 29, No. 3, pp. 425 – 447, 1998.

③ Brown, Matthew and I. J. Kidd. Introduction：Reappraising Paul Feyerabend. *Studies in History and Philosophy of Science*, Vol. 57, 2016, p. 3.

④ Oberheim, Eric and Paul Hoyningen – Huene. Feyerabend's Early Philosophy（Essay Review）. *Studies in History and Philosophy of Science*, Vol. 31, No. 2, 2000, pp. 363 – 375.

方便，笔者把费耶阿本德哲学研究分为三个时期（或三个部分）：早期的物理学哲学研究（1970 年前），代表作是《物理学和哲学》（哲学论文集第四卷）；早中期的一般科学哲学研究（1987 年前），代表作是《反对方法》《自由社会中的科学》和《告别理性》；后期的古希腊哲学研究（1987—1994），代表作是《征服丰富性》。显然，在某种程度上，他的物理学哲学和一般科学哲学研究是完满的，对此，他应该没有什么遗憾。但是，他的古希腊哲学研究应当说留下了遗憾，不论是对他自己还是对他人，还是对哲学发展——因为他的生病和离世，这一研究没有完成。

　　当然，这种分期或分类是非常粗略的，不是绝对的，仅表明他在不同时期有不同的研究兴趣和焦点。或许，这种分期或分类也符合费耶阿本德自己的想法。费耶阿本德在"学术休假年（1977）申请书"中写道："本人过去 20 年中探究以量子理论为主的科学之微，探讨较为普遍的科学方法问题，以及科学在社会中所扮演的角色。"① 由此可见，在早中期，他主要研究物理学哲学和一般科学哲学，很难有泾渭分明的界线。在早期，他也涉足和研究一般科学哲学与古希腊哲学。在第一卷哲学论文集《实在论、理性主义和科学方法》中，收录了其早期（1969 年前）的主要论文，但是，从篇幅上来看，物理学哲学论文还不足一半，其余的主要是一般科学哲学论文。在中期，他同样涉足和研究古希腊哲学。例如，在《告别理性》中，就收录了专门研究古希腊哲学的论文《理性、色诺芬尼和荷马诸神》和《关于亚里士多德的数学和连续体理论的一些评论》。比较明确的是，在中后期，他几乎未涉足物理学哲学。他的物理学哲学论文绝大多数发表于 1970 年前；而在 1971—1979 年，未见他发表任何物理学哲学论文；在 1980 年后的十多年间，他只发表了四

---

　　① ［美］费耶阿本德：《自然哲学》，张灯译，人民出版社 2014 年版，第 299 页。同时，参考英文原文有所改动。英文原文可参见 Paul Feyerabend. *Naturphilosophie*. Frankfurt am Main: Suhrkamp Verlag, 2009, p. 340; Paul Feyerabend. *Philosophy of Nature*. Cambridge, UK: Polity Press, 2016, p. 220; Collodel, Matteo and Eric Oberheim (eds.). *Feyerabend's Formative Years* (Volume 1. Feyerabend and Popper, Correspondence and Unpublished Papers). Cham, Switzerland: Springer Nature Switzerland AG, 2020, p. 35.

篇物理学哲学论文，但很难说有新的突破。在笔者看来，费耶阿本德的这三部分研究是浑然一体的，没有明确的界线。这种看法，符合他的思想风格和研究方法。因此，合理推断，他并不赞同对其哲学思想进行这种分类研究。

下面将根据分期或分类来分析和论述费耶阿本德哲学。不过，首先在现有研究成果的基础上，本书将介绍、探讨和分析其思想渊源。

# 第一章

# 思想渊源

费耶阿本德的思想来源非常复杂，也非常广泛，不限于某一学科和某一领域。他是一个正儿八经的杂家，精通科学、哲学、历史和艺术等。他博采众长，广泛涉猎，形成了自己独特的哲学思想和风格。

费耶阿本德研究专家穆内瓦教授主张，伽利略、米尔、亚里士多德、马基雅维利和柏拉图都是费耶阿本德的哲学先驱。① 他论证认为，在反归纳法和理论决定事实方面，伽利略是先驱，是科学家的典范；米尔、亚里士多德和马基雅维利都支持多元论；亚里士多德论证说明为什么普通公民能够判断专家的工作；柏拉图和亚里士多德的观点结合起来，可以为"人的幸福高于科学"提供强有力的支持。不过，一些先驱对费耶阿本德的影响不一定是直接的。例如，马基雅维利就是通过米尔的多元论影响了费耶阿本德的思想发展。穆内瓦教授研究这些先驱，不只是为了搞清楚费耶阿本德思想发展渊源，还为了进一步加强费耶阿本德的哲学论证，为其辩护。

德国学者霍宁－惠尹研究了费耶阿本德与库恩的关系。德国学者奥博海姆在其著作《费耶阿本德哲学》中，研究了维特根斯坦、波普尔、埃伦哈夫特和玻尔等人对费耶阿本德思想发展的影响。② 他还指出，爱因斯坦也对其哲学发展有很大影响。英国学者基德研究了伪狄奥尼索斯和克尔凯郭尔对费耶阿本德思想发展的影响。瓦特金斯和科勒德尔研究了

① Munevar, Gonzalo. Historical Antecedents to the Philosophy of Paul Feyerabend. *Studies in History and Philosophy of Science*, Vol. 57, 2016, pp. 9 – 16.

② Oberheim, Eric. *Feyerabend's Philosophy*. Berlin: Walter de Gruyter, 2006.

费耶阿本德与波普尔及其学派的关系。

总之，下面这些思想家和文化对费耶阿本德形成和发展自己的哲学思想有一定影响：亚里士多德、伪狄奥尼索斯、克尔凯郭尔、莱辛、伽利略、米尔、马赫、克拉夫特、波普尔、维特根斯坦、埃伦哈夫特、库恩、费格尔、玻尔、马克思主义者、中国传统文化。

# 第一节　马克思主义者

在其一生中，费耶阿本德的不少同学、同事和朋友是马克思主义者或革命者。

费耶阿本德参考、引用过马克思的著作（关于异化问题，如《德法年鉴》），也多次引用过恩格斯的《反杜林论》。他在1971年（未注明日期）写给阿尔伯特的信中说，他虽然当时还没有读《资本论》，但认为以后必须读这本书；而且，他也非常尊敬马克思的一些早期作品，如《政治经济学批判》《神圣家族》《德意志意识形态》《黑格尔法哲学批判》等。[①]

费耶阿本德在维也纳读大学期间读了列宁的《唯物主义和经验批判主义》和斯大林关于辩证唯物主义和历史唯物主义的小册子，但是，对它们评价不高。然而，到了20世纪六七十年代，他购买了《列宁全集》45卷，并进行学习、阅读和浏览。他引用过列宁的《共产主义运动中的"左派"幼稚病》、《唯物主义和经验批判主义》与《哲学笔记》。在《反对方法》中，他多次引用列宁的《共产主义运动中的"左派"幼稚病》。其中，最有名的一句话是："一般历史，特别是革命的历史，总是比最优秀的政党、最先进阶级的最觉悟的先锋队所想象的更富有内容，更多种多样，更生动活泼，'更巧妙'。"[②] 在论文《认识变化的两种模型》中，

---

① Baum, Wilhelm (ed.), *Paul Feyerabend—Hans Albert Briefwechsel*, Frankfurt am Main: Fischer Taschenbuch Verlag GmbH, 1997, p. 227.

② ［美］费耶阿本德：《反对方法》，周昌忠译，时报文化出版企业有限公司1996年版，导言，第2页。此外，请参见 Paul Feyerabend, *Knowledge, Science and Relativism* (Philosophical Papers Volume 3), New York: Cambridge University Press, 1999, p. 179.

他多次引用《哲学笔记》，其中有这样一段引文："认识是思维对客体的永远的、没有止境的接近。自然界在人的思想中的反映，应当了解为不是'僵死的'，不是'抽象的'，不是没有运动的，不是没有矛盾的，而是处在永恒的过程中，处在矛盾的产生和解决的永恒过程中的。"① 总之，费耶阿本德高度评价和赞美列宁，认为列宁既精通科学，又具有高超的哲学天赋。在 1966 年发表的论文《辩证唯物论和量子理论》中，他对列宁有如下的评价和赞美："今天，在这个领域内，像列宁了解他所在时代的科学一样了解当代科学的作者并不多见，没有人能拥有那位令人惊叹的作者的哲学直觉。"②

列宁把奥地利社会主义者考茨基称为"老鼠"，受此影响，费耶阿本德及其朋友就把自己屋内的老鼠称为"考茨基"。他跟拉卡托斯私下交谈时，后者还提出认识论的斯大林主义学派。拉卡托斯去世后，费耶阿本德撰写纪念文章，其中这样描述该学派："理论评价取决于某一伟人或某一伟大团体的判断：好的理论，就是伟大科学家（或伟大科学家团体）说其好的那些理论。"③

根据费耶阿本德自己的说法，在开始与霍利切尔（Walter Hollitscher）进行讨论时，他是狂热的实证论者。后来，他转变成了实在论者。霍利切尔是奥地利哲学家、心理学家和心理分析家，是石里克的学生，曾是奥地利共产党中央委员。费耶阿本德在读维也纳大学时认识了霍利切尔，从此成为终生密友。

　　虽然我接受了实在论，但我没有接受辩证法和历史唯物主义——我对抽象论证的爱好（这是实证论的另一个残余）仍然太强

---

① Paul Feyerabend, *Problems of Empiricism* (Philosophical Papers Volume 2), New York：Cambridge University Press, 1981, p. 79. 中文请参见［苏］列宁《哲学笔记》，中共中央马克思恩格斯列宁斯大林著作编译局译，人民出版社 1974 年版，第 208 页。

② Paul Feyerabend. Stefano Gattei and Joseph Agassi (eds.). *Physics and Philosophy* (Philosophical Papers Volume 4). New York：Cambridge University Press, 2016, p. 219.

③ Paul Feyerabend. Imre Lakatos. *The British Journal for the Philosophy of Science*, Vol. 26, No. 1, March, 1975, p. 16.

烈。今天在我看来，斯大林的规则比我们的现代理性之友的标准可取得多，因为后者复杂繁琐而又充满清规戒律。

从我们一开始讨论，霍利切尔就清楚地表明他是共产主义者，他试图使我相信辩证唯物主义和历史唯物主义在学术上和社会上是先进的。……为什么霍利切尔是老师，而我同样熟悉的波普尔却只是宣传员，原因就在这里。①

由此可见，费耶阿本德很欣赏斯大林及其思想。另外，根据其自传，多年后，他梦见了玻尔和斯大林——即便他只见过前者，从未见过后者。由此看来，他对斯大林似乎有点崇拜。但是，与霍利切尔相比，费耶阿本德的共产主义觉悟不够高，这方面的信仰不够坚定。根据费耶阿本德自传介绍，坚定的自由主义者认为霍利切尔是极权主义的奴隶。② 由此看来，他似乎在批评霍利切尔，即便他们是终生密友。

费耶阿本德公开宣称自己是坚定的唯物论者。他这样写道："毕竟，生命不必是物质演化的结果（纵然作为一位毫不悔改的唯物论者，我相信生命是物质演化的结果），它可以是一种外来现象，被叠加在这个世界上，否则这个世界就是静态的。"③ 由此可见，他绝对相信唯物论。然而，他没有公开说自己接受辩证唯物论，只是私下似乎承认自己是辩证唯物论者。他在 1968 年 7 月 4 日写给阿尔伯特的信中说："拉卡托斯使我确信，我不是一个波普尔主义者，而是一个辩证唯物论者；我还使他确信他的辩证唯物论。我的前一篇文章捍卫玻尔，而反对波普尔。我的下一

① ［美］费耶阿本德：《自由社会中的科学》，兰征译，上海译文出版社 2005 年版，第 141 页。另外，请参见英文版 Paul Feyerabend. *Science in a Free Society*. London：Verso, 1982, pp. 113 – 114. 根据英文原文，笔者对上述中文引文有所改动。
② Paul Feyerabend. *Killing Time：The Autobiography of Paul Feyerabend*. Chicago：The University of Chicago Press, 1995, p. 73.
③ Paul Feyerabend. Stefano Gattei and Joseph Agassi（eds.）. *Physics and Philosophy*（Philosophical Papers Volume 4）. New York：Cambridge University Press, 2016, p. 256.

篇文章捍卫马克思，反对波普尔。"① 在写给阿尔伯特的另一封信中，他更明确地说，自己已转向辩证唯物论。② 当然，他在这些私人信件中的说法，不一定完全可信。但是，他高度评价辩证唯物论，应该是没有疑问的。

他认为，辩证唯物论强调"需要韧性"（这可能对他提出韧性原理有影响），并主张"综合"是恩格斯、列宁和托洛茨基的辩证唯物论的最本质特征。他认为辩证唯物论是精致的理性主义，即高级的理性主义；而相比之下，亚里士多德、笛卡尔、牛顿、康德、罗素、波普尔和拉卡托斯的理性主义是低级的理性主义，即朴素的理性主义。

布莱希特（Bertolt Brecht）是著名的艺术家，也是马克思主义者。在费耶阿本德二十五岁那年，霍利切尔问他是否愿意成为布莱希特的助手，他谢绝了。后来的很长一段时间，他认为这是其一生中所犯的最大错误。但到了《反对方法》英文版第三版出版时，他改变了看法，他写道："我获知布莱希特小团体内部的紧张状况，有些成员抱着近乎宗教的态度。因此，我现在认为，我当时恰好幸免了。"③

关于这段经历，费耶阿本德在其自传中有比较详细的说明：

通过霍利切尔，我认识了……布莱希特。……霍利切尔告诉我，布莱希特准备雇用我做他的助手（在柏林）。我谢绝了，待在维也纳。我从前认为（而且也在出版物中说过）这是我平生所犯的最大错误。今天，我对此不是这样确信了。我曾想跟随这样出类拔萃人物学习，学习更多的戏剧。除科学论文外，在别的交流形式方面，我本也想接受一些训练。然而，我觉得我会憎恶布莱希特团体的集

① Baum, Wilhelm (ed.). *Paul Feyerabend—Hans Albert Briefwechsel*. Frankfurt am Main：Fischer Taschenbuch Verlag GmbH, 1997, p. 83. 未见到他所提及的捍卫马克思反对波普尔的那篇文章，或者没有发表，或没有写过。

② Baum, Wilhelm (ed.). *Paul Feyerabend—Hans Albert Briefwechsel*. Frankfurt am Main：Fischer Taschenbuch Verlag GmbH, 1997, p. 85.

③ ［美］费耶阿本德：《反对方法》，周昌忠译，时报文化出版企业有限公司1996年版，第304页。

体压力，因为该团体紧密团结在布莱希特周围，在某种意义上是令人恐惧的，在另一种意义上又是全心全意的，但必定是野心勃勃的。①

在学术研究中，费耶阿本德喜欢个人独立和自由探讨，本能地反对群体思维，从而反对教会式的学术团体，这是他反对波普尔学派的原因，也促使他改变了自己关于谢绝担任布莱希特助手这一决定的看法。然而，布莱希特对其产生了极为深刻的影响。在 1960 年 8 月 17 日写给波普尔的信中，他这样写道："我对美学问题（理论问题和应用问题）非常感兴趣。在这个迷人的领域，将来我想发表点东西。布莱希特的思想已经给我留下了极其深刻的印象。毫无疑问，他是一位马克思主义者。"② 他学习和研究艺术的经历对其哲学思想发展明显产生了影响，特别是，跟布莱希特的交往更是如此。他写道："在我的知识论演讲中，我常常提出和讨论这样的论点：为既定事实发现新理论，就像为名剧探寻新的制作。"③ 这种说法就可能直接受到布莱希特戏剧理论和实践的启发。此外，关于布莱希特的戏剧《伽利略的人生》，他写过评论《让我们拍摄更多的电影》。④ 在这篇剧评中，他认为不能仅用文字、论文和学术研究来处理哲学问题，可以用更好的方式来探讨哲学。他主张哲学与人的其他生活形式相统一，哲学本身就是一种生活形式，其成分包括理论、书籍、图像、思考、情感、声音和制度等。布莱希特尝试用戏剧来研究和探讨哲学。但是，费耶阿本德认为这种尝试并不是非常成功，所以，他建议尝试用电影来探讨哲学问题，因为电影比戏剧更有优势，更加自由和灵活，手

---

① Paul Feyerabend. *Killing Time*: *The Autobiography of Paul Feyerabend*. Chicago: The University of Chicago Press, 1995, p. 73.

② Collodel, Matteo and Eric Oberheim ( eds. ) . *Feyerabend's Formative Years* ( Volume 1. Feyerabend and Popper, Correspondence and Unpublished Papers) . Cham, Switzerland: Springer Nature Switzerland AG, 2020, p. 368.

③ Paul Feyerabend. *Problems of Empiricism* ( Philosophical Papers Volume 2） . New York: Cambridge University Press, 1981, p. 161.

④ Paul Feyerabend. *Knowledge*, *Science and Relativism* ( Philosophical Papers Volume 3） . New York: Cambridge University Press, 1999, pp. 192 – 199.

段也更加丰富。

在 20 世纪 60 年代西方学生运动时期，费耶阿本德给加州大学伯克利分校的学生开列的阅读文献包括：列宁的《共产主义运动中的"左派"幼稚病》、米尔的《论自由》和毛泽东的著作。他对反共产主义的活动和组织非常反感，批判和反对它们，认为它们在灌输仇恨。

费耶阿本德似乎深受毛泽东思想影响。他的民主监督科学的观点很可能来源于毛泽东思想。他在 1969 年 3 月 20 日写给阿尔伯特的信中说：毛泽东倡导向群众学习，由此可导出公民监督科学。[1] 他也很崇拜毛泽东个人。费耶阿本德在 1969 年 3 月 10 日写给阿尔伯特的信中说：他喜欢毛泽东和米尔胜过波普尔千倍。在自由和真理之间，他选择自由。[2] 此外，他还认为毛泽东在青年时期读过米尔的著作，在自由主义思想方面，二者具有相似之处，而且非常明显。因此，在其著述中，他大量引用毛泽东的著作。下面，将摘录一些其中的主要段落。

费耶阿本德引用《关于正确处理人民内部矛盾的问题》：

> 思想斗争同其他的斗争不同，它不能采取粗暴的强制的方法，只能用细致的讲理的方法。（第 429 页）
>
> 不是由于有意压抑，只是由于鉴别不清，也会妨碍新生事物的成长。因此，对于科学上、艺术上的是非，应当保持慎重的态度，提倡自由讨论，不要轻率地作结论。我们认为，采取这种态度可以帮助科学和艺术得到比较顺利的发展。（第 428 页）
>
> 人们问：在我们国家里，马克思主义已经被大多数人承认为指导思想，那么，能不能对它加以批评呢？当然可以批评。…… 马克思主义者不应该害怕任何人批评。相反，马克思主义者就是要在人们的批评中间，就是要在斗争的风雨中间，锻炼自己，发展自己，扩大自己的阵地。（第 429 页）

---

[1] Baum, Wilhelm（ed.）. *Paul Feyerabend—Hans Albert Briefwechsel*. Frankfurt am Main：Fischer Taschenbuch Verlag GmbH, 1997, p. 108.

[2] Baum, Wilhelm（ed.）. *Paul Feyerabend—Hans Albert Briefwechsel*. Frankfurt am Main：Fischer Taschenbuch Verlag GmbH, 1997, p. 100.

对于非马克思主义的思想，应该采取什么方针呢？……禁止这些思想，不允许这些思想有任何发表的机会，行不行呢？当然不行。对待人民内部的思想问题，……用简单的方法处理，不但不会收效，而且非常有害。不让发表错误意见，结果错误意见还是存在着。而正确的意见如果是在温室里培养出来的，如果没有见过风雨，没有取得免疫力，遇到错误的意见就不能打胜仗。因此，只有采取讨论的方法，批评的方法，说理的方法，才能真正发展正确的意见，克服错误的意见，才能真正解决问题。（第 430 页）

（百花齐放，百家争鸣，长期共存，互相监督，这几个口号是怎样提出来的呢？）它是根据中国的具体情况提出来的，是在承认社会主义社会仍然存在各种矛盾的基础上提出来的，是在国家需要迅速发展经济和文化的迫切要求上提出来的。（第 427 页）

引用《矛盾论》：

我们必须具体研究各种矛盾斗争的情况，不应当将上面所说的公式不适当地套在一切事物的身上。矛盾和斗争是普遍的、绝对的，但是解决矛盾的方法，即斗争的形式，则因矛盾的性质不同而不相同。（第 329—330 页）[1]

引用《反对党八股》：

党八股的第三条罪状是：无的放矢，不看对象。……如果真想做宣传，就要看对象，就要想一想自己的文章、演说、谈话、写字是给什么人看、给什么人听的。[2]

---

[1] Paul Feyerabend. *Problems of Empiricism* (Philosophical Papers Volume 2). New York: Cambridge University Press, 1981, pp. 67 - 68. 中文请参见中共天津市委宣传部编《马克思主义哲学著作选读》，1989 年版。在每段引文后的括号中，标注了具体的页码。

[2] ［美］费耶阿本德：《自由社会中的科学》，兰征译，上海译文出版社 2005 年版，第 200—201 页。

众所周知，米尔是西方自由主义的代表。但是，毛泽东发表过文章《反对自由主义》，却未见费耶阿本德引用过这篇文章。无论如何，费耶阿本德主张毛泽东和米尔具有很大的相似性，这是非常奇怪的，也是令人费解的。更令人惊异的是，相比于毛泽东的"自由主义"，他批判米尔的自由主义不够彻底、不够宽容，因为米尔主张：自由主义原理仅仅适合于心智成熟的人，因此，如果目的合理，政府就可以对野蛮人进行专制统治。此外，费耶阿本德还批判西方马克思主义者马尔库塞对自由不够宽容，因为马尔库塞说过："对明显的反革命分子和社会主义事业破坏者，事情很简单：我们剥夺他们的言论自由。"[①] 费耶阿本德认为：毛泽东的"自由主义"，给予每个人言论自由；而马尔库塞却剥夺这些人的言论自由，不让这些人发表意见和自由讨论。费耶阿本德反对马尔库塞，认为后者没有这种权力。费耶阿本德在这里犯了一个错误，认为马尔库塞和毛泽东的主张不同。事实上，毛泽东虽主张人民可以言论自由，但是，不允许敌人乱说乱动，像马尔库塞一样要剥夺敌人和反革命分子的言论自由。在《论人民民主专政》中，毛泽东说得很清楚：对人民实行民主，对敌人实行专政。中华人民共和国的国体就是人民民主专政。费耶阿本德似乎不了解这一点。

费耶阿本德引用恩格斯、列宁、毛泽东和其他马克思主义者的言论，而不是引用常见的黑格尔主义学者或反黑格尔主义的学者，因为这些马克思主义者头脑清晰，能够具体地解释和运用黑格尔主义哲学。这些马克思主义的认识辩证法对费耶阿本德形成无政府主义知识论有很大影响，特别是，有可能激发其形成反归纳法思想。

> 读者不要因为我经常赞扬左派政治家而误解……。我赞扬他们不是因为他们是左派，而是因为他们既是政治家又是思想家、既是行动者又是理论家，因为他们关于这个世界的经验使他们的哲学既现实又灵活。右派或中间派中没有与之可比拟的人物，知识分子

---

① Paul Feyerabend. *Problems of Empiricism*（Philosophical Papers Volume 2）. New York：Cambridge University Press, 1981, p. 68.

（黑格尔是唯一的例外）一直满足于相互称赞或破坏对方的空中楼阁……①

　　他也参考、引用过伯恩斯坦、卢森堡、托洛茨基的著作，还参考、引用过西方马克思主义者阿尔都塞的《保卫马克思》。他在 1968 年 12 月 8 日写给阿尔伯特的信中说，他阅读了马尔库塞的《理性和革命》，他认为，对于学习黑格尔哲学来说，这本书是一个很好的导论。② 从费耶阿本德写给波普尔的信件中，可以得知③：他在翻译波普尔的《开放社会及其敌人》期间，阅读了西方马克思主义者卢卡奇的著作《理性的毁灭》，认为二者的思想有相似之处。因此，他建议波普尔在该著作的德文版中补充一些注释，来比较、分析和说明《理性的毁灭》的思想。此外，他也敬佩西方马克思主义者布洛赫。他写道："我敬佩布洛赫（Ernst Bloch，1885—1977），因为他用大众语言讲话，并提升大众及诗人对生活的丰富多彩的描述。"④ 在他看来，布洛赫是一个用大众语言讲话的大众哲学家。

　　费耶阿本德对传播马克思主义有一定的期望，所以，抱怨马克思主义对西方大众文化没有影响。他认为虽然在西方的大学和研究机构有许多马克思主义书籍，并大量传授马克思主义思想，但是，"这用马克思主义感染了'我们的文化'吗？我认为没有，因为在我们的肥皂剧和宗教频道中没有一点马克思主义的痕迹。"⑤ 费耶阿本德主张无政府主义，批判法西斯、极端左派和新左派，因为它们破坏民主。他认为"新"左派思想并不新，是古老的陈旧的原始纯粹主义，总是以愤怒、挫败和急切

---

　　① ［美］费耶阿本德：《自由社会中的科学》，兰征译，上海译文出版社 2005 年版，第 160 页。

　　② Baum, Wilhelm（ed.）. *Paul Feyerabend—Hans Albert Briefwechsel*. Frankfurt am Main：Fischer Taschenbuch Verlag GmbH, 1997, p. 95.

　　③ Collodel, Matteo and Eric Oberheim（eds.）. *Feyerabend's Formative Years*（Volume 1. Feyerabend and Popper, Correspondence and Unpublished Papers）. Cham, Switzerland：Springer Nature Switzerland AG, 2020, p. 175.

　　④ ［美］费耶阿本德：《知识对话录》，郭元林译，韩永进校，中国科学技术出版社 2020 年版，第 139 页。

　　⑤ Paul Feyerabend. *Farewell to Reason*. London：Verso, 1988, p. 275.

复仇为基础，从不依赖想象。

　　一方面，费耶阿本德喜爱左派思想，深受马列主义和毛泽东思想影响，以致其朋友阿尔伯特在1969年3月18日写给他的信中说：费耶阿本德陷在所喜爱的左派作家的作品中，已变得非常不敏感。① 他的朋友阿加西教授认为："费耶阿本德不知怎么就皈依了托洛茨基主义，此后，再也没有从中解脱出来。纵然，他曾设法抛弃它，甚至作为波普尔的门徒还论述过很反对托派的观点。"② 另一方面，费耶阿本德的思想也对马克思主义者和左派产生了一定影响。他也热心传播马克思主义思想，从而受到了左派认可和信任，得到了左派的喜爱，甚至受到了"吹捧"。他在写给阿尔伯特的信中说，他发现一个杂志用他的文章来宣传辩证唯物论。③ 他的朋友埃奇利（Roy Edgley，1925—1999，新左派重要人物）教授就指出，左派非常喜欢费耶阿本德。④

　　总之，费耶阿本德与马克思主义者和左派虽然关系密切，有着千丝万缕的联系，互相影响；但是，毫无疑问，费耶阿本德不是共产主义者，也不属于任何左派政党——他就是这样看待自己的。在写给朋友的私人信件中，他说自己不是共产主义者，也不从属于任何党派。⑤ 费耶阿本德是一个喜好特立独行的"自由人"。

## 第二节　波普尔及其学派

　　奥地利大学学会举办了阿尔卑巴赫（Alpbach）学术活动。1948年，

　　① Baum, Wilhelm (ed.). *Paul Feyerabend—Hans Albert Briefwechsel*. Frankfurt am Main: Fischer Taschenbuch Verlag GmbH, 1997, p. 104.

　　② Agassi, Joseph. As You Like it. In Munevar, G. (ed.). *Beyond Reason: Essays on the Philosophy of Paul Feyerabend*. Dordrecht: Kluwer Academic Publishers, 1991, p. 383.

　　③ Baum, Wilhelm (ed.). *Paul Feyerabend—Hans Albert Briefwechsel*. Frankfurt am Main: Fischer Taschenbuch Verlag GmbH, 1997, p. 44.

　　④ Collodel, Matteo. Was Feyerabend Popperian? Methodological Issues in the History of the Philosophy of Science. *Studies in History and Philosophy of Science*, Vol. 57, 2016, p. 28.

　　⑤ Baum, Wilhelm (ed.). *Paul Feyerabend—Hans Albert Briefwechsel*. Frankfurt am Main: Fischer Taschenbuch Verlag GmbH, 1997, p. 161.

费耶阿本德受该学会秘书（他的朋友）邀请成为阿尔卑巴赫学术活动的书记员，对重要的讨论做记录，他因此第一次参加该活动，也第一次见到了波普尔。波普尔主动与他交谈，并带他参加小组会议，在那里他见到了哈耶克等重要人物。根据其自传，他共参加过约十五次阿尔卑巴赫学术活动，起初是学生，后来是演讲者，最后三次担任研讨班主席。① 在这些活动中，他见到了许多重要的学者和思想家，对其学术发展影响甚大。

获得博士学位后，费耶阿本德申请到一年的奖学金。他本打算跟随维特根斯坦做博士后研究，但是维特根斯坦去世了，因此，他又改选波普尔做导师。1952 年秋天，他到了伦敦经济学院跟随波普尔做博士后研究。一年到期后，波普尔给费耶阿本德申请延长奖学金期限，但没有成功。波普尔又想给他申请助手岗位，但他谢绝了。他于 1953 年夏季返回维也纳。在这期间，他对波普尔及其学派已经有所不满。阿加西劝他加入该学派，成为忠实的成员，然而，他感觉到了该学派的宗教氛围，他非常厌恶这种氛围。然后，他在维也纳停留了近两年，没有固定工作，翻译了波普尔的《开放社会及其敌人》（把英文翻译成德文）。后来，波普尔成功申请到了助手岗位，费耶阿本德却没有接受——即便他当时手头并不宽裕。1955 年，在波普尔和薛定谔的推荐下，他得到了英国布里斯托尔（Bristol）大学的教职。

费耶阿本德虽然没有成为波普尔的助手，但他无疑是波普尔学派成员。然而，该学派的忠诚卫士瓦特金斯（John Watkins）却指责他是一位糟糕的波普尔学派成员，因为在他的论文中很少出现波普尔，而且在脚注中也没有引用波普尔的作品。后来，拉卡托斯也因此攻击他："为什么波普尔说 Y，你说 X？为什么你不提波普尔？因为在几个场合，波普尔毕竟也说过 X。"②

在《反对方法》第十五章中，费耶阿本德批判波普尔学派的批判理

---

① Paul Feyerabend. *Killing Time*：*The Autobiography of Paul Feyerabend*. Chicago：The University of Chicago Press，1995，p. 70.

② Paul Feyerabend. *Killing Time*：*The Autobiography of Paul Feyerabend*. Chicago：The University of Chicago Press，1995，p. 109.

性主义，批判该学派的理性癖，得出结论认为：在科学中，理性不可能是普适的，不能排除非理性。他对批判理性主义的批判围绕如下两个问题展开：

第一，按照批判理性主义的规则生活，这会让人感到称心如意吗？

第二，既有我们所知的科学，又有这些规则，这可能吗？①

对于第一个问题，费耶阿本德给予否定的回答，因为批判理性主义会损害人的自由和幸福。他引用克尔凯郭尔的这样一个反问句来增强自己的论证："难道我作为大自然的一个客观的（即一个批判理性的）观察者的活动不会削弱我作为一个人的力量吗？"②

费耶阿本德认为第一个问题远比第二个问题重要。这符合费耶阿本德的人本主义哲学观。他的哲学以道德伦理为基础，其目的是增进人的幸福。对于第二个问题，他也给予了否定回答，因为批判理性主义要求科学发展始于问题、认真看待证伪、增加内容、避免特设性假说，而他的多元主义方法论和无政府主义知识论却认为，科学发展始于不相干的活动（如游戏）、忽视证伪、内容不可通约、需要特设性假说。总之，在《反对方法》中，他对批判理性主义的批判属于学术批判，还在摆事实、讲道理。

在波普尔的著作《客观知识》出版后，费耶阿本德发表了一篇书评，题为《波普尔的〈客观知识〉》。③ 在该书评中，他几乎全面否定了这部著作，认为波普尔的观点基本上没有什么创新，因为色诺芬尼、亚里士

① ［美］费耶阿本德：《反对方法：无政府主义知识论纲要》，周昌忠译，上海译文出版社2007年版，第150页。另外，请参见英文版 Paul Feyerabend. *Against Method：Outline of an Anarchistic Theory of Knowledge.* London：Verso，1978，p. 174. 根据英文原文，笔者对上述中文引文有所改动。

② ［美］费耶阿本德：《反对方法：无政府主义知识论纲要》，周昌忠译，上海译文出版社2007年版，第150—151页。

③ Paul Feyerabend. *Problems of Empiricism*（Philosophical Papers Volume 2）. New York：Cambridge University Press，1981，pp. 168－201.

多德、教父、米尔、牛顿、黑格尔、玻尔兹曼、迪昂和维特根斯坦等就提出并论述过这些观点。特别是，他还彻底否定了波普尔影响甚大的三个世界理论，认为第三世界只是一种妄想，而且既然不存在第三世界，也就不存在第二世界，从而唯物论（或物理主义）将突现为一种最有希望的研究纲领。总之，他得出结论认为，米尔的方法论纲领是进步的；波普尔的研究纲领从一开始就是退化的（尽管这种退化是隐蔽的），诱发这种退化的诱因是维也纳学派的哲学。因此，拉卡托斯继承和改进的，是米尔的方法论纲领，不是波普尔的研究纲领，而促使从米尔到拉卡托斯转变的促发因素是辩证唯物论哲学。

在《自由社会中的科学》中，费耶阿本德毫不留情地批判甚至攻击波普尔及其学派：

> 顺便说一下，这就是"进步"的一个相当广泛的特征：某些人在一个狭隘的领域中前进了几英尺，他们却假定自己的"进步"覆盖了广泛得多的领域。为了支持这种假定，他们对反对者进行了极有偏见、极为无知的说明。这种无知很快被视为知识，并富有权威地由老师传给学生，再传给学生的学生。这样，知识的矮子便可以装成巨人，并造成这样的印象，即他们超过了过去的真正的巨人。批判理性主义便是这样的一个学派，其名声应当归功于这种现象。①

在第二对话录开始，费耶阿本德猛烈批判波普尔。对于波普尔的哲学（批判理性主义），他否认波普尔有一种哲学，说："波普尔不是哲学家，而是卖弄学问的人——这就是德国人为什么那么热爱他的原因。"②他甚至否认自己曾是波普尔的学生，只承认听了后者的一些讲座。关于为什么翻译波普尔的《开放社会及其敌人》（从英文翻译成德文），他说

---

① ［美］费耶阿本德：《自由社会中的科学》，兰征译，上海译文出版社 2005 年版，第 269—270 页。另外，请参见英文版 Paul Feyerabend. *Science in a Free Society*. London：Verso, 1982, p. 217. 根据英文原文，笔者对上述中文引文有所改动。

② ［美］费耶阿本德：《知识对话录》，郭元林译，韩永进校，中国科学技术出版社 2020 年版，第 55 页。

是因为自己缺钱。对于在论著中频繁提到和引用波普尔，他解释道："因为他和他的学生请求我这样做，而我心肠好。我几乎没有料到：这种友好的表示有一天会导致产生关于'影响'（influence）的严肃论文。"①

值得特别注意的是，对于对方把自己称为波普尔学派的成员，费耶阿本德极为反感并坚决反对，他用如下一段话来论证反驳：

> 那正是你的错误之处。我与波普尔的一些讨论反映在我早期的著作中，这是相当真实的——但是，我与安斯科姆（Anscombe，1919—2001）、维特根斯坦（Wittgenstein，1889—1951）、霍利切尔（Hollitscher，1911—1986）、玻尔（Bohr，1885—1962）的讨论也是这样，甚至，我阅读达达主义（Dadaism）、表现主义（Expressionism）、纳粹权威典籍也在各处留下了痕迹。你知道，当我偶尔发现一些不寻常的思想（idea），我就试用它们；而且，我试用它们的方式是把它们发挥到极致。没有一种思想没有益处，无论其多么荒谬、多么可憎；没有一种思想不助长并掩藏我们的愚蠢和犯罪倾向，无论其多么合理、多么人道。在我的全部论文中，引用了大量维特根斯坦——但是，维特根斯坦学派（Wittgensteinians）既没有追求大量追随者，也不需要他们，所以，他们没有要求我成为他们自己中的一员。②

自从二者的关系公开恶化后，费耶阿本德对波普尔总是讽刺挖苦，毫无敬意，坚决否认自己属于波普尔学派，甚至否认存在这一学派。从上面的论述可以看出，费耶阿本德认为所谓的波普尔学派就是"扯虎皮，拉大旗"，纯粹是招摇过市，弄虚作假，故弄玄虚，强行入伙，团团伙伙，拉帮结派，虚张声势，根本没有一种真正的哲学，没有创造出独特的哲学思想和哲学风格，没有形成真正的流派。平心而论，费耶阿本德

---

① ［美］费耶阿本德：《知识对话录》，郭元林译，韩永进校，中国科学技术出版社2020年版，第54页。

② ［美］费耶阿本德：《知识对话录》，郭元林译，韩永进校，中国科学技术出版社2020年版，第54—55页。

的这些说辞言过其实，并非实事求是。

更为严重的是，对所谓批判理性主义学派和波普尔本人，费耶阿本德进行"恶毒攻击"，恶言相向，甚至"侮辱谩骂"。请读者朋友阅读下面这段话。

> 然而，我真正看到的却只是另一群枯燥乏味的知识分子（intellectual）：他们用"患便秘"的（constipated）风格来写作；他们重复几个基本的词组，令人厌烦（ad nauseam）；他们主要关心围绕诸如逼真性（verisimilitude）和内容增加（content increase）之类的理智主义怪物（intellectualist monster）来发展。他们的学生或者是胆怯的，或者是令人讨厌的（这取决于他们遇到什么样的反对），缺乏想象力。他们没有"批判"（criticize），也就是说，他们没有发明透视观点的方法；他们利用标准演讲来拒绝不适合于他们的内容。如果主题是陌生的，不容易处理，那么，他们就像一条狗看见其主人穿了陌生的衣服一样会变得困惑起来：他们不知道该做什么——应该跑，应该吠叫，应该咬主人，还是应该舔主人的脸？这种哲学完全适合于年轻的德国知识分子。这些知识分子是非常"具有批判性的"（critical）人；他们反对许多东西，但他们因过分胆怯害怕而不能承担其公开抨击的责任，所以，他们寻找某种安全。有影响的学派的"子宫"（womb）保护批判者免受其批判所带来的反冲，现在，有比它更安全的什么地方吗？批判理性主义甚至看起来本身就有科学的权威，因此，有什么是比它更好的"子宫"吗？确实，东拉西扯（rambling）既不正确也不是批判：科学史上，没有一个有趣的事件能用波普尔学派的（Popperian）方法来说明；而且，批判理性主义也没有一次尝试用正确方法来看待科学。这种"哲学"（philosophy）只是科学的忠诚仆人，但不是其非常敏锐的仆人，正如从前的哲学是神学（theology）的忠诚仆人，但不是它极其敏锐的仆人。总体上来说，批判从未指向科学（正如从前的哲学总体上也从未指向神学一样）；大部分时间，批判或者指向竞争的哲学，或者指向科学自身中还没有流行的新思想——在这两种情形中，都避免与科学的主流

（mainstream of science）相冲突。①

从上述所引用的段落来看，费耶阿本德把批判理性主义学派（波普尔学派）刻画为庇护安全的"子宫"，把其成员描述为"忠诚的仆人"，把他们比喻为摇尾乞怜的"狗"，把该学派写作风格丑化为"患便秘"的梗阻风格。总之，他认为，该学派枯燥乏味，欺软怕硬，批判柔弱的新思想，向占据主流地位的科学谄媚。在阿加西教授看来，费耶阿本德这样做，是在布道"仇恨福音"。他写道："那些布道'仇恨福音'者的最大共同点是'非理性福音'：仇恨理性！费耶阿本德认为理性等同于波普尔，并宣称：仇恨波普尔！"② 阿加西教授认为，费耶阿本德宣扬仇恨——他仇恨波普尔！他仇恨理性！阿加西教授坚决反对任何人所布道的"仇恨福音"，不论是新左派所布道的，还是新右派所布道的，还是新伊斯兰教所布道的。

此外，费耶阿本德还借助薛定谔来攻击波普尔。波普尔声称解决了休谟问题，并想把《科学发现的逻辑》英文版献给薛定谔。但是，费耶阿本德却叙述了如下的故事：

> 我与薛定谔一起吃午饭，他带了波普尔的这本书，指着它，怒气冲冲地说："波普尔以为他是谁？他声称他已经解决了休谟问题。他压根没有做这个事。现在，他想把这本书献给我！"③

上述故事虽然短小，但薛定谔的形象栩栩如生，怒不可遏。他生气的原因竟然是波普尔自己声称解决了休谟问题。薛定谔是著名的科学家，获得过诺贝尔物理学奖。费耶阿本德借助他来"贬损"波普尔，可谓是

---

① ［美］费耶阿本德：《知识对话录》，郭元林译，韩永进校，中国科学技术出版社 2020 年版，第 94—95 页。

② Agassi, Joseph. As You Like it. In Munevar, G. （ed.）. *Beyond Reason：Essays on the Philosophy of Paul Feyerabend*. Dordrecht：Kluwer Academic Publishers, 1991, p. 386.

③ ［美］费耶阿本德：《知识对话录》，郭元林译，韩永进校，中国科学技术出版社 2020 年版，第 97 页。

事半功倍。

在《皇帝廉价商店中更多的衣服：评劳丹的〈进步及其问题〉》一文中，费耶阿本德这样批判和嘲讽波普尔学派：

> 任何人如果只是与波普尔学派相处过几天，并试图向他们解释自己的思想，那么，他必定记得被如下言语打断的窘境：你的问题是什么？你好像没有问题，你在谈论什么？我不懂你的问题，你继续谈论没有用；等等。一个柏拉图比喻的爱好者可能把伦敦经济学院哲学系描绘成这样的地方：即使是狗也不再仅仅观察其同伴的作品，并对其做出反应，而是想知道促使它们提出这种解决办法的问题是什么。①

波普尔的"科学研究始于问题"是科学方法论中非常重要的观点，其从问题到问题的知识增长模式（从问题到试探性理论，再到剔除错误，最后到新的问题）也同样是 20 世纪极为重要的科学哲学思想。然而，在费耶阿本德看来，那非常好笑，不值一提。

在《告别理性》中，费耶阿本德有专门批判波普尔哲学的论文《无足轻重的知识：评波普尔如何涉足哲学》。他讽刺波普尔为我们自己的小康德，因为他在某些方面更加乏味地重复了康德。② 此外，因为波普尔系统化了惠威尔（Whewell），所以，费耶阿本德就把他贬称为"僵化的惠威尔"。③

在其自传中，费耶阿本德也经常批判讽刺波普尔。下面摘录一段。

> 看到我关于其抨击玻尔文章的评论，波普尔怒喊道："我不会读你的抨击文章。"（我告诉他许多人抱怨我的攻击文风，并把它归咎

---

① Paul Feyerabend. *Problems of Empiricism*（Philosophical Papers Volume 2）. New York：Cambridge University Press, 1981, p. 234. 在这篇书评中，费耶阿本德几乎完全否定了劳丹的理论，认为其重复和曲解了波普尔和库恩的理论，也曲解了汉森和费耶阿本德自己的思想和观点。

② Paul Feyerabend. *Farewell to Reason*. London：Verso, 1988, p. 38.

③ Paul Feyerabend. *Farewell to Reason*. London：Verso, 1988, p. 191.

于受他的影响，然后他就平静下来了，笑着说："是这样吗?"随后，
他离开了。)①

　　这种讽刺刻画栩栩如生，把波普尔的"丑态"一下子就暴露出来了。
当然，这种攻击、丑化很有"才华"，但已超出了学术探讨范围，明显带
有情绪宣泄的成分。不过，费耶阿本德批判批判理性主义也不都是攻击、
谩骂和感情宣泄。例如，他比较莱辛的理性主义和波普尔学派的理性主
义，高度赞美前者，批判后者，就似乎在进行学术探讨，有合理的成分。

　　　莱辛（Lessing，1729 — 1781）也是理性主义者——但是，他们
　之间有天壤之别！莱辛意识到了学派对思想的阻滞作用，所以，他
　拒绝成为学派的创立者。……莱辛认识到学术关系的阻碍作用，因
　此，他拒绝接受教授职位。他想"像麻雀一样自由"，即使那意味着
　孤独和挨饿（starvation）。他注意到：一种"哲学"（philosophy）如
　果是一个思想系统，那么，它就只会抑制他的创造性；所以，他让
　所讨论的情形来决定讨论方式，而不是反着来。对于他而言，理性
　是一种解放的工具，但必须不断重塑这种工具——它不是不考虑环
　境而强加的一种抽象形式。……把这样的自由人与占据德国和法国
　思想理智舞台的焦虑的波普尔学派的蛀虫相比，真是天壤之别！两
　者在自由、创造性（inventiveness）、能力和品性方面的差异是多么大
　啊！……莱辛的哲学是一种生活方式（a way of life），他的理性主义
　是一种工具：这种工具不仅净化情感，而且改善思想；它不仅改进
　表达形式，而且还提升思想；它不仅改善具体环境，而且发展一般
　原理。然而，波普尔学派却把他们限制于自己喜欢称之为"思想"
　（idea）的东西内，甚至还有人成为几个被错误理解的科学口号的奴
　隶。这是一种最糟糕的学派哲学（school philosophy），是一种呆滞、

———————

　　① Paul Feyerabend. *Killing Time*：*The Autobiography of Paul Feyerabend.* Chicago：The University
of Chicago Press, 1995, pp. 145 – 146.

奴役、狭隘和无知的意识形态。①

莱辛的理性主义把理性当作一种工具，追求自由和解放，因而具有创造力。莱辛即使承受孤独、贫穷和饥饿，也拒绝创立和加入学派，拒绝成为思想系统的哲学，因为这些都阻碍思想自由和创造。相反，批判理性主义学派却把发展学派和系统哲学作为目标，创立"教会"，崇拜教主，要求教徒成员"统一思想"，这损害了自由、创造和解放，造成了奴役、呆滞、狭隘和无知，这是费耶阿本德攻击波普尔及其学派的重要原因。

在费耶阿本德看来，波普尔哲学总体上仍在实证主义框架之内，没有历史维度，没有创新，重复了前人说过的东西，但没有前人的历史视角。费耶阿本德对逻辑实证主义持批判态度，认为其逻辑建构脱离了科学和历史，失去了哲学思辨，扭曲了科学图像。而且在库恩发展出历史主义之后，实证主义变得更加糟糕了。他写道："前库恩的实证主义是幼稚的，而相对是清晰的。后库恩的实证主义仍是幼稚的，但它也是非常不清晰的。"② 显然，他把波普尔哲学归于前库恩的实证主义，这种哲学是幼稚的，是"实证主义茶杯上的一小缕热气"。③ 对此，波普尔在私下回击说："他（费耶阿本德）今天是无政府主义者，明天就是法西斯主义者。"④

上面的分析和论述主要依据公开发表的出版物，大多表现为二人的学术批判和争论。对于二人的私人关系发展，前面几乎没有涉及。2019年，出版了二人的通信集，从中可以看出二者私人关系发展的一些脉络，从而可以更深入地了解二人关系恶化的前因后果。根据此通信集，早在1956年，二者的关系就出现了隔阂。在那年，费耶阿本德在德文期刊

① ［美］费耶阿本德：《知识对话录》，郭元林译，韩永进校，中国科学技术出版社 2020 年版，第 95—96 页。

② Paul Feyerabend. *Farewell to Reason*. London：Verso, 1988, p. 190.

③ Paul Feyerabend. *Farewell to Reason*. London：Verso, 1988, p. 282.

④ Agassi, Joseph. *Popper and His Popular Critics*, London：Springer, 2014, p. 109.

《物理学杂志》发表了一篇评论文章《评冯·诺依曼证明》。[1] 在文章发表前，波普尔于 1956 年 4 月 16 日给费耶阿本德写了一封信。在信中，波普尔附加了自己亲自写好的致谢说明，并要求费耶阿本德把它转给编辑，与文章一起发表。该致谢说明主要表达了这样的意思：这篇文章源自作者与波普尔及其助手阿加西的讨论，而且文章基本思想来源于后两者，作者的贡献只是系统表述了这些思想。波普尔还在信中警告说：如果发表这篇文章，而没有附加详细的致谢说明，那么，费耶阿本德就是在严重剽窃。然而，费耶阿本德并没有把波普尔拟定好的致谢说明转给编辑，只是自己补充了两个注释来感谢波普尔和阿加西。显然，这两个注释与波普尔拟定的致谢说明有较大差别。其中，费耶阿本德并没有表明这篇文章的基本思想是波普尔和阿加西的，不是自己的。在此通信集中，有两封波普尔写给费耶阿本德的信谈到了这篇文章。从这两封信来看，波普尔非常生气，对费耶阿本德毫不客气[2]——行文话语居高临下，不容分辩，有点傲慢无礼，给人很不舒服的感觉。即使今天作为旁观者读到这些信件，通常也会有这种感觉。由此推想，费耶阿本德读到这些信件时，其心中的滋味可能就更难受了。即便他是波普尔的学生，但可能也感觉受到了侮辱。二人的关系大概在此时就出现了隔阂。

二人关系的恶化，虽然短时间没有公开，但是，却在私下不断有小动作。在费格尔的推荐和帮助下，费耶阿本德于 1958—1959 学年在加州大学伯克利分校哲学系做访问副教授，然后，就长期在该校任教。有人说，费格尔帮助费耶阿本德获得教职，是有用意的，就是让他公开攻击波普尔，他也做了这样的承诺。[3] 20 世纪 60 年代初，波普尔想应聘担任加州大学伯克利分校的杰出教授，但是，最后失败了。关于此事，波普

① Paul Feyerabend. Stefano Gattei and Joseph Agassi（eds.）. *Physics and Philosophy*（Philosophical Papers Volume 4）. New York：Cambridge University Press, 2016, pp. 46－48.

② 相关的详细情况，请参见 Collodel, Matteo and Eric Oberheim（eds.）. *Feyerabend's Formative Years*（Volume 1. Feyerabend and Popper, Correspondence and Unpublished Papers）. Cham, Switzerland：Springer Nature Switzerland AG, 2020, pp. 232－240.

③ Collodel, Matteo and Eric Oberheim（eds.）. *Feyerabend's Formative Years*（Volume 1. Feyerabend and Popper, Correspondence and Unpublished Papers）. Cham, Switzerland：Springer Nature Switzerland AG, 2020, p. 279.

尔的学生巴特利（Bill Bartley）于 1963 年 12 月 12 日给波普尔写了一封私人信件，其中谈到一些小道消息和流言蜚语，说费耶阿本德在其中起了负面作用。[①] 从信中来看，这些言论没有什么真凭实据，就是一些猜测怀疑，但是，可以表明二人已经不再相互信任了。另外，哈耶克给波普尔写信，让后者推荐其德语流利的学生有机会到弗莱堡大学任职。在 1964 年 10 月 23 日，波普尔给哈耶克写了回信。其中，他高度评价了其学生巴特利和阿尔伯特（Hans Albert），但没有为费耶阿本德说好话，还提到这个学生对他很不友好。同时，在信中，波普尔也特别提醒要哈耶克对此保密。[②]

更为严重的是，在 1964 年 2 月 17 日，波普尔给阿尔伯特写了一封信。[③] 信中主要抱怨了两件事。第一件事是波普尔抱怨费耶阿本德多年来一直在剽窃其思想。信中提到费耶阿本德剽窃其思想的两篇文章，它们分别是《说明、还原和经验论》（见哲学论文集第一卷）和《自然哲学》（见哲学论文集第四卷）。波普尔在信中愤怒地写道："住手，小偷！"最后，在信的末尾他还提到要起诉费耶阿本德。第二件事是费耶阿本德发表了一篇文章，指出波普尔的某些思想不是原创的，而是来源于克拉夫特。[④] 言外之意，就是波普尔剽窃了克拉夫特的思想，当然，他没有明说。波普尔对此非常不满，认为费耶阿本德在侮辱自己。另外，波普尔在信中还表达了对阿加西的不满，因为后者"歪曲"了他的思想。波普尔给阿尔伯特写这封信，有两个目的：一方面是想听取对方的一些建议，另一方面是想让对方给费耶阿本德写信来施加压力。但是，阿尔伯特拒

① Collodel, Matteo and Eric Oberheim（eds.）. *Feyerabend's Formative Years*（Volume 1. Feyerabend and Popper, Correspondence and Unpublished Papers）. Cham, Switzerland：Springer Nature Switzerland AG, 2020, p. 390.

② Collodel, Matteo and Eric Oberheim（eds.）. *Feyerabend's Formative Years*（Volume 1. Feyerabend and Popper, Correspondence and Unpublished Papers）. Cham, Switzerland：Springer Nature Switzerland AG, 2020, p. 398.

③ Collodel, Matteo and Eric Oberheim（eds.）. *Feyerabend's Formative Years*（Volume 1. Feyerabend and Popper, Correspondence and Unpublished Papers）. Cham, Switzerland：Springer Nature Switzerland AG, 2020, pp. 407–409.

④ Paul Feyerabend. Review of *Erkenntnislehre* by Viktor Kraft. *The British Journal for the Philosophy of Science*, Vol. 13, No. 52, February 1963, pp. 319–323.

绝直接给费耶阿本德写信谈论此事，只是回信提出了一些建议，而且几乎否定了波普尔对费耶阿本德的剽窃指控。① 笔者同意阿尔伯特的看法，确实，波普尔的这种指控很难成立。

从费耶阿本德于 1965 年 12 月 7 日写给波普尔的信中，还可以看到波普尔指控的另一个"剽窃事件"。1966 年，费耶阿本德发表了一篇论文《论第二类永动机的可能性》。② 在文中，费耶阿本德构想了一个理想机器来证明第二类永动机是可能的。但是，在该文发表前，波普尔就说此机器构想最早是由他提出的，费耶阿本德剽窃了他的思想。在上述信件中，费耶阿本德解释了该机器构想是他受到别人（不是波普尔）启发，再由自己构思而成，不记得波普尔在任何场合谈论过这种机器构想。尽管如此，费耶阿本德还是答应要附加一个注释，说明波普尔从 1958 年以来就在讨论这种机器构想。③ 由此可见，费耶阿本德对老师的剽窃指控还是一再忍让，有点不敢得罪的意味。

从私人关系来看，二者关系恶化的根本原因是波普尔指控费耶阿本德剽窃其思想。波普尔多次（在信中或当面，直接或间接）指责费耶阿本德剽窃其思想。在笔者看来，这是言过其实，是因波普尔过分敏感、自信、自大和自私造成的。他认为自己有足够多的思想，可以给学生们留一些，但是，他的思想不管是否公开发表过，学生们只能直接引用或间接引用，必须做关于波普尔的注释，表明思想来源于他这位老师。事实上，如果是公开发表的东西，人们比较好鉴定其思想的创造者或提出者。如果是私下谈话或讨论，甚至是上课或研讨班上的言论，人们确实

---

① Collodel, Matteo and Eric Oberheim (eds.). *Feyerabend's Formative Years* (Volume 1. Feyerabend and Popper, Correspondence and Unpublished Papers). Cham, Switzerland: Springer Nature Switzerland AG, 2020, pp. 409 – 410.

② Paul Feyerabend. "On the Possibility of a Perpetuum Mobile of the Second Kind". In Feyerabend, Paul and Grover Maxwell (eds.). *Mind, Matter and Method: Essays in Philosophy and Science in Honor of Herbert Feigl.* Minneapolis: University of Minnesota Press, 1966, pp. 409 – 412; Gattei, Stefano and Joseph Agassi (eds.). *Physics and Philosophy* (Philosophical Papers Volume 4). New York: Cambridge University Press, 2016, pp. 234 – 238.

③ 详细情况，请参见 Collodel, Matteo and Eric Oberheim (eds.). *Feyerabend's Formative Years* (Volume 1. Feyerabend and Popper, Correspondence and Unpublished Papers). Cham, Switzerland: Springer Nature Switzerland AG, 2020, pp. 411 – 412.

很难确定谁是思想的发明者。因此，从费耶阿本德的角度来看，他内心
并不认可波普尔的剽窃指控，即使有时为了老师的面子，勉强承认一些
不当之处，做出一些让步，也是不情不愿的。他应该觉得冤枉，也觉得
受到了侮辱。但是，对于波普尔的指责，在比较长的时间内，费耶阿本
德似乎也没有太介意，在信中或当面耐心做解释，没有过激言论。以其
个性来看，他应该已经达到忍耐极限。最后，终于突破了其极限，关系
恶化就不得不公开了。在 1968—1969 年，费耶阿本德在英文《科学哲
学》杂志上分两期发表论文《论近来对互补性的批判》，为玻尔的观点辩
护，批判波普尔，师徒二人关系不和与学术分歧自此彻底公之于众。① 当
然，在此前，他与别人的私人通信中，已经谈到了自己对波普尔的不满，
表明二者关系恶化。例如，费耶阿本德在 1967 年 10 月 2 日写给阿尔伯特
的信中就提到，在波普尔和玻尔的争论中，他支持后者。② 另据瓦特金斯
的文章，费耶阿本德在 1967 年 12 月给他写信抱怨：自己教授了十几年波
普尔主义哲学，现在，这种哲学成为自己的梦魇，自己完全失败了；相
比之下，拉卡托斯和瓦特金斯却是非常幸运的。③ 从中可以看出，此时，
费耶阿本德已经对波普尔及其哲学完全失望了，与之彻底决裂了。

由上述可知，二人关系从 1956 年就开始恶化了。通信集收录了二者
1948—1967 年的往来信件，主要是费耶阿本德写给波普尔的信件，波普
尔写给费耶阿本德的信件很少——费耶阿本德没有保留信件的习惯，很
多都丢失了。1955 年是写信最多的年份，达到 34 封，以后就逐渐减少
了：1956 年 25 封，1957—1961 年每年有 10—20 封，1962—1967 年每年

---

① "On a Recent Critique of Complementarity: Part I". *Philosophy of Science*, Vol. 35, No. 4, December 1968, pp. 309 – 331, and "On a RecentCritique of Complementarity: Part II". *Philosophy of Science*, Vol. 36, No. 1, March 1969, pp. 82 – 105. 另外，请参见 Paul Feyerabend. *Realism, Rationalism and Scientific Method* (Philosophical Papers Volume 1). New York: Cambridge University Press, 1981, pp. 247 – 297 (在第一卷论文集中，两部分论文合并，标题是"Niels Bohr's world view")。

② Baum, Wilhelm (ed.). *Paul Feyerabend—Hans Albert Briefwechsel*. Frankfurt am Main: Fischer Taschenbuch Verlag GmbH, 1997, p. 49.

③ Watkins, John. Feyerabend among Popperians, 1948 – 1978. In Preston, John, Gonzalo Munevar and David Lamb (eds.). *The Worst Enemy of Science?* —— *Essays in Memory of Paul Feyerabend*. New York: Oxford University Press, 2000, p. 49.

不超过 5 封，1966 年 0 封。1967 年后，两人就不再有私人通信了。

然而，从二者公开发表的论著来看，笔者还未见到他们谈论波普尔所指控的"剽窃事件"。即使在二人关系不和公开后，费耶阿本德对波普尔的批判（不论是学术批判还是非学术批判）毫不留情，也未见到其谈及波普尔所指控的"剽窃事件"。瓦特金斯似乎间接谈到了相关情况。他发表过一篇文章《波普尔学派中的费耶阿本德（1948—1978 年）》，公开介绍过费耶阿本德与波普尔及其学派关系的一些情况。从这篇文章中，能够看出一些蛛丝马迹。瓦特金斯是波普尔学派的忠实信徒，坚决捍卫波普尔的学派领袖地位。对费耶阿本德"背叛"波普尔及其学派，他感到非常不满。因此，他对费耶阿本德的评价基本上是全盘否定，认为其从人品到学术研究似乎都没有什么值得称道的东西。瓦特金斯从一些生活小事入手贬损费耶阿本德。有一次，费耶阿本德穿得少，感到有点冷，瓦特金斯就把自己的毛衣借给他穿。但是，费耶阿本德自此就把这件毛衣据为己有了，即使瓦特金斯索要，他也拒绝交还。后来，瓦特金斯的妻子答应从伦敦再寄给费耶阿本德一件同样的毛衣，他才把这件毛衣还给瓦特金斯。① 从这件事来看，费耶阿本德是一个自私自利、爱占小便宜的人。不过，这件事总让人觉得有点不可思议。其中的行为和表现不符合费耶阿本德的个性，也不符合其大学者的身份。在学术研究方面，瓦特金斯指出：费耶阿本德运用并曲解了波普尔的思想。② 例如，费耶阿本德在其著名的论文《说明、还原和经验论》中，就运用和曲解了波普尔的两个思想：说明和理论进步。这两个思想可以追溯到波普尔 1948 年在阿尔巴赫的演讲，而费耶阿本德听了这次演讲。当然，值得庆幸的是，他没有明说费耶阿本德在剽窃波普尔的思想，至于是不是有言外之意，别人不好冒昧揣测。

---

① Watkins, John. Feyerabend among Popperians, 1948 – 1978. In Preston, John, Gonzalo Munevar and David Lamb (eds.). *The Worst Enemy of Science?* —— *Essays in Memory of Paul Feyerabend.* New York：Oxford University Press, 2000, p. 48.

② Watkins, John. Feyerabend among Popperians, 1948 – 1978. In Preston, John, Gonzalo Munevar and David Lamb (eds.). *The Worst Enemy of Science?* —— *Essays in Memory of Paul Feyerabend.* New York：Oxford University Press, 2000, pp. 48 – 49.

　　总的说来，波普尔及其学派赞成科学、理性、民主、自由、开放社会、理性主义和西方文明，而费耶阿本德批判科学、理性和西方文明，（至少有时）赞成非科学、非理性、相对主义、封闭传统和非西方传统。因此，费耶阿本德这样攻击波普尔："例如，波普尔哀叹'我们时代……普遍的反理性主义氛围'，赞美牛顿和爱因斯坦是人类的伟大恩主，但是，对因理性和文明而犯的罪行却只字不提。相反，他似乎认为，可能有时不得不用'帝国主义形式'把文明的益处强加给不情愿的被动者。"① 波普尔批判辩证法和马克思主义，而费耶阿本德赞美马克思主义、辩证法和西方左派的思想。瓦特金斯极为崇拜苏联诺贝尔文学奖得主索尔尼仁琴，如饥似渴地阅读其作品；而费耶阿本德却认为他是清教徒式的讨厌鬼，是沉闷乏味的，令人压抑的，哗众取宠的。② 由此可见，费耶阿本德与波普尔及其学派的基本世界观和价值观有根本上的不同，甚至严重对立，这是他们二人关系恶化的根本原因。令人感到诡异的是，波普尔虽然是一个理性主义者，但是，他主张社会秩序是自然生成的，反对理性设计和封闭社会，反对历史决定论，主张个人和传统自由竞争，优胜劣汰，旧的传统消亡，新的传统生成，形成一个生机勃勃的自由开放的社会；相比之下，费耶阿本德虽是非理性主义者或相对主义者，却赞同干预社会，甚至为社会构想蓝图，主张各种传统，不管其优劣，但结果平等，构建一个死水一潭的社会。

　　总的来看，费耶阿本德早期的物理学哲学研究受到波普尔的很大影响，特别是在量子力学哲学方面。费耶阿本德在伦敦学习和研究期间，波普尔的量子力学哲学研究影响甚至主导了他在这方面的研究。他们有过密切交流和合作，而且波普尔作为老师也指导和帮助过他。在中后期，二者关系公开恶化，费耶阿本德几乎抛弃了物理学哲学研究，极力消除波普尔及其学派对其造成的影响和痕迹，进一步公开批判和反对波普尔及其学派，走向历史主义、非理性主义和相对主义，提出多元主义方法

① Paul Feyerabend. *Farewell to Reason*. London：Verso, 1988, p. 299.

② Watkins, John. Feyerabend among Popperians, 1948 – 1978. In Preston, John, Gonzalo Munevar and David Lamb（eds.）. *The Worst Enemy of Science? —— Essays in Memory of Paul Feyerabend*. New York：Oxford University Press, 2000, p. 51.

论和无政府主义认识论。简言之，在中后期，波普尔及其学派从反面刺激和发展了费耶阿本德哲学。直到去世，费耶阿本德也没有释怀，仍不能原谅波普尔，对其学派嗤之以鼻。尽管如此，波普尔及其学派对他的影响是显而易见的，有正面影响的，也有反面刺激和发展的。

# 第三节　其他

上面比较详细地介绍和分析了马克思主义者与波普尔及其学派对费耶阿本德形成和发展自己哲学思想的影响。除此之外，亚里士多德、伪狄奥尼索斯、克尔凯郭尔、莱辛、伽利略、米尔、马赫、克拉夫特、维特根斯坦、埃伦哈夫特、库恩、费格尔、玻尔和中国传统文化也对费耶阿本德的思想形成和发展产生过一定影响。下面，将对其进行简单的介绍和分析。

## 一　伪狄奥尼索斯（Pseudo – Dionysius Areopagita）

关于伪狄奥尼索斯对费耶阿本德的影响，英国学者基德做了比较细致的研究。而且，相关研究成果也被笔者翻译成中文发表。[①] 基德认为，在"实在的不可言说性"和认识多元论两方面，伪狄奥尼索斯对费耶阿本德产生了很大影响。

关于伪狄奥尼索斯的影响，费耶阿本德自己有过论述。他写道："本人就是从伪狄奥尼索斯关于上帝名称的言说开始的。他说，上帝是不可言说的。但是，相应于我们的方法，上帝能以各种可理解的方式来回应。上帝并不等同于这些方式中的任何一种，而且，把上帝等同于现代宇宙学所构想的自然（也是神的人性体现）是一种错误。"[②] 显然，费耶阿本德的实在观和知识观受到了伪狄奥尼索斯的影响。他喜好从哲学以外获

---

① ［英］基德：《费耶阿本德、伪狄奥尼修斯与实在的不可言说性》（译文），郭元林译，《世界哲学》2016 年第 4 期，第 72—82 页。

② Paul Feyerabend. *Conquest of Abundance*：*A Tale of Abstraction versus the Richness of Being*. Chicago：The University of Chicago Press，1999，pp. 195 – 196. 另外，请参见 ［美］费耶阿本德《征服丰富性》（特波斯特拉编），戴建平译，中国人民大学出版社 2007 年版，第 192 页。

得发展哲学思想的资源，特别是喜好从宗教、文学和艺术等方面获得灵感和资源。

## 二 克尔凯郭尔（Soren Kierkegaard）

根据其自传《消磨时光》，费耶阿本德在第二次世界大战中受伤后，在魏玛停留期间阅读了克尔凯郭尔的书籍。费耶阿本德于 1969 年夏天开始读克尔凯郭尔的《总结关于哲学片段的非科学附言》。这部著作对其思想发展有很大影响。

费耶阿本德经常引用克尔凯郭尔的一句话："我作为自然的客观观察者的活动将削弱我作为人的力量，这难道是不可能的吗？"① 从这句话看来，他重视人的幸福胜过真理，并把知识论建立在伦理道德的基础上，在这两方面受到克尔凯郭尔的影响。

关于克尔凯郭尔对费耶阿本德的影响，英国学者基德发表过一篇非常重要的论文。笔者已把它翻译成中文发表。② 根据这篇文章，克尔凯郭尔和费耶阿本德最大的共同点是，在哲学中把活生生的个体放在第一位，即活生生的个体是最终目的。前者对后者的影响主要表现在三个方面。第一个方面是哲学风格，二者的哲学写作都是散文风格，语言生动活泼，文风优美，对读者有强烈的感染力和吸引力。笔者在第一次读到《自由社会中的科学》时就有这种震撼的感觉。他们都把读者当作活生生的个体，而不是毫无生气的专业哲学家。费耶阿本德在后期反对也极为反感分析哲学，也可归因于此。第二个方面是反对抽象，二者都认为人和世界无限复杂，科学和理性的抽象不能充分认识世界。费耶阿本德后期研究古希腊哲学，研究理性抽象的兴起，应该是受到克尔凯郭尔的影响。第三个方面是反对哲学体系，二者都认为哲学的目的不是形成抽象的体系，而是与读者交流，促使读者思考，从而改变读者的观念和态度。因此，费耶阿本德的哲学没有系统性，所有著作都可以看作论文集。

---

① Paul Feyerabend. *Farewell to Reason*. London：Verso, 1988, p. 29.

② ［英］基德：《客观性、抽象和个人：克尔凯郭尔对费耶阿本德的影响》（译文），郭元林译，《世界哲学》2018 年第 1 期第 63 卷，第 87—103 页。

### 三　莱辛（Lessing）

莱辛是德国著名的剧作家、文艺评论家和美学家，是费耶阿本德非常崇拜和敬佩的艺术家。在费耶阿本德看来，莱辛虽是一位理性主义者，但是，他与波普尔完全相反。因此，莱辛成为他批判和反对波普尔及其学派的对照标杆。他极力赞美莱辛，而尽力贬损波普尔及其学派。总之，在费耶阿本德看来，莱辛作为思想家，不仅远远超越了波普尔，而且也超越了康德。下面，看看费耶阿本德自己的描述：

> 我敬佩莱辛（Lessing，1729 — 1781），因为他独立，愿意改变其心灵；我敬佩他，甚至是因为他的诚实，因为他是那些非常稀有的人中的一员：那些人能够同时既诚实又幽默，他们把其诚实用来指导他们自己的个人生活，而不是把他们的诚实用作棍棒来敲打逼迫人们顺从，也不是把它用作陈列品，从而使画廊赏心悦目。我敬佩他，因为他的风格是自由、清新、生动的，确实非常不同于（比如）《客观知识》（*Objective Knowledge*）所具有的那种简单性（simplicity）和专业味道（literacy），后者充满自我意识，而且已经有点僵化。我敬佩他，因为他是没有教条的思想家，是没有学派的学者——对于他而言，他着手处理的每个问题、每个现象都是一个独一无二的情形，不得不用一种独一无二的方式来说明和澄清。他的好奇心没有界限，而且没有"标准"（criteria）限制其思维：在每一个研究调查中，都允许思想和情感之间、信仰（faith）和知识之间相互合作。我敬佩他，因为他不是满足于虚假的明晰（clarity），而是认识到：获得认识（understanding）经常要通过事物的"模糊化"（*obscuring*），要经过一种这样的过程——在此过程中，"看上去仿佛是清晰的东西消失于距离不确定的地方"。我敬佩他，因为他不是拒绝梦想和童话，而是欢迎它们，把它们作为从更坚定的理性主义者的枷锁中来解放人类的工具。我敬佩他，因为他没有被限制于任何学派、任何职业，因为他感到不需要像年老的交际花一样时常用理智之镜来审视自己，因为他也不想积累"名气"（reputation），这种

名气体现在脚注、致谢、学术演讲、荣誉学位（honorary degree）以及为缓解不安全者恐惧感的其他药物（medicine）中。最为重要的是：我敬佩他，因为他从未尝试获得控制其同伴的权力，既没有通过暴力也没有通过劝说来获得；因为他满足于"像麻雀一样自由"——而且也同样保持好奇心。所以，是的，我敬佩的人有很多，其中包括理性主义者，他们是像莱辛或海涅（Heine，1797—1856）一样的理性主义者，而不是诸如康德（Kant，1724—1804）或波普尔［Popper，1902—1994，他是我们的微型康德（miniKant）］之流的理性主义者——因此，我是今天一切理性主义的仇敌，而且不可和解……①

　　由此可见，莱辛的个性、行为和思想深刻影响了费耶阿本德。这种影响至少可以归纳为如下五个方面。第一，莱辛反对学派和职业对学术创造的束缚，与同伴平等相处，自由交流。受此影响，费耶阿本德反对波普尔学派，批判其是教会，极力反对波普尔及其学派对自己的控制和压制。此外，费耶阿本德也渴望职业自由，成为"自由的小鸟"，所以，在其职业生涯中，他总是自由地游走于多所世界著名大学，而且也不希望有办公室，渴望取消办公时间，除了教课和学术讲座，不想受到任何束缚。第二，莱辛反对系统化的理论体系，把哲学看作一种生活方式。费耶阿本德就是这样来从事哲学研究的。第三，莱辛主张思想和情感之间、信仰和知识之间相互融合。费耶阿本德反对学科之间划界，主张科学、哲学、文学、神话和艺术等统一，主张伦理道德成为知识论的基础，主张用梦想、童话和想象力来解放理性的束缚。第四，莱辛不是满足于虚假的明晰性，而是认识到"事物的模糊化和知识的模糊性"是必不可少的。同样，费耶阿本德反对主流的分析哲学追求明晰性，认为语言模糊是好事。他的哲学也没有避免模糊性，甚至有时追求模糊性。第五，莱辛不受教条束缚，灵活多变，面对每一个问题和每一种现象，都用独

―――――――――

① ［美］费耶阿本德：《知识对话录》，郭元林译，韩永进校，中国科学技术出版社 2020年版，第139—140页。

一无二的方式来处理。同样，费耶阿本德提出"怎么都行"，主张多元主义方法论，反对固定、僵化的方法。由此看来，费耶阿本德在主要思想、观点和方法上都受到了莱辛的影响。然而，令人遗憾的是，在二人的思想关系方面，除了费耶阿本德本人的零散论述外，几乎未见到其他人在这方面的研究成果，所以，还有待深入研究。

### 四　米尔（Mill John）

据费耶阿本德自己的说法，瓦特金斯（John Watkins）很早就让他注意到米尔，并使他认识到米尔在批判理性主义的历史中具有重要意义。[①] 特别是，米尔的《论自由》，是他在加州大学伯克利分校上课的主要阅读文献。

费耶阿本德认为，理论增生的思想最早是由前苏格拉底学者提出的，达尔文主义者把生物竞争理论扩展到思想竞争领域，促进了理论增生思想的进一步发展，米尔在其《逻辑系统》中探讨了这一思想，在他的《论自由》中进一步把这种思想综合成一种普遍的理论，而牛顿的哲学却禁止理论增生。因此，米尔的理论增生思想对自然科学哲学没有造成任何影响，但是，对费耶阿本德却产生了很大影响。

费耶阿本德把米尔归入历史传统，认为米尔使理性标准和方法论规则服从于研究过程，他的方法论是实践的、内在于研究的，不是哲学的、超越研究的。费耶阿本德比较了波普尔和米尔的知识论，认为后者更加优越。他利用米尔的思想资源来批判和反对波普尔及其学派，也用它来反对理性主义和科学主义。

　　第一，波普尔发展了他的观点，是为了解决一个特殊的认识论问题——他想解决"休谟问题"。然而，米尔对有利于人发展的条件感兴趣，他的认识论是某种人的理论的发展结果，而不是相反。第二，受维也纳学派影响，波普尔在讨论一种理论前，会先完善它的

---

① Paul Feyerabend. *Problems of Empiricism* (Philosophical Papers Volume 2). New York：Cambridge University Press, 1981, p. 194.

逻辑形式；米尔以每种理论在科学中出现的本来形式来使用它。第三，波普尔的比较标准是严格的、固定的，而米尔的标准却允许随历史状况发生变化。第四，波普尔的标准可以一劳永逸地消除竞争：不可证伪的理论，可证伪且已被证伪的理论，在科学中都没有位置。波普尔的标准是清晰明确的，是被精确描述的。米尔的标准不是这样。①

由此可见，米尔的知识论属于历史传统，使认识从属于伦理道德。相反，波普尔的知识论属于理论传统，其目的在于认识。米尔对人的个性和才能发展感兴趣，并认为在多元主义社会中，一个人才能够最充分地发展，知识才能够得到最好的增长和改善，因为这种社会包含各种各样的思想、理论、生活形式和传统。

### 五　马赫（Ernst Mach）

费耶阿本德批判当代科学哲学衰落，高度赞扬马赫的科学哲学，其理由如下：马赫对整个科学持批判态度；他批判科学思想，不是通过把它们与外部标准（意义标准或划界标准）比较，而是通过揭示科学研究自身如何提示了变化；他无视研究领域之间的区分。马赫力图消除哲学思辨和科学研究之间的区分。② 然而，维也纳学派却首先区分了科学和形而上学。

在《科学哲学：一门具有辉煌历史的学科》中，费耶阿本德认为科学哲学的辉煌历史是由马赫的科学哲学创造的，而科学哲学的发展从维也纳学派开始就衰落了。费耶阿本德高度赞美伽利略的科学研究和思想创造，因为他把物理学、数学、心理学和哲学等统一起来进行研究，这开创了"科学哲学的英雄时代"。在这个时代，"它（科学哲学）不是仅满足于反映一种独立于它的科学；它也不是如此疏远，以致仅探讨替代

---

① Paul Feyerabend. *Knowledge, Science and Relativism*（Philosophical Papers Volume 3）. New York：Cambridge University Press, 1999, p. 184.

② ［美］费耶阿本德：《自由社会中的科学》，兰征译，上海译文出版社 2005 年版，第 245—247 页。

哲学。它建构科学，捍卫科学，消除反抗，解释科学的结论。"① 在科学哲学的英雄时代，科学哲学和科学是统一的，相互促进，相互作用，共同发展。然而，此后科学哲学与科学的发展却背道而驰。费耶阿本德批判了伽利略之后的牛顿、休谟和康德，因为他们的研究把哲学和科学分隔开来，并为知识寻找基础（不论是感觉经验，还是理性，还是二者的综合）。在费耶阿本德看来，马赫重新把科学研究和哲学思辨统一起来，并发展出一种主张知识没有基础的知识论。然而，马赫之后的逻辑实证主义很快就放弃了科学和哲学的统一，并为知识寻找实证基础。因此，科学哲学衰落了，成为一门具有辉煌历史的学科。

费耶阿本德特别推崇和敬佩马赫。马赫是 20 世纪罕见的通才型思想家和学者，对物理学、生理学、科学史、思想史和一般哲学都做出了巨大贡献，忽视了科学、哲学和历史等学科之间的划分和界线，联合运用历史、哲学、科学和心理学方法来进行研究，也用故事形式进行解释。在这些方面，马赫对费耶阿本德一生都有很大影响。

特别是，费耶阿本德关于"理论决定事实"的思想，深受马赫的影响，因为马赫认为观察和理论不能分离，观察与想象不能分离，概念与感觉不能分离，记忆与想象之间没有明确界线，科学与常识密切相关，总之，在感觉、想象、记忆、空想、遗传、本能、思想和理论之间没有绝对的界线。

马赫说明了原因。"如果没有思想伴随，经验自身总是与我们不相容的。"（《力学》，p. 465）一个人如果面对感觉经验，但没有思想，那么，他将会迷失方向，不能完成最简单的任务。此外，"一个人的感觉既不是意识，也不是无意识。只有成为当下经验的组成部分，它才能变成意识。"（《认识与谬误》44）……"想象已经掌控了单一的观察，改变它，补充它；"（《认识与谬误》105）这是必然的，因为"理解自然必须先在想象中掌握自然，以便我们的概念可

---

① Paul Feyerabend. *Knowledge, Science and Relativism*（Philosophical Papers Volume 3）. New York：Cambridge University Press, 1999, p. 196.

以具有鲜活直观的内容。"（《认识与谬误》107）概念也不能是"纯的"，在它们能被用来整理任何事物之前，必须充满感觉。概念和感觉都不能先分离，然后联合，并在联合中形成知识。①

从上述引文中可以看出，马赫主张事实与理论不能分离，观察与理论不能分离。这些主张无疑对费耶阿本德"理论决定事实"的思想产生了深刻影响。此外，费耶阿本德也认为马赫和玻尔兹曼受到达尔文主义的影响，从而提出了理论增生的思想。

在论文《马赫的研究理论及其与爱因斯坦的关系》中，费耶阿本德高度赞美马赫，却对爱因斯坦有所批判——即便他也深受爱因斯坦影响。在此文中，他认为马赫的理论更加全面，为物理过程、生理过程和心理过程寻求统一解释，但是，人们对此有诸多误解。下面，将分析爱因斯坦对费耶阿本德的影响。

### 六　爱因斯坦（Allert Einstein）

爱因斯坦坚持机会主义认识论，而费耶阿本德主张无政府主义知识论。爱因斯坦写道："在建构其概念世界时，科学家所处的外部条件……不允许他由于信奉一种认识论系统而让自己受到过分限制。因此，在系统的认识论者看来，他必定像一个肆无忌惮的机会主义者……"② 无疑，费耶阿本德的多元主义方法论和无政府主义知识论受到了爱因斯坦的机会主义认识论的影响。在费耶阿本德看来，伽利略在科学研究中是典型的折中主义者和机会主义者，而且开普勒和牛顿也不例外。

奥博海姆研究认为，爱因斯坦就有不可通约性思想的雏形，而且，这一雏形直接促使费耶阿本德和库恩提出并发展这一思想。1949 年，在比较评价科学理论时，爱因斯坦就使用了"不可通约的"（incommensura-

---

① Paul Feyerabend. *Farewell to Reason*. London：Verso, 1988, p. 206.

② ［美］费耶阿本德：《自由社会中的科学》，兰征译，上海译文出版社 2005 年版，第248—249 页。另外，请参见英文版 Paul Feyerabend. *Science in a Free Society*. London：Verso, 1982, p. 199；Paul Feyerabend. *Problems of Empiricism*（Philosophical Papers Volume 2）. New York：Cambridge University Press, 1981, p. 83. 根据英文原文，笔者对上述中文引文有所改动。

ble）这一术语。① 而在十几年之后，于 1962 年，费耶阿本德和库恩才详细阐述和论证了不可通约性思想。此外，他也认为爱因斯坦的机会主义认识论、科学方法论和哲学方法论等思想都对费耶阿本德的哲学发展产生了影响。

爱因斯坦重视和运用抽象和理性，建构出高度抽象的物理理论（如狭义相对论和广义相对论），这些对费耶阿本德形成"理论决定事实"的思想有影响。马赫也更加喜欢和重视普遍原理和抽象系统，相对而言，轻视个别事实，这也同样对费耶阿本德有影响。费耶阿本德经常引用爱因斯坦的这句话："真正奇怪的是，人们常常对最强的论证置若罔闻，却总是倾向于高估测量的精确性。"② 这句话表明，爱因斯坦对纯粹的经验主义和实证主义并不满意，反对忽视理论的作用。爱因斯坦甚至否定人们习以为常的时间流逝的感觉，认为它是一种幻觉。他说："对于我们这些坚定的物理学家来说，过去、现在和未来之间的区分仅仅是一种幻觉（纵然是一种顽固的幻觉），没有其他意义。"③ 他创立相对时空观，否定了时间和空间的绝对性，摧毁了人们根深蒂固的"感觉经验"：时间和长度是固定不变的，与测量者的运动状态无关。这些理论和思想都有利于费耶阿本德发展"理论决定事实"的思想。

费耶阿本德主张"理论决定事实"，这与爱因斯坦的理念一致，因为后者重视理论、理性和抽象，而轻视经验和实验。然而，费耶阿本德的思想是复杂、多面的，相互有冲突的，甚至是相互矛盾的。费耶阿本德也重视实践知识、意会知识和技术，反对抽象理论。

## 七 费格尔（Herbert Feigl）

费格尔是维也纳学派成员，1930 年移民到美国。此后，他长期在明

---

① Oberheim, Eric. Rediscovering Einstein's Legacy: How Einstein Anticipated Kuhn and Feyerabend on the Nature of Science. *Studies in History and Philosophy of Science*, Vol. 57, 2016, pp. 17 – 26.

② Paul Feyerabend. *Farewell to Reason*. London: Verso, 1988, p. 146.

③ Paul Feyerabend. *Conquest of Abundance: A Tale of Abstraction versus the Richness of Being*. Chicago: The University of Chicago Press, 1999, p. 188. 另外，请参见［美］费耶阿本德《征服丰富性》（特波斯特拉编），戴建平译，中国人民大学出版社 2007 年版，第 186 页。费耶阿本德也非常喜欢这句话，经常引用它。

尼苏达科学哲学中心任职，而该中心无疑是当时世界科学哲学的中心。
在 1954 年后，费耶阿本德和费格尔交往密切。费格尔对费耶阿本德的哲
学研究也有一定的影响。在学生时代，费耶阿本德就阅读和学习费格尔
的著作。其中，费格尔的论文《存在假设：实在论解释和现象论解释》
是克拉夫特小组反复阅读和讨论的重要材料。1954 年，费耶阿本德第一
次见到费格尔，二人有过深入的学术交谈。根据费耶阿本德撰写的《费
格尔小传》，这次交谈给他带来思想上的冲击。

> 因此，听到费格尔详解基本难题，听到他用非常简单的语言
> （没有借助任何形式系统）来说明为什么仍没有解决应用问题，这给
> 我带来了巨大的震撼。在哲学问题中，形式化不是完美无缺的。传
> 统意义的哲学仍然有任务要完成。为基础讨论——为猜想（令人恐
> 惧的字眼！）仍然留有空间。在一些常识的帮助下，仍然有可能推翻
> 高度形式化的系统！在我们讨论过程中，这些思想在我的头脑中
> 盘旋。①

费格尔是卡尔纳普的密友，但并不接受后者的思想。他不赞同逻辑
实证主义者"拒斥形而上学"的思想。从上述这段话看来，费耶阿本德
批判和反对分析哲学可能受到费格尔的思想影响。此外，费耶阿本德到
加州大学伯克利分校任职一事，就是得到了费格尔的帮助。后来，费耶
阿本德多次到明尼苏达科学哲学中心访学或研究，与费格尔有过深入的
学术交流，二人也有非常密切的私人关系。

## 八 拉卡托斯（Imre Lakatos）

在《反对方法》第十五章中，费耶阿本德分析和批判了拉卡托斯的
科学研究纲领方法论，得出结论认为拉卡托斯的哲学是一种伪装的无政

---

① Paul Feyerabend. Herbert Feigel：A Biographical Sketch. In Paul Feyerabend and Grover Maxwell
（eds.）. *Mind, Matter and Method：Essays in Philosophy and Science in Honor of Herbert Feigl*, Minneap-
olis：University of Minnesota Press, 1966, p. 5.

府主义。因此，他把《反对方法》英文第一版献给了拉卡托斯，称他为无政府主义的同路人。本来，这本书原计划由两人共同完成，拉卡托斯赞美理性和方法，而费耶阿本德反对理性和方法，但是，由于前者突然去世，没有完成他应该写作的那一部分，最后，费耶阿本德只好单独出版了自己的那一部分。

关于拉卡托斯的著作《科学研究纲领方法论》，费耶阿本德发表过长篇评论"科学研究纲领方法论"。[①] 在这篇评论中，他认为拉卡托斯的理论综合了波普尔和库恩的理论，也有一些有趣的历史发现，但没有增进理解科学，甚至是阻碍了更好地理解科学，因为其习惯于用道德说教来遮蔽事实。然而，在拉卡托斯和库恩之间，他认为前者的理论比后者的理论精致得多，库恩的思想虽然很有趣，但是却过分模糊，只能创造泡沫。

根据费耶阿本德自传介绍，拉卡托斯曾经非常崇拜波普尔，想围绕其哲学掀起一场运动。但是，他的梦想最终破灭了，因为他后来认为波普尔在任何方面都没有超越迪昂。

费耶阿本德和拉卡托斯是非常要好的知心密友，在学术研究和思想发展上有过广泛而深入的交流。他们面对面的讨论甚多，此外，二人也有大量的私人通信，探讨学术问题。二人的通信集《赞成和反对方法》于1999年出版。从中可以看出，二人哲学探讨的广度和深度。总的来看，拉卡托斯还是赞成理性和理性主义，从反面刺激和推动了费耶阿本德的思想发展。拉卡托斯于1974年突然去世，这给费耶阿本德带来比较大的打击，在一定程度上也影响了其哲学研究，因为他失去了一位心心相通的思想密友，也失去了一位旗鼓相当的"学术对手"。

### 九　库恩（Thomas Kuhn）

大约从1958年到1964年，费耶阿本德和库恩共同在加州大学伯克利分校任教，成为同事，有过密切的学术交流。因此，库恩对费耶阿本德

---

① Paul Feyerabend. *Problems of Empiricism* (Philosophical Papers Volume 2). New York：Cambridge University Press, 1981, pp. 202 – 230.

的思想发展也产生过一定的影响。对此，费耶阿本德自己有过论述。他写道："在 1960 年和 1961 年期间，库恩在加州大学伯克利分校哲学系任教，我非常幸运能够与他讨论关于科学的方方面面。我从这些讨论中获益良多，此后，我就一直用新的方式来看待科学。"[1] 由此可见，费耶阿本德和库恩是非常要好的朋友，前者也承认向后者学习了许多东西。

库恩的名著《科学革命的结构》出版后，费耶阿本德为此写过长篇书评《对专家的安慰》，对相关问题展开详细探讨。在该著作出版前，费耶阿本德就阅读过其手稿，并与作者就有关问题进行过深度探讨。在二人去世后，德国学者霍宁-惠尹整理出版了费耶阿本德写给库恩讨论相关问题的四封信。[2] 在此基础上，霍宁-惠尹发表过专门研究二人思想发展关系的论文。[3]

综合费耶阿本德关于库恩的论述，以及别人对二人关系的研究，费耶阿本德强烈批判和反对库恩的范式和常规科学思想，因为这种思想与其理论增生思想相冲突。因此，库恩的常规科学观点可能激发、磨炼和发展了费耶阿本德理论增生思想，由于后者毕竟喜好异见，是有创造力的思想家。此外，虽然二者同时提出了不可通约性的思想，但是，费耶阿本德多次批判库恩的相关观点，认为自己与库恩在这方面有较大差异。

> 库恩在其历史研究过程中发现了不可通约性；我发现它能详细说明旧实证论关于基础陈述（basic statement）的争论。他把它看作科学变化的重要特征；我把它看作一缕热空气，用来熄灭某些快要烧完的实证论蜡烛。……我认为库恩不是相对主义者，尽管许多人

[1] Paul Feyerabend. *Knowledge*, *Science and Relativism*（Philosophical Papers Volume 3）. New York：Cambridge University Press, 1999, p. 131.

[2] Hoyningen-Huene, Paul（ed.）. Two Letters of Paul Feyerabend to Thomas S. Kuhn on a draft of *The Structure of Scientific Revolutions. Studies in History and Philosophy of Science*, Vol. 26, 1995, pp. 353 - 387. Hoyningen-Huene, Paul（ed.）. More Two Letters by Paul Feyerabend to Thomas S. Kuhn on Proto-Structure. *Studies in History and Philosophy of Science*, Vol. 37, 2006, pp. 610 - 632.

[3] Hoyningen-Huene, Paul. Paul Feyerabend and Thomas Kuhn. In Preston, John, Gonzalo Munevar and David Lamb（eds.）. *The Worst Enemy of Science?* —— *Essays in Memory of Paul Feyerabend*. New York：Oxford University Press, 2000, pp. 102 - 114.

指责他是相对主义者。我是相对主义者，至少从这个术语的许多意义之一上来说是如此；但是，我现在认为对于一种更好的观点而言，相对主义是一种非常有用的近似（approximation），尤其是一种仁爱的近似……①

费耶阿本德和库恩同属科学哲学的历史主义阵营，都赞同用历史方法来研究科学哲学，但是，二者仍有较大差异。相比较而言，费耶阿本德比库恩更加非理性、模糊和极端。例如，费耶阿本德否认库恩是相对主义者，却绝对肯定自己是相对主义者。在这种情况下，二者的思想碰撞对各自的思想发展必定会产生影响。下面，看看费耶阿本德自己的论述。

正是他（库恩）和魏茨扎克（Carl Friedrich von Weizsaecker, 1912 — 2007）使我确信你必须历史地而不是逻辑地处理科学、艺术等，即回顾它们的生命故事，而不是力图抓住一些永恒的结构。存在相似性（analogies）——但没有永恒的结构。然而，在向库恩学习了这个之后，我对他尝试重新提出理论［常规科学（normal science）的作用，革命（revolution）的作用，等等］感到很不安，而且，我对他新近企图设法为这些理论找到哲学"基础"（foundation）更是感到非常担忧。我认为，这是用幻想（fantasy）代替事实。②

由此可见，费耶阿本德在库恩和魏茨扎克那里得到了历史主义的支持，受到了影响，他们成为同路人。然而，费耶阿本德极力反对库恩的科学革命理论，反对常规科学的思想，并从反面不遗余力地发展其理论增生的思想。

---

① ［美］费耶阿本德：《知识对话录》，郭元林译，韩永进校，中国科学技术出版社 2020 年版，第 177 页。

② ［美］费耶阿本德：《知识对话录》，郭元林译，韩永进校，中国科学技术出版社 2020 年版，第 176 页。

## 十　魏茨扎克

魏茨扎克是德国著名的物理学家，曾是海森堡的学生。1965 年，费耶阿本德与魏茨扎克教授在汉堡讨论量子理论。这次讨论揭示了理性主义是肤浅的，促使费耶阿本德回归马赫，并转向"无政府主义"。这次谈话对费耶阿本德哲学的发展和转向有着深远的影响。

费耶阿本德自述，魏茨扎克教授促使他转向无政府主义知识论。1965 年，二人在汉堡谈话，魏茨扎克教授说明了量子力学是如何从具体研究中产生的，费耶阿本德却根据一般的方法论理由抱怨魏茨扎克忽略了一些重要的替代理论。但是，费耶阿本德突然清楚地认识到，"利用这些论据而不考虑环境，它们就会成为障碍而不是帮助：一个人试图解决问题，无论是科学问题还是其他什么问题，必须有充分的自由，而不能受任何要求、规范的限制……"①

由此可见，费耶阿本德思想渊源比较复杂，一些思想根本就不是来源于正统的哲学家，而是来源于非哲学家的物理学家，而且也不是来源于严肃的学术研讨会，而是来源于私下非正式的谈话，甚至来源于闲聊。

## 十一　克拉夫特及其小组

克拉夫特是费耶阿本德博士论文的指导教师。在读大学期间，费耶阿本德和其他学生围绕克拉夫特成立了哲学研讨小组。费耶阿本德是该小组的重要成员，霍利切尔、冯·赖特、安斯科姆和维特根斯坦参加过该小组的会议。该小组举办了多次重要的研讨活动，对费耶阿本德的思想发展产生了一定的影响。关于克拉夫特小组，费耶阿本德在其自传中有这样的描述：

> 克拉夫特曾是维也纳学派的成员。在奥地利被德国吞并后，像特灵（Thirring）一样，他退休了。他讲的课没有吸引力，但他却是

---

① ［美］费耶阿本德：《自由社会中的科学》，兰征译，上海译文出版社 2005 年版，第 145 页。

一个敏锐而缜密的思想家。他预先提出了一些后来与波普尔相关的思想。在《英国科学哲学杂志》发表的关于其《普通认识论》(*Allgemeine Erkenntnislehre*) 的书评中，我指明了这一点。波普尔很不高兴，尽管在其《研究的逻辑》第一版中有相关的致谢。然而，对于我的"细致分析"，克拉夫特表示感谢（我仍然保留着他的这封信）。在认识其研讨班中的绝大多数学生后，他表示愿意形成更加固定的组织。这就是克拉夫特学派（维也纳学派的学生版）的起源。我们在位于科林大道（Kolingasse）的奥地利大学学会总部预订了一个房间，一个月活动两次。我们讨论特殊的科学理论，例如，我们举办五次研讨会来讨论洛伦兹变换的非爱因斯坦解释。我们的主题是探讨外部世界的存在问题。[1]

上述这段话，除了介绍克拉夫特小组的基本情况，费耶阿本德也在利用自己的一位老师来打压另一位老师，贬低波普尔，褒扬克拉夫特。在他和波普尔的关系恶化之后，他指出波普尔"剽窃"克拉夫特的思想。费耶阿本德终生对克拉夫特保持敬重，每次回维也纳，都要去看望后者，后者对此也感到很高兴。

### 十二 埃伦哈夫特（Felix Ehrenhaft）

埃伦哈夫特是一个实验物理学家，他做了一些颠覆正统物理学理论的实验，让费耶阿本德认识到理论和实验之间的关系非常复杂，远远超出了教科书和论文所阐述的。费耶阿本德把埃伦哈夫特一学期讲的课用速记方法记录下来，并与后者讨论了记录文稿，然后把它们卖给学生。埃伦哈夫特经常赞同地提到勒纳德和斯塔克，后二人是德国著名物理学家，曾经获得诺贝尔物理学奖。他们都是实验物理学家，都是"德意志物理学"的倡导者。

埃伦哈夫特的物理实验和价值观对于费耶阿本德形成"理论决定事

---

① Paul Feyerabend. *Killing Time*：*The Autobiography of Paul Feyerabend*. Chicago：The University of Chicago Press，1995，p. 74.

实"的思想产生了一定影响。埃伦哈夫特在课堂上展示了其实验的威力，证明了所谓公认的理论不堪一击。在实验完成后，面对"荒唐的"实验结果，一些在现场的物理学家无言以对，而埃伦哈夫特却大声"咆哮"："你们哑巴了！"。[①]

### 十三　弗兰克（Philipp Frank）

弗兰克是物理学家，出生在维也纳，是玻尔兹曼的学生。他先在维也纳和布拉格等地任教，1938 年移居美国，曾在哈佛大学任教。从现有文献来看，弗兰克和费耶阿本德交往并不多，却对费耶阿本德产生了不可忽视的影响。此外，弗兰克虽然是物理学教授，但是，对费耶阿本德发展科学哲学却起了很大作用。下面，看看费耶阿本德自己的叙述。

> 弗兰克在埃伦哈夫特离开阿尔卑巴赫几年后来到这里。他以一种不同的方式破坏了关于合理性的常见观点，他证明反对哥白尼的那些论证是完全有效的，并且符合经验，而从现代观点来看，伽利略的程序是"非科学的"。他的看法强烈地吸引了我，我进一步考察了这个问题。《反对方法》第 8 章到第 11 章是这一研究后来的结果（我的工作进度很慢）。[②]

从上述段落可以看出，《反对方法》的主要观点和思想（例如，反归纳法，"怎么都行"，伽利略是非理性的、非科学的）来源于弗兰克，至少受到其启发。

### 十四　玻尔（Niels Bohr）

根据费耶阿本德自传介绍，在 1949 年或 20 世纪 50 年代初，他在阿

---

① ［美］费耶阿本德：《自由社会中的科学》，兰征译，上海译文出版社 2005 年版，第 137 页。另外，请参见英文版 Paul Feyerabend. *Science in a Free Society*. London：Verso, 1982, p. 111。

② ［美］费耶阿本德：《自由社会中的科学》，兰征译，上海译文出版社 2005 年版，第 138 页。另外，请参见英文版 Paul Feyerabend. *Science in a Free Society*. London：Verso, 1982, p. 112. 根据英文原文，笔者对上述中文引文有所改动。

斯科夫（Askov，在哥本哈根附近）第一次见到玻尔。玻尔当时做了讲座并主持了研讨班。

德国学者奥博海姆研究认为，玻尔的互补性原理对费耶阿本德形成不可通约性思想有影响。[①] 费耶阿本德在去世前两周接受的访谈中，引用了玻尔的一段话："在你做研究时，你不能受任何规则束缚，甚至不能受不矛盾规则束缚。研究者必须有完全的自由。"[②] 这段话的意思就是"怎么都行"：在科学研究中，研究者要绝对自由，不能受任何规则束缚。实际的科学研究也是如此。这些思想与费耶阿本德的多元主义方法论和无政府主义知识论相一致。

在早期，费耶阿本德深入研究物理学哲学，其中，主要研究玻尔的量子理论及其哲学。因此，玻尔对费耶阿本德的影响，请参见物理学哲学部分。这里不再赘述。

### 十五　维特根斯坦（Ludwig von Wittgenstein）

关于维特根斯坦对费耶阿本德的影响，这里不再赘述。请参见拙文《维特根斯坦对费耶阿本德思想发展的影响》。[③]

除上述这些思想源头外，费耶阿本德还提到其他一些对其产生过思想影响的人物。例如，哈耶克、罗森菲尔德和普利斯，费耶阿本德大学时期就与他们共同参加过学术研讨活动。另外，他也敬佩和尊重许多人，如黛德丽和帕拉塞尔苏斯。正如他自己所言："我敬佩黛德丽（Marlene Dietrich，1901—1992），她的人生长寿，时尚气派，教给我们许多人一两个东西。……我敬佩帕拉塞尔苏斯（Paracelsus，1493—1541），因为他知道没有爱心（heart）的知识是空洞的东西。"[④] 帕拉塞尔苏斯主张爱是知

---

① Oberheim, Eric. *Feyerabend's Philosophy*. Berlin: Walter de Gruyter, 2006. pp. 165 – 168.

② Paul Feyerabend. Last Interview. In Preston, John, Gonzalo Munevar and David Lamb (eds.). *The Worst Enemy of Science?* —— *Essays in Memory of Paul Feyerabend*. New York: Oxford University Press, 2000, p. 162.

③ 郭元林、郑鑫：《维特根斯坦对费耶阿本德思想发展的影响——以科学哲学为视角》，《江西社会科学》2016 年第 10 期，第 25—32 页。

④ ［美］费耶阿本德：《知识对话录》，郭元林译，韩永进校，中国科学技术出版社 2020 年版，第 139 页。

识的前提和基础，没有爱的知识是空洞的，费耶阿本德主张伦理道德是知识论的基础和目标可能与此有关。

总之，费耶阿本德哲学比较"庞杂"和"凌乱"，其思想渊源也非常庞杂和广博。上述研究是初步的，有的还算比较深入，如波普尔及其学派部分；有的研究还比较肤浅，许多细节还不清楚，缺乏扎实研究和厚实资料支撑，需要进一步深入研究。

# 第 二 章

# 物理学哲学

从青少年时期开始，费耶阿本德就对物理学和天文学产生了浓厚的兴趣。在大学时期，他起初学习物理学，但是经常"入侵"哲学课堂。根据其自传，费耶阿本德在布里斯托尔大学开设过"量子力学"课程，但教学效果不佳，开始时听课人数达到八十人，但最后只剩下十人。

在去世前两周，费耶阿本德虽然瘫痪在床，但还是接受了别人的访谈。在此次访谈中，他说："我对天文学感到着迷。我发现天文学研究十分令人着迷，比哲学研究令人着迷得多——纵然，人们在哲学中能发现任何学科。对于进入所谓的'哲学'而言，任何学科都是一个好的起点。"[①] 由此可见，费耶阿本德对天文学、物理学和哲学都感到着迷，物理学哲学则是使他非常着迷的领域。

费耶阿本德早期的物理学哲学研究是其哲学发展的起始和源头，创生了许多新颖的思想和观点，特别是孕育了第二阶段的一般科学哲学，从而为其经典著作《反对方法》奠定了坚实基础。国内外都不太重视费耶阿本德的物理学哲学研究，细致的分析、论证、评价和总结并不多见。研究费耶阿本德哲学的论著基本上都聚焦于其科学哲学，下面这些已出版的研究费耶阿本德哲学的专著无一例外：普瑞斯顿（J. Preston）的《哲学、科学和社会》、库瓦利斯的（G. Couvalis）《费耶阿本德批判基础主义》、奥博海姆（E. Oberheim）的《费耶阿本德的哲学》、法若尔

---

① Paul Feyerabend. Last Interview. In Preston, John, Gonzalo Munevar and David Lamb (eds.). *The Worst Enemy of Science?* —— *Essays in Memory of Paul Feyerabend*. New York：Oxford University Press, 2000, p. 161.

（R. Farrel）的《费耶阿本德和科学价值：走钢丝的理性》和胡志强的《费耶阿本德》都是如此。当然，这些专著也没有关注费耶阿本德后期的古希腊哲学研究。

第四卷哲学论文集《物理学和哲学》专门收录了费耶阿本德的早期物理学哲学作品，时间跨度为 1948—1970 年。全书共计收录 29 篇作品，分为三个部分：第一部分为论文和书的章节，收录 14 篇；第二部分为评论和讨论，收录 9 篇；第三部分为百科全书词条，收录 6 篇。费耶阿本德的大量物理学哲学作品散见于各种杂志和书籍之中，而且发表和出版时间较为久远，给阅读和研究带来很大不便。

第四卷哲学论文集中的文献包含哲学文献和非哲学文献。非哲学文献就是四个百科全书的科学家词条。这四个科学家分别是玻尔兹曼、海森堡、普朗克和薛定谔，他们都来自德语国家，是科学史上一流的科学家（至少是诺贝尔奖得主级别），创立了某个学科或分支学科：玻尔兹曼是热力学和统计物理学的奠基者，普朗克提出作用量子概念，海森堡和薛定谔创立了量子力学。此外，他们不仅仅是狭隘的科学家，而且是思想家和哲学家，至少喜欢哲学探索。除了上述四个科学家词条外，其他文献都可以归属为哲学文献。

这本论文集基本上涵盖了费耶阿本德主要的物理学哲学作品，为需要者提供了极大的便利。这本论文集英文版的编者是盖太（Stefano Gattei）和阿加西（Joseph Agassi）教授，他们不但完成了大量的编辑工作，还撰写了长篇导论（长达 20 页），介绍和分析了这本论文集的物理学和哲学争论背景，特别是详细论述了量子理论及其哲学解释的历史发展脉络。此外，这本论文集还介绍了费耶阿本德研究物理学哲学（特别是量子物理学哲学）的一些情况。除了第四卷哲学论文集《物理学和哲学》收录的论文，其他的物理学哲学论文可以参见如下著作。

在第一卷哲学论文集《实在论、理性主义和科学方法》中有：《论测量的量子理论》（On the Quantum – Theory of Measurement），《尝试对经验进行实在论解释》（An Attempt at a Realistic Interpretation of Experience），《莱辛巴赫的量子力学解释》（Reichenbach's Interpretation of Quantum Mechanics），《论科学理论的解释》（On the Interpretation of Scientific Theories），《玻姆教授的自然哲学：评他的〈现代物理学中的因果性和几率〉》（Professor Bohm's Philosophy of Nature：Review of David Bohm，*Causality and Chance in Modern Physics*），《玻尔的世界观》（Niels Bohr's World View）。

在第二卷哲学论文集《经验论问题》中有：《马赫、爱因斯坦和波普尔学派》（Mach, Einstein and the Popperians），《实在论和玻尔－罗森菲尔德条件》（Realism and the Bohr-Rosenfeld Condition）。在《告别理性》中有：《马赫的研究理论及其与爱因斯坦的关系》。在第三卷哲学论文集《知识、科学和相对主义》中有：《理论实体的存在问题》（The Problem of the Existence of Theoretical Entities）。在《征服丰富性》中有：《量子理论和我们的世界观》（Quantum Theory and Our View of the World）。

下面，以上述文献为基础，介绍、分析、评价和总结费耶阿本德第一阶段的物理学哲学研究。根据物理学的内容和领域，笔者把费耶阿本德的物理学哲学分为四部分：热力学与统计物理学哲学，量子力学哲学，一般物理学哲学，自然哲学。

# 第一节 热力学与统计物理学哲学

费耶阿本德研究热力学与统计物理学的哲学，主要探讨热力学第二定律的哲学意义。在第四卷哲学论文集《物理学和哲学》中，这方面的研究涉及两章：第 13 章，论第二类永动机的可能性（1966）；第 18 章，评莱辛巴赫的《时间方向》。费耶阿本德用思想实验来论证第二类永动机的可能性，赞同玻尔兹曼的解释，认为在微观可逆性和宏观不可逆性之间并不存在矛盾。他对莱辛巴赫的著作持批判态度，在时间方向的解释上也遵循玻尔兹曼的解释。从文献的角度来看，费耶阿本德在这方面的研究虽然并不多，但是，在学界还是有一定影响力的。

此外，费耶阿本德还研究了布朗运动理论的哲学问题。关于这方面的研究，散见于第一、第二和第三卷哲学论文集与《告别理性》等著作中。下面，首先分析和论述"布朗运动和理论增生"。然后，探讨第二类永动机的哲学问题。

### 一　布朗运动和理论增生

"布朗运动粒子是第二类永动机，布朗运动违背热力学第二定律"——这是费耶阿本德反复提及和论述的一个热力学哲学命题。[①] 但是，他论及此命题，并不是为了从科学上探讨布朗运动究竟是否违反热力学第二定律，而是为了论证其理论增生原理。

热力学第二定律是宏观定律，可以表述为"从单一热源吸收的热量在循环过程中全部转化为功，而不引起任何其他影响是不可能的。"[②] 从宏观层面看，布朗运动明显违反热力学第二定律，但是，很难精确测量布朗粒子从周围液体中吸收的热量和液体对其所做的功，因此，也就很难用布朗运动这一事实来直接反驳热力学第二定律。如果从理论决定事实的观点来看，那么，就是无法从热力学第二定律中推导出布朗运动这一事实，或者说，就是无法用热力学第二定律来说明布朗运动现象。在这种情况下，为了保留热力学第二定律，布朗运动就被当作异常现象来处理，人们选择对其视而不见，然而，根据增生原理，就需要发明新的替代理论。这种新的替代理论就是微观的分子运动论。

根据分子运动论，在微观层次，液体分子做无规则的随机热运动，宏观温度是分子的平均动能。布朗运动是大量液体分子随机运动的结果。因此，用微观的分子运动论可以说明布朗运动现象，即能从分子运动论中推导出布朗运动这一科学事实。此外，还能用分子运动论和统计理论计算出布朗粒子的运动距离，而且，这一计算结果也得到了实验确证。因此，相对于热力学第二定律来说，分子运动论是更加普遍有效的替代理论，但二者是不一致的：布朗运动现象违反热力学第二定律，但符合分子运动论。这就论证了理论增生原理的合理性，发明与

---

① 例如，请参见 Paul Feyerabend. *Realism*, *Rationalism and Scientific Method* (Philosophical Papers Volume 1). New York: Cambridge University Press, 1981, pp. 71–72, pp. 143–145, p. 201 and pp. 205–206; Paul Feyerabend. *Knowledge*, *Science and Relativism* (Philosophical Papers Volume 3). New York: Cambridge University Press, 1999, pp. 92–93 and pp. 141–142.

② 马本堃、高尚惠、孙煜编：《热力学与统计物理学》，高等教育出版社 1989 年版，第 30 页。

现有理论不一致的新的替代理论，有利于认识的深化，有利于知识的进步。

从科学发展的历史来看，热力学第二定律首先成为公认的理论。在 19 世纪，有人用热力学第二定律来反对分子运动论，并几乎把后者逐出科学。然而，布朗运动能够从分子运动论中导出，却违反热力学第二定律。因此，热力学第二定律的替代理论分子运动论促进了知识增长。

### 二　第二类永动机的哲学讨论

通过研究布朗运动，费耶阿本德用分子运动论来质疑热力学第二定律的普遍有效性，即探讨第二类永动机的可能性——他还发表论文《论第二类永动机的可能性》，专门讨论第二类永动机的可能性。[①] 为了说明第二类永动机是可能的，他构想了一个"地狱机"思想实验。为了清楚、完整地表达费耶阿本德的构思，现摘录如下文字叙述和图形。[②]

圆筒形容器 Z 内含活塞 P（其中心片 O 能被去除）和单个分子 M。活塞 P 由细线 S 保持平衡，而 S 经过两个转轮 L 和 M，连接到秤盘 C 和 D。在每个秤盘的上面，都有一根小棒（分别是 A 和 B）悬挂在两个叉钩上（请观察 Z 下面的顶视图）。整个装置保持在温度 T。我们开动"地狱机"，打开 O，并使 M 在整个 Z 的空间内自由运动。然后，我们关闭 O。现在，如果 M 在 O 的左边，那么，它将向右边挤压，拉升 C，从而拉升 A 离开叉钩，使其上升到更高的高度。如果 M 是 O 的右边，那么，D 和 B 将会发生同样的现象。此过程能够无限重复下去，而没有因观察 M 出现熵损失。

费耶阿本德用上述的"地狱机"思想实验来反驳热力学第二定律，

① Paul Feyerabend. Stefano Gattei and Joseph Agassi（eds.）. *Physics and Philosophy*（Philosophical Papers Volume 4）. New York：Cambridge University Press，2016，pp. 234 – 238.

② Paul Feyerabend. Stefano Gattei and Joseph Agassi（eds.）. *Physics and Philosophy*（Philosophical Papers Volume 4）. New York：Cambridge University Press，2016，p. 236.

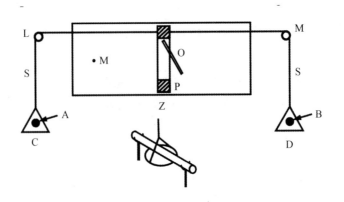

**图1　"地狱机"示意图**

认为它就是一个第二类永动机。然而，把这个"地狱机"看作第二类永动机似乎是有漏洞的。此"地狱机"思想实验类似于麦克斯韦妖思想实验。在麦克斯韦妖的思想实验中，大量分子均匀随机分布于容器中（宏观温度各处相等），而妖通过识别分子运动速率和开关阀门，让运动速率大的分子通过阀门，却不让运动速率小的分子通过阀门，从而使得容器的半边（即速率大的分子的分布区域）温度高，另外半边（即速率小的分子的分布区域）温度低，因而出现违反热力学第二定律的现象，即存在第二类永动机。然而，麦克斯韦妖思想实验是明显存在漏洞的。因为在现实的经验世界中，"妖"识别分子运动快慢和开关阀门是需要消耗能量的，所以，该思想实验系统并不是孤立系统（孤立系统意指与外界没有任何物质和能量交换的系统），而非孤立系统的熵发生减少，并不违反热力学第二定律。这样看来，在现实的经验世界中，麦克斯韦妖思想实验并不是第二类永动机；相反，只有在理想的世界中，把"妖"看作超自然的，其识别分子速率和开关阀门不需要能量，它才是第二类永动机。

　　显然，费耶阿本德的"地狱机"思想实验是麦克斯韦妖思想实验的简化和改进版，其目的在于克服后者的缺陷。在"地狱机"中，把众多分子减少到了一个分子 M，而且也删除了"妖"，从而不再需要识别分子的快慢，但是，仍然需要由"我们"来开关阀门 O。在这里，"我们"取代了"妖"，虽然不需要识别分子 M 运动速率的大小，但是，仍然需要开关阀门 O，需要消耗能量。因此，该"地狱机"不是提供"永久财源"的第二类永动机，其运行并不违反热力学第二定律。此外，该"地狱机"的另外一个严重缺陷是，容器本身的受力平衡遭到破坏。在关闭阀门 O 前，分子 M 可以在整个容器中运动，既可以对容器左壁施加作用，也可以对容器的右壁施加作用，所以，在宏观的长时段来看，容器本身的受力是平衡的。然而，在关闭阀门后，如果分子 M 在容器的左半边，就无法对容器的右壁施加作用。反之，在关闭阀门后，如果分子 M 在容器的右半边，就无法对容器的左壁施加作用。在这种情况下，容器原有的受力平衡遭到了破坏。实质上，费耶阿本德的"地狱机"就是"破坏"容器原有的受力平衡，并把这种"破坏"转化为"对外做功"。

费耶阿本德似乎并没有注意到这一缺陷。在思想实验中，如果可以忽略这一缺陷，那么，费耶阿本德的"地狱机"就显得太复杂了，可以大大简化：只保留容器（容器的质量比分子的质量大，但不是大很多；容器放在一个无摩擦的平面上）和分子 M。可以把这种简化的地狱机称为"新型地狱机"。在"新型地狱机"中，分子 M 可以在容器内自由运动，当它撞击容器左壁时，容器因受到向左的作用力就会向左运动，从而对外做功；当它撞击容器右壁时，容器因受到向右的作用力而向右运动，也会对外做功。这样，"新型地狱机"就是一个典型的第二类永动机。

在笔者看来，用思想实验来探讨第二类永动机的意义并不是很大。热力学第二定律是宏观经验定律，而且是高度可靠的定律，所以，在现实中，人们并没有观察到或制造出第二类永动机。然而，根据玻尔兹曼的微观解释，第二类永动机是可以出现的，即可以出现违反热力学第二定律的现象，只是这种情况发生的概率极低，在人类生存的时间内，它不可能发生。因此，用思想实验来构想第二类永动机应该是可以成功的，但是，好像还没有构想出理想的第二类永动机思想实验。费耶阿本德的"地狱机"也不例外，它也是有缺陷的。当然，他探讨第二类永动机的可能性，可能是为了发展更多的替代理论，这符合其"理论增生"的科学发展模式，也符合其多元主义方法论和无政府主义知识论。

## 第二节　量子力学哲学

在哲学论文集第四卷《物理学和哲学》中，有十七篇文献研究量子理论的哲学问题。这类研究涵盖了费耶阿本德物理学哲学的大部分内容，也是最基本和最主要的内容。费耶阿本德研究量子理论哲学与其所处的时代有密切关系，其时量子物理学蓬勃发展，但是，它的解释和哲学意义却令人感到困惑，为这方面的研究创造了肥沃的土壤。他紧跟时代步伐，开展相关研究，著述颇丰。当然，具体来说，他在这方面的研究，受到波普尔很大影响。有一段时间，波普尔对量子物理学哲学研究用功颇多，而且影响甚大。

从英文版篇幅上来看，这类文献参差不齐。最长的论文是第6章：微观物理学问题（1962）。该文几乎长达九十页，可以单独成为一本小书。它非常全面、翔实地论证和分析了量子理论及其哲学问题，包含十二部分：导论，早期的量子理论（波粒二象性），波动力学，EPR 论证，超级状态，量子力学状态的关系特征，互补性，猜想在物理学中的作用，冯·诺依曼证明，观察的完全性，测量，以及相对论、量子力学和场论。该文前半部分主要介绍和分析了量子理论本身，由此可以看出，费耶阿本德对量子理论非常熟悉，功底非常深厚，令人惊叹；后半部分集中探讨了量子理论的哲学问题。其最主要的观点之一是：哥本哈根解释虽然优于其他解释，但它只是一种假说，物理学的未来发展是开放的。这是费耶阿本德的一个基本观点，但似乎也不能贯彻到底。在第12章"评非经典逻辑在量子理论中的应用（1966）"中，他分析了量子理论的三种本体论解释，认为爱因斯坦的解释优于哥本哈根解释，因为前者符合理论增生原理，鼓励建构替代者，促进科学进步；而后者却拒绝这样做。

这类文献中的评论文章都比较简短，一般不超过五页。最短的文章不到两页，它是第19章"兰德教授论波包塌缩（1960）"。总的说来，这类文献阅读起来比较困难，既需要一定的量子理论知识基础，也需要有相当多的哲学积累。其中，量子理论涉及的范围非常广，主要涉及下面这些物理学家的理论：普朗克、爱因斯坦、索末菲、玻尔、海森堡、薛定谔、狄拉克、冯·诺依曼和玻姆。这方面基础比较薄弱的读者，可以阅读第 25 章"量子理论的哲学问题（1964）"，因为它是百科全书词条，相对较为通俗易懂。这类文献的写作时间跨度长达十六年，而且是零散的作品，不是系统的著作，有重复和不一致的地方在所难免。例如，第 8 章"科学（特别是量子理论）中的保守特征及其消除（1963）"和第 9 章"微观物理学问题（1964）"的内容就基本上雷同。因此，系统分析和总结费耶阿本德的量子理论哲学是一件非常困难的事。广而言之，系统分析和总结费耶阿本德哲学，是一件更为困难的事，因为他对系统性似乎有本能的反感。在他大量的著述中，唯一较为系统的著作就是《反对方法》，其余的就是论文、论文集或未发表的手稿。

此外，在费耶阿本德的其他著作中，也收录了他研究量子力学哲学的文章。例如，在第一卷哲学论文集《实在论、理性主义和科学方法》中有：《论测量的量子理论》（On the Quantum-Theory of Measurement），《莱辛巴赫的量子力学解释》（Reichenbach's Interpretation of Quantum Mechanics），《玻尔的世界观》（Niels Bohr's World View）。在《征服丰富性》中有《量子理论和我们的世界观》（Quantum Theory and Our View of the World）。

费耶阿本德总结自己早期的学术研究，认为其是以量子力学哲学为主的。在《学术休假年（1977）申请书》中，他写道：

在量子理论中，本人主要在测量理论和量子逻辑问题以及玻尔对基本理论形式体系（formalism of the elementary theory）的解释方面有所建树。我指出（1）玻尔的观点经得起任何反驳；（2）它们并未强大到能够排除任何备选方案；（3）意图加强这些论点并表明正统解释（冯·诺依曼证明及精细化）之唯我独尊的做法要么有着先天缺陷，要么并未达到目的。①

　　因此，根据上述文献和费耶阿本德自己的学术总结，笔者将从以下
四个方面来论证和总结其量子力学哲学：论测量的量子理论，玻尔的世
界观和认识论，关于哥本哈根解释的迷茫，超越量子力学哲学。

## 一　论测量的量子理论

　　在量子力学哲学研究中，量子测量问题是费耶阿本德重点研究的问
题。在《微观物理学》（1962）中，他对测量有这样的定义："测量是一
种物理过程，其目的在于检验理论，或者在于确定某些未知的理论常
数。"② 费耶阿本德进一步得出结论认为，对测量的完全阐释至少要涉及
如下三类问题：确证问题，利用实验获得的陈述是否与所研究的理论或
常数相关；观察者问题，人类（不管是否借助于仪器）是否及如何对某
类情形进行反应；物理测量问题，精心设计的测量所必须满足的物理条
件是否与物理规律相容。③ 在量子测量的相关研究中，费耶阿本德主要探
究了量子理论中的物理测量问题，偶尔可能涉及观察者问题和确证问题。
　　在 1957 年，他发表了一篇论文《论测量的量子理论》，专门研究量
子测量问题。④ 他认为，在经典物理学中，日常经验和物理理论属于同一
个层次，前者能用后者来描述和阐释，在运动方程的基础上能对一切测
量过程进行描述和分析，所以，经典测量理论属于经典应用物理学。然

---

① ［美］费耶阿本德：《自然哲学》，张灯译，人民出版社 2014 年版，第 299 页。同时，笔
者参考英文原文对译文有所改动。英文原文可参见 Paul Feyerabend. *Naturphilosophie*. Frankfurt am
Main：Suhrkamp Verlag, 2009, p. 340；Paul Feyerabend. *Philosophy of Nature*. Cambridge, UK：Polity
Press, 2016, p. 220；Collodel, Matteo and Eric Oberheim（eds.）. *Feyerabend's Formative Years*（Volume 1. Feyerabend and Popper, Correspondence and Unpublished Papers）. Cham, Switzerland：Springer
Nature Switzerland AG, 2020, p. 35.

② Paul Feyerabend. Stefano Gattei and Joseph Agassi（eds.）. *Physics and Philosophy*（Philosophical Papers Volume 4）. New York：Cambridge University Press, 2016, p. 175.

③ Paul Feyerabend. Stefano Gattei and Joseph Agassi（eds.）. *Physics and Philosophy*（Philosophical Papers Volume 4）. New York：Cambridge University Press, 2016, p. 175.

④ Paul Feyerabend. *Realism, Rationalism and Scientific Method*（Philosophical Papers Volume 1）.
New York：Cambridge University Press, 1981, pp. 207 – 218.

而，在玻尔、海森堡和冯·诺依曼所发展的测量理论（涉及量子跃迁和波包塌缩等）中，日常经验和物理理论（量子力学）分属于完全不同的层次：前者属于宏观层次，用经典物理学来描述和分析；后者属于量子微观层次。这意味着，在量子测量的描述和阐释中，物理理论需要跨越不同的层次，而不是在同一层次把普遍的理论应用到特殊的情形。费耶阿本德批判这种量子测量理论，并且力图证明：在量子力学中，有可能构想出一种测量理论，而这种测量理论是普遍理论的应用。

类比于日常经验和经典物理理论的关系，费耶阿本德尝试构想出这样一种测量理论：它仅仅包含运动方程和关于相关系统特性的陈述（特别是，关于测量仪器性质的陈述），仅仅依赖于运动方程及其所适用的特定条件（宏观可区分的状态和宏观观察者）。这种测量理论的主要思想如下：

A. 在测量期间发生的所有过程，只有基于运动方程才能得到理解。

B. 不存在量子跃迁，"存在量子跃迁"的思想来源于一种不完整的测量理论。

C. 经典层次是量子层次的特殊组成部分，不能把它们看作完全不同的两个层次。

D. "经典物理理论是对实在世界的描述，而量子力学只是预测工具"这种观点是有问题的，所以，必须对量子力学进行实在论解释。

E. 日常经验（观察语言或日常语言）层次不是完全自足和完全独立的，而是理论层次的组成部分，不能把它们看作完全不同的两个层次。①

费耶阿本德上述构想的量子测量理论是很难成功的，至少目前还没

---

① Paul Feyerabend. *Realism, Rationalism and Scientific Method* (Philosophical Papers Volume 1). New York: Cambridge University Press, 1981, pp. 216–217.

有成功。经典力学与量子力学之间的差别是非常大的。在经典力学中，测量不是其理论框架的组成部分，而是具体的操作活动；测量结果原则上是确定的，与具体的测量程序和方法无关；描述粒子运动的状态、可观测量和观测值是相同的，它们都是位置 x 和动量 p；测量不会对运动物体本身产生不可忽略的影响。在量子力学中，测量本身就是其理论框架的组成部分，不只是具体的操作活动；运动状态、可观测量和观测结果是互不相同的，运动状态是希尔伯特空间中的一个向量，可观测量是算符或矩阵，观测结果是算符的本征值；观测结果原则上是不确定的，用概率表示；测量会对量子系统本身产生不可忽略的影响。因此，在经典力学和量子力学中，测量是完全不同的。经典力学中的测量，是在实际的物理世界中进行的，有具体的现实的操作，可以形成感性经验。量子力学中的测量，不是在实际的物理世界中进行的，而是抽象的思想建构：希尔伯特空间是抽象的构想，运动状态（向量）也是抽象的思想建构，可观测量（算符或矩阵）同样是抽象的思想建构，观测结果（算符的本征值）还是抽象的思想建构。总之，在量子力学中，所谓的测量是一种思想建构，是一种思想实验，和实际的物理世界没有直接的对应和联系，不可能形成日常的感性经验。

在经典力学中，测量原则上可以是绝对精确的，实际中的误差是由于测量手段不够完美造成的。在现实中虽然总是存在误差，但是，随着技术手段的提高，测量精度可以逐步提高和完善，可以无限接近绝对精确。然而，在量子力学中，任意两个不对易算符之间都存在海森堡不确定性关系（任意两个对易算符之间不存在不确定性关系）：两个测量对应的算符不对易时，不可能同时给出关于它们的确定结果。海森堡不确定性关系来自算符的不可对易性。例如，因为位置算符和动量算符是不可对易的，所以，就不存在一个量子态使得一个粒子同时具有确定的位置和动量。粒子位置的不确定值 $\Delta x$ 和位置的不确定值 $\Delta p$ 要满足如下关系。

$$\Delta x \cdot \Delta p \geqslant h/4\pi$$

换言之，粒子不能同时具有确定的位置和动量，这是由量子力学本身的理论框架决定的，是量子力学本身思想建构的结果。只要认可量子力学，就必然可以推论出粒子本身不能同时具有确定的位置和动量，即原则上粒子本身就不能同时具有确定的位置和动量，这不是实际的测量误差造成的，也与具体的测量过程没有任何关系，而是量子力学理论建构的必然结果。

因此，将海森堡不确定性关系说成是"海森堡测不准关系"，这是一种误解。而且，这种误解是由海森堡本人造成的。他对不确定性关系提出了一个直观的解释。在这个解释中，他设想用光去测量粒子。为了更精确地测量粒子的位置，就必须使用波长更短的光。但是，波长越短，光子的动量就越大，由此对粒子动量造成的扰动就越大，结果粒子动量的测量就越不精确。反过来，为了更精确地测量粒子的动量，就必须使用光子动量更小的光。但是，光子动量越小，光波的波长就越长，由此测量的粒子位置就越不精确。总之，粒子位置测量得越精确，其动量就测量得越不精确；反之，粒子动量测量得越精确，其位置测量得就越不精确。二者不精确度的乘积要大于某个数值，满足海森堡不确定性关系。然而，海森堡不确定性关系与具体的测量没有任何关系，把它看作"海森堡测不准关系"，是一种误解。

鉴于量子力学与经典力学之间存在巨大的差别，费耶阿本德尝试类比于经典力学中的测量理论，在量子力学中构想一种测量理论，这是很难成功的。经典力学和量子力学是两种完全不同的理论（或传统），它们是不可通约的。在中后期，他主张"理论决定事实"。根据这种主张，经典力学和量子力学决定了其完全不同的测量理论和测量程序，也决定了其完全不同的"实在"，所以，经典层次和量子层次是完全不同的两个层次，其测量理论和测量程序也是完全不同的。在经典力学中，测量是实际世界中的具体操作，与日常经验能够建立联系。而在量子力学中，测量是虚构出来的抽象的思想实验，与日常经验难以建立联系。

然而，在类比于经典力学来构想量子力学测量理论的过程中，费耶阿本德没有把量子力学和经典力学看作两个不可通约的并列理论，而是根据经典理论来审视量子理论，从经典世界来看量子世界，没有突破经典力学的束缚。他把经典力学对应于（描述）经典层次和日常经验层次，而把量子力学对应于（描述）量子层次和理论层次。在这种情况下，他否认经典层次和量子层次是完全不同的两个层次，也否认经验层次和理论层次是完全不同的两个层次，进而认为经典层次是量子层次的组成部分，经验层次不是独立和自足的，而是理论层次的组成部分。显然，这种看法符合其后期的观点"理论决定事实"（经验不是独立和自足的，而是由理论决定的）。但是，这种看法是明显有漏洞的，因为经典力学和量子力学是完全不同的两种理论，它们是不可通约的，描述了不同的世界和实在，不是描述同一世界和实在的不同层次（经验层次和理论层次）。

费耶阿本德认为，经典力学和量子力学描述（对应于）同一世界和实在的不同层次（即经验层次和理论层次，经典层次和量子层次），而对经典力学进行实在论解释是习以为常的，所以，他坚持要对量子力学也进行实在论解释。而在他看来，玻尔和海森堡等人却把量子力学当作一种预测工具，对其进行工具论解释。他写道："他们的主要目标不是建构一种新的物理理论来描述独立于测量和观察而存在的世界，而是运用那些仍说是能用以正确预测的经典物理成分来建构一种逻辑体系。显然，后一种理论不允许实在论解释：不能对其所包含的经典符号进行实在论解释，因为它们不再是普遍适用的；也不能对其所包含的非经典符号进行实在论解释，因为它们是用于预测目的的逻辑体系的组成要素，除这种用法外，它们没有任何意义。"[1] 在其发表于 1964 年的论文《实在论和工具论：评事实支持的逻辑》中，费耶阿本德批判工具论，赞同实在论，认为理论的实在论解释比工具论解释更加可取，因为实在论解释满足可检验性要求。[2] 因此，他主张对量子理论进行实在论解释，反对哥本哈根的工具论解释。他用哥白尼理论的历史发展来支持这一主张。哥白尼理论最初也得不到事实支持，与观察、公认的定律和理论不一致，对其进行工具论解释。但是，假以时日，研究不断深入，哥白尼理论的实在论解释最终胜利了。与此类似，他相信量子理论的实在论解释最终能够成功。因为，当时反对对量子理论进行实在论解释的理由与过去反对对哥白尼理论进行实在论解释的理由非常相似。

————————

　　① Paul Feyerabend. *Realism*, *Rationalism and Scientific Method* (Philosophical Papers Volume 1). New York：Cambridge University Press, 1981, pp. 220 – 221.

　　② Paul Feyerabend. *Realism*, *Rationalism and Scientific Method* (Philosophical Papers Volume 1). New York：Cambridge University Press, 1981, pp. 176 – 202.

## 二 玻尔的世界观和认识论

费耶阿本德认为，把玻尔、海森堡、泡利和其他人统称为哥本哈根学派，这没有意义，因为在玻尔和海森堡的理论和观点之间存在巨大的分歧。同样的原因，他也一再否认存在所谓的哥本哈根解释：

> 微观理论（特别是薛定谔和海森堡的量子理论）的特定解释产生于这些理论与玻尔的两个假设和上面提及的更普遍的哲学背景组合；这种解释被称为哥本哈根解释。仔细审视这种解释马上就会明白它不是一种解释，而是多种解释。……所有哲学信条［从极端的观念论（实证论、主观论）到辩证唯物论］都已经被强加给这些物理元素了。……因为所有这些形式都与玻尔自己的观点不一致，所以，他已经对这一切形式进行了批判。显然，必须放弃"哥本哈根解释"（Copenhagen Interpretation）这个术语所表达的统一性。取而代之的是，我们将尝试只讨论玻尔自己提出的思想……将从讨论互补性思想来开始探讨一般的背景轮廓。①

由此可见，费耶阿本德否认存在通常所称的哥本哈根学派和哥本哈根解释，因为其内部观点并不统一。他特别重视研究玻尔的量子理论哲学。其中，他认为玻尔的互补性思想是其量子理论哲学中的核心思想和基石。

以1966年发表《辩证唯物论和量子理论》为分界线，此前，费耶阿本德以批判理性主义和实在论为哲学标准，批判玻尔，为波普尔辩护；此后，他反过来批判和反对波普尔，为玻尔辩护。发生这种变化的明显原因是，费耶阿本德与波普尔的私人关系发生根本变化，而学术原因不是很明显，值得进一步探究。

在诠释和发展量子理论中，玻尔提出互补性思想和对应原理，怀疑

① Paul Feyerabend. Stefano Gattei and Joseph Agassi（eds.）. *Physics and Philosophy*（Philosophical Papers Volume 4）. New York：Cambridge University Press, 2016, pp. 146 – 147.

有可能通过用新的概念形式取代经典物理学概念来创建一种全新的原子理论。在玻尔看来，互补性是对原子世界图像的刻画，是微观世界的基本特征，不是物理学理论和知识不足造成的结果。然而，费耶阿本德却对此持批判和反对态度。在《微观物理学》（1962）中，他对玻尔的互补性原理有如下概括。

> 互补性原理用更普遍的术语来表述在处理经典概念中由实验强加给我们的这种奇特限制。在其应用形式中，此原理主要以两个经验前提和某些其他前提（它们既不是经验的，也不是数学的，因而可以适当地称之为"形而上学的"）为基础。这些经验前提（除守恒定律外）是：（1）光和物质的二元特征；（2）存在用下列定律所表示的作用量子

$$p = h/\lambda \quad E = h\nu①$$

费耶阿本德认为，上述的形而上学前提（假设）有：经典物理学概念是我们仅有的概念；科学理论要以事实为基础，反对猜测。然而，这些形而上学前提都经受不住科学历史发展的检验。因此，在费耶阿本德看来，互补性原理并不是绝对真理，也不一定比其他科学原理更加优越。在1961年发表的《对汉森的答复》一文中，费耶阿本德写道："从理论创造力来看，互补性观点不比玻姆的观点更优。因为互补性观点是在波动力学思想之后（而不是之前）提出的，而波动力学是由薛定谔在完全不同的哲学基础上提出的。因此，既不是第一条，也不是第二条，更不是第三条能够证明互补性思想优于玻姆及其合作者的新思想。"② 在这里，费耶阿本德批判互补性观点，认为它没有比玻姆的观点更好。因为互补性思想只是对量子理论进行解释，而量子力学（特别是薛定谔创建的波动力学）是相对独立于互补性思想而发展的。在费耶阿本德看来，互补

---

① Paul Feyerabend. Stefano Gattei and Joseph Agassi（eds.）. *Physics and Philosophy*（Philosophical Papers Volume 4）. New York：Cambridge University Press，2016，pp. 147 – 148.

② Paul Feyerabend. Stefano Gattei and Joseph Agassi（eds.）. *Physics and Philosophy*（Philosophical Papers Volume 4）. New York：Cambridge University Press，2016，p. 98.

性思想不是一个具体的科学定律，而是一个哲学原理或一种哲学解释，严重依赖于其哲学背景，更容易受到哲学思想影响。他写道："有如下两种原理：一种是存在先验概念，这使得客观描述成为可能；另一种是这些概念存在限制，这形成互补性思想的哲学背景。"相比之下，玻姆的隐变量理论倒是一种科学理论，而互补性思想却是一种哲学解释，所以，前者可能比后者更好。

在《微观物理学》（1962）中，费耶阿本德强烈质疑互补性思想，认为是因为下面三个虚假的理由而造成其表面的成功和繁荣。第一个虚假的理由是：表面上，互补性思想得到经验确证，是经验成功的；实际上，互补性思想缺乏经验内容，不能排除其替代者。第二个虚假的理由是：互补性思想是模糊的，对其可以有多种含糊的解释。第三个虚假的理由是：许多对互补性思想的反对是不相关的，没有切中要害，绝大多数批判者把哥本哈根解释的两个主要物理原理（状态描述的非决定性原理和量子力学状态的关系特征原理）解释为实证论认识论的直接结果，并把它们与后者一起舍弃了。[1] 因此，费耶阿本德反对把互补性原理看作唯一可能的终极结论。他写道："因此，'互补性是微观物理学中唯一可能的观点'这种说法不仅错误和独断，而且，甚至关于它是不是一种可能的观点，都还存在很大的疑问——也就是说，关于它是否准确表述了今天充分发展的量子理论（薛定谔和海森堡的基础理论），也还存在很大疑问。"[2] 费耶阿本德之所以这样批判和反对玻尔，主要有两方面的原因。首先，他认为玻尔是科学工具论者，不是科学实在论者，在某种程度上是实证论者。其次，他认为玻尔是认识论的独断论者。

玻尔不是从科学实在论的观点来看待原子理论的，而是把它看作一种科学预测工具。在早期，费耶阿本德坚持实在论，强烈批判和反对科学工具论和实证论。然而，他却认为玻尔的观点中含有重要的实证论元素，是一种高级的实证论。在费耶阿本德看来，玻尔的高级实证论与一

① Paul Feyerabend. Stefano Gattei and Joseph Agassi（eds.）. *Physics and Philosophy*（Philosophical Papers Volume 4）. New York：Cambridge University Press, 2016, pp. 102 – 106.

② Paul Feyerabend. Stefano Gattei and Joseph Agassi（eds.）. *Physics and Philosophy*（Philosophical Papers Volume 4）. New York：Cambridge University Press, 2016, p. 185.

般实证论主要有如下差别。

　　这种思想表明：玻尔的哲学在一个重要的方面不同于实证论。根据实证论本身，知识的形式元素被限制于我们用来对我们的经验进行整理的规律。经验自身不拥有任何形式性质，它们是无组织的简单元素（诸如色感、触感等）。然而，根据玻尔，甚至我们的经验（因而我们的思想）也是被"类别"（categories）（E 239）或"感知形式"（forms of perception）（A 1，8，17，22，94，etc.）组织起来的；如果没有这些形式，它们就不能存在。①

费耶阿本德认为，玻尔的高级实证论主张科学经验（乃至思想）不能摆脱经典物理学的范畴和感知形式。玻尔承认，科学经验比实证论者所预设的直接经验复杂得多，但似乎仍然认为这种更复杂的经验是"给定的"（given），不能对其做进一步的分析。总之，玻尔是科学工具论者，也是高级实证论者。然而，在费耶阿本德看来，无论如何，玻尔都不能成功，因为他不是科学实在论者。

　　总之，互补性基于一种新的说明理想。玻尔提出并详尽阐述了这种理想（通过纳入一种预测工具，它类似于实证论的说明理想），他认识到作用量子的归纳主义解释与实在论不相容。这种理想也被应用到物理学之外的领域。在物理学中，这种理想已经导致沿着对应原理的路线产生一些富有成效的发展，而在其他领域，却不可以获得这种结果。但是，在全部领域中，应用实证论理想最终必定导致停滞。只有再采用实在论程序，才能避免这种情形。……只有这种程序，才使沿着理性路线的科学进步成为可能。②

① Paul Feyerabend. Stefano Gattei and Joseph Agassi (eds.). *Physics and Philosophy* (Philosophical Papers Volume 4). New York：Cambridge University Press, 2016, p. 54.
② Paul Feyerabend. Stefano Gattei and Joseph Agassi (eds.). *Physics and Philosophy* (Philosophical Papers Volume 4). New York：Cambridge University Press, 2016, pp. 72–73.

费耶阿本德认为玻尔基于一种新的说明理想来提出互补性思想和对应原理，而这种说明理想是一种准实证论的说明理想，把科学理论看作一种说明工具，与实在论不相容。玻尔的这种说明理想虽然在量子理论研究中取得一些成效，但是，在其他领域中却毫无成效。在费耶阿本德看来，经典说明模型与互补性思想之间的争论本质上就是实在论与实证论之争，只有采用实在论程序，才能使科学进步；而应用实证论理想（包括玻尔的准实证论说明理想）最终必定导致量子理论停滞，也必将导致物理学乃至全部科学停滞。

玻尔认为在量子理论研究中，人们不可能超越经典框架，不得不保留经典概念和经典物理学，因为人们不能发明一种全新的、不同的概念体系。换言之，未来的量子理论只能是经典物理学的一种理性一般化。因此，费耶阿本德把玻尔的认识论概括为独断论。至少，他认为玻尔的认识论中包含独断论的要素。

> 玻尔的物理思想无论多么有趣和具有独创性，但如果力图把它们看作绝对真理，那么，只能导致停滞和一种新的独断论的形成。我们必须认识到：我们的知识（物理知识或别的知识）中没有成分能被认为是绝对确定的；在我们探寻令人满意的说明的过程中，我们可以自由改变现存知识的任何部分，而不管这部分知识在那些不能想象或理解其替代者的人看来是多么"根本"（fundamental）。①

在费耶阿本德看来，玻尔的物理学理论不是绝对真理，只能是认识世界过程中的一种过渡性知识，是可以被批判和质疑的，是能够发展变化的。这种看法符合其中后期理论宽容和理论增生的思想。然而，玻尔及其追随者认为他的物理学理论是牢固确立的普遍理论，不可违反，任何未来发展的理论也必须符合这种理论。这无疑是一种独断论，至少包含独断论要素。玻尔的这种独断论认识论完全不符合科学发展的实践。

---

① Paul Feyerabend. Stefano Gattei and Joseph Agassi（eds.）. *Physics and Philosophy*（Philosophical Papers Volume 4）. New York：Cambridge University Press，2016，p. 94.

如果坚持这种独断论认识论，那么，就不可能推翻亚里士多德物理学，创建经典物理学。如果不打破这种独断论认识论，必将会对物理学的未来发展造成有害影响，以致会导致整个科学停滞。总之，费耶阿本德认为，玻尔的思想不是至高无上的绝对真理，是可以探究和发展的。其中，只有两个断言经受住了科学发展的检验，它们是："（a）量子理论将不得不处理只是部分明确确定的动态；（b）必须把这些动态看作系统与某一适当测量工具的关系。"① 这两个断言构成玻尔思想中的核心观点，是可以暂时保留不变的。除此以外，其他的思想和观点都是可以被批判和质疑的，是可以发展变化的，可以被其他思想和观点取代的。

上面分析和论证了 1966 年前费耶阿本德对玻尔哲学思想的研究。他站在质疑、批判和反对的立场上来探究玻尔的世界观和认识论，为波普尔辩护。然而，在 1966 年后，情况发生了很大变化。他的研究立场发生了反转，他转而反对波普尔，反过来为玻尔辩护。当然，这种变化和反转发生在费耶阿本德身上并不奇怪。他的哲学本身就缺乏系统性和一贯性，其目的似乎就是与人争论，批判和反对别人，从而颠覆正统观点和主流哲学。

与上述观点比较，在《辩证唯物论和量子理论》（1966）中，费耶阿本德对玻尔的看法发生了很大变化。至少，他不再把玻尔看作高级实证论者和认识论的独断论者，而是看作辩证唯物论者。在该文中，费耶阿本德从评价几个社会主义国家的哲学家开始，对辩证原理进行了总结，反对把玻尔看作观念论者或实证论者（玻尔也断然否认自己是观念论者或实证论者）。经过分析和总结，他似乎得出结论认为玻尔是辩证唯物论者。在他看来，辩证原理由下面五个部分构成：

（1）强调如下事实——在自然界，不存在孤立的要素，一切都是相互联系的；（2）强调存在非连续性，表明我们的知识具有本质的限制；（3）由此进而强调知识的近似特征；（4）要求实践与理论

---

① Paul Feyerabend. Stefano Gattei and Joseph Agassi（eds.）. *Physics and Philosophy*（Philosophical Papers Volume 4）. New York：Cambridge University Press，2016，p. 75.

相统一，以致既没有未反思的实践，也没有空洞的理论；（5）在我们的知识发展过程中，概念的变化（运动）。①

费耶阿本德认为，玻尔基本上认可上述的原理，其世界观符合辩证原理，他是辩证唯物论者。费耶阿本德认同辩证唯物论，并把玻尔看作辩证唯物论者，这是在赞美玻尔。他还认为玻尔的量子力学研究风格就是"辩证呈现"："辩证呈现（dialectical presentation），它放大缺陷不足，并让不可通约的（incommensurable）不同专业术语一起竞争，它属于第二类。"② 这种风格完全不同于冯·诺依曼量子力学研究风格，即系统阐释的风格（它属于第一类）：使用标准语言并协调统一不同的方面。在量子力学研究中，玻尔接受辩证原理，坚持辩证研究风格，所以，他认为任何知识都是有限的，都是某个过渡阶段的研究结果，不是最终的真理，处于不断的运动变化之中。当然，费耶阿本德的这种看法是非常新颖的，也是非常少见的。此外，他还主张"哲学能改善我们的知识"，认为辩证唯物论作为一种哲学能改善我们的量子力学、物理学、科学和知识。他进而主张对科学进行政治干预或意识形态干预，因为辩证唯物论也是一种政治意识形态。

1968—1969 年，费耶阿本德在英文《科学哲学》杂志分两期发表了一篇长文《论新近对互补性的批判》，批判了波普尔对互补性的批判，为玻尔的互补性思想辩护，论述了玻尔如何应用无政府主义知识论。该论文被收入第一卷哲学论文集，题目改为《玻尔的世界观》。从修改后的题目来看，该论文意在探讨玻尔的世界观。在费耶阿本德看来，玻尔更多是一个哲学家，而不是一个物理学家。他把玻尔与索末菲进行比较：玻尔是一个哲学家，他能够透视成功背后的实质，即使面对令人惊奇的确证性，他也认识到需要一种洞察力；索末菲是一个数学物理学家，他满足于形式上令人满意和事实充足的方程。对于玻尔来说，数学明晰性自

---

① Paul Feyerabend. Stefano Gattei and Joseph Agassi（eds.）. *Physics and Philosophy*（Philosophical Papers Volume 4）. New York：Cambridge University Press, 2016, pp. 220 – 221.

② ［美］费耶阿本德：《知识对话录》，郭元林译，韩永进校，中国科学技术出版社 2020 年版，第 108 页。

身没有优势，数学的形式结构可能会模糊物理问题的实质，完整的物理说明无论如何都应当优先于数学形式体系。在这方面，费耶阿本德认为玻尔与爱因斯坦相似。他写道："玻尔总是习惯于区分数学形式体系及其物理内容，并力图用定性方式来尽可能说明这种内容。这完全符合爱因斯坦的如下主张：'最重要的事情是内容，而不是数学，因为数学能被用来证明一切事物'。"[①] 总之，在物理学研究中，玻尔坚持定性探究先于定量探究，物理图像说明先于数学定量计算。

费耶阿本德认为，玻尔哲学的核心问题是主体和客体的关系问题，即观察者（在其所在世界中，观察者既是演员，又是观众）问题。以早期的量子理论为基础，费耶阿本德总结玻尔的哲学思想，认为其具有两个核心观点。第一个核心观点如下。

第一个观点是，在整个旧量子理论阶段，玻尔强调与对应原理相联系而产生的新思想的"形式"特征。这些新思想（在他的早期论文中，我们能反复看到这些新思想）取得了惊人的预测成功，并在稳定累积的经验材料中确立了某种秩序。然而，在日常（"经典"）意义上，它们并没有形成一种理论，即它们没有包含一种关于新的客观特征的融贯描述。我们也不能说，它们说明了相关的实验事实。…… 此外，他还强调，使用对应原理意味着对经典思想的依赖，这种对经典思想的依赖刻画了"科学的现状"（或"我们的知识现状"），不是刻画了物理学的本质，甚至在某种程度上，它被认为是不合意的。在早期，玻尔的目标似乎是逐步构建一种有效的预测工具，而且，他希望这种预测工具成为发明真正新的原子理论的促进因素和辅助手段。[②]

在费耶阿本德看来，玻尔不是科学实在论者，而是科学工具论者

---

① Paul Feyerabend. Stefano Gattei and Joseph Agassi (eds.). *Physics and Philosophy* (Philosophical Papers Volume 4). New York：Cambridge University Press, 2016, p. 276.

② Paul Feyerabend. Stefano Gattei and Joseph Agassi (eds.). *Physics and Philosophy* (Philosophical Papers Volume 4). New York：Cambridge University Press, 2016, pp. 277 – 278.

（在某种程度上是实证论者）。在旧量子理论研究中，玻尔用对应原理来发展"新思想"。玻尔不是把这些新思想看作关于实在的描述，而是看作理论预测的工具，从而促进发展全新的原子理论。这不是反映了物理学的本质，而是反映了现阶段科学知识的局限性。显然，在这里，费耶阿本德不再坚持玻尔是认识论的独断论者。他认为玻尔提出互补性思想和对应原理，这虽然依赖于经典物理学，但是，这是由于科学现状和知识不足所致，不是物理学的本质造成的，更不是反映了微观世界的本质。此外，费耶阿本德分析总结了玻尔哲学思想，认为其第二个核心观点（波普尔指责的主观论）如下。

> 玻尔对主体和客体间的相互作用感兴趣。他还强调物理学和心理学之间的相似性。在后一科学中，"我们不断被提醒，不要忽视区分主体和客体的困难"。但是，对他来说，物理学中的"主体"不是观察者的意识，而是用于观察的"作用手段"（agency，即物质测量工具，包括观察者的身体及其感官）。在物理学中，不是观察者意识和"世界"之间的"分界线"消失了，而是"原子现象和观察的物质作用手段"之间的"分界线"消失了。因此，在量子力学中，不存在要被驱除的"幽灵"。①

波普尔指责玻尔是主观论者。然而，在费耶阿本德看来，波普尔的这种指责是毫无根据的，是极端错误的。因为，玻尔虽然强调主体和客体之间的相互作用，也强调物理学与心理学的相似性，但是，他的观察主体不是观察者的意识，而是物质测量工具（包括观察者的身体及其感官）。所以，在量子理论中，玻尔的主体是观察的物质手段，不是观察者的意识和思想，根本上不存在主观的精神，没有"幽灵"要被驱除。

费耶阿本德发表论文《论新近对互补性的批判》，意味着他与波普尔及其学派彻底决裂。因此，该论文一方面为玻尔辩护，阐述其世界观和

---

① Paul Feyerabend. Stefano Gattei and Joseph Agassi（eds.）. *Physics and Philosophy*（Philosophical Papers Volume 4）. New York：Cambridge University Press，2016，p. 280.

认识论。但更为重要的是另一方面，即批判和反对波普尔。费耶阿本德认为，波普尔对玻尔思想和哥本哈根解释的批判是离题的；他自己的解释是不适当的；他自己的观点太过于简单粗糙，不能成为互补性思想的替代思想。费耶阿本德甚至进一步主张，玻尔提出概率的倾向性解释要比波普尔早很长时间。

关于量子力学哲学研究，费耶阿本德早期支持波普尔而批判玻尔，但之后又反过来支持玻尔而反对波普尔，甚至无情抨击波普尔。例如，他在《告别理性》中写道："简单比较波普尔的《续篇》和玻尔文集的编辑风格，就显示出在二者之间存在巨大的差异：一方是友好的、偶尔嘲讽地敬重，另一方是摇尾乞怜地谄媚。玻尔的思想是后代的精神食粮，而波普尔的'思想'最好被忘记，且忘得越快越好。"① 费耶阿本德认为，波普尔用机械唯物论的极其简单形式来攻击玻尔。

当然，为了支持玻尔，费耶阿本德也批判了 EPR 实验。爱因斯坦、波多尔斯基和罗森认为，在消除了一切扰动之后，人们测定的性质是相关系统的性质，而与实验条件无关。与此相反，玻尔却主张：量子力学状态描述的是系统和实验装置之间的关系，所以，量子力学状态描述依赖于实验装置。

> 如果我正确理解了玻尔的思想，那么，他断言量子力学状态的逻辑并不像 EPR 所假定的那样。EPR 似乎假定：当消除一切干扰时，我们所确定的是所研究系统的一种性质。与此相反，玻尔却主张：量子力学系统的所有状态描述都是系统和测量仪器之间的关系，因而依赖于存在适合于完成测量的其他系统。玻尔观点的这第二个假设如何使状态描述的不确定性与 EPR 相容，这是很容易看清楚的。因为一种性质只能通过干预具有那种性质的系统来改变，而没有这种干预也能改变一种关系。②

① Paul Feyerabend. *Farewell to Reason*. London：Verso，1988，p. 185.

② Paul Feyerabend. Stefano Gattei and Joseph Agassi（eds.）. *Physics and Philosophy*（Philosophical Papers Volume 4）. New York：Cambridge University Press，2016，pp. 139 – 140.

在与波普尔关系公开恶化后，费耶阿本德在量子力学哲学研究中，就极力支持玻尔，反对波普尔。在主体和客体相互作用方面，费耶阿本德赞同玻尔的观点，主张主客体统一、人和自然统一。在这方面，他也受到亚里士多德的影响。费耶阿本德认为，量子理论似乎证明实在是一（这意味着没有观察者，也没有被观察的事物）或多（包括理论家、实验家及其发现的事物，在这种情况下，被发现的事物不是独立存在的，而是依赖于所选择的程序）。

### 三　关于哥本哈根解释的迷茫

关于哥本哈根解释，费耶阿本德表现出了困惑和迷茫。下面讨论他在这方面的两个迷茫之处。

费耶阿本德关于哥本哈根解释的第一个迷茫之处是，他虽然对这种解释有大量的研究和论述，但是，却一再否认存在通常所称的哥本哈根解释。正如他自己所言："不存在诸如'哥本哈根解释'（Copenhagen interpretation）这种东西。确实，有许多物理学家声称在其更一般的思想中追随海森堡或玻尔，他们也自称为哥本哈根观点的拥护者。然而，如果有人试图在他们的信念中发现某种共同要素，那么，他是一定会失望的。"① 所谓的哥本哈根解释是一个大杂烩，既涉及科学层次，又涉及哲学层次。科学层次又包含科学理论和科学假设。薛定谔的波动力学和海森堡的矩阵力学是科学理论。科学假设有：玻恩的概率解释，玻尔的量子态不确定性假设和量子力学状态的关系特征假设，海森堡的不确定性关系解释。在哲学层次，哥本哈根解释涉及如下内容：玻尔的互补性思想和对应原理，科学工具论、实证论、主观论、实在论、康德主义和辩证唯物论等。因此，"哥本哈根解释"不具有统一性，它不是一种解释，而是多种解释。下面，看看费耶阿本德自己的相关论述。

隐藏在"哥本哈根解释"（Copenhagen interpretation）这一名称

---

① Paul Feyerabend. Stefano Gattei and Joseph Agassi (eds.). *Physics and Philosophy* (Philosophical Papers Volume 4). New York：Cambridge University Press，2016，pp. 74 – 75.

背后的各种思想，很难具备一种共同特征。1913 年至 1926 年，在大量讨论具体问题的基础上，发展了这些思想；1926 年，第一次系统表述了它们；在爱因斯坦于 1935 年的重要批判之后，这些思想形成最终形式。关于这种最终形式是什么，不能达成一致意见。海森堡、约尔丹和泡利赞同一种近似于实证论的形式；魏茨扎克和（最近）海森堡补充了康德哲学的成分。亚里士多德的"潜能"概念被海森堡和玻姆激活了，而且，也被哈维曼（Havemann）在其畅销的小册子《没有教条的辩证法》（*Dialektik ohne Dogma*）（但是，此书的哲学水平不是很高）中充分利用。罗森菲尔德看到了与辩证唯物论的联系，而玻尔自己却脱离了与哲学学派的联系。①

在费耶阿本德看来，所谓的哥本哈根解释就是一个由科学思想和哲学观点组成的大杂烩，即科学理论和科学假设组合了世界观和认识论。所谓的哥本哈根学派把这种解释扩展到量子力学之外，使其进入物理学、生物学、心理学、社会学、伦理学和哲学等领域。然而，费耶阿本德却经常把批判理性主义和实在论作为哲学标准，从而批判哥本哈根解释在哲学上属于独断论和实证论，而独断论和实证论侵入量子理论将阻碍量子理论的发展。他赞成对量子理论进行实在论解释。

费耶阿本德关于哥本哈根解释的第二个迷茫之处是，如何看待这种解释，即这种解释的地位问题——与其他解释比较，这种解释是优还是劣。在《微观物理学》（1962）中，他认为物理学的未来发展是完全开放的，"所以，解决量子理论的基础问题，只能通过构建一种新理论并证明——这种新理论至少在实验上像目前正在使用的理论一样有价值。但是，不能用目前理论的替代解释来解决量子理论的基础问题。"② 由此看来，为了解决量子理论的基础问题，费耶阿本德不是主张提出一种解释来替代哥本哈根解释，而是主张构建一种新理论来替代目前的量子理论。

① Paul Feyerabend. Stefano Gattei and Joseph Agassi（eds.）. *Physics and Philosophy*（Philosophical Papers Volume 4）. New York：Cambridge University Press，2016，p. 226.

② Paul Feyerabend. Stefano Gattei and Joseph Agassi（eds.）. *Physics and Philosophy*（Philosophical Papers Volume 4）. New York：Cambridge University Press，2016，pp. 114 – 115.

然而，哥本哈根学派却反对发展新理论，认为构建新理论是不可能的，因为新理论或者内部不一致，或者与实验结果不一致。不仅如此，哥本哈根学派还认为应当永远保留哥本哈根解释，因为它是一切未来量子理论的基础。当然，费耶阿本德不赞成哥本哈根学派的上述看法，认为发展量子理论的新的替代理论和替代解释都是可能的。特别是，他认为哥本哈根解释不是最终的解释，不是绝对真理，任何想更牢固地确立这种解释的论证都注定要失败。但是，他仍然坚持哥本哈根解释优于其他解释。他写道："我准备把哥本哈根解释作为一种物理假说来捍卫；我也准备承认——它优于许多替代解释。本论文的第一部分都将聚焦于证明其作为物理假说的优越性。"① 在这里，他坚持理论宽容和理论增生，鼓励知识增长和进步，认为物理学的未来发展是完全开放的。纵然如此，费耶阿本德深入量子理论内部，细致探讨了波粒二象性、波动力学、EPR论证、超级状态、量子力学状态的关系特征、互补性、冯·诺依曼证明、观察的完全性和测量等问题，从而得出结论认为哥本哈根解释优于其他解释。

　　然而，在1966年发表的论文《评非经典逻辑在量子理论中的应用》中，费耶阿本德比较和分析了三种不同的量子理论解释，即所谓的哥本哈根解释、爱因斯坦的客观统计解释和基于非经典逻辑的解释（基于非经典逻辑的解释包括莱辛巴赫解释和米特尔施泰特解释）。最后，他得出结论认为爱因斯坦的解释优于其他两种解释。这一结论明显不同于前一个结论：哥本哈根解释优于其他解释。

　　费耶阿本德评价这三种不同的量子理论解释优劣的标准是，它们是否增加了知识的经验内容。他认为，莱辛巴赫解释（基于非经典逻辑的解释）保留特设性假说，缩减经验内容，却没有带来其他优势，所以遭到拒斥。他写道："他（莱辛巴赫）保留特设性假说，并使它们的真值成为'不确定的'（indefinite），以便缓解其困境。因此，缩减了经典思想（它们的错误隐藏在这些假说后面）的经验内容，但没有用更好的思想来

　　① Paul Feyerabend. Stefano Gattei and Joseph Agassi（eds.）. *Physics and Philosophy*（Philosophical Papers Volume 4）. New York：Cambridge University Press, 2016, p. 116.

取代这些思想。缩减经验内容的本身目的在于保留经典思想，尽管可能出现困难。"① 莱辛巴赫解释通过缩减经典思想的经验内容来保留经典思想，而不是用更好的思想来取代经典思想，因此，它不是一种好的解释。此外，这种解释还遇到纯逻辑的困难。

费耶阿本德主张理论增生和理论决定事实，因而创建新理论可以增加新事实，从而可以增加理论的经验内容。爱因斯坦认为量子力学不是一个完整的理论，因而主张构建不同于量子力学的理论（如隐变量理论）。所以，爱因斯坦解释将增加知识的经验内容。相反，哥本哈根解释主张自己是唯一的解释，反对提出不同的解释和理论，希望自身"永世长存"，拒绝建构替代者。所以，哥本哈根解释不能增加知识的经验内容。两者相比，爱因斯坦解释无疑具有优越性。正如费耶阿本德自己所言："因此，运用与当代量子理论相矛盾的思想，在经验方法中具有非常重要的意义。我们由此证明了：与哥本哈根解释相比，爱因斯坦解释具有优越性，因为前者拒绝建构替代者，而后者却鼓励建构替代者。"②

总之，在三种不同的量子理论解释中，基于非经典逻辑的解释缩减知识的经验内容，哥本哈根解释不能增加知识的经验内容，只有爱因斯坦解释能够增加知识的经验内容。因此，爱因斯坦解释优于其他两种解释，应当得到更多的支持。而在《微观物理学》（1962）中，费耶阿本德却认为哥本哈根解释优于其他解释。这就是费耶阿本德关于哥本哈根解释的第二个迷茫之处。关于这种解释的第一个迷茫之处是，他否认存在所谓的哥本哈根解释。

## 四　超越量子力学哲学

费耶阿本德认为，经典力学和量子力学是不同的传统，而传统是模糊的，所以，可以发展变化，可以从旧传统中孕育发展出新的传统，即从经典力学传统中发展出量子力学传统。互补性思想和对应原理可以由

① Paul Feyerabend. Stefano Gattei and Joseph Agassi (eds.). *Physics and Philosophy* (Philosophical Papers Volume 4). New York: Cambridge University Press, 2016, p. 232.

② Paul Feyerabend. Stefano Gattei and Joseph Agassi (eds.). *Physics and Philosophy* (Philosophical Papers Volume 4). New York: Cambridge University Press, 2016, p. 229.

此来解释。

费耶阿本德认为，量子力学遵守当代经验论的意义一致性条件和意义不变性条件，而相对论却违反了这两个条件。例如，在经典力学中，质量是物质的性质，是绝对量；而在相对论中，质量成为一种关系，是相对量。相比之下，互补性思想和对应原理沟通和连接了经典力学和量子力学，试图把量子力学还原到经典力学，满足当代经验论的意义一致性条件和意义不变性条件。

在笔者看来，根据费耶阿本德和库恩的不可通约性思想，经典物理学和量子理论是两种不可通约的理论。经典物理学研究宏观的日常世界，而量子理论研究微观世界。在经典物理学中，绝对时空，绝对性质，与主体及其认识工具和方法无关，本体论独立于认识论。在量子力学中，相对时空，相对性状，依赖于认识主体及其工具和方法，本体论依赖于认识论。特别是，在测量问题上，经典物理学涉及的测量是现实世界中发生的真正测量，是人们熟悉的；量子理论涉及的测量是虚构的测量，没有发生在现实世界中，人们对此毫无经验。因此，科学家和哲学家总想把量子理论中的测量与经典物理学中的测量联系起来，这就是互补性思想、对应原理、哥本哈根解释和其他各种量子理论解释产生的根本原因。

关于量子力学哲学，费耶阿本德在中后期很少涉足，其观点也几乎没有发生什么变化。在1992年，费耶阿本德发表论文《量子理论和我们的世界观》。从题目上看，该论文具有一些"欺骗性"，似乎是要讨论量子理论的哲学问题。但是，从内容上看，它主要批判科学、理性、西方世界观和西方文化，并力求复活宗教和其他传统，似乎与量子理论哲学研究关系不大。他认为，与世界面临的紧迫问题相比，量子力学哲学并不重要。他写道："今天，许多'西方心灵'被封闭在身体之中，而身体却遭受着战争、偏见、疾病、饥饿和贫困的折磨。……在应对众多的苦难中，某些知识分子发现了新的方式，从而使自己成为有益的人。在他们的努力过程中，量子力学及其带来的难以捉摸的问题没有发挥任何作用。医学、变革的新型基督教和生态学关注却发挥了作用……量子力学和实在之间的关系问题并不是一个普遍的问题，甚至也不是所有物理学家的问题……"① 因此，在中后期，费耶阿本德极少涉及量子力学哲学（乃至物理学哲学）。在他看来，与世界面临的紧迫问题（如战争、贫困、健康和宗教问题）相比，量子力学及其哲学问题是无足轻重的。因此，他毫不犹豫地走出了量子力学哲学，也超越了量子力学哲学。

## 第三节　一般物理学哲学

在哲学论文集第四卷《物理学和哲学》中，研究一般物理学哲学的文献有四章：第 1 章，现代物理学中的"可理解性"概念（1948）；第 2 章，物理学和本体论（1954）；第 14 章，捍卫经典物理学（1970）；第 20 章，评格伦鲍姆的《物理理论中的定律和约定》（1961）。费耶阿本德的物理学哲学研究主要集中于量子理论哲学，一般的物理学哲学研究比较少。下面简单介绍、分析和总结一下这类文献的主要观点和结论。

费耶阿本德很早就研究了现代物理学中的"可理解性"概念。关于这一概念，他得出结论："'可理解的'（Intelligible）是这种任何规则性：我们因长期使用而已经习惯于它，其结构从自身来理解。因此，首先，是当地环境的规则性；其次，是我们直接可接近的遥远环境的规则性（天体力学）。"② 他把可理解性等同于规则性，又把规则性等同于习惯性。这完全是经验论的观点，把可理解性等同于长期的经验习惯。与其中后期的科学知识论观点（理论决定事实、反对方法束缚）相比，差别是显而易见的。

1970 年，费耶阿本德发表论文《捍卫经典物理学》。在文中，他主张捍卫经典物理学，认为经典物理学及其巴门尼德背景的资源还没有耗尽，经典物理学代表了我们知识发展的高点，因此，为了保持更批判的态度，

---

① Paul Feyerabend. *Conquest of Abundance*：*A Tale of Abstraction versus the Richness of Being.* Chicago：The University of Chicago Press, 1999, pp. 176 – 177. 另外，请参见［美］费耶阿本德《征服丰富性》（特波斯特拉编），戴建平译，中国人民大学出版社 2007 年版，第 171—172 页。根据英文原文，笔者对上述中文引文有所改动。

② Paul Feyerabend. Stefano Gattei and Joseph Agassi（eds.）. *Physics and Philosophy*（Philosophical Papers Volume 4）. New York：Cambridge University Press, 2016, p. 5.

应当支持经典物理学，即使在量子理论中，也要支持经典物理学。他写道："事实上，在我看来，一种特定的巴门尼德框架（即经典物理学框架）已经被过早地抛弃了，并没有耗尽它的资源，它的理论和构成其背景的机械论和唯物论哲学是（而且，将一直是）一种最强有力的工具，来说明和批判其他思想。"[①] 在费耶阿本德看来，量子理论和相对论都不是完整的理论，需要经典物理学来补充。他认为，量子力学依赖于对应原理，不能独立生存，在补充经典假设和经典概念后，才能完整地描述世界。他说："显然，我们在这里还没有充分成熟的新的微观世界，因而没有充分成熟的新的世界观，而是在经典物理学和某种未来的乌托邦微观宇宙学之间有一种折中方案。"[②] 因此，为了形成完整、成熟的新世界观，也需要保留经典物理学。在这里，他明显支持和赞成玻尔的互补性思想和对应原理，不再认为玻尔的认识论是独断论，也不再认为玻尔的独断论认识论将阻碍科学进步。此外，他也支持迪昂的论点"经验对理论的不完全决定性"，批判了格伦鲍姆对该论点的批判，认为科学进步依赖于迪昂的论点。[③] 如果与其中后期的哲学观点对照，那么，这些观点基本上符合其理论增生、理论宽容和韧性原理。

在早期，费耶阿本德批判传统哲学家和实证论者的如下本体论主张：把科学（特别是物理学）理论看作一种预测工具，不能从中获得任何世界图像。他坚持认为，物理理论是关于世界的陈述，并论证指出：传统的本体论会导致知识终结，而从物理理论中得出的本体论却会导致知识进步。

在论文《物理学和本体论》（1954）中，根据波普尔的证伪主义，费耶阿本德把科学知识看作试探性知识，是可以被证伪的知识。而在他看来，自柏拉图和亚里士多德以来，哲学中盛行一种偏见，即本体论偏见。

---

① Paul Feyerabend. Stefano Gattei and Joseph Agassi（eds.）. *Physics and Philosophy*（Philosophical Papers Volume 4）. New York：Cambridge University Press，2016，p. 251.

② Paul Feyerabend. Stefano Gattei and Joseph Agassi（eds.）. *Physics and Philosophy*（Philosophical Papers Volume 4）. New York：Cambridge University Press，2016，p. 259.

③ Paul Feyerabend. Stefano Gattei and Joseph Agassi（eds.）. *Physics and Philosophy*（Philosophical Papers Volume 4）. New York：Cambridge University Press，2016，pp. 304 – 310.

　　根据本体论偏见，知识必然与确定性关联。同时，其假定仅仅确定的断言（claim）才言说了关于世界的某种东西：因此，我们必须用命题来系统阐述世界，而且，命题的真理性永保有效，因而怀疑被永远清除了。关于存在的陈述是绝对真的。我们可怀疑其真理性的陈述没有关涉存在，即使它们能够为作为预测有趣现象的工具提供很好的服务。①

　　上述本体论偏见混淆了真理论和实在论，把真理混同于指涉对象。理论的真假不完全等同于理论是否指涉和言说实在。判定理论真假的理论多种多样，有融贯论、实在论和经验论等。反过来，即使理论指涉和言说了实在，它既可以是真的，也可以是假的，取决于理论是否符合实在。费耶阿本德坚持实在论，认为即使科学理论是可证伪的，它也仍然指涉了世界，是本体论相关的。正如他所说的那样："即便某一光学理论被证明为假，也不能由此得到这样的结论：该理论没有述说光现象，而是述说了别的东西。关于光——它做了虚假陈述。如果一种理论指涉了对象，即如果它述说了世界，那么，我们将称它是本体论相关的。真理和指涉对象之间的混淆导致哲学家（我们在这里正在谈论他们）只有在一种理论不能被纠正时，才称它为本体论相关的。"② 显然，在这里，费耶阿本德主张物理理论是本体论相关的，是关于世界和实在的陈述。总之，他坚持科学实在论和证伪主义，反对科学预测工具论和科学真理论。

　　此外，费耶阿本德批判传统的哲学观。这种哲学观认为，哲学与科学相分离，哲学能够提供绝对确定的断言，它能够言说世界和指向实在，是本体论相关的；而科学提供可错性知识，这种知识不是绝对的真理，没有指涉和言说世界，适合于进行预测，不是本体论相关的。

　　从而，哲学和科学的分离是明显的，并永远划清了界线：哲学

① Paul Feyerabend. Stefano Gattei and Joseph Agassi（eds.）. *Physics and Philosophy*（Philosophical Papers Volume 4）. New York：Cambridge University Press，2016，pp. 9 – 10.

② Paul Feyerabend. Stefano Gattei and Joseph Agassi（eds.）. *Physics and Philosophy*（Philosophical Papers Volume 4）. New York：Cambridge University Press，2016，p. 39.

作为一个自主学科而诞生，它不仅独立于科学思考，而且坚持认为它是唯一能够提供世界图像的学科；但是，随它一起共存的还有本体论偏见、绝对确定的断言（claim）的思想和如下假设：只有这类断言是"本体论相关的"（ontologically relevant），即只有它们给我们显示一幅世界图像，而且这幅图像如世界"真实"（really）所是的样子。①

费耶阿本德反对这种哲学观，因为它把哲学知识当作绝对确定的知识，认为只有这类知识才"真实"地言说了实在。在他看来，知识只要获得了绝对确定性，就意味着知识的终结。相比之下，他赞美证伪主义科学知识观。根据这种科学知识观，科学知识虽然不是绝对确定的知识，是可错的知识，但是，科学知识可以引导人们发现新的实在和世界，可以引导人们发现新的世界层次和新的世界特征，促使人们发现错误和去除错误，从而导致知识的进步和认识的深化。

在早期的物理学哲学研究中，费耶阿本德虽然坚持科学实在论和批判理性主义，但是，他的一些中后期的哲学思想也在不断萌芽和孕育之中。例如，在布里斯托尔大学任教时期，费耶阿本德在研究量子理论及其哲学的过程中，就萌发了多元主义方法论的思想。

> 在布里斯托尔时，我继续研究量子理论。我发现，每当物理学前进时，重要的物理学原理所依赖的方法论假定就被违反了：物理学从它所传播的思想中获得权威，但在实际研究中从不服从这一权威。方法论者起到宣传员的作用，物理学家雇用他们赞扬自己的成果，但不允许他们有接近物理学本身的权利。②

从上述费耶阿本德所叙述的经历来看，在布里斯托尔时期，他就萌

---

① Paul Feyerabend. Stefano Gattei and Joseph Agassi（eds.）. *Physics and Philosophy*（Philosophical Papers Volume 4）. New York：Cambridge University Press，2016，p. 10.

② ［美］费耶阿本德：《自由社会中的科学》，兰征译，上海译文出版社 2005 年版，第 144 页。

发了《反对方法》中的一些基本思想：反对方法论束缚，没有方法论规则，"怎么都行"；除了人们习以为常的科学方法（理性方法和经验方法），科学也运用宣传方法，甚至运用洗脑和欺骗的方法。

在早期的物理学哲学研究中，费耶阿本德不仅萌发了多元方法论的思想，还明确坚持理论多元论。在库恩于 1962 年出版《科学革命的结构》之后，费耶阿本德批判和反对库恩的常规科学思想，因为常规科学标志着理论一元论，而理论一元论却阻碍了科学进步。他写道："理论多元论是进步的必要条件。推动科学向前发展并防止它变成陈旧知识的木乃伊干尸的，是理论多元论，而不是'谜'的积累。"① 他反对库恩的科学发展模式，否认存在所谓的常规科学时期，主张理论多元论，倡导科学不断革命论。这些思想进一步发展，就演变为中后期的哲学思想："理论增生"和"理论决定事实"。

## 第四节　自然哲学

在第四卷哲学论文集《物理学和哲学》中，除了四个科学家词条，其他文献都可以归为哲学文献。这些哲学文献又可以细分为四类。其中，第一类文献属于自然哲学，它包括两章：第 10 章，自然知识的特性和变化（1965）；第 24 章（百科全书词条），自然哲学（1958）。这类文献比较详尽地介绍和分析了自然哲学的历史发展，高度评价爱奥尼亚的自然哲学家，认为他们发明了科学方法，批判柏拉图又重新引入神话思维。另外，在第一卷哲学论文集《实在论、理性主义和科学方法》中，有一篇论文《玻姆教授的自然哲学》专门研究玻姆的自然哲学。因此，下面将主要介绍和分析两方面的内容：第一，玻姆教授的自然哲学；第二，自然知识论。

---

① Paul Feyerabend. Stefano Gattei and Joseph Agassi（eds.）. *Physics and Philosophy*（Philosophical Papers Volume 4）. New York：Cambridge University Press，2016, p. 197.

### 一　玻姆教授的自然哲学

在布里斯托尔大学，费耶阿本德和玻姆是同事，他们有比较多的私人交往和学术交流。因此，在物理学哲学研究中，费耶阿本德特别关注玻姆教授的隐变量理论，并探讨这种理论的哲学问题。

1960 年，费耶阿本德发表了一篇论文《玻姆教授的自然哲学》，[1] 专门评析玻姆的著作《现代物理学中的因果性和几率》。在该论文中，费耶阿本德总结了玻姆教授的自然哲学，认为其核心的宇宙论观点有三个：世界包含无限多的构成层次；事物性质的突现和不可还原性；自然是无限的，存在相对独立和稳定的综合体。费耶阿本德写道："世界包含无限多的层次。每个层次用一组定律来描述，这组定律可以都是因果定律，或者都是概率定律，或者既包含因果定律也包含概率定律。这些定律的有效性不必超越其所属的层次。当离开某一层次时，性质新奇的过程突现了，而且不得不用一组新的定律来描述这些过程。"[2] 由此可见，构成世界的层次是无限的，而且每一个层次都突现了新奇的过程和性质，而且还不得不用一组新的定律来描述。这就是玻姆教授自然哲学中前两个核心的宇宙论观点。例如，其中可以区分出三个层次：宏观层次、量子层次和亚量子层次。经典物理学描述宏观层次，量子力学描述量子层次。玻姆认为，描述量子层次的量子力学是概率理论，这是由于亚量子层次实体进行相互作用的结果，因此，现有的量子力学是不完整的，它既不是最终的，也不是不可还原的。玻姆把量子层次还原到亚量子层次，由此来说明量子力学的不确定性，通过添加隐变量来重构量子力学。

玻姆建构了隐变量理论，认为借助于隐变量可以使量子力学由概率理论变成因果决定的理论。根据理论增生原理，费耶阿本德认为玻姆提出隐变量理论是合理的。这样就实现了科学和哲学的互动和统一，哲学原理可以为科学发展方向提供启示。然而，量子力学的实验结果却似乎

---

① Paul Feyerabend. *Realism*, *Rationalism and Scientific Method* (Philosophical Papers Volume 1). New York：Cambridge University Press, 1981, pp. 219–235.

② Paul Feyerabend. *Realism*, *Rationalism and Scientific Method* (Philosophical Papers Volume 1). New York：Cambridge University Press, 1981, p. 228.

表明隐变量理论不存在。北京大学吴飙教授写道："迄今为止，所有的实验都表明隐变量理论不存在，也就是说，一个量子态被希尔伯特空间中的一个向量完整描述，量子态对测量结果只能给出概率性的预测。"① 今天普遍的观点认为，经典概率不同于量子概率。在经典概率中，大量实验证明概率关联不会违反贝尔不等式。在经典物理学中，世界原则上是因果决定的，人们可以绝对精确决定地认识世界。在实际的认识中，因为认识对象太复杂或太随机，所以用概率理论和方法来认识和描述世界，这是权宜之计。只要发展出足够好的科学理论和高超的认识手段，就可以对世界进行绝对精确的因果性认识和描述。因此，经典概率不是本质的和内在的，而是由于人的认识能力相对有限性，或者是由于人的某种程度的无知。与之相反，在量子概率中，实验证明概率关联会违反贝尔不等式。因此，量子概率是本质的和内在的，这是由量子力学理论框架本身决定的，不是源于人们的认识能力不足和认识对象的复杂性和随机性，不是源于超越人们现有知识的某些"隐藏"因素。而隐变量理论却把量子概率和经典概率同等看待，认为它们都起因于人们的无知，是由未知因素造成的。如此看来，隐变量理论是有缺陷的，没有得到科学实验支持。总之，由量子力学描述的世界和实在完全不同于经典力学描述的世界和实在，它们是随机的和不确定的。换句话说，在量子力学的世界和实在中，存在多个世界和实在，它们以一定概率呈现。"上帝确实在掷骰子！"

在玻姆教授的自然哲学中，费耶阿本德总结的第三个核心的宇宙论观点是：自然是无限的，存在相对独立和稳定的综合体。任何事物和任何过程都有无限多的侧面和层面，有限的定律和范畴体系不能充分表达它们。在科学发展的任何阶段，其定律和范畴体系都是有限的，任何定律都不可能是普遍有效的，所以，科学理论只能近似表达自然及其性质。换句话说，科学研究不能得到绝对正确的自然知识。费耶阿本德总结道："就世界的任何部分所存在的性质和过程而言，世界是无限的。但是，这些性质被置于相对稳定的综合体中，然后，可以借助于仅运用有

---

① 吴飙：《量子力学简明教程》，北京大学出版社 2020 年版，第 88 页。

限数量概念的科学理论来描述这些综合体。只是在某种有效的范围内，每个这样的描述才是真实的。……因此，每个定律不可避免地内含着错误……"① 用辩证唯物论的话语来说，玻姆的第三个核心的宇宙论观点就是：世界是无限的，人的认识是相对的、有限的。费耶阿本德把该观点称为玻姆的两个宇宙论原理：自然无限性原理，存在相对独立和稳定的综合体原理。费耶阿本德批判和反对玻姆把这两个原理当作绝对真理，认为后者自己的论证也没有支持这两个原理。总的来看，在论文《玻姆教授的自然哲学》中，费耶阿本德批判玻姆，并把波普尔的证伪主义当作标准和根据。

在费耶阿本德看来，玻姆认真研究过黑格尔。特别是，他把《逻辑学》视作其某些科学观的出发点。玻姆认为，自然定律（不管是因果定律还是概率定律）是一种黑格尔的辩证综合，即绝对决定性（正题）和绝对随机性（反题）的辩证综合。玻姆用整体论来描述量子理论所创造的实在，认为任何事物都与别的事物有联系，与宇宙的整体过程有联系。这种联系或者是直接的（通过一个量子），或者是间接的（通过一系列直接联系）。费耶阿本德认为玻姆、维吉尔和玻尔等有时是无意识的黑格尔主义者，能够具体地解释和运用黑格尔主义哲学，因此，他很重视他们的哲学，倾向于引用他们，而不是引用黑格尔主义者的言论。

## 二　自然知识论

自然哲学是抽象普遍的自然知识，其研究对象是整个世界（包括生命世界和非生命世界），主要探究空间、时间、物质、宇宙和生命的存在、运动和本质等问题，对世界进行普遍抽象的说明。费耶阿本德专门为百科全书撰写过一个《自然哲学》词条。其中，他对自然哲学进行了分类，并简略描述了自然哲学的发展历史。

费耶阿本德列举了四类自然哲学。第一类就是归纳自然哲学。他写道："如果它（自然哲学）尝试从科学结果中抽象出这些原理，并用系统

---

① Paul Feyerabend. *Realism*, *Rationalism and Scientific Method* (Philosophical Papers Volume 1). New York：Cambridge University Press, 1981, p. 229.

联系的方式来呈现它们，那么，它就是归纳的。显然，归纳自然哲学假定自然科学已经存在，因而是相对新近的学科。"① 与归纳自然哲学相对立的，是思辨自然哲学。独断的自然哲学属于思辨自然哲学，它主张其原理是真理，不需要对其进行修正和改善。费耶阿本德认为，柏拉图是西方世界第一位独断的自然哲学家。与独断自然哲学相对立的，是批判自然哲学。在费耶阿本德看来，批判自然哲学始于前苏格拉底时期，但后来被柏拉图和亚里士多德抛弃了，在中世纪又复活了。

费耶阿本德上述对自然哲学（自然知识）的列举和分类，完全以波普尔的批判理性主义为根据和标准。他高度评价批判自然哲学，因为其符合证伪主义的知识发展模式（P1 - TT - EE - P2），即问题，试探性理论，剔除错误，新问题。他认为这种知识发展模式以经验为基础，而且允许犯错误，是符合人性的。

广而言之，在早期，费耶阿本德把波普尔的批判理性主义作为最高和最终的哲学原理，从而把证伪主义作为科学划界的标准，并主张科学方法就是批判理性主义。在论文《自然知识的特性和变化》中，费耶阿本德认为神话思维和科学方法对立，而且还主张爱奥尼亚自然哲学家发明了科学方法。他写道："爱奥尼亚自然哲学家直觉知道关于认识自然的事实。因此，他们拒绝保护他们的理论免于受到批判，而是通过以下方式发展它们：给予批判和自然最佳可能的机会来显示可能的错误。从这种观点看，必须把他们看作科学方法的发明者。"② 由此可见，根据波普尔的证伪主义，费耶阿本德把科学方法的发明权赋予了爱奥尼亚自然哲学家。

他还进一步主张科学方法就是批判理性主义（其代表者是爱因斯坦和波普尔），所谓科学就是遵循批判理性主义的研究活动和知识体系。在费耶阿本德看来，区分神话与非神话（科学）的唯一标准就是批判理性主义。他写道："在理解自然知识方面，神话与非神话之间的最重

① Paul Feyerabend. Stefano Gattei and Joseph Agassi（eds.）. *Physics and Philosophy*（Philosophical Papers Volume 4）. New York：Cambridge University Press, 2016, p. 323.

② Paul Feyerabend. Stefano Gattei and Joseph Agassi（eds.）. *Physics and Philosophy*（Philosophical Papers Volume 4）. New York：Cambridge University Press, 2016, p. 215.

要的差别有三个。第一个是态度的差别，第二个是为假设辩护方式的差别，第三个是两种思想构造的逻辑结构差别。"① 在态度方面，神话是绝对相信的态度，非神话（科学）恰当的态度是批判态度。就为假设辩护的方式而言，神话辩护诉诸某种权威、领袖、神的决定、聪明人的话语，必须无条件接受；非神话（科学）的辩护遵循批判理性主义，批判检析。就两种思想的逻辑结构来看，神话是不可证伪的绝对真理，能够说明一切；非神话（科学）是可证伪的理论，随时都可能遭到抛弃。

值得注意的是，在这里，费耶阿本德把批判理性主义作为科学划界的最高标准，符合这一标准的才是"科学"。因此，在他看来，当代某些科学（如物理学）并不一定是"科学"。它们诉诸权威，缺乏批判态度，自视为绝对真理，拒绝证伪，是真正的神话，至少内含神话思维方式。

把费耶阿本德上述的自然知识论与其中后期的多元主义方法论、无政府主义知识论和以道德伦理为基础的知识论相比较，可以发现一种翻天覆地的变化。在《反对方法》（1975）中，他主张"怎么都行"，没有一成不变的科学方法。在《反对方法》和《自由社会中的科学》中，他从道德伦理出发来批判科学，认为人的幸福是第一位的，科学的首要目标是服务于人类幸福，而不是追求知识。然而，在早期，他却认为科学的最高目的是追求知识，主张"科学的首要目的是认识"。《自然哲学》词条中，他写道："我们再次捍卫如下一种观点：根据这种观点，追求物理学不仅是为了制造原子武器，而且首要的是为了认识。"② 这种变化不仅反映了费耶阿本德哲学思想的变化，也反映了其与波普尔及其学派关系的变化。

在自然哲学（自然知识）中，费耶阿本德还介绍和分析了自然知识的发展历史：古希腊的自然哲学（前苏格拉底的自然哲学，柏拉图和亚里士多德的自然哲学），中世纪的自然哲学（核心内容是托勒密天

① Paul Feyerabend. Stefano Gattei and Joseph Agassi（eds.）. *Physics and Philosophy*（Philosophical Papers Volume 4）. New York：Cambridge University Press，2016，p. 212.

② Paul Feyerabend. Stefano Gattei and Joseph Agassi（eds.）. *Physics and Philosophy*（Philosophical Papers Volume 4）. New York：Cambridge University Press，2016，p. 341.

文学和亚里士多德的天文学和宇宙学），笛卡尔的自然哲学，机械论自然哲学，生命哲学（活力论、目的论和因果论）。他把人类认识自然、获取自然知识的历史划分为三个明确而独立的阶段：神话阶段、形而上学阶段和自然科学阶段。[①] 他认为，形而上学阶段始于古希腊的爱奥尼亚的自然哲学家，此前是神话阶段（如荷马史诗所描述的阶段），自然科学阶段从近代科学革命开始。显然，从历史发展的角度来看，随着知识的增长，特别是近代科学知识的爆炸性增长，自然哲学（自然知识）衰落了。但是，在费耶阿本德看来，理性和科学的兴起和发展也使得认识单一化和片面化，使世界变得贫乏，使世界失去了丰富性。从费耶阿本德的这些自然哲学研究中，能够看出他第三阶段古希腊哲学研究的端倪。

# 第五节　总结

在早期的物理学哲学研究中，费耶阿本德把实在论和波普尔的批判理性主义作为最高的哲学原理和哲学标准。在这一阶段，他大体上是实在论者和批判理性主义者，基本上属于波普尔学派成员。然而，在中后期，他明显抛弃了这些哲学原理和哲学标准，并对其进行猛烈抨击。这一方面反映了费耶阿本德哲学思想的多变；另一方面反映了其哲学天赋在早期受到了严重束缚（受到物理学、科学和理性的严重束缚），没有完全展现出来。

费耶阿本德的物理学哲学很少受到人的关注，极少有人去研究。造成这种局面的原因至少有如下三方面。第一，物理学哲学研究的门槛比较高，研究的人相对就比较少，所以，关注费耶阿本德物理学哲学研究的人就更少了。第二，费耶阿本德自己在中后期几乎没有涉及物理学哲学，而物理学（特别是量子物理学）是不断发展的，从而使得其物理学哲学研究没有跟上最新的前沿研究，变得"落伍"和"过时"了。在这

---

① Paul Feyerabend. Stefano Gattei and Joseph Agassi (eds.). *Physics and Philosophy* (Philosophical Papers Volume 4). New York：Cambridge University Press，2016，p. 9.

种情况下，当前主流的物理学哲学界遗忘了它，只有研究物理学哲学发展历史的人可能会关注它，这是正常的。第三，费耶阿本德的科学知识论影响太大了，其内容又非常丰富，足够吸引人们的注意力，这可能会使人们忽略其物理学哲学。

从个性、气质上来看，费耶阿本德的文学艺术（非理性）气质极强，而相对来说，他的理性气质就比较弱。因此，他更感兴趣的是人、社会和人文学科，而不是自然、物理学（科学）和理性哲学。而且，他也认为最紧迫和最重要的问题是人和社会问题，而不是自然和物理学问题。他由此从物理学哲学研究转向科学哲学研究和古希腊哲学研究，这是顺理成章的事情，是其个性和学术兴趣本真发展的结果。

# 第 三 章

# 科学知识论

费耶阿本德哲学内容广博，包含物理学哲学、一般科学哲学、本体论、知识论、科学与政治、科学与伦理、科学与宗教、古希腊哲学、科学文化、艺术哲学、后现代哲学、科学技术史和科学社会学等，对学术界和社会公众都产生了一定的影响，特别是在 20 世纪科学哲学的历史转向中有着极为重要的作用。然而，面对纷繁复杂的费耶阿本德哲学，学者们可能不禁要问：它有一以贯之的东西吗？它的主要内容是什么？其最终目标是什么？对此，费耶阿本德自己有过论述。他在《学术休假年（1977）申请书》中写道：

> 我的长期计划是建构一种能够考虑到这一状况的知识论（theory of knowledge）。它与惯常的知识论有两个区别：
>
> （1）它将同时是一种科学理论和一种艺术（人文）理论。它不再将科学与艺术视为遵循不同标准的两个不同领域，而是会将两者展现为同一事业的不同组成部分。今天的物理学和生物学就以同样的方式被视为同一事业的不同组成部分：科学。
>
> （2）它将不会包含任何抽象准则。任何准则，包括逻辑规律，都会被放置在一个特殊的背景中以历史的角度加以考虑、并附上相应的运用方式。……我心目中的知识论由三个部分组成：（i）历史；（ii）启发法（heuristics）；（iii）人论（theory of man）和联合科学（associated sciences）。历史提供材料好令研究者掌握他的技能。启发法提供运用这些材料和范例的经验法则。最后，研究者还必须清楚

地知道他研究的目的所在。这一点由一种关于人的理论（人论）来
说明。而联合科学则对他需要解决的具体案例做出总的阐释，并便
于他选择规则。①

　　根据以上论述，并结合费耶阿本德的其他著述，可以概括出费耶阿
本德知识论的如下三个明显的特征。首先，从外部来看，知识论不是一
个孤立的领域，而是要与道德伦理相结合。知识论以道德伦理为基础，
把人的幸福作为追求知识的最高目标。自从逻辑实证主义以来，西方正
统的知识论有两大特点：第一，以科学知识为研究对象；第二，以分析
方法为主要研究方法。这种知识论以近代自然科学为模板，追求"纯粹
科学"和客观性，以精确化和逻辑分析为标准研究方法，追寻概念及语
义明晰，尽量排除人文因素和主观性。然而，这种正统知识论忘记了最
根本的一点：知识是人的知识，是主体的产物，无论如何，它具有主观
性。在这方面，费耶阿本德的科学知识论颠覆了西方正统的知识论。
　　总之，长期以来，知识论与道德伦理、价值论分离，使得"真"与
"善"分裂，因而从哲学深层原因上造成人类当前面临的严重社会问题
（如冲突、战争、核威胁、贫困、饥饿和社会不公等）和自然环境问题
（如气候异常、全球变暖、自然资源短缺、自然灾害频发等）。因此，费
耶阿本德的知识论将科学与人文（艺术）视为"同一事业的不同组成部
分"，寻求"真"与"善"合一，把知识论建立在道德伦理基础之上，
把人的幸福作为追求知识的最高目标，从而为解决这些社会问题和自然
环境问题提供了一个有益的思维视角。特别是，我国的环境污染状况不
容乐观，要想探究其深层的哲学原因是什么，需要把知识论与道德伦理、
价值论结合起来研究，需要把科学与人文统一起来，需要建构新的知识

---

　　① ［美］费耶阿本德：《自然哲学》，张灯译，人民出版社 2014 年版，第 306—307 页。同
时，作者参考英文原文，对原中文译文有所改动。英文原文可参见 Paul Feyerabend. *Naturphiloso-
phie*. Frankfurt am Main：Suhrkamp Verlag，2009，pp. 347 – 348；Paul Feyerabend. *Philosophy of
Nature*. Cambridge, UK：Polity Press，2016，pp. 226 – 227；Collodel, Matteo and Eric Oberheim（eds.）
. *Feyerabend's Formative Years*（Volume 1. Feyerabend and Popper，Correspondence and Unpublished Pa-
pers）. Cham, Switzerland：Springer Nature Switzerland AG，2020，p. 40.

论、价值论和道德伦理，需要在哲学研究中强调人的幸福和善待自然这两点。

其次，从内部来看，费耶阿本德的知识论"不包含任何抽象准则"，即他在《反对方法》中提出的"怎么都行"。费耶阿本德将这种知识论称为"无政府主义知识论"。20 世纪以来的科学哲学致力于探讨科学划界问题，力图在科学知识与非科学知识之间划出明确的界线，提出严格的划界标准：逻辑经验主义的划界标准是可证实性（verifiability）；批判理性主义把可证伪性（falsifiability）作为划界标准；库恩认为范式（paradigm）是划界标准；拉卡托斯提出科学研究纲领方法论这一划界标准。这些划界标准虽然有所不同，但都是把方法论规则作为划界标准，认为科学具有其区别于非科学的独特的方法论规则，主张科学之所以成为科学是因为其具有严格的方法论规则。然而，费耶阿本德却不这么看，他反对在科学与非科学之间划界，认为科学与非科学之间没有明确的、固定不变的界线，而且科学也不具有独特的方法论规则。退一步讲，如果非要说科学有独特的方法论规则，那么，它就是"怎么都行"。这就是费耶阿本德所谓的"无政府主义知识论"。

由此可见，费耶阿本德的"科学知识论"等同于"知识论"，二者是合一的，因为在他看来，科学知识与非科学知识之间是没有界线的，是一体的。他的知识论不会仅仅以科学知识为对象，而是更要关注和讨论非科学知识。在费耶阿本德的无政府主义知识论之后，科学哲学几乎不再研究划界问题了，由此带来西方一般科学哲学的衰落，转向研究具体学科的哲学问题，如物理学哲学、生物学哲学、认知科学哲学。费耶阿本德本人也集中关注古希腊哲学了。正如他自己断言的那样，"科学哲学是具有辉煌历史的学科"。① 在这种意义上，费耶阿本德的科学哲学就等同于其科学知识论（或知识论）。

最后，费耶阿本德深入研究了人类认识发展的历史，然后在此基础

---

① 费耶阿本德发表过一篇论文，其题目就是《科学哲学：一门具有辉煌历史的学科》。请参见 Paul Feyerabend. *Knowledge*, *Science and Relativism* (Philosophical Papers Volume 3). New York: Cambridge University Press, 1999, pp. 127 – 137.

上来建构其知识论。正如他自己所言：

> 我想要建构的知识论的历史部分最终将包括从石器时代直到如今这一阶段。这将是一个五卷本到六卷本的合集（已经委托给布伦瑞克的菲韦格出版社）。启发法和人论这两方面的材料将散布在历史叙述中，并将在历史部分的著作完成之后汇总在一个分卷之中。①

纵然，费耶阿本德在20世纪70年代末期放弃了上述计划，② 使得这一计划半途而废，其生前没有出版完整的相关著作，但是，他在这方面还是做了深入研究，留下大量遗稿。后来，学者们发现了这些遗稿，把它们编辑结集为著作《自然哲学》（*Naturphilosophie*），并于2009年出版。在《自然哲学》中，费耶阿本德粗略勾画了人类认识发展的历史：神话、荷马史诗、哲学的诞生、到巴门尼德为止的自然哲学、亚里士多德的研究纲领、近代的哲学和科学（笛卡尔、伽利略、培根、阿格里帕、黑格尔、牛顿和莱布尼茨）、现代的哲学和科学（马赫、爱因斯坦、玻尔和玻姆）。根据费耶阿本德自己的说法，这本书为《反对方法》的无政府主义知识论提供了历史材料和历史基础。③

20世纪的主流科学知识论，对科学知识的发展历史都有所忽视。逻辑经验主义从可证实性角度来研究理论与经验的关系，把科学知识抽象为静态的逻辑结构，研究其内部结构关系（如理论命题和观察命题之间的关系，实验证据和理论之间的关系，科学的统一性）。波普尔的证伪主义也同样如此，只不过是把可证实性颠倒为可证伪性，仍然从静态的角度关注理论与经验的关系，认为科学知识是静态的。库恩虽然从历史角

---

① ［美］费耶阿本德：《自然哲学》，张灯译，人民出版社2014年版，第310页。同时，作者参考英文原文，对原中文译文有所改动。英文原文可参见 Paul Feyerabend. *Naturphilosophie*. Frankfurt am Main：Suhrkamp Verlag, 2009, p. 351；Paul Feyerabend. *Philosphy of Nature*. Cambridge, UK：Polity Press, 2016, p. 229；Collodel, Matteo and Eric Oberheim（eds.）. *Feyerabend's Formative Years*（Volume 1. Feyerabend and Popper, Correspondence and Unpublished Papers）. Cham, Switzerland：Springer Nature Switzerland AG, 2020, p. 42.

② Paul Feyerabend. *Philosphy of Nature*. Cambridge, UK：Polity Press, 2016, p. xii.

③ ［美］费耶阿本德：《自然哲学》，张灯译，人民出版社2014年版，第32页。

度研究科学知识，引入范式概念，但是，重视的仍然是一个范式占统治地位的稳态时期，把这个时期的科学称为常规科学，而把变化革命时期的科学称为"异常科学"，即把稳态视作常态，而把变革看作"异常态"。同样，拉卡托斯重视一个科学研究纲领占统治地位的稳态时期，而把变革时期视为"异常"。因此，库恩和拉卡托斯虽然具有历史发展的视角，但是，却似乎害怕知识的发展和变革。相反，费耶阿本德却特别重视知识的发展和变革，特别关注科学革命时期，反对库恩的范式和拉卡托斯的科学研究纲领方法论，强调知识的增生，强调发明与公认理论不同的新理论，深入研究人类知识的发展历史。从这种意义上说，费耶阿本德的知识论才是真正的历史主义知识论。

　　除上述三个特征外，费耶阿本德的知识论还有一个非常明显的特征，就是主张对科学进行社会监督。费耶阿本德知识渊博，视野开阔，从而把知识置入社会大环境中来发展其知识论。在这方面，他如下的这些说法极具刺激性和挑战性："科学的优势威胁民主"；"民主判定高于'真理'和专家的意见"；"专家的意见经常带有偏见，是不可靠的，需要有外部控制"；"外行可以而且必须监督科学"；"方法论的论证没有确立科学的优越性"；"科学受到偏爱也不是由于它的成果"；"科学是许多意识形态中的一种，应与国家（政府）分离，正如宗教已与国家（政府）分离一样"。① 普遍的看法认为，科学以认识世界、追求真理为目标，要尽量剔除主观因素，追寻客观性，是价值中立的。科学的真理性要经过观察和实验等经验证据来证明，最终要得到实践的检验。

　　然而，费耶阿本德却认为科学是一种意识形态，没有天然的优越性，不是价值中立的。他说："独立的科学很早以前就被商业科学取代了，而商业科学依靠社会来生存，并加强了其极权主义倾向。"② 现在，科学的优越性来源于政科（政府和科学）合一。近代以来，科学技术迅猛发展，成为社会的优势和强势力量，受到各国政府的大力支持；同时，各国政

<hr>

① ［美］费耶阿本德：《自由社会中的科学》，兰征译，上海译文出版社2005年版。
② ［美］费耶阿本德：《自由社会中的科学》，兰征译，上海译文出版社2005年版，第122页。另外，请参见英文版 Paul Feyerabend. *Science in a Free Society*. London：Verso, 1982, p. 100. 根据英文原文，笔者对上述中文引文有所改动。

府充分利用和大力发展科学技术，提高竞争优势，增强综合国力，提升统治能力。因此，二者互利互惠，成为一体，从而使科学成为"政治正确"的天然代表，不能有反对者，甚至发展成一种"专治"力量，威胁民主。

面对这种情况，费耶阿本德主张政府与科学分离，主张对科学进行民主监督。然而，他的这种主张似是而非，甚至相互矛盾。一方面，他主张科学与政府分离，反对科学通过政科合一而占据的霸权地位，这是合理的——恺撒的归恺撒，科学的归科学。另一方面，如果根据前述逻辑推理，那么，他主张对科学进行民主监督和社会监督，就应当是非政府的监督，至少不应当是只有政府监督。但是，他津津乐道的对科学监督的范例却是"李森科事件"，这让人感到不可思议——苏联的李森科事件是极权主义政府干预和打压科学，其目的是政科合一，摧毁科学的独立性，让科学服从和服务于政府，根本不是对科学进行民主监督和社会监督。正如在中世纪的欧洲，政教合一，政府受宗教统治，哲学和科学是神学的"婢女"。当然，对其他国家发生的一些政府干预科学的现象，费耶阿本德也大加赞赏。由此可见，费耶阿本德这两方面的主张似是而非，模糊不清，矛盾冲突。不过，这些主张清楚地表明他坚决反对科学的独立性，反对事实与价值分离，反对知识论与道德伦理分离，反对真与善分离——即便他主张的善和价值未必能得到其他人的认可。

总之，科学知识论（科学哲学）是费耶阿本德哲学的核心内容。西方主流哲学在古代重点探讨本体论问题，到了近代（从笛卡尔开始）转向主要研究认识论问题，这是第一次转向。西方主流哲学在 20 世纪初发生了第二次转向，从研究认识论转向研究语言问题。在第二次转向后，西方主流哲学是分析哲学，因为其所用的方法是分析方法，即便其研究对象是语言。分析哲学的实质是"哲学科学化"，像研究自然科学那样来研究哲学，使哲学变成"科学的哲学"（scientific philosophy）。[①] 费耶阿

---

① 正如赖欣巴赫（Hans Reichenbach）的经典著作名称《科学哲学的兴起》（*The Rise of Scientific Philosophy*）所表明的那样。请参见［德］赖欣巴赫《科学哲学的兴起》，伯尼译，商务印书馆 2004 年版。

本德深受分析哲学的影响，他的博士论文指导教师就是维也纳学派重要成员克拉夫特（Victor Krafft），也与另一位逻辑经验主义大师费格尔（Herbert Feigl）交往密切；特别是，在博士毕业后，他曾获得奖学金资助计划，跟随分析哲学开创者之一维特根斯坦做博士后研究，只是因为后者突然去世，这一计划未能实现，后来改投波普尔门下。然而，费耶阿本德对分析哲学并没有顶礼膜拜，而是持怀疑态度，认为静态死板的语言分析方法有严重缺陷，因为语言是活生生的、流变的。他说："经过所有这些思考后，我得出的结论是：语言是模糊的；语言模糊是好事；任何固化语言的努力都将终结思考、爱、行动，简而言之，将终结生活。"① 他认为语言是模糊、流变的"活物"，因而反对分析哲学追寻明确、固定语义的静态分析方法。因此，他没有完全融入 20 世纪的西方主流哲学，甚至反对分析哲学。在这种情况下，他的哲学可以说在西方是非主流的，被称为"另类哲学"。特别是，在 20 世纪的英国和美国，分析哲学一统天下，他的职业生存和发展并非易事。

费耶阿本德在奥地利出生和成长，也深受欧陆哲学影响。例如，一些学者专门研究了丹麦哲学家克尔凯郭尔对他的影响，发现其反对体系哲学就源于克尔凯郭尔的思想。② 这样看来，费耶阿本德的哲学吸收了欧陆哲学和分析哲学中的一些因素，综合继承，博采众长，独树一帜。他的科学知识论也是如此，既不是正统的分析哲学，也不是完全的欧陆哲学，具有其独特价值。20 世纪的西方主流知识论围绕知识的定义和辩护展开研究，而且其所用方法是分析方法。柏拉图在《泰阿泰德篇》中提出这样的知识定义：知识是得到辩护的真信念。围绕该定义，当代主流知识论有大量的讨论和研究，细致琐碎，甚至显得无聊，其目的是得到公认的普遍的知识定义，即放之四海而皆准的知识定义。

关于知识，费耶阿本德也有专门的著述《知识对话录》，其中也讨论

---

① ［美］费耶阿本德：《科学的专横》，郭元林译，韩永进校，中国科学技术出版社 2018 年版，第 80 页。

② ［英］基德：《客观性、抽象和个人：克尔凯郭尔对费耶阿本德的影响》（译文），郭元林译，《世界哲学》，2018 年第 1 期第 63 卷，第 87—103 页。

过《泰阿泰德篇》，但是风格完全不同，根本不是分析哲学的方法，而是舞台剧的方法，充满艺术性。① 对于公认的、普遍的知识定义，他似乎不屑一顾，对此甚至多有嘲讽和讽刺意味。关于现代主流知识论，他有过这样的评价："知识论越来越远离了科学实践，而其日益专业化的程序和准科学的术语体系给人以进步和复杂化的印象。"②

当然，不论从内容方面来看，还是从研究方法上来看，费耶阿本德的科学知识论都有其独特之处，值得深入研究。下面分五个部分来分析、概括和总结，只能是抛砖引玉，偏颇、不当、错漏在所难免，欢迎批评指正。

## 第一节　超越科学知识与非科学知识的区分

20 世纪以来，正统的科学知识论有两种趋势：第一，区分科学知识与非科学知识，认为科学以外无知识，或至少是没有值得研究的知识，科学知识论的研究对象单一、贫乏；第二，正统的科学知识论跟不上科学知识的发展，远离科学，变得空洞无物，对科学家失去影响力。这正是正统的科学知识论遇到的悖论。面对这一悖论，费耶阿本德独辟蹊径，反对科学划界，超越科学知识与非科学知识的区分。正统科学知识论以科学（特别是物理学）为对象，而费耶阿本德反对划界，关注形而上学、文学、神话、宗教、中医等知识，超越了正统科学知识论。在他看来，即使是科学知识也不具有统一性，科学不是一种统一的事业。总之，他有自己独特的知识观，探讨过知识的定义，涉及过知识的分类。

这部分内容涵盖费耶阿本德科学知识论最基础的四个方面：首先是知识观，主要分析其知识定义；其次是科学划界问题，反对科学知识与非科学知识的区分；再次是科学知识不具有统一性，科学不是一种统一的事业；最后是科学哲学的衰落。

---

① ［美］费耶阿本德：《知识对话录》，郭元林译，韩永进校，中国科学技术出版社 2020 年版。

② Paul Feyerabend. *Problems of Empiricism*（Philosophical Papers Volume 2）. New York：Cambridge University Press，1981，p. 19.

## 一 什么是知识

在《反对方法》第 17 章中，费耶阿本德论述不可通约性时就涉及了古希腊的知识观念，他写道："不存在什么单一的知识的概念。有许许多多各种各样的词用来表达我们今天所认为的形形色色的知识或各种获得知识的方法。"①

费耶阿本德的《知识对话录》是一本专论知识论的著作。在第一对话录（写于 1990 年）中，他以课堂讨论的形式专门探讨了知识的定义。该认识论研讨班虽然安排了讨论的基本文献（柏拉图的《泰阿泰德篇》），但是，人们在讨论过程中却天马行空，争相发言，随意变换话题，气氛热烈，对于"什么是知识？"这一问题众说纷纭，最终没有任何结果。其间，讨论者提出的知识定义有：

知识是经验。（第 12 页）

知识是感知（perception）。（第 12 页）

对"什么是知识？"这一问题的最佳答案是列举一个清单。（第 22 页）

知识是能被批判的东西。（第 22 页）

关于知识的断言是可被证伪的断言。（第 22 页）

知识不同于数。…… 数是非常简单明晰的，没有变化。知识可以相当复杂，而且总是变化，不同的人关于它说不同的东西。（第 27 页）

知识不是正好存在于某处的东西，而是由人们构造出来的，像是艺术品……（第 28 页）

知识是一种社会科学……（第 28 页）

知识不是一种社会科学，而是一种社会现象。（第 28 页）

---

① ［美］费耶阿本德：《反对方法：无政府主义知识论纲要》，周昌忠译，上海译文出版社 2007 年版，第 227 页。在本书中，Paul Feyerabend 被翻译为"法伊阿本德"，但为了行文统一，一律改为费耶阿本德。

至于知识的情形，发现存在非感知的知识，这也是不够的，我们不得不决定我们需要什么种类的非感知。（第 37 页）

获得知识意味着在这种组合中创造某种秩序……（第 42 页）

知识是"相对的"（知识是"存在"对人的不同行为和传统进行反应而产生的不同世界）。（第 49—50 页）①

综上所述，关于知识的定义，五花八门，莫衷一是。因此，对于"什么是知识？"这一问题，有人就认为费耶阿本德在第一对话录中没有得出任何结论。例如，在对话结尾处，对话者之一唐纳德就认为：这完全是一片混乱，没有任何关于知识定义的结论，因此，他发誓永远不再上这样的课了。② 其实，这是表面现象，或者没有真正理解费耶阿本德的思想。如果认真阅读第一对话录，并对费耶阿本德哲学有所了解，那么，就能发现他具有显明的相对主义知识观。他明确反对用简单的公式来给知识下定义，说道："无论如何，'能用简单公式准确表述知识和（就此而论）科学'，这种思想是妄想（chimaera）。"③ 由此可见，他极端反感主流分析哲学分析知识的语义，反对力图用简单的公式给出一个清晰、精确的知识定义。他认为这种做法是没有意义的，因为不存在超越文化和传统的知识，没有放之四海而皆准的知识定义。他把知识看作"存在"对人的不同行为、传统和文化进行反应而产生的不同世界。在第一对话录中，费耶阿本德用下面这段话集中详述了这种相对主义知识观。

如果全世界的各个组成部分都是一样的，而且并不随着人们的行为方式发生变化，那么，你是对的。在这种情况下，你才能真正说：是的，这里我有一个陈述，它是一个稳定的实体；那里我有一

① ［美］费耶阿本德：《知识对话录》，郭元林译，韩永进校，中国科学技术出版社 2020 年版。括号中的页码为该书的页码。

② ［美］费耶阿本德：《知识对话录》，郭元林译，韩永进校，中国科学技术出版社 2020 年版，第 51—52 页。

③ ［美］费耶阿本德：《知识对话录》，郭元林译，韩永进校，中国科学技术出版社 2020 年版，第 22 页。

个世界，它是另一个稳定的实体；在它们二者之间存在一种客观关系（objective relation），一方与另一方相符或不相符，尽管我从不知道实际的情形是什么样的。但是，假定如下几个假设：世界或（使用一个更一般的术语）"存在"（Being）对你的行为方式或整个传统的行为方式做出反应；它对不同的方式做出不同的反应；决不把这些反应与普遍本质（universal substance）或普遍规律（universal law）联系在一起。另外，假如"存在"积极反应（即维持生存和确证真理的途径不止一种），那么，我们能说的全部就是：经过"科学"（scientifically）处理后，"存在"依次给我们提供了一个封闭的世界、一个永恒而无限的宇宙、一次大爆炸（big bang）、一个星系巨壁、（在微观方面）一个不变的巴门尼德团块（Parmenidean block）和德谟克利特的原子（Democritean atom）等，直到我们有了夸克等；经过"精神"（spiritually）处理后，"存在"给我们提供了神，不仅是有关神的思想，而且是真实可见的神，这些神的行动能够被密切注意——在所有这些条件下，都维持了生存。好了，在这种世界里，你不能说神是幻想——它们确实就在那里，尽管不是绝对的，而是在对某些特殊种类的行动做出反应；而且，你也不能说万事万物都遵循量子力学规律，并且万事万物过去总是遵循它们，因为只有在你经历了复杂的历史发展过程之后，这些规律才会出现；你能说的是，不同的文化和不同的历史趋势（在早前引入的那种近似和限制的意义上）在实在中都有一种基础，在这种意义上，知识是"相对的"。①

既然知识是"存在"对不同行为进行反应而产生的不同世界，那么，"存在"就会给人们提供各种各样的世界，从而产生不同的知识。对于科学传统，就会提供科学的世界（如粒子和场的世界）；对于宗教和神话的传统，就会提供神和魔鬼的世界。即使对于不同的科学，也会提供不同

---

① ［美］费耶阿本德：《知识对话录》，郭元林译，韩永进校，中国科学技术出版社 2020 年版，第 49—50 页。

的世界，如托勒密的世界、哥白尼的世界、封闭的宇宙、无限的宇宙、不可分的原子世界、无限可分的世界。这些世界就构成了我们的知识。因此，获得知识意味着创造某种世界秩序，不同的知识意味着不同的世界。费耶阿本德反复强调和论证这一点。在该对话录中，一个叫莫林的学生就用自己的经历来证明了这一点：在图书馆，她的一个非常要好的朋友站在远处，因没有认出他来，她感觉到他"非常讨厌"，但等到认出他来之后，他就变得"很可爱"了。① 因此，获得知识就是创造世界，不同知识创造不同世界。

此外，费耶阿本德也用自己的经历来证明这一点。在第三对话录中，他描述了自己在这方面的三次经历。一次是，他在镜子中看到一个人，觉得这个人邋遢、猥琐，是一个废物；然而一旦认出了这个人就是自己，这种感知立刻就消失了，自己变成一个文雅的人物了。另一次是，他去拜访一个多年不见的女朋友，在没有认出她来之前（误认为是管家），觉得这个老太太矮小而丑陋，但是认出来之后，这种感知也马上消失了，她的脸也变成他记忆中那张年轻漂亮的脸了。第三次是，他与夫人关系不好，二人在图书馆相遇。远处没有认出来时，他感觉那位女士特别有魅力，脸蛋非常漂亮，但是，认出来之后，她就失去了魅力，脸也变成一张普通的脸了。②

总之，费耶阿本德知识论的核心观点之一是，他认为所有关于存在（世界）的知识不是描述存在本身，而是描述存在的回应，所以，一切知识都是模糊的，指向未知的基本实在（基本实在也是永远不可知的），纵然知识之间有相互联系。但是，基本实在独立于任何方法，永远是未知的，因此，没有真正基本的知识和理论。在他看来，知识和世界相互作用，不同的投射会创造不同的世界。人是实在的雕刻者，从理论和思维框架出发去探索世界，世界不是绝对客观的，其随着人的人生和探索的变化而不断变化。

---

① ［美］费耶阿本德：《知识对话录》，郭元林译，韩永进校，中国科学技术出版社2020年版，第43页。
② ［美］费耶阿本德：《知识对话录》，郭元林译，韩永进校，中国科学技术出版社2020年版，第145页。

费耶阿本德反对客观主义知识观，即知识是命题、陈述和理论，是对客观世界的反映，二者相符或不相符，相符的就是真理，不相符的就是谬误。他认为"存在"对于不同的行为、文化和传统会做出不同的反应，从而创造出不同的知识，由此形成不同的世界和实在。人的感知要适应其生活方式，人的生活方式不同，就会形成不同的感知。因此，他坚持知识论要以整体的宇宙论为基础，要以整体的宇宙学为背景来说明知识。①

费耶阿本德似乎没有专门研究过知识的分类，但他批判科学知识，非常重视和赞美非科学知识。他认为知识有各种各样的形式，如科学理论、戏剧、小说和绘画，而科学知识只是知识中的一种形式。他批判理性主义和抽象的理性知识，写道："从西方理性主义一产生，知识分子便把自己看成老师，把世界看成学校，把'人民'看成顺从的学生。"② 因此，他认为："科学哲学、基本粒子物理学、日常语言哲学或康德主义这样的领域不应该改革，而应该让它们自然死亡（它们花费的钱太多了，而花在它们身上的钱是其他地方更加急需的）。"③ 由此可见，他反对科学知识和理性知识，认为这些知识应该消亡。

根据波兰尼的知识分类，知识可分为言传知识和意会知识。前面主要分析和论述了费耶阿本德关于言传知识的界定和观点。在前期和中期，他似乎主要聚焦于言传知识，未涉及意会知识。而在后期，他受到波兰尼的影响（他也钦佩波兰尼），高度重视意会知识。在《科学的专横》中，他反复论述意会知识的重要性。有的学者甚至认为，意会知识是该书的核心概念。他写道："《科学的专横》用意会知识这个概念把费耶阿本德的科学哲学与自然哲学关联在一起，可视为他一生思想的结晶。"④

---

① ［美］费耶阿本德：《知识对话录》，郭元林译，韩永进校，中国科学技术出版社 2020 年版，第 51 页。

② ［美］费耶阿本德：《自由社会中的科学》，兰征译，上海译文出版社 2005 年版，第 150 页。

③ ［美］费耶阿本德：《自由社会中的科学》，兰征译，上海译文出版社 2005 年版，第 151 页。

④ 赵伟：《被忽视的意会知识——评费耶阿本德〈科学的专横〉》，《哲学评论》2019 年第 24 辑，第 268 页。

在后期，费耶阿本德确实非常重视意会知识，重视实在的不可言说性和科学的不可言说性，反对抽象，研究了理性和抽象在古希腊的兴起，使世界失去了丰富性。因此，他批判抽象方法，极力为具体方法辩护，认为具体方法也是获取知识的重要途径，甚至是获取意会知识的唯一途径。他写道："我不是想反对抽象方法，而只是想要否定下面这些看法：抽象方法给了你一个领域的本质，好像运用具体方法的人就如盲人一样到处跌跌撞撞，仅仅凭运气偶然获得正确的结果，而抽象方法却告诉你真正发生了什么。"① 关于反对抽象、批判抽象方法，以及抽象和理性在古希腊的兴起，有兴趣的读者，可参阅第四部分——古希腊哲学研究。这里不再赘述。

根据他的相对主义知识观，自然就能得出他反对科学划界，反对科学的优势地位，反对政科合一。下面，就讨论他的科学划界问题。

## 二 反对科学划界

在《告别理性》中，费耶阿本德如此界定"科学"：

> 我用"科学"意指现代的自然科学和社会科学（理论科学和应用科学），正如绝大多数科学家和大部分受过教育的公众所解释的那样：这种探究追求客观性目标，运用观察（实验）和令人信服的理由来确立其结论，并由明确的和逻辑上可接受的规则来指引。②

由此可见，费耶阿本德所说的"科学"就是一般意义的科学。正是在这种意义上，一般人都认为科学与非科学不同，但他却认为二者没有区别，反对科学划界。然而，他反对划界的深意在于反对科学的优势地位，认为相比于其他传统，科学在价值、事实和方法等方面都没有优越性。

---

① ［美］费耶阿本德：《科学的专横》，郭元林译，韩永进校，中国科学技术出版社 2018 年版，第 113 页。

② Paul Feyerabend. *Farewell to Reason*. London：Verso，1988，p. 24.

费耶阿本德反对科学划界，认为科学与形而上学、哲学、文学、艺术、宗教、神话、魔法和巫术等其他传统之间不存在明确的界线，科学也一直在利用和吸收非科学，因此，科学与非科学应当结合起来，以便促进知识的进步。

费耶阿本德认为形而上学与科学之间没有界线：每种科学检验都包含形而上学假设；即使是观察陈述，也包含形而上学成分。他说："形而上学系统是最原始的科学理论。"[①] 在他看来，形而上学系统或者与现在公认的科学理论不一致，或者与当前认可的观察结果矛盾，因此，能够成为现行科学理论的替代理论，能够为科学研究提供批判武器和思想资源。他主张，好的经验论者是批判的形而上学家，善于提出替代理论。

在《科学革命的结构》中，库恩提出用范式来区分科学与非科学：科学是具有统一范式的传统，常规科学就是解难题的传统。然而，在评论该著作的书评《对专家的安慰》中，[②] 费耶阿本德坚决反对库恩的这种科学划界标准。因为根据这种划界标准，无法把科学与牛津哲学和有组织犯罪区分开来。

费耶阿本德反对科学划界，认为科学和非科学之间没有固定明确的界线。他也认为科学哲学是一个具有辉煌历史的学科，将被科学史和其他研究科学的学科（如科普）取代，据此推导出他认为科学哲学和科学史之间没有界线，二者之间没有区别。他主张科学、科学史和科学哲学三位一体。在《反对方法》第4章正文中，他写道："为了改善一门学科的最新的和'最高级'的阶段，要利用它的全部历史。一门科学的历史、它的哲学和这门科学本身之间的分离（separation）将化为烟云，科学和非科学间的分离也是这样。"[③] 紧接着，在脚注中，他进一步论证说：

---

① Paul Feyerabend. *Knowledge*, *Science and Relativism* (Philosophical Papers Volume 3). New York：Cambridge University Press, 1999, p. 100.

② Paul Feyerabend. *Problems of Empiricism* (Philosophical Papers Volume 2). New York：Cambridge University Press, 1981, pp. 131 - 161.

③ ［美］费耶阿本德：《反对方法：无政府主义知识论纲要》，周昌忠译，上海译文出版社2007年版，第24—25页。另外，请参见英文版 Paul Feyerabend. *Against Method：Outline of an Anarchistic Theory of Knowledge*. London：Verso, 1978, pp. 47 - 48. 根据英文原文，笔者对上述中文引文有所改动，因为中译文似乎有不太通顺之处，甚至有错误。

　　鉴于正文中所做的论证，显而易见的一点是：科学史、科学哲学和科学本身三者与日俱增的分离是一个缺陷，如果从所有这三门学科的利害得失来考量，应当结束这种分离。否则，我们所得到的将是一大堆琐细、刻板而又毫无用处的结果。①

　　根据上述引文，在现实中，科学、科学史和科学哲学是三门独立的学科，费耶阿本德也不否认这一点。然而，费耶阿本德主张，为了改善一门学科，从科学、科学史和科学哲学所有这三门学科的利害得失来考量，就应当结束这种分离，把它们联系统一起来，消除它们之间固定、明确的界线。但是，费耶阿本德似乎并不认为这三门学科之间毫无区别，合并成为一门学科。此外，费耶阿本德反对科学的内史和外史的分离，认为这种分离阻碍了对科学变化的研究。

　　费耶阿本德不但否认在科学与形而上学、科学史和哲学之间存在明确的界线，而且反对区分科学与人文学科，进而主张"所有科学都是人文学科"，认为科学与诗歌和文学故事没有本质的区别。

　　假如我像你那样喜爱一般性（generalities），那么，我会说：物理科学（physical sciences）和社会科学（social sciences）[包括人文学科（humanities）] 之间的旧有的区别是一种没有对应差异的区别——所有科学都是人文学科，所有人文学科都包含知识。当然，从表面（appearance）上看，在物理理论（physical theory）和关于国王亨利八世（King Henry Ⅷ）的故事之间存在巨大差异。但是，"主观性"（subjectivity）和"客观性"（objectivity）混合在一起，这在这两个领域中是一样的……确实，在某些历史学家所主张的他们"理解"（understand）久远历史人物（historical figure）的那种意义上，科学家没有"理解"（understanding）他们的设备，因而没有取

---

　　①　[美] 费耶阿本德：《反对方法：无政府主义知识论纲要》，周昌忠译，上海译文出版社2007 年版，第 25 页。另外，请参见英文版 Paul Feyerabend. *Against Method：Outline of an Anarchistic Theory of Knowledge.* London：Verso, 1978, p. 48. 根据英文原文，笔者对上述中文引文有所改动，因为中译文似乎有不太通顺之处，甚至有错误。

得任何成就。今天，我们甚至能说的更多一些。与超弦（super-string）、扭量（twistor）和替代宇宙（alternative universe）相联系的推断（speculation），不再主要是系统阐述假设，然后检验它们；而是更多地像发展一种满足某些非常一般的约束（constraint）的语言（尽管不必盲目地满足它们），然后，用这种语言建构一个令人信服的美妙故事。这确实非常像写诗。诗歌并非没有约束。事实上，与植物学家（botanist）或鸟类观察家（birdwatcher）所接受的约束相比，诗人强加给其作品的约束通常要更加严厉得多。……不盲目服从约束，并且与我们所认识的世界必定存在一种模糊的联系。扭量理论或超弦理论使用数学公式——这就是唯一的差别（difference）。①

正如美国记者霍根在其书《科学的终结》中所言，科学理论也是一种故事。如果科学失去创造力，不能构建新的故事，那么，科学就终结了。霍根的这种思想受到了费耶阿本德的影响，因为前者访谈过后者，而且在书中专门用一节来介绍费耶阿本德，称其为"无政府主义哲学家"。在费耶阿本德看来，科学与文学和诗歌没有本质的差别，都是根据某种约束来构建故事；它们之间唯一的差别是形式上的，科学常常使用人工语言（数学公式），而文学和诗歌却常常用自然语言来表述。

在取消了科学与人文学科之间的界线后，费耶阿本德也反对把科学与艺术分离开来，认为二者之间也没有鸿沟。在此基础上，他进一步批判了发现/辩护二分法。根据逻辑经验主义，科学发现像艺术一样，运用直觉、顿悟和灵感等非逻辑方法，不属于理性探讨的范围；而科学辩护则遵循逻辑和理性规则，属于逻辑和理性研究的范围。然而，费耶阿本德反对科学与艺术截然二分，自然也就反对泾渭分明地区分科学发现与科学辩护，他认为在发现范围也存在理性推理，在辩护范围也存在艺术的个人因素。在《知识对话录》中，他说：

① ［美］费耶阿本德：《知识对话录》，郭元林译，韩永进校，中国科学技术出版社 2020年版，第 163 页。

　　我要否认的是：在以所有各种科学为一方和以所有艺术为另一方之间，存在"一条宽阔的界线"（one big line）。至于发现和辩护的问题——在谈论实验时，我已经给出了答案：正如发现过程充满个人因素和群体特质（group idiosyncrasies）一样，接受实验结果的过程也是如此。事实上，发现（discovery）／辩护（justification）这种二分法（dichotomy）也是非常不切实际的。"发现"绝不是仅仅一跃而入黑暗或梦乡，它含有许多推理。"辩护"也绝不是完全"客观的"程序——其中，存在许多个人因素。①

　　费耶阿本德走得更远，认为科学与神话之间也没有本质差别。他写道："科学同神话的距离，比起科学哲学打算承认的来，要切近得多。科学是人已经发展起来的众多思想形态的一种，但并不一定是最好的一种。"② 他进而得到结论，认为科学与神话之间除了日期之外，毫无差别。他说："似乎，我们不得不承认（确实，某些思想家已经得出这种结论）——或许，除了日期之外，科学和神话之间毫无差别：科学是今天的神话，神话是昨天的科学。"③ 既然神话和科学之间没有差别，那么，在他看来，牧师和诺贝尔奖获得者之间也没有什么差别。

　　更让人感到离奇的是，在费耶阿本德看来，不但科学与神话之间没有本质差别，而且神话比科学更优越。他认为，纵然高度精致的科学意识形态取代了神话，但是，在许多方面，后者比前者更加接近实在：神话创造了文化，而科学只是改变了文化。

　　正如我们已经看到的那样，不存在什么"科学的方法"。因此，如果科学由于它的成就而受到称赞，那么，神话必须更热烈地受到

　　① ［美］费耶阿本德：《知识对话录》，郭元林译，韩永进校，中国科学技术出版社2020年版，第162页。

　　② ［美］费耶阿本德：《反对方法：无政府主义知识论纲要》，周昌忠译，上海译文出版社2007年版，第271页。

　　③ Paul Feyerabend. *Knowledge*, *Science and Relativism*（Philosophical Papers Volume 3）. New York：Cambridge University Press, 1999, p. 60.

百倍的称赞，因为它的成就大得无与伦比。神话的发明者开创了文
化，而理性主义者和科学家只是改变了文化，而且并非总是改得
更好。①

根据其自传介绍，在 20 世纪 60 年代，费耶阿本德在加州大学伯克利
分校选择教会教条的发展历史作为上课内容的主题，因为教会教条发展
与科学思想发展二者有许多共同之处。所以，他认为科学与宗教之间也
没有明确的界线："既然如此，就可推知，政府与教会的分离必须以政府
与科学的分离为补充。科学是最新、最富于侵略性、最教条的宗教机构。
这样的分离可能是我们达致一种人性的唯一机会。我们是能够达致这种
人性的，但还从未完全实现过。"② 在他看来，科学就是当今世界的全球
性宗教，科学与政府混同在一起——正如在中世纪的欧洲，天主教与政
府混同一体，政教合一，带来数不尽的灾难。所以，为了人的幸福，他
呼吁当今世界要政科分离。

费耶阿本德认为，科学与占星术之间也没有什么本质差别。然而，
一些科学家却批判和反对占星术，认为科学优于占星术，可是他们对占
星术实际上一无所知。1975 年，美国《人文主义者》（The Humanist）杂
志（10—11 月的一期）刊登了一系列批判占星术的文章，并发表了一个
总声明，在总声明上有 186 个科学家签名。几个月后，英国广播公司的
采访者想制作一个讨论节目，由一些签名的诺贝尔奖得主和占星术的捍
卫者进行讨论，但是，所有诺贝尔奖得主都拒绝了。一些诺贝尔奖得主
评论说："他们对占星术的具体细节一无所知。"③ 在费耶阿本德看来，这
些科学家对占星术所知甚少，根本不知道他们自己在谈论什么。他们批

---

① ［美］费耶阿本德：《自由社会中的科学》，兰征译，上海译文出版社 2005 年版，第 128
页。
② ［美］费耶阿本德：《反对方法：无政府主义知识论纲要》，周昌忠译，上海译文出版社
2007 年版，第 271 页。另外，请参见英文版 Paul Feyerabend. *Against Method*：*Outline of an Anar-*
*chistic Theory of Knowledge.* London：Verso，1978，p. 295. 根据英文原文，笔者对上述中文引文有所
改动。
③ ［美］费耶阿本德：《知识对话录》，郭元林译，韩永进校，中国科学技术出版社 2020
年版，第 76 页。

判和反对占星术恰恰显示了其可怜的无知，而认为科学优于占星术，正是建立在这种无知的基础上。费耶阿本德主张，科学家可以不喜欢占星术，甚至憎恨占星术，这是情感问题。但是，如果要在认识上区分科学和占星术，并坚持科学优于占星术，就要学习和研究占星术。

总之，费耶阿本德反对区分科学知识与非科学知识，并主张前者不一定比后者更优越。不过，这里需要明确的是，他虽然认为二者之间没有明确的界线，但是，并非主张二者完全重合，完全等同，就完全是一个东西。例如，在许多人看来，科学与神话是两种完全不同的传统，前者是真理，后者是谬误，二者有不可逾越的鸿沟。费耶阿本德不否认二者是两种不同的传统，他只是否认二者之间存在严格、明确的界线，它们是泾渭分明的。他想要表达的核心思想是，科学、哲学、文学、艺术、巫术、宗教、迷信和神话等是不同的认识传统，它们之间没有严格、明确的界线，它们是平权的，无所谓优劣，哪个传统好用就用哪个。

他坚决否认科学家及其崇拜者的观点，认为科学知识是关于"实在"的知识，而神话和艺术等只是人的一种幻想。

> 科学家及其崇拜者臆断（不是臆断，他们理所当然地认为二者之间存在这样一种联系）：科学成果是关于我们所居住世界的信息——它们告诉我们关于"实在"的信息。神话、艺术作品、梦幻和童话可能看起来好像在描绘实在世界，但它们只是幻想，是认识论的失误。科学是独一无二的，这意味着：科学陈述及由其建构的世界观告诉我们实在世界。[1]

费耶阿本德进一步否定科学对知识有特权，认为非科学知识同样重要，甚至还更有优势。因为科学知识是理性抽象的知识，一些非科学知识是非理性的具体知识。如果把科学知识当作比较标准，在把非科学知识"翻译"成科学知识的过程中，就会丢弃非理性的成分，阉割了具体

---

[1]　［美］费耶阿本德：《科学的专横》，郭元林译，韩永进校，中国科学技术出版社2018年版，第29页。

的"实用"成分。总之,在费耶阿本德看来,这些不同传统是不可通约的,在翻译比较过程中,遗漏了一些重要内容,因此,科学知识并没有比非科学知识优越。

综合所有这一切,人们认识到科学对知识没有特权。科学是知识的宝库,这没错;但是,神话、童话、悲剧、史诗(epics)和非科学传统(non–scientific tradition)的其他许多创造物也是这样。这些传统中包含的知识能"被翻译"(translated)成西方术语系统⋯⋯但是,这种翻译遗漏了这种知识的非常重要的"实用"(pragmatic)成分;它遗漏了呈现这种知识的方式,也遗漏了这种知识唤起的联想(association)。所以,我们能评判这种知识的"经验内容"(empirical content),但不能评判运用它的其他效果,包括其对我们集聚知识(knowledge–gathering)和增进知识(knowledge–improving)的活动所产生的效果。然而,即使在这个非常有限的经验内容领域,我们也经常发现科学跟在一些非科学观点后面艰难行进。①

一般的观点认为,科学知识比非科学知识更加优越,因为前者是真理,而后者不是真理,甚至是谬误和幻想。然而,费耶阿本德却认为科学理论本身包含着假设,每种具体科学都有自己独特的研究方法,这些都需要检验。但是,科学家却把这些假设和方法当作标准,并把符合这些标准的理论看作真理,却把不符合这些标准的知识视作谬误和幻想。

以某一研究领域的科学家为例。他们有几乎从不受质疑的基本假设;他们有观察证据的方式,而且把这些方式看作唯一固有的方式;研究在于使用这些基本假设和基本方法,而不是分析检验它们。实际上,从前引入这些假设是为了解决问题或消除困难,然后人们才知道如何适当地看待它们,但是,这要经历很长时间。人们现在

---

① [美] 费耶阿本德:《知识对话录》,郭元林译,韩永进校,中国科学技术出版社 2020 年版,第 130—131 页。

用他们的术语界定研究，并把用不同方法进行的研究视作不正确的、不科学的和荒谬的，在这样做时，人们甚至没有意识到这些已经做出的假设。……哎，他们从来不研究我刚才描述的这种假设，可是，没有这种假设，他们就无法开始研究。这意味着：科学的每个组成部分都处于其外围，专业知识（expertise）根本不是论证。①

因此，费耶阿本德主张科学是一种意识形态，它不一定与事实一致，更不一定是真理。科学今天非常"成功"，在社会上占据了很高的地位，人们争相崇拜，完全是由于社会的原因，不是因为其是真理。他写道："这种意识形态所以是成功的，并非因为它那么好地同事实相一致；它所以成功，是因为没有详细说明一些能构成一种检验的事实，还因为某些这样的事实甚至已被取消。它的'成功'完全是人为的。"② 从否认科学理论是真理，费耶阿本德甚至进而否认真理本身。他认为所谓的"真理"有各种各样的形式，有科学真理、宗教真理、法律真理、日常话语真理等等。不同形式的真理有不同的意义，由此可以看出，"真理"只是人们经常挂在嘴边的一个词，其背后可能根本没有意义。

真理有时是一种东西，有时又是另一种东西。你确实相信存在一个使你满意的简短说明，它将涵盖我使用"真的"（true）这个术语的所有方式，对吗？或者，更一般地说，你确实相信存在某种东西能说明人们为什么说大爆炸是真的、上帝存在是真的、基督受难是真的、我的岳母恶毒是真的、此刻我饥饿是真的，对吗？你假定我们在全部这些情形中意指相同的东西，而且你还假定这种东西能用一个或两个语句来说明，是这样吗？在法官面前，证人应该说真理，说真理，而且应该只说真理。把它与基督教的真理（The Truth of Christianity）进行比较。前者是关于细节，后者是关于人类的整个

① ［美］费耶阿本德：《知识对话录》，郭元林译，韩永进校，中国科学技术出版社 2020 年版，第 80 页。

② ［美］费耶阿本德：《反对方法：无政府主义知识论纲要》，周昌忠译，上海译文出版社 2007 年版，第 21 页。

历史。当然，它们是同一个词，但这并不意味着词的背后有相同的意义（或者这根本没有意味着词的背后有任何意义）。①

总之，费耶阿本德否认科学具有优越性。他说："科学惹人注目，哗众取宠而又冒失无礼，只有那些已经决定支持某一思想体系的人，或者那些已接受了科学，但从未审察过科学的优越性和界限的人，才会认为科学天生就是优越的。"②

既然科学不是真理，也不比非科学传统更加优越，但是，科学如今在社会中却赢得至高无上的地位，也博得了美名，受到人们的普遍赞美和追捧。对此，费耶阿本德也有自己的论证和说明。他写道："科学的优越性同样不是研究和论证的结果，而是政治压力和制度压力的结果，甚至是军事压力的结果。"③ 费耶阿本德在《反对方法》的导言中，论证说明了学术共同体和政府如何通过歪曲强制简化科学史和强迫科学教育来创造一种片面的科学传统，从而实现政科合一。

> 科学获得霸权，这是因为它过去的一些成功导致形成了制度上的措施（教育、专家的作用、权力集团如美国医学协会的作用），以防止对手东山再起。简言之，科学今天获胜，并不是因为它的相对优点，而是因为情况被操纵得有利于它，这样说没有什么不对。④

---

① ［美］费耶阿本德：《科学的专横》，郭元林译，韩永进校，中国科学技术出版社 2018 年版，第 106 页。

② ［美］费耶阿本德：《反对方法：无政府主义知识论纲要》，周昌忠译，上海译文出版社 2007 年版，第 271 页。另外，请参见英文版 Paul Feyerabend. *Against Method: Outline of an Anarchistic Theory of Knowledge*. London: Verso, 1978, p. 295. 根据英文原文，笔者对上述中文引文有所改动。

③ ［美］费耶阿本德：《自由社会中的科学》，兰征译，上海译文出版社 2005 年版，第 125 页。另外，请参见英文版 Paul Feyerabend. *Science in a Free Society*. London: Verso, 1982, p. 102. 根据英文原文，笔者对上述中文引文有所改动。

④ ［美］费耶阿本德：《自由社会中的科学》，兰征译，上海译文出版社 2005 年版，第 124 页。另外，请参见英文版 Paul Feyerabend. *Science in a Free Society*. London: Verso, 1982, p. 102. 根据英文原文，笔者对上述中文引文有所改动。

在费耶阿本德看来，科学控制了政府和社会，实现了政科合一，从而摧毁和消灭了其他传统。特别是，科学控制了教育，由此控制了人们的思想和生活。在当今社会，科学干预和控制着人类生活和思想的各个领域和各个环节。科学的干预和控制是全方位和全过程的，科学实现了从娘胎到坟墓的控制和干预。正因为如此，科学就赢得了社会霸权，博得了美名，受人顶礼膜拜，也就是正常现象了。政科合一正如政教合一，实质在于统一思想，消除异见，消灭异己，消除一切批判和反对科学的声音，只允许存在赞美科学的声音。久而久之，科学就会垄断社会霸权，让人顶礼膜拜。

> 现在，这群无知者（科学家）（illiterate）决定在我们的学校教什么和不教什么，并傲慢轻蔑地宣布必须消灭他们没有研究也不理解的古老传统，而不管这些古老传统对于那些想依照它们来生活的人是多么重要；在我们出生时，这群无知者就干预我们的生活，母亲被送到医院，以便她们的婴儿可以马上知晓他们将要生存的这个千篇一律的技术社会的辉煌；在我们的少年时代，为了使最多的科学宗教进入青少年的头脑中，这群无知者小心地限定天赋，谨慎地设立课程（curricula），等等，直到最后"丧葬科学"（mortuary science）来处理那疲惫、残废和被污染损害的身体……①

因此，费耶阿本德认为，在现代社会，科学与政府混同在一起，科学家已成为特权阶层："他们在金钱、权威和吸引力上都得到非分的报偿，他们领域中最无聊的程序和最可笑的结果被罩上卓越的光环。现在是时候了，该给他们恰如其分的评价，赋予他们比较适当的社会地位。"②由此看来，费耶阿本德反对科学划界，其主要理由不在于学理上，而在于社会现实上：科学知识统治、控制和垄断了人们的思想和知识，束缚

---

① ［美］费耶阿本德：《知识对话录》，郭元林译，韩永进校，中国科学技术出版社 2020 年版，第76—77页。

② ［美］费耶阿本德：《反对方法：无政府主义知识论纲要》，周昌忠译，上海译文出版社 2007 年版，第 281 页。

了人们的创造性；科学家成为社会特权阶层。换言之，今天的政科合一，阻碍了知识的进步，对人们的思想自由、创造性和幸福生活构成威胁。所以，费耶阿本德反对科学划界，其目的是批判科学和科学家。他的《反对方法》和《自由社会中的科学》有一个共同的目的："消除知识分子和专家给不同于他们自己的传统所造成的障碍，并准备将专家（科学家）驱离社会生活的中心。"① 正是从这种目的和意义出发，他主张各种传统平权，无所谓优劣。

> "客观地说"，科学这种特殊的传统与所有其他传统是一样的（论点 i 和 vii）。它的结果对某些传统来说是极好的，对其他传统却是可憎的，而对另一些传统几乎是毫无意思的。当然，我们的正常的当代唯物主义者很容易对月球探测器、双螺旋线、非平衡热力学这样的事件充满激情。但让我们以另一种不同的观点看一下这个问题，它便成了无益的可笑练习。②

费耶阿本德反对科学划界，反对分离科学知识和非科学知识。为了更好地认识世界，他主张平等对待一切传统，充分利用一切思想资源，反对画地为牢，故步自封。他写道："科学和非科学的分离不仅是人为的，而且也不利于知识进步。如果我们想理解自然，如果我们想主宰我们的自然环境，那么，我们必须利用一切思想、一切方法，不是仅利用从中挑选出来的一小部分。然而，断言'科学以外无知识'只不过是又一个最便利的童话。"③ 此外，费耶阿本德也承认人类知识的继承和发展，

---

① ［美］费耶阿本德：《自由社会中的科学》，兰征译，上海译文出版社 2005 年版，前言，第 1 页。另外，请参见英文版 Paul Feyerabend. *Science in a Free Society*. London：Verso, 1982, p. 7. 根据英文原文，笔者对上述中文引文有所改动。

② ［美］费耶阿本德：《自由社会中的科学》，兰征译，上海译文出版社 2005 年版，前言，第 25 页。

③ ［美］费耶阿本德：《反对方法：无政府主义知识论纲要》，周昌忠译，上海译文出版社 2007 年版，第 283 页。另外，请参见英文版 Paul Feyerabend. *Against Method：Outline of an Anarchistic Theory of Knowledge*. London：Verso, 1978, p. 306. 根据英文原文，笔者对上述中文引文有所改动。

也强调科学从其他传统借鉴和吸收了大量的思想、知识和方法。这样的话，传统就是不断发展和变化的，不是固定的。他反对划界，就是主张要各种传统之间相互借鉴、交流学习，而不是老死不相往来，泾渭分明，壁垒森严，从而出现"无能的专业化和专业化的无能"。

> 没有任何一个重要的科学思想不是从其他地方偷来的。……天文学受益于毕达哥拉斯主义和柏拉图对圆周的喜爱，医学受益于草药学、心理学、形而上学、女巫的生理学、接生婆、诡计多端的人和江湖药商。……科学到处被非科学的方法和非科学的成果所丰富，而经常被视为科学本质部分的程序却被暗暗地放弃或取代了。①

正因为科学常常从非科学传统中受益，所以，费耶阿本德竭尽全力地为处于弱势的非科学传统争取生存空间，为其辩护。他喜好模糊性，批判和反对精确性和明晰性。这也可以用来为非科学传统争取生存空间。费耶阿本德反对研究者追求思想、理论和语言的绝对清晰性、绝对准确性和逻辑完美性，认为它们具有模糊性，缺乏清晰性是常态。特别是，一种新的世界观及其相应新语言的产生和发展需要相当长的时间，因此，应当对其宽容，允许其幼稚和模糊，否则，会带来灾难性后果。由此可见，费耶阿本德强调模糊、宽容和包容，有利于非科学传统的生存和发展。

前面介绍和分析了费耶阿本德反对科学划界的主要观点和理由，下面对此展开一些评价，分析其得失利弊。

费耶阿本德注意到科学在当今社会中占据"优越"的地位，是一种强势的传统。对于造成这种态势的原因，他认为是西方科学凭借其宗教、文化、强力甚至暴力消灭其他传统所致，不是因为科学本身具有优越性。因此，他尽其所能地批判和贬损科学。例如，在《反对方法》第18章中，他就用了如下刺耳的贬义语词来攻击科学："欺骗""宣传""大亨"

---

① ［美］费耶阿本德：《自由社会中的科学》，兰征译，上海译文出版社2005年版，第128—129页。

"童话""狂热""野蛮""科学家奴隶""教条""歪曲""科学宗派""掩盖""特权""可笑""无聊""精神癌肿""娼妓制度""镇压""残忍""君临一切""意识形态""宗派利益""吸引力""狭隘""桎梏""沙文主义""特殊迷信""吹鼓手"。事实上，这种批判、贬损甚至谩骂并不能真正解决问题，只能是一时嘴上的痛快。

相比于其他传统，科学传统是否具有优越性？费耶阿本德对此给出了否定的答案，这并不令人感到意外，但是值得讨论一番。关于此问题，有大量的学术研究和理论探讨，其成果材料可以说是汗牛充栋，大多数结论认为科学具有优越性，但是也有一些持相反的结论，如费耶阿本德就认为所有传统平权，无所谓优劣。这并不奇怪，理论探讨很难有唯一公认的结论和绝对的真理。在这里，笔者也不想陷入繁复的理论争论，只想看看历史和常识。自从近代西方科学产生以来，在其与其他传统的交流和竞争中，可以毫不夸张地说，它具有明显优势和强大竞争力，甚至可以说是所向披靡。直到今天，几乎没有哪一个民族、国家、地区和传统不接受现代科学和以科学为基础的现代技术，尽管还有一些人不接受乃至反对孕育和发展近代科学的宗教、文化和制度等。放眼世界，现在几乎全世界各个传统都在争先恐后地学习和研究现代科学和技术。科学已成为全人类的一个普适传统。科学强调普适性，不分地域、国家、民族、种族、文化、文明、性别、信仰、地位和受教育程度等。而其他传统总是强调其特殊性，常常与地域、国家或民族等相联系。因此，从简单的历史和常识来看，即可看出科学相比于其他传统具有优越性。

当然，近代西方科学在早期传播和交流中，确实遇到了其他传统的抵制和反抗，从而利用了西方宗教、文化和武力等非科学力量，强迫它们接受科学。如我国就曾经因为修铁路会破坏"龙脉"而拒绝接受火车，因为我们是中国人而拒绝接受西方近代医学。但是，随着殖民地独立和民族解放，各个传统学习和研究科学和技术的热情和势头并没有衰减，而是不断加强。当今世界各国把它的科技竞争力看作其综合国力的重要组成部分，伊朗竭尽全力反对美国和西方，同时念念不忘要发展核武器。因此，费耶阿本德认为，科学占据优势地位，不是通过论证，凭借其本身的优越性，而是通过强力和镇压消灭了其他传统，这是站不住脚的。

他这样说，本来是为其他传统辩护，赞美其他传统，但也无意中低估了其他民族的认知能力、智慧和判断力。一般而言，人们是有能力和智慧辨别传统的优劣好坏的，纵然短时间内可能存在误判，或者一些人认识不清；但是，假以时日，人们终究是能感知传统的好坏，从而抛弃坏的传统，接受和学习好的传统。传统是为人而存在的，人不是为传统而存在的。没有人像基因遗传那样永远属于某一传统，只要后天环境自由开放，能够接触到不同的传统，一个人就会辨别不同传统的优劣，从而选择适合自己的传统。

此外，传统也不是固化不变的，而是在与其他传统的交流和冲撞中不断适应、学习和改变的。同样，属于某一传统的人也会随着接触和学习其他传统，从而抛弃原来的传统，接受或皈依新的传统，当然也有世世代代坚守某一传统的人。然而，费耶阿本德固化了传统，也固化了属于某一传统的人，从而为非科学传统辩护，强调所有传统平权，为属于非科学传统的群体战斗；但他绝不会为一个超越传统的个人争取自由和权利，因为他的着眼点在传统，聚焦于传统的权利，而不是一个个活生生的个体的自由和幸福。

最根本的是，费耶阿本德否认科学传统在今天占据的社会地位，不是各种传统之间平等竞争的结果，而是人为因素造成的，是一些西方人干预和控制的结果。他进而否认社会秩序和结构是长期演化的结果，认为一些人可以随意决定社会的发展方向和机制。在笔者看来，他的这种观点是站不住脚的。科学的诞生、发展和统治世界，有其内在机理和深刻原因，是一个不断演化的过程，不是少数人能随意左右和决定的。因此，应该认真研究其机理和原因，不应该像费耶阿本德那样仅仅停留在部分人的所作所为上，更不应该仅仅停留在批判和诅咒层次上。如果这样，就避免不了肤浅。

最后，在反对科学划界时，费耶阿本德是非常矛盾的。在批判和反对科学时，他反对科学划界，极力否定在科学与非科学之间有明确的界线，坚决否定科学比非科学更加优越，为非科学辩护。在赞美非科学时，他又主张"非科学的划界"，尽可能区分非科学与科学，力主非科学比科学优越，最大可能地颂扬非科学，尽力贬损科学。因此，他反对科学划界，是为了否定科学的优越性；他主张"非科学的划界"，是为了张扬非科学的优越性。显然，科学划界和"非科学的划界"二者是一回事，或者说是事情的一体两面，对它们的主张或反对必须是同一的。然而，费耶阿本德不在乎这种一致性，就反对科学划界，主张"非科学的划界"，纵然它们是不一致的，甚至是矛盾的。

### 三 科学不是一种统一的事业

上一部分介绍、分析、总结和评价了费耶阿本德的科学划界问题。他反对科学划界，认为科学与非科学之间没有严格、明确的界线。即使从科学内部来看，他也认为科学不是一种统一的事业，正如他自己所言："但科学不是一种传统，而是许多种传统，所以，它产生了许多局部互不相容的标准。"① 费耶阿本德认为科学自身由互相冲突的部分构成，包含多种不同的传统，"科学"和"常识"不是单一的，而是包含多个"科学"和多个"常识"。特别是，他认为科学是一个拼盘，而不是一个系统。

> 科学和常识不像其哲学上层结构的批判者（包括我自己）所假定的那样单一、完整和完美。不是仅有一个常识，而是有多个常识（我与奥斯丁争论过这一点，但没能使他信服）；也不是仅有一种认识方式（科学），而是有许多种这样的认识方式。在这些认识方式被西方文明毁灭之前，它们使人们生存，并使人们的生存变得可以理解，所以，在这种意义上，它们是有效的。科学自身由互相冲突的不同部分构成，而这些不同的构成部分又包含不同的策略、不同的结果和不同的形而上学渲染。科学是一个拼盘，不是一个系统。②

---

① ［美］费耶阿本德：《自由社会中的科学》，兰征译，上海译文出版社 2005 年版，第 29 页。另外，请参见英文版 Paul Feyerabend. *Science in a Free Society*. London：Verso，1982，p. 33. 根据英文原文，笔者对上述中文引文有所改动。

② Paul Feyerabend. *Killing Time：The Autobiography of Paul Feyerabend*. Chicago：The University of Chicago Press，1995，p. 143.

总的看来，费耶阿本德至少从四个方面论述了科学不是一种统一的事业。首先，科学没有统一的方法，即多元主义方法论，科学方法是"怎么都行"。其次，科学没有统一的理论，即科学理论是多种多样的。再次，科学的世界观（实在观）也千差万别。最后，科学的认识论也有很多种。

费耶阿本德认为不存在所谓的科学方法，没有一套程序或规则是科学独有的。如果像一些理性主义者所认为的那样，必定存在特定的科学方法，那么，这种特定的科学方法就是"怎么都行"。

> 没有"科学的方法"；没有任何单一的程序或单一的一组规则能够构成一切研究的基础，并保证其是"科学的"，从而保证其是可靠的。……相反，我们可以证明，今天被科学家和科学哲学家辩护为构成统一"科学方法"的绝大多数规则，要么是无用的——它们并没有产生它们应该产生的成果——要么是虚弱的。……今天我们必须不依赖任何明确定义的、不变的"科学方法"来从事科学。①

在一些科学哲学中，科学具有统一的方法论是最基本的假设和前提。逻辑经验主义和批判理性主义都以此假设和前提为基础。甚至，库恩的历史主义也主张范式和常规科学是科学发展的常态，承认常规科学具有统一的方法论。然而，费耶阿本德却推翻了这一假设和前提，颠覆了科学的统一性，摧毁了科学方法论，"终结了"科学哲学。因此，费耶阿本德否认科学具有统一的方法论，进而否认科学是一种统一的事业，具有深远影响。后文还要涉及这一点，这里不再赘述。下面，论述科学不具有统一性的理论。

费耶阿本德否认科学理论具有统一性。他认为科学有各种各样的理论。例如，有自然科学理论和社会科学理论。在自然科学内部，也有物

---

① ［美］费耶阿本德：《自由社会中的科学》，兰征译，上海译文出版社 2005 年版，第 119—120 页。另外，请参见英文版 Paul Feyerabend. *Science in a Free Society*. London：Verso，1982，pp. 98 - 99. 根据英文原文，笔者对上述中文引文有所改动。

理学、化学、生物学、天文学、地理学、医学等。在物理学内部，也有实验物理学和理论物理学。在理论物理学内部，也有相对论、量子力学、理论力学、热力学和统计物理学等。他认为这些理论之间千差万别，根本不具有统一性。

> 不同的科学有完全不同的思想意识。有分子生物学……也有弹性理论，它的世界观是什么呢？这难于搞清楚。对于一些人来说，弹性是一个次要的问题，当然，该问题是基本粒子物理学的特例，只是还没有得到证明，而且没有人（在我所谈及的人中间）真正关心该问题。另一些人说：弹性是一个独立的问题，正如它与《圣经》没有关系一样，它与基本粒子物理学也几乎没有关系。有的科学家回避思辨猜测，把思辨猜测当作形而上学。许多科学家相信这种信条，他们回避广义相对论。于是，有思辨猜测的科学家，他们不提供任何证据细节。在生物学中，有彻底的经验论者——在宇宙学中也有……在朴素的意义上，分子生物学家是客观主义者。对于他们来说，基本实体就存在于世界中，无论你看不看它们。但是，这不是量子力学的思想。在量子力学中，你的结果取决于你的程序。等等，等等。……到现在为止，我一直在谈论物理科学。但还有社会学和心理学，它们内部充满学派和分歧。①

由此可见，科学被分成许多学科，各学科之间存在明显差异。在费耶阿本德看来，即使科学的每一个学科内部也是不统一的。例如，科学医学并不是铁板一块，它包含许多科系、许多学派、各种各样的思想和程序，其中意见纷呈，时有冲突，需要外部权威和权力来统一。更进一步，每一个学科又被分成许多学派，而在一个学派内部，不同的科学家之间也有差异。仅有一种科学是不充分分析的结果，根本就不是事实，而是由宣传建构的虚假形象。费耶阿本德认为使科学独特的，不是科学

① ［美］费耶阿本德：《科学的专横》，郭元林译，韩永进校，中国科学技术出版社2018年版，第48—49页。

自身，而是一种意识形态，这种意识形态把科学的某些部分孤立出来，并通过偏见和无知来固化它们。科学没有统一理论，没有统一的方法论。从更深层次的原因来看，费耶阿本德认为，理论决定事实，价值与事实不分。科学家是活生生的个体，他们的价值观多种多样。每个科学家的价值判断千差万别，所以，他们建构的理论不可能具有统一性。

> 科学被分成许多学科，每门学科可能对一个给定理论采取一种与众不同的态度，而各门学科又进一步分成一个个学派。实验家的基本价值判断将不同于理论家的（只要读一读卢瑟福、迈克耳逊或埃伦哈夫特关于爱因斯坦的论述即可明白），生物学家将以不同于宇宙学家的眼光看待理论，忠诚的玻尔派学者将以不同于忠诚的爱因斯坦派学者的眼光看待量子理论的修正。无论留下什么统一性，在革命期间都会消解，其时没有什么原理不受挑战，没有什么方法不被违反。甚至对于所提出的理论，一个个不同的科学家也会得出不同的判断……①

此外，费耶阿本德还特别注重区分言传知识和意会知识。这两种知识的区分也造成了科学的分裂。意会知识不能用书面文本来传递，"而能够通过操作训练（像拳击、弹钢琴等操作训练）来传递：所有这些东西都是可以传递的，但不是通过读书来传递的。"② 正因为言传知识与意会知识不同，造成了实验科学和理论科学的分裂，造成了理论家和实验家之间的分裂。费耶阿本德研究专家穆内瓦教授就深刻认识到了这一点。他写道："费耶阿本德反复指出，科学绝不是一种统一的事业。科学的不同领域不仅有不同的方法，而且甚至有不同的意识形态。即使在任何单

---

① ［美］费耶阿本德：《反对方法：无政府主义知识论纲要》，周昌忠译，上海译文出版社2007年版，第180页。另外，请参见英文版 Paul Feyerabend. *Against Method*：*Outline of an Anarchistic Theory of Knowledge.* London：Verso，1978，pp. 47–48. 根据英文原文，笔者对上述中文引文有所改动。

② ［美］费耶阿本德：《科学的专横》，郭元林译，韩永进校，中国科学技术出版社2018年版，第124页。

一的科学学科内，我们也经常遇到理论家和实验家之间的明显分裂。"①
在科学中，实验传统和理论传统的分离是常见现象，因为意会知识完全
不同于言传知识。

从科学没有统一的理论和方法论就可以推断出科学没有统一的实在
观。关于科学的实在观，费耶阿本德完全赞同齐曼（John Ziman）的看
法："不存在单一的'科学的'实在图像——即使存在，它也过分复杂，
过分笨拙，因而无法被任何人掌握或使用。但是，存在许多不同的实在
图像，它们分别来自不同的科学观点。"② 既然科学没有统一的理论、方
法论和实在观，那么，所谓的科学就是用各种各样的"故事"来描绘实
在。科学最终形成了多种多样的"故事"。正如费耶阿本德自己所言：
"但是，科学所提供的不是一种故事，而是很多种故事；这些故事相互冲
突，并且，它们与独立于这些故事的'实在'之间的关系，就像荷马史
诗与其所断言的'荷马世界'之间的关系一样有问题。"③

1994 年，费耶阿本德发表了一篇论文《与其他世界观相比，科学世
界观享有特殊地位吗？》，专门论述科学不是一种统一的事业：既然科学
不是一种统一的事业，也就不存在一种单一的科学世界观，所谓的单一
科学世界观只是一种幻想。在论文一开头，他就提出如下四个问题：

A. 科学世界观是什么？存在一种单一的科学世界观吗？

B. 假定存在一种单一的科学世界观，那么，对谁而言，它被认
为是特殊的？

C. 我们谈论哪一种地位？流行性？实践的先进性？真理性？

---

① 穆内瓦，中文版序一。请参见 ［美］费耶阿本德《科学的专横》，郭元林译，韩永进
校，中国科学技术出版社 2018 年版，第 II 页。

② Paul Feyerabend. *Conquest of Abundance*：*A Tale of Abstraction versus the Richness of
Being*. Chicago：The University of Chicago Press, 1999, p. 194. 另外，请参见 ［美］费耶阿本德《征
服丰富性》（特波斯特拉编），戴建平译，中国人民大学出版社 2007 年版，第 191 页。

③ Paul Feyerabend. *Conquest of Abundance*：*A Tale of Abstraction versus the Richness of
Being*. Chicago：The University of Chicago Press, 1999, p. 27. 另外，请参见 ［美］费耶阿本德《征
服丰富性》（特波斯特拉编），戴建平译，中国人民大学出版社 2007 年版，第 25 页。

D. 要思考哪些"其他世界观"?①

对于第一个问题，费耶阿本德给予否定的回答。因为科学家人数众多，个性各异，科学学派纷呈，科学历史发展既有连续也有断裂，所以，科学既没有关于事实的统一原理，也没有统一的方法论，没有统一的科学世界观。他把各种科学倾向总结为两类：亚里士多德倾向，探寻和专注于事实和经验；柏拉图倾向，探寻和专注于猜想和理论。例如，研究动物习性的描述科学，尽可能进入动物生存的自然环境，观察每一个细节，然后描述出来，尽可能地与动物和自然保持密切的联系；而广义相对论这样的抽象科学，要尽可能去除自然细节，展开无限想象，概括抽象，形成方程和公式。因此，不同的科学与不同的哲学基础、形而上学信念和世界观相联系，植根于不同的文化和传统。在他人研究的基础上，费耶阿本德概括出十种科学世界观：天文学世界观，原子世界观，运动和机械世界观，自然世界观，现象学世界观，形态学世界观，遗传学世界观，心理物理学世界观，活力论世界观，统计学世界观。②

由此可见，科学不是一种统一的事业，它没有统一的科学世界观，也没有统一的科学实在地图，而是有许多种不同的科学实在地图。相反，说科学是一种统一的事业，具有统一的科学世界观，是一种形而上学假设。

对于第二个问题，费耶阿本德这样回答：对于科学从业者来说（例如科学家、科学爱好者、科学普及者、形而上学家），统一的科学世界观是有意义的，可能具有特殊地位，因为它是一面旗帜，凝聚和指引他们研究和传播科学。

对于第三个问题，费耶阿本德的答案是否定的：科学没有特殊地位，

① Paul Feyerabend. *Conquest of Abundance：A Tale of Abstraction versus the Richness of Being.* Chicago：The University of Chicago Press，1999，pp. 152 - 154. 另外，请参见［美］费耶阿本德《征服丰富性》（特波斯特拉编），戴建平译，中国人民大学出版社 2007 年版，第 146 页。

② Paul Feyerabend. *Conquest of Abundance：A Tale of Abstraction versus the Richness of Being.* Chicago：The University of Chicago Press，1999，p. 27. 另外，请参见［美］费耶阿本德《征服丰富性》（特波斯特拉编），戴建平译，中国人民大学出版社 2007 年版，第 150—151 页。

不论是在流行性方面还是在实践的先进性和真理性方面，都是如此。

对于第四个问题，费耶阿本德主张是一贯的：各种传统平等，应该向科学学习，但科学也不是万能的（例如，它不能解决人生问题），因此，也应该向其他传统学习（如宗教、人文学科、神话和巫术）。

虽然没有统一的科学事业和统一的科学世界观，但是，费耶阿本德主张每个人可以在个人选择的基础上来建立自己的世界观，把各种分离的世界观统一起来。

最后，费耶阿本德主张科学不是包含一种认识论，而是包含许多种认识论。而且，也不是一种认识论对应于科学中的一个分支学科，而是各种认识论与不同分支学科互相交叉，形成复杂的网络结构，即一种认识论可以对应于几种不同的分支学科，而一个分支学科又可以包含几种认识论。

总之，科学没有统一的方法、理论、世界观和认识论，它是一个大杂烩，有不同的学科，有不同的学派，有不同的知识形式（言传知识和意会知识），有千千万万活生生的科学家（他们有不同的思想、主张、态度和价值观），因此，科学就不是一种统一的事业。对此，费耶阿本德有如下总结和概括。

　　这些论证的第一个困难是，科学是一个大杂烩，并非一个统一体，其中混杂了意见、程序、"事实"和"原理"。不同的学科（人类学、心理学、生物学、流体力学和宇宙学等）以及同一学科内部的不同学派（天体力学、宇宙学和流体力学中的经验倾向和理论倾向，基本粒子物理学中的现象学和"高级理论"，生物学中的形态学、胚胎学和分子生物学等）运用差异极大的程序，具有不同的世界观，相互争论，并都产生了结果：看起来，自然对许多方法（不是仅仅对一种方法）有积极回应。考虑到数量众多的意识形态、方法和事实，一些哲学家和社会学家不再担心如何把（比如）物理学与生物学分离开来，而是想知道整个科学如何不仅在管理上统一起来，而且还在观念上统一起来。①

　　科学纷繁复杂，展现了各种各样的层面和侧面。科学哲学、科学政治学、科学社会学、科学史和科学普及读物等对科学有不同解释，说明了其不同的方面或层面。即使是科学哲学，其不同学派也从不同角度解释科学。逻辑经验主义，从逻辑理性建构角度说明科学；而历史主义从历史角度来解释科学。因此，这更加充分地证明了科学不是一种统一的事业。费耶阿本德写道："科学哲学中的每一个学派都对科学是什么和科学如何起作用作出了不同的解释。此外，还有科学家、政治家和一般公众的所谓代言人所作的解释。当我们说科学的本质仍然隐藏在黑暗之中时，我们并没有远离真理。"② 由此看来，对于"科学究竟是什么"这一问题，人们根本没有找到完美的答案。也许，在费耶阿本德看来，人们压根就不应该提出这样的问题。

　　费耶阿本德不仅主张科学不具有统一性，而且还认为哲学和艺术也不具有统一性。他说："一种明智的哲学极少能满足一个明智的人，因为他用仁慈方式来使用它。……受到这种发展挑战的不是'哲学'，而是每个个人（individual person）。再重申一次，因为正如'科学'（science）作为一种明确的同质的活动领域几乎不存在一样，'哲学'也同样如此。有词汇（words），甚至有概念（concept），但是，人的存在丝毫没有显示概念所蕴含的任何边界（boundary）。"③ 他主张哲学像科学一样，都是异质的活动领域，都不是统一的事业。进而言之，费耶阿本德主张艺术也是一个大杂烩。更为重要的是，他把这种不统一归因为人的存在方式：人的存在是无限复杂的，是不断流变的，是模糊的，所以，人所提出的

<hr>

① Paul Feyerabend. *Conquest of Abundance*: *A Tale of Abstraction versus the Richness of Being*. Chicago: The University of Chicago Press, 1999, p. 212. 另外，请参见［美］费耶阿本德《征服丰富性》（特波斯特拉编），戴建平译，中国人民大学出版社 2007 年版，第 211 页。

② ［美］费耶阿本德：《自由社会中的科学》，兰征译，上海译文出版社 2005 年版，第 83 页。

③ ［美］费耶阿本德：《知识对话录》，郭元林译，韩永进校，中国科学技术出版社 2020 年版，第 185 页。

概念也就不能有明确、固定的边界，其内涵和外延无法避免模糊和流变。

从意图上来说，费耶阿本德主张科学不是一种统一事业，也是为了批判科学。当然，事实上，他也确实在利用这一主张来批判科学，因为科学既然不是统一的，也就不存在许多人所说的"科学"。在这种情况下，"科学"就是一个形而上学的概念，毫无所指，是一个怪物，从而给予赞美和崇拜科学的人当头一棒。

费耶阿本德主张没有统一的科学及其方法论。如果不存在统一的科学及其方法论，那么，就摧毁了关于科学及其方法论的研究，也就宣告了主流科学哲学的消亡。科学哲学意指对科学进行哲学研究，而不存在统一的科学，即压根就不存在人们常常说的"科学"这种东西，科学哲学也就失去了研究对象，也就消亡了。特别是，当代主流科学哲学主要研究科学方法论，事实上根本不存在统一的科学方法论，那么，对其的研究也就谈不上了。因此，对于科学哲学而言，费耶阿本德的这种观点具有连根拔起的破坏性。

然而，也要注意，费耶阿本德也不是说科学研究就没有方法和标准，而是说有各种各样的方法和标准，它们内生和内在于研究过程本身，不是从外部强加的抽象准则。他写道："以上论述并不意味着研究是武断的、不受指导的。存在着各种标准，但它们来自于研究过程本身，而不是来自于抽象的合理性观点。"[1]

费耶阿本德主张科学不统一，这与其反还原论思想和不可通约性观点一致，但与其消去型唯物论有冲突。从根本上说，费耶阿本德认为科学不统一是由于科学是历史生成的，不是理论建构和逻辑构想的；科学理论增生是历史过程，不同的理论属于不同的历史断层；科学也不是直线发展的，而是有前进，也有后退；但是，有时表面上后退一步，实际上却前进了一步，保存了实力，赢得了生存空间，积蓄力量，等待时机。因此，科学不可能有统一的理想、体系、方法、实在观、认识论和意识形态。

---

① ［美］费耶阿本德：《自由社会中的科学》，兰征译，上海译文出版社2005年版，第120页。

　　费耶阿本德一再批判科学不是一种统一的事业，科学包含许多传统，它们相互重叠，有时又相互冲突。与国际象棋比较，科学的内部确实复杂得多，也更加不统一。但是，与棋类比较，情况怎么样？与游戏相比呢？与比赛相比呢？这就不好说了。事实上，与其他传统相比，近代科学作为一种传统要更加统一，库恩的科学范式和拉卡托斯的科学研究纲领方法论就论述了这种统一性。相对于科学传统，文学、艺术和宗教等传统内部结构更加复杂，内部冲突更加明显。以宗教为例，犹太教、基督教和伊斯兰教之间的斗争，历史悠久，而且经常是你死我活的。即使在基督教内部，天主教、东正教和新教之间也存在严重的分歧和冲突；伊斯兰教内部的逊尼派和什叶派之间的斗争也非常残酷，战争和流血并不罕见。在费耶阿本德赞美的非洲传统中，20世纪仍然出现了惨绝人寰的种族灭绝。然而，费耶阿本德对这些不统一、冲突和战争却视而不见，而仅仅乐于批判科学的不统一，这肯定有失偏颇，也是其思想和理论盲点。事实上，科学不统一，其他传统也不统一。尽管传统是一个抽象概念，他也反对抽象，但是，传统是其哲学的核心概念，而且这一概念的内涵和外延不甚明确。"一个传统的自由和幸福"，"传统之间的平等"，这些都是模糊不清的说法，应该落实到个体的自由和幸福，个体之间的平等。

### 四　科学知识论（科学哲学、科学论和知识论）的衰落和终结

　　在哲学与科学的关系上，费耶阿本德认为当代主流哲学是科学的"婢女"。[①] 因为他反对科学，所以，他对当代主流哲学也不满意。他尤其批判科学哲学。他写道："存在一些杂种学科，如科学哲学，它虽然分享了科学之名，但几乎没有从科学的繁荣中得到任何其他好处。"[②] 他批判、讽刺、嘲讽和挖苦当代哲学家（特别是当代科学哲学家），认为纵然当代

---

　　① ［美］费耶阿本德：《自由社会中的科学》，兰征译，上海译文出版社2005年版，第39页。

　　② ［美］费耶阿本德：《自由社会中的科学》，兰征译，上海译文出版社2005年版，第84页。另外，请参见英文版 Paul Feyerabend. *Science in a Free Society*. London：Verso, 1982, p. 74. 根据英文原文，笔者对上述中文引文有所改动。

科学哲学是专业化的，但是当代科学哲学家成为问心无愧的无知者，他们无知无能，缺乏想象力和创造力，并把这些当作其专长和优势，还对另类哲学家（如费耶阿本德）"狂吠"不止，尽管另类哲学家想象力和创造力高超，知识渊博，能力高强。

> 好的科学家反对"好的玩笑开两次"，而哲学家却坚持标准的论证，以反对标准地违反标准的标准。"不一致的！""特设的！""非理性的！""退化的！""没有认识意义的！"，这种呼喊以令人厌倦的规则性一再出现。然而，无知却不仅不要紧，它还是专业性优点的标志。无知是需要的，而不仅是被宽容的。这门学科的所有区分（发现的范围/辩护的范围；逻辑的/心理学的；内部的/外部的；等等）只有一个目的：把无能（不知道有关的材料，缺乏想象力）变成专长（愉快地相信：不知道和不可想象的东西是无关的，使用这些东西就是专业上的无能）。①

在费耶阿本德看来，科学哲学就是一种关于科学的理论，即科学论；同时，科学哲学也是一种关于科学知识的理论，即科学知识论。而他反对科学划界，认为科学知识与非科学知识之间没有明确的界线，所以，在某种程度上，科学知识论就是知识论。

费耶阿本德反对科学划界，认为科学不具有统一性，科学不是一种统一的事业。因此，在他看来，"科学"就成为一种形而上学假设，成为一种虚构的怪物。这意味着科学哲学（科学论和科学知识论）本身就不可能存在，所以它衰落了，甚至已经终结了，因为它没有真正的研究对象。

费耶阿本德既主张科学哲学（科学论和科学知识论）本身就不可能存在，也主张它衰落或终结。单从逻辑推理上来看，这两种主张本身就

---

① ［美］费耶阿本德：《自由社会中的科学》，兰征译，上海译文出版社 2005 年版，第 251 页。另外，请参见英文版 Paul Feyerabend. *Science in a Free Society*. London：Verso，1982，pp. 201 - 202. 根据英文原文，笔者对上述中文引文有所改动。

是矛盾的：如果科学哲学（科学论和科学知识论）不可能存在，没有出现过，那么，它也就用不着衰落或终结了；如果它存在了，那么，它不可能存在的论断就站不住脚了。当然，费耶阿本德对矛盾和模糊性并不在意，甚至认为它们是正常的。从实际状况来看，科学哲学（科学论和科学知识论）不但出现过，而且产生了伟大成就，他自己也认为其有辉煌历史。因此，他关于科学哲学（科学论和科学知识论）不可能存在的主张不可能是绝对正确的，甚至明显与科学哲学（科学论和科学知识论）的历史和现实不符。

　　费耶阿本德主张科学论（科学哲学和科学知识论）是不可能的。他写道："我们拥有的一切就是研究过程，以及与之相随的各种经验法则。在我们尝试推进研究的过程中，这些经验法则可能帮助我们，也可能误导我们。（告诉我们被误导的标准是什么？它们是那些看起来适合手边情形的标准。我们如何决定是否适合？我们通过所做的研究来决定是否适合：标准不仅判断事件和过程，而且也经常通过它们建立起来；必须以这种方式来引入标准，否则，研究绝不能开始。）"① 由此可见，在费耶阿本德看来，抽象的科学论（科学哲学和科学知识论）是不可能的，只可能有具体的研究过程和经验法则，而且在研究过程中，也不可能有抽象永恒的标准，标准与事件和研究过程相互作用，不断调适。在这种意义上，费耶阿本德认为，科学哲学（科学论和科学知识论）本身就不可能存在。总之，他反对一切抽象、固化，认为系统的抽象固化会终结科学、艺术、宗教和哲学等一切思想、知识和生活形式。

　　然而，历史上曾经出现过形形色色的抽象的科学哲学（科学论和科学知识论），并在当今世界仍占据着主流地位。因此，费耶阿本德更多地在论述科学哲学（科学论和科学知识论）的衰落或消亡。他认为科学哲学（科学论和科学知识论）是有着辉煌历史的学科，然而它衰落了。他写道："科学哲学已经成了迂腐评论的汇集，这些评论基于有关人类言论的相当狭隘的观点，并饰之以信徒感到悦耳的术语，但却给不出任何论证，而这暴露了对所判断事情的巨大无知。科学哲学家曾经是明智的、

---

　　① Paul Feyerabend. *Farewell to Reason*. London：Verso, 1988, p. 283.

知识丰富的人，科学哲学曾经是一个十分有趣的学科。后来发生了什么？如何解释它的退化？"① 既然科学哲学（科学论和科学知识论）衰落了，费耶阿本德希望它将消亡或终结，认为可以用科学史研究和具体的科学实践研究来代替。正如他自己所言："它（科学哲学）将衰落，而且被历史学和一种哲学上深刻并能照顾好自身的科学所取代。"② 他虽然认为科学哲学（科学论和科学知识论）已经衰落了，但是，对其消亡或终结，并被其他学科所取代，他似乎并不乐观。

> 遗憾的是，今天的情形非常不同，尽管四处都有希望的征兆。我们拥有的是一种哲学上不深刻的科学，它想占据宗教和神学从前所占据的地位；我们拥有的是一种科学上不深刻的哲学，这种哲学赞美科学，因而被科学家赞美；我们拥有的是一种怯懦的宗教，它不再是一种世界观（world view），而变成一种社会游戏；我们拥有的艺术呼唤"该死的实在"（Damn reality），仅仅关心伟大艺术家灵魂的崇高运动，即使其物质效果只不过就是波洛克（Jackson Pollock，1912 — 1956）的小便……③

由此可见，费耶阿本德对当今的科学、哲学、宗教和艺术的发展现状都不满意。他想颠覆它们，甚至想颠覆一切。他尤其希望摧毁科学哲学（科学论和科学知识论），希望其尽快消亡。所以，他赞美科学普及，认为它能够比波普尔的科学哲学更好地说明科学。言外之意，科学普及甚至也可以取代科学哲学（科学论和科学知识论），从而使其可以终结。

---

① ［美］费耶阿本德：《自由社会中的科学》，兰征译，上海译文出版社 2005 年版，第 244 页。另外，请参见英文版 Paul Feyerabend. *Science in a Free Society*. London：Verso, 1982, p. 195. 根据英文原文，笔者对上述中文引文有所改动。
② ［美］费耶阿本德：《知识对话录》，郭元林译，韩永进校，中国科学技术出版社 2020 年版，第 99 页。
③ ［美］费耶阿本德：《知识对话录》，郭元林译，韩永进校，中国科学技术出版社 2020 年版，第 99—100 页。

如果问题是向具有普通智力的人来说明科学，那么，诸如阿西莫夫（Asimov，1920—1992）那样的普及作家（popularizer）所做的工作要好得多。任何人如果读了阿西莫夫的作品，那么，他大体上了解科学是什么样的；但是，如果某人阅读波普尔、沃特金斯（Watkins，1924—1999）或拉卡托斯（Lakatos，1922—1974）的著作，那么，他将学习一种相当愚笨的逻辑学，而不是学习科学。即使科学哲学变得比实际状况更好，它也存在全部科学所共有的问题：它设定的假设不易控制，而且也超出了其从业者（practitioner）的能力范围。[1]

总之，费耶阿本德大力批判科学和科学哲学，认为二者是一丘之貉，没有增进人的幸福，后者是前者的走狗，一起来愚弄、欺骗人们。相反，他为占星术辩护，认为科学家和科学哲学家对占星术的批判是建立在对其无知的基础之上的，这显示了这些人既缺乏知识，也缺乏真诚的德性。他写道："阻止人们受到无知恶棍的恐吓，没有什么事情比这更重要了。另外，占星术是说明无知者（ignorant）（即科学家）如何与笨蛋（ignoramus）（如科学哲学家）共同联手成功欺骗每个人的绝好例证。"[2]

在后期，费耶阿本德对科学和理性的批判似乎有所缓和，但是，对科学哲学和主流哲学的批判和反对丝毫没有减弱。在其去世前才写完的自传中，费耶阿本德说："因此，现在需要切除两类肿瘤——科学哲学和一般哲学（伦理学和认识论等）；而切除了它们，人类活动的两个领域（科学和常识）仍能存在。"[3] 从中可以看出，他希望科学哲学和主流哲学消亡，却没有反对科学的存在。

人们常说费耶阿本德是"科学最坏的敌人"。实际上，这不一定是

---

① ［美］费耶阿本德：《知识对话录》，郭元林译，韩永进校，中国科学技术出版社 2020 年版，第 131 页。

② ［美］费耶阿本德：《知识对话录》，郭元林译，韩永进校，中国科学技术出版社 2020 年版，第 67 页。

③ Paul Feyerabend. *Killing Time*：*The Autobiography of Paul Feyerabend*. Chicago：The University of Chicago Press，1995，p. 142.

事实。但是，毫无疑问，他是"科学哲学最坏的敌人"。他虽然是20世纪最有影响的科学哲学家之一，但是，他却一心想拆毁科学哲学的"老窝"，"诅咒"其不可能存在，或者衰落和消亡。因为科学哲学视野单一，思想僵化，阻碍了人类认识世界。所以，摧毁科学哲学后，他想建构宏大的思想理论：这种思想理论囊括科学、哲学、文学、历史和艺术等，使这些领域突破各自的界线，实现大融合大贯通。他一直在朝着这个方向努力，也取得了不少进展和成果——即便距离完全成功还很遥远。他的这种努力不知是否符合时代潮流，但似乎没有得到主流学界的高度认可。

## 第二节　以历史为基础的科学知识论

费耶阿本德批判逻辑经验主义和证伪主义，认为科学哲学衰落了。其中一个重要的理由，就是科学知识论的研究与科学史和科学实践相分离。他主张科学知识论、科学史和科学实践三个领域相互联系和相互促进，共同发展。实质上，他主张哲学思辨和科学研究相统一，因为科学史就是昨天的科学实践，而今天的科学实践就是明天的科学史。在这种意义上，他认为库恩、拉卡托斯、汉森和自己的科学哲学代表了一个好的发展方向，把哲学、历史和科学实践结合起来进行研究。

正统的科学知识论多是静态的，分析知识的内部结构和外部关系。而费耶阿本德却把历史引入科学知识论，从历史角度分析科学知识如何演变和得到社会认可。特别是，他以伽利略的天文学发展为历史案例，进行透彻分析，从而说明科学的发展超越理性，仅有理性是不够的。正如他自己所言："抽象论证所以必需，是因为它供给我们思想以方向。然而，就哲学的现状而言，历史也是必要的，这是因为它给我们的论证以力量。这是我所以对17世纪物理学和天文学作长篇探讨的原因。"[1]

他不是仅在认识论层次上，从历史角度分析科学知识，而是在本体

---

① ［美］费耶阿本德：《反对方法：无政府主义知识论纲要》，周昌忠译，上海译文出版社2007年版，第137页。

论层次上，把科学和知识看作一个历史发展过程，而且该过程是高度复杂的，高度异质的。这样看来，科学和知识是不断流变的，不断生成的，不是一个静态的理论体系或逻辑体系。

总的来看，费耶阿本德的科学知识论以历史为基础。这些历史包括科学史、神话史、宗教史、艺术史、思想史、哲学史和社会史等。当然，他的科学知识论主要以科学史为基础，特别是以科学史案例来论证其观点和理论。其余的历史处于比较次要地位。因此，本部分内容分为三方面：第一方面，论述以科学史为基础的科学知识论；第二方面，论述以其他历史为基础的科学知识论；第三方面，总结论述抽象传统和历史传统。

**一 科学史**

费耶阿本德的科学知识论独树一帜，他采用经验的方法，把其置入科学发展的实际过程之中来研究，即置入科学历史发展过程之中来研究。而逻辑经验主义和证伪主义采用逻辑分析的方法，对科学知识进行抽象的逻辑分析，远离了科学的实际发展情况。费耶阿本德批判逻辑分析方法，诉诸历史，应用历史方法，利用和分析历史资料。他写道："这种考察不是抽象的，而是利用历史资料：历史资料在两个相竞争的方法论的论争中起判决性作用。这第二个见解把拉卡托斯和我同那些逻辑学家区别了开来。这些逻辑学家认为，诉诸历史是'一种十分低能的方法'，他们相信，方法论应当仅仅建立在简单模型的基础之上。"①

费耶阿本德反对把知识看作静态的实体，认为知识发展是一个历史的过程，不同的知识处于不同的历史断层，因此，研究知识论要把知识置于其产生的历史过程和历史环境中来研究。他写道："现在，方法论讨论的一个普遍倾向，可以说是以永恒的形式对待知识问题。人们对陈述只加以相互比较，而不管它们的历史，也不考虑它们可能属于不同的历史断层。……仅当我们可以假定：我们知识的各个要素——理论、观察、

① ［美］费耶阿本德：《反对方法：无政府主义知识论纲要》，周昌忠译，上海译文出版社2007年版，第159—160页。

我们的论证原理——都是超时间的实体，它们有着相同的完善程度，全都同样地易于理解，并且独立于产生它们的事件而相互联系的时候，这样一种程序才是有意义的。"① 费耶阿本德认为思想、理论、科学和知识的发展是一个历史过程，为了发展科学，就必须保留各种思想、理论和知识，因为它们都可能有用，所以，它们的历史是科学方法的必要组成部分。

大体说来，研究方法不外乎逻辑推理的方法和经验的方法。在人文社会科学中，研究者很难像在自然科学中那样做人为控制的实验，因此，常常探寻历史中发生了什么，寻找历史中的"经验"，挖掘历史，"以史为鉴"。这样看来，人文社会科学中的历史挖掘、分析和研究，就相当于自然科学中的实验方法。总之，在人文社会科学中，历史的方法就是最好的经验方法。

费耶阿本德科学知识论的基础在于，对科学史的重要事件进行哲学分析，即对科学史案例进行哲学分析。例如，费耶阿本德以日心说和原子论为科学史案例，论证指出一种观点、思想、理论或思想体系即使失败了，也可能是暂时的，可能会东山再起，为知识发展做出巨大贡献。他说："这并不是说被击败的对手没有优点，不再能对我们的知识作出贡献，而只是说它们的力气暂时用完了。它们也许会东山再起，使击败自己的对手失败。原子论哲学便是一个出色的例子。"②

在《反对方法》中，费耶阿本德以伽利略在 17 世纪发展新的物理学和天文学为科学史案例来论证其多元主义方法论和无政府主义知识论。这一科学史案例就相当于一个精细、复杂而漫长的实验，而《反对方法》就是关于此实验的一个细致的分析报告。该报告指出，伽利略为了发展新科学"不择手段"，对证据反驳理论视而不见，从证据后退一步，利用越轨、错误、偏见、奇想和激情，甚至宣传和说谎。

---

① ［美］费耶阿本德：《反对方法：无政府主义知识论纲要》，周昌忠译，上海译文出版社 2007 年版，第 123 页。

② ［美］费耶阿本德：《自由社会中的科学》，兰征译，上海译文出版社 2005 年版，第 123 页。

伽利略用一个迥然不同的、至少（在1630年时还）是部分不自然的解释取代了一个自然解释。他怎么进行的呢？他怎么设法引入荒谬的、反归纳的断定（例如断定地球运动），让它们得到应有的、引人注意的发言机会呢？人们预期，仅仅论证将是不够的——理性主义的一个令人感兴趣的、十分重要的局限性——伽利略的表述实际上只在表面上看是论证。因为伽利略应用了宣传。除了必须给出的理智理由，他还应用了心理手法。这些手法是非常成功的：它们使他赢得了胜利。但是，它们掩盖了对于经验的新态度（它现在还在酝酿之中），使得出现一种合理哲学的可能性延搁了几百年。它们掩盖了这样的事实：伽利略想给哥白尼观点奠基的那种经验，无非是他自己丰富想象的结果，是被发明出来的。为了掩盖这一事实，它们暗示，所出现的这些新结果是人人都知道和承认的，所需要的只是注意，它们是作为对真理的最明显表达而出现的。①

在费耶阿本德看来，伽利略的"从证据后退一步"，在科学发展中具有极为重要的作用。他写道："科学史的一个新时期开始于一种后退运动，它把我们带回到一个更早的阶段，那里理论比较模糊，也较少经验内容。这种后退运动不只是一个偶发事件；它有确定的功能；如果我们想克服现状，那它就是必不可少的，因为它给我们详细阐述主要观点以及寻找必要的辅助科学所需要的时间和自由。"② 这种后退运动表面上看是后退，实质上却是前进，往往是科学发展中的突破和革命。因此，伽利略还发明了新的形而上学、新的价值判断、新的自然解释、新的动力学、惯性定律和相对性原理，他也发明了新的科学仪器、新的观察方法，从而发明了新的经验和新的科学事实，从而改变了语言和世界观，最终改变了"世界"。费耶阿本德写道："发明从来不是孤立地作出的，因此，

① ［美］费耶阿本德：《反对方法：无政府主义知识论纲要》，周昌忠译，上海译文出版社2007年版，第59页。另外，请参见英文版Paul Feyerabend. *Against Method: Outline of an Anarchistic Theory of Knowledge.* London：Verso, 1978, p. 81. 根据英文原文，笔者对上述中文引文有所改动。

② ［美］费耶阿本德：《反对方法：无政府主义知识论纲要》，周昌忠译，上海译文出版社2007年版，第130页。

没有什么思想会完全得不到（抽象的或经验的）支持。这样，如果部分支持和部分可信性足以发动一个新潮流——我已表明它们确乎如此——如果发动一个新潮流意味着从证据向后退一步，如果任何思想都能成为可信的，都能得到部分支持，那么，这向后退的一步事实上就是向前进的一步，就是摆脱了严密罗织、得到高度确证但表达上粗俗的理论体系的专政。"① 费耶阿本德认为向后退是为了给新思想、新理论、新方法和新的价值观争取生存空间，摆脱旧范式的专政，避免受到压制，从而发展壮大。

在《反对方法》第 3 章中，费耶阿本德以布朗运动、不确定性关系和互补性原理为科学史案例来论述理论与事实的关系，得到结论认为，只有允许理论增生，产生不同理论，才能发现新事实，才能用新事实检验现存理论。否则，现有科学理论就是宗教、巫术和神话，是信仰，科学就会蜕变为宗教。

在《反对方法》第 5 章中，费耶阿本德把理论与事实之间的不一致区分为两类：一类是数值不一致，另一类是定性的失败。② 在关于数值不一致的论述中，他列举和分析的科学史案例有：伽利略时代的日心说，牛顿的万有引力定律，玻尔的原子模型，狭义相对论，广义相对论。经过分析论证，费耶阿本德得出结论认为，通过发现更好的数值可以解决第一类不一致。在关于定性失败的论述中，他列举和分析的科学史案例有：巴门尼德关于不变的和均匀的"一"的理论，牛顿的颜色理论，开普勒法则（关于透镜焦点成像的规律），麦克斯韦和洛伦兹的古典动力学，埃伦费斯特证明的一条定理，水星路径的相对论计算，伽利略时代的日心说。经过分析论证，费耶阿本德得出结论认为定性困难必须用特设性近似和其他方法加以掩盖和排除。

从以上的论述中，可以看到费耶阿本德运用归纳法来论证得出其结论。他虽然认为科学发展可以通过反归纳来行事，但是，他的科学知识

---

① ［美］费耶阿本德：《反对方法：无政府主义知识论纲要》，周昌忠译，上海译文出版社 2007 年版，第 134 页。

② ［美］费耶阿本德：《反对方法：无政府主义知识论纲要》，周昌忠译，上海译文出版社 2007 年版，第 31 页。

论论证却运用了归纳法。不同于逻辑实证主义和证伪主义以逻辑理性分析为基础，费耶阿本德的科学知识论建基于科学史之上，以科学史实为经验基础，是一种经验方法。逻辑理性分析是理性推理方法，而费耶阿本德的这种科学史经验方法本质上是一种简单经验归纳法，纵然他在分析科学理论与经验的关系时，发现科学家经常是反归纳的。至少在表面上是如此。然而，从更深层次来看，也许他仍然是反归纳的，从理论和观点出发，然后寻找支持它们的科学史实。简言之，在其科学知识论中，仍然是"史从论出"，而不是"论从史出"，这符合其观点"理论决定事实"。下面，看看他自己的相关论述。

> 然而，科学史毕竟并非仅仅由事实和从事实引出的结论构成。它还包含思想、对事实的解释、各种解释相冲突而造成的问题、错误等。更细致地加以分析，我们甚至发现，科学根本不晓得"赤裸裸的事实"，而只知道进入我们知识的"事实"已被按某种方式看待，因此这些"事实"本质上是思想的东西。既然如此，科学史就像它所包含的思想那样复杂、浑沌、充满错误和引人入胜。而这些思想又将像发明它们的人的心灵那样复杂、浑沌、充满错误和引人入胜。相反，只要稍事思想灌输，就将产生很大力量，致使科学史变得比较单调、比较齐一、比较"客观"，而且变得比较易于用严格的一成不变的法则加以处理。①

由此可见，在费耶阿本德看来，科学史的事实仍然包含解释、思想和理论，不是独立的客观事实，不存在"赤裸裸的事实"。允许理论增生，就会有不同的事实。只有强制灌输一种解释、思想和理论，才能形成一种事实，从而显得"客观"和"独立"。所以，科学史也不例外，其中仍然是"理论决定事实"。所以，费耶阿本德主张科学知识论回到科学

---

① ［美］费耶阿本德：《反对方法：无政府主义知识论纲要》，周昌忠译，上海译文出版社2007年版，第3页。另外，请参见英文版 Paul Feyerabend. *Against Method：Outline of an Anarchistic Theory of Knowledge.* London：Verso, 1978, p. 48. 根据英文原文，笔者对上述中文引文有所改动。

史和科学实践中,是回到其理论决定的历史和实践中,不是回到"客观"的历史和实践中。

在《反对方法》第 6 章至第 13 章中,费耶阿本德运用"塔的论证"这一科学史案例来分析和论述日心说如何战胜地心说。地心说的自然解释是,"一切运动都是操作性的",因此,石块垂直下落,证明地球是静止的;反过来,如果地球运动,那么,石块必然是斜向下落。日心说的自然解释是,"只有相对运动是操作性的",石块垂直下落,证明石块下落的始点与地球之间没有相对运动;反过来,如果地球运动,那么,(在地球上的人们看到)石块必然是垂直下落。伽利略发明了新的自然解释,改变了人们的观察语言和理论系统,改变了人们看世界的方式,从而发明了新的经验和常识。

关于著名的比萨斜塔实验,伽利略在《两大世界体系的对话》中有比较细致的描述,意味着自己亲自在现场做了那个实验,以便来反驳地球静止的观点,证明地球在运动,为日心说辩护。然而,科学史研究却表明,伽利略并没有做过所谓的比萨斜塔实验。① 此外,该实验的目的是反驳亚里士多德学派的另一个观点——重物比轻物下落得快,而不是为了验证地球是运动的,不是为了证伪地心说。因此,在"塔的论证"中,伽利略的实验证据并不是很充分,通过发明新理论,并利用论辩、宣传和洗脑等手段,从而战胜亚里士多德学派。总而言之,伽利略作为实验家并不是完美无缺的。在这方面,有人对他做出这样的评价:"长久以来,众所周知,伽利略作为实验家是有缺陷的。我们知道,他习惯于雇用助手来做实际的实验,自己几乎完全只限于解释和公布实验结果。"② 由此看来,费耶阿本德的伽利略案例研究是建立在可靠的科学史实基础上的,不是捕风捉影,道听途说。

---

① Dwight van de Vate, Jr.. A New Slant on the Tower Experinebt. In Munevar, G. (ed.). *Beyond Reason*: *Essays on the Philosophy of Paul Feyerabend*. Dordrecht: Kluwer Academic Publishers, 1991, p. 449. 吴国胜:《科学的历程》,北京大学出版社 2002 年版。

② Dwight van de Vate, Jr.. A New Slant on the Tower Experinebt. In Munevar, G. (ed.). *Beyond Reason*: *Essays on the Philosophy of Paul Feyerabend*. Dordrecht: Kluwer Academic Publishers, 1991, p. 449.

在《反对方法》第 8 章中，伽利略用特设性假说（用惯性取代动力）
为地球运动辩护，特设性假说有时起着积极作用，为新理论创造回旋余
地，并指示未来研究方向。在《反对方法》第 9 章中，伽利略改变自然
解释，发明新的动力学，用理性战胜感觉，发明新工具（望远镜），利用
望远镜发明新的经验。费耶阿本德写道："伽利略用两种方式来获得支持
哥白尼理论的新型事实。第一，通过发明望远镜，它改变了日常经验的
感觉核心，代之以令人困惑的和未经解释的现象；其次，借助他的相对
性原理和动力学，它们改变了日常经验的概念成分。"① 从伽利略的科学
史案例中，显然可以得到理论决定事实的支持证据：理论增生，发明新
理论，用理性战胜感觉；发明新的仪器和工具；新理论、新仪器和新工
具一起来改变经验感觉，发明新的经验和事实。

在《反对方法》的附录二中，费耶阿本德反驳麦克哈梅尔，以 17 世
纪的天文学和光学发展为科学史案例（特别是伽利略发展光学和天文学
的案例研究）来论证得出这样的结论："无知是幸事"。该附录只有九页，
他却三次重复了类似的话语，其余两次分别是："无知或懒散又是幸事"，
"无知、浅薄或者愚顽再次证明是幸事"。② 此外，费耶阿本德还论证指
出，伽利略在发展哥白尼日心说的过程中，利用各种各样的今天看来是
非科学的方法，如宣传、心理手法、耍滑头和说谎（篡改哥白尼的传记，
编造了许多关于哥白尼的谎言）；而且，对于发展日心说和科学进步而
言，这些非科学方法是必不可少的。例如，他写道："伽利略之所以占上
风，是由于这样三个原因：他的风采和机智的说服技巧；他用意大利文
而不是用拉丁文写作；以及他求助的人在气质上反对旧思想，也反对与

　　① ［美］费耶阿本德：《反对方法：无政府主义知识论纲要》，周昌忠译，上海译文出版社
2007 年版，第 137 页。
　　② ［美］费耶阿本德：《反对方法：无政府主义知识论纲要》，周昌忠译，上海译文出版社
2007 年版，第 92、97、99 页。另外，请参见英文版 Paul Feyerabend. *Against Method*：*Outline of an
Anarchistic Theory of Knowledge*. London：Verso, 1978, p. 112, p. 117 and p. 118. 根据英文原文，笔
者对上述中文引文有所改动。

旧思想相联系的学术准则。"① 如此看来，他颠覆了正统的科学史观。正统的科学史观认为科学追求知识和真理，科学家博学多才、聪慧灵活、勤勉认真、兢兢业业、实事求是。相反，费耶阿本德科学史观却认为科学是一项无政府主义事业，复杂多变，有好有坏；即使是伽利略这样伟大的科学家也具有"无知、肤浅、愚顽和懒散"的一面，利用宣传手法，要滑头，甚至编造谎言。正如费耶阿本德自己所言：

> 显然，要想促成人们拥护新思想，必须借助论证以外的手段。它的实现将不得不依赖非理性手段，诸如宣传、情感、特设性假说以及诉诸形形色色的偏见。我们需要这些"非理性手段"来维护新思想，它们在找到辅助科学、事实和论据之前只是一种盲目的信仰，在那之后，才转变成可靠的"知识"。…… 我们也已看到，伽利略如何巧妙地利用这种情势，以及他如何借助巧计、戏谑和他自己不合逻辑的推论来扩大这种情势。②

在《反对方法》第 13 章中，费耶阿本德指出可以用伽利略的方法来为他的取消型唯物论（本体论）辩护。在《反对方法》第 16 章中，费耶阿本德用科学史案例来论述无政府主义知识论。他假定无政府主义者生活在 17 世纪初科学发展的境况中，从而分析他们如何发展物理学和天文学，得出结论认为他们会像伽利略一样行事。在本章中，他把无政府主义知识论与拉卡托斯的研究纲领方法论进行对比，说明拉卡托斯的理论表面上是理性的，但实质上是非理性的，因此，拉卡托斯是无政府主义的同路人。

---

① ［美］费耶阿本德：《反对方法：无政府主义知识论纲要》，周昌忠译，上海译文出版社 2007 年版，第 120 页。另外，请参见英文版 Paul Feyerabend. *Against Method: Outline of an Anarchistic Theory of Knowledge*. London: Verso, 1978, p. 141. 根据英文原文，笔者对上述中文引文有所改动。

② ［美］费耶阿本德：《反对方法：无政府主义知识论纲要》，周昌忠译，上海译文出版社 2007 年版，第 130—131 页。另外，请参见英文版 Paul Feyerabend. *Against Method: Outline of an Anarchistic Theory of Knowledge*. London: Verso, 1978, pp. 153 – 154. 根据英文原文，笔者对上述中文引文有所改动。

在《自由社会中的科学》第一部分第五章（"哥白尼革命"）和第六章（"亚里士多德不是一条死狗"）中，费耶阿本德进一步从科学史角度论证日心说胜利和地心说失败的过程和原由。

费耶阿本德综合运用伽利略的科学史案例来批判和反对当代经验论，特别是，它的意义不变性条件和一致性条件。伽利略通过改变语词的语法和语义，进而改变人们的感觉和知觉，再改变事实、原理、规则和标准，从而改变整个生活方式和世界，以便使人们接受哥白尼理论。

> 伽利略通过改变语词和语词之间的常见联系（他引入新的概念）、改变语词和印象间的常见联系（他引入新的自然解释），通过利用新的陌生原理（例如他的惯性定律和一般相对性原理），通过改变他的观察陈述的感觉核心，而作出了进步。他的动机是想适应哥白尼的观点。哥白尼主义和某些明显事实相冲突，它同可信的、看来牢固确立的原理不一致，它也不适合一种常说的习语的"语法"。它不适合包含这些事实、原理和语法规则的"生活方式"。但是，规则也好，原理也好，甚至事实也好，都不是神圣不可侵犯的。①

由伽利略的案例看来，当代经验论的两个条件（意义不变性条件和一致性条件）都不成立。为了确立日心说，伽利略改变语词的语法和语义，引入新的概念（如惯性），进而改变了术语的意义。再通过引入新的原理和理论，改变了感觉、经验和事实，从而摧毁了公认的牢不可破的原理。因此，伽利略发展新科学，完全违背了当代经验论的两个条件，他是典型的无政府主义认识论者。

费耶阿本德早期花费大量时间和精力研究物理学哲学，其知识论研究也以科学内史为基础。通过《反对方法》的不同版本研究，笔者发现其中后期的知识论研究逐渐增加了科学外史方面的内容。特别是，关于伽利略的科学史案例研究，早期集中于其如何发展物理学（内史），中后

---

① ［美］费耶阿本德：《反对方法：无政府主义知识论纲要》，周昌忠译，上海译文出版社2007年版，第139页。

期增加了教会审判伽利略的内容（外史）。关于这方面的分析和论述，请参见拙文《从〈反对方法〉不同版本看费耶阿本德思想变化》。[①]

费耶阿本德的科学知识论论证，从科学史和当代科学中引用大量材料，而这些材料往往又是不太常见的，是其他人不熟悉的材料。例如，开普勒是近代极为重要的一个科学家，因此，许多人以为他是批判和反对占星术的。然而，事实恰恰相反，开普勒捍卫占星术，而且还改进占星术。他说："你说新天文学使占星术成为废话。现在，我们在这儿谈到一位新天文学家（开普勒）。事实上，他是最优秀的新天文学家之一，而且撰写著作来捍卫占星术。他不仅通过写作来捍卫占星术，还收集证据，改进这个学科……"[②] 因此，如果不深入研究他的论证及其依据的材料，很难发现其漏洞和错误。

总之，费耶阿本德的历史观，符合科林伍德的"一切历史都是思想史"，克罗齐的"一切历史都是当代史"。因为他主张理论决定事实，所以，在历史观上，他主张所谓的历史只能是观念史或思想史，只能是当代史，只能是书写者的历史。在科学中，政府和学术共同体通过垄断科学史和科学教育建构一种科学传统，建构一种科学史和科学观，进而建构一种科学知识论（科学哲学）。因此，他用自己的历史观建构了独特的科学史，从而建构了独树一帜的科学知识论。

## 二　其他历史

今天，许多人把科学史与其他历史人为割裂开来，把牛顿当作最伟大的科学家来研究。事实上，这种人为割裂阻碍了真正的历史研究，因为牛顿虽然是最伟大的科学家，但是他也是神学家，还研究炼金术。因此，费耶阿本德反对这种人为割裂历史的行为。他广泛涉及各种历史，除了精通科学史，他还学习、研究，甚至讲授艺术史、思想史、古希腊史、宗教史、社会史、哲学史、占星术史和神话史等多种历史。在 20 世

---

① 郭元林、王瑞：《从〈反对方法〉不同版本看费耶阿本德思想变化》，《自然辩证法研究》2015 年第 10 期第 31 卷，第 120—124 页。

② ［美］费耶阿本德：《知识对话录》，郭元林译，韩永进校，中国科学技术出版社 2020 年版，第 69 页。

纪60年代，费耶阿本德在加州大学伯克利分校开设过宗教哲学课程，主要内容集中于基督教教条的发展历史。在他看来，科学与宗教类似，其历史发展也具有相似性，二者都想独霸天下，消灭其他传统：在中世纪，基督教要消灭占星术；在今天，科学也要消灭占星术。他写道："要紧的是，反对占星家的战斗不是由科学家发动的，而是由教会（church）发动的，而且是出于宗教的原因。此外，我认为今天描绘那场战斗的这种非理智的狂热行为仍是一种中世纪（medieval times）的遗风，不管其主要支持者自称是多么'科学'。"① 当然，他既然反对科学划界，那么，他不故步自封于科学史，而是广泛涉及多种历史，就是顺理成章的事了。同理，费耶阿本德从历史的观点来看待和研究专家，把今天的科学家称为专家，也把古代的猎人、采集者、武士、牧师、国王、官僚、建筑师和医生等当作专家，把古希腊哲学家当作超级专家。在这种情况下，他的科学知识论就有广泛而深厚的历史基础。

在1962年发表的论文《说明、还原和经验论》中，费耶阿本德提出和阐述了科学理论中的不可通约性问题。在《反对方法》第17章中，他用知觉图像、概念、分类和语言来论述不可通约性。除此以外，他更主要运用古代绘画风格来论述不可通约性，通过考察古代艺术（旧石器时代艺术、埃及艺术和雅典几何艺术）与希腊史诗来论述不可通约性，得出结论认为古人的世界与我们的世界是不可通约的。古希腊人的宇宙是并列宇宙，其后继者的宇宙是实体—现象宇宙。然而，费耶阿本德的观点是非常明确的，不是意指不同的绘画是互相不可通约的，而是意指由不同的绘画（文学、哲学、神学，甚至当时的地理）导出的宇宙论是不可通约的。

> 古代宇宙学……包含事物、事件和它们的部分；不包含任何现象。关于一个对象的完全知识是对它的部分和特点的完全枚举。人不可能获得完全的知识。事物太多了，事件太多了，情境也太多了，

① ［美］费耶阿本德：《知识对话录》，郭元林译，韩永进校，中国科学技术出版社2020年版，第68页。

而人只能接近其中的很少几个。不过，虽然人不可能有完全的知识，但他可以有相当多的知识。……新宇宙学产生于公元前7世纪到公元前5世纪，它区分了多知和真知，它告诫人们不要相信"产生于各种各样经验的习惯"。①

在研究古希腊思想史、艺术史、神话史和文学史等历史中，费耶阿本德发现理性和抽象的兴起，形成了新的宇宙学、世界观和世界。在新世界（新宇宙学）中，人和世界变得贫乏了，把一切都区分为实在（真正的知识）和现象（最初的印象、单纯的意见），从而人们要孜孜以求不断探索现象背后的本质和本原。在旧世界中，任何事物都是其组成部分、行为、事件和过程等构成的集合，除此之外，就什么也没有了，不存在隐藏于集合后面的本质。特别是，在新的世界观和世界基础上，也形成了新的人体观和人体。费耶阿本德研究在古代器皿上保留的人体图像，发现了旧的人体观，它从根本上不同于新的人体观。在旧的人体观和人体中，人由四肢、五官、躯干等身体各部分和各种行为动作构成集合，不存在除此之外的自我意识和本质。

这个世界是一个开放的世界，其要素并非由一个"潜在实体"形成或维系在一起。这些要素也不是可以从中困难地推出此实体的现象，它们偶尔结合起来形成集合体。单个要素与它所属集合体的关系如同一个部分与由诸部分组成的聚合体的关系，而不像一个部分与一个强大整体的关系。称为"人"的那个特殊聚合体有"精神事件"来拜访，偶尔还让它们居住。这些事件可能存在于其内部，也可能从外部进入。像一切别的客体一样，人也是一个影响交换台，而不是唯一的行动源泉，即不是一个"我"（笛卡尔的"我思"在

① ［美］费耶阿本德：《反对方法：无政府主义知识论纲要》，周昌忠译，上海译文出版社2007年版，第241页。

这个世界中没有入手点，他的论证甚至不可能开始）。①

费耶阿本德批判理性和科学，但赞美非科学传统。在这样做时，他总是从历史中寻找证据。以考古天文学证据为基础，他认为在石器时代就产生了一种国际天文学，并高度赞美它，认为它把科学、宗教、诗歌和哲学融合在一起，所用的专业术语是社会术语，而不是几何学术语。总之，这种天文学是高度综合的，是整体性学科，既包含适当的知识，又满足了人们的情感需要，既解决了科学问题，也解决了社会问题，远远优于现代天文学。他写道："这种科学具有充分的事实根据，也满足情感需要；它解决物理问题，也解决社会问题；它为人们对天及在天与地、物质与生命、人与自然之间的那些和谐（harmony）［这些和谐是非常真实的，但却被今天的科学唯物论（scientific materialism）忽视了，甚至被否定了］提供一种指导；它是科学、宗教、社会哲学和诗歌四位一体。"②

在神话史的基础上，费耶阿本德主张赫西奥德（Hesiod）的《神谱》（*Theogony*）包含了非常复杂的现代宇宙学。③ 这种宇宙学视宇宙为动态演化的整体，是一种动态的演化理论，优于科学的宇宙学。他高度赞美神话，认为神话的发明者是创造文化，而科学家只是改变文化，而且不一定将其改变得更好：神话的发明者发明了火、轮种农业、驯化动物，其农业发展水平超越了今天科学农业可以达到的高度；创造了高水平的艺术；发现了最好的生态哲学。

> 让我们不要忘记神话的发明者发明了火及保存火的方法。他们驯化动物，培育新的植物种类，使不同种类保持分离，其所达到的

---

① ［美］费耶阿本德：《反对方法：无政府主义知识论纲要》，周昌忠译，上海译文出版社 2007 年版，第 228 页。另外，请参见英文版 Paul Feyerabend. *Against Method：Outline of an Anarchistic Theory of Knowledge.* London：Verso, 1978, p. 248. 根据英文原文，笔者对上述中文引文有所改动，因为中译文似乎有不太通顺之处，甚至有错误。

② ［美］费耶阿本德：《知识对话录》，郭元林译，韩永进校，中国科学技术出版社 2020 年版，第 129—130 页。

③ ［美］费耶阿本德：《知识对话录》，郭元林译，韩永进校，中国科学技术出版社 2020 年版，第 129 页。

程度超越了今天科学农业可能达到的程度。他们发明了轮种农业
（rotating agriculture），发展了能与西方人最优秀的创造相媲美的艺
术。他们没有受到专业化（specialization）束缚，因而意识到人与
人、人与自然的广泛联系；他们利用这些联系来改善他们的科学和
社会：在石器时代，发现了最好的生态哲学（ecological philosophy）。
如果科学因其成就而受到赞美，那么，神话必须受到热烈千百倍的
赞美，因为它的成就无比伟大：神话的发明者始创（started）文化，
而科学家只是改变（changed）文化，而且不总是改变得更好。我已
经谈到一个例证：神话、悲剧、古老的史诗同时处理情感（cmo-
tion）、事实、结构，对出现于其中的社会产生了深远而有益的
影响。①

在费耶阿本德看来，古代神话优于今天的科学。这主要是由于神话
是综合的整体性知识：它包含各个方面的知识，没有专业化和分科；既
处理事实，又处理情感；既研究人，也研究自然，还研究社会和文化。
神话知识把世界当作一个整体来对待，没有割裂研究对象，没有分离人
与自然，没有分离人与人，也没有分离人与社会，更没有分离人与神。

此外，费耶阿本德还涉及过其他的历史，如巨石阵和《黄帝内经》。
总的来看，费耶阿本德以神话史、考古学证据、哲学史、文学史和古希
腊史等多种历史为基础，得出结论认为，在西方理性主义兴起之后，人
类的知识观和自然观发生了退化。他写道："西方理性主义的兴起破坏了
这种统一性（unity），并用一种更加抽象、更加孤立、狭隘得多的知识观
念取代了它。思想和情感（甚至思想和自然）是分离的，通过命令把它
们分开……表达知识的语言变得贫乏、空洞、形式化了，另一个结果是
人和自然实际分离。"② 在费耶阿本德看来，至少在知识观和自然观两方
面，人类开了历史倒车，今不如昔：人类的认识能力退化了，知识变得

---

① ［美］费耶阿本德：《知识对话录》，郭元林译，韩永进校，中国科学技术出版社 2020
年版，第 128—129 页。

② ［美］费耶阿本德：《知识对话录》，郭元林译，韩永进校，中国科学技术出版社 2020
年版，第 129 页。

更加抽象、孤立和狭隘了；人与自然分离了，不能和谐共存了。

　　费耶阿本德总是为非科学的传统辩护，赞美它们。他的这种辩护和赞美，虽然表面上是以一定的资料和研究为基础的，但是，总是让人觉得不可信，总给人一种夸大其词的感觉。

　　　人类学、考古学（这里尤其是考古天文学这门正处于活跃时期的学科）、科学史、灵学中的最新研究表明，我们的祖先和当代的"原始人"有着高度发达的宇宙论、医学理论、生物学学说，它们经常比自己的西方竞争对手更恰当、拥有更好的成果，并描述了"客观的"实验方法所无法理解的现象。……所以我们不要忘记神话的发明者……所做的超越了今天科学农业可能做的。……最好的生态哲学是在石器时代发现的。……他们意识到了变化的作用，他们的基本定律考虑到了这一点。只是在长期独断地坚持由前苏格拉底哲学家的"理性主义"所开创、在19世纪末达到顶点的"永恒的自然定律"之后，科学才在最近恢复了石器时代关于变化的观点。①

　　费耶阿本德认为，在古希腊理性兴起以前，人类已经发现了超越今天科学成就的医学、生物学、宇宙学和农业知识等；甚至在石器时代，人类就发现了最好的生态哲学。相比于理性知识和科学，这些知识的最大优势有两个：整体综合，研究动态演化。理性兴起之后，特别是近代科学出现后，科学知识的最重要的特征有两个。其中一个就是还原分解，分门别类地进行研究。直到今天，科学分科之细已达到了令人惊异的程度。另一个就是追寻世界的本质和规律，探寻世界中不变和永恒的成分，如牛顿力学三定律。即使探求世界演化，也不是仅仅描述现象，而是探寻演化中不变的规律（例如，生物进化论，热力学第二定律，宇宙演化学说）。费耶阿本德由此认为，近代科学不研究变化，把世界看作静态

———————————

　　① ［美］费耶阿本德：《自由社会中的科学》，兰征译，上海译文出版社2005年版，第126—127页。另外，请参见英文版 Paul Feyerabend. *Science in a Free Society*. London：Verso，1982，pp. 103 – 104. 根据英文原文，笔者对上述中文引文有所改动。

的。事实上，这是一种误解。这些科学定律虽然表面上是永恒不变的，却可以用来解释世界的运动和变化。热力学第二定律、生物进化论和宇宙演化学说等这些演化定律和学说本身就是说明和解释世界演化的，这就不用多说了。即使是牛顿力学三定律和万有引力定律，也可以用它们很好地解释机械世界的运动和演化。牛顿用它们很好地说明了太阳系的运行。

费耶阿本德批判和反对理性和科学，赞美神话知识有两大优势：整体综合，研究动态演化。第一个优势整体综合，与其知识论的反还原论主张相一致。第二个优势研究动态演化，或许是建立在其对现代科学知识的误解基础之上的。在笔者看来，这两个优势很难说是优势，最多是不可通约性。近代科学用还原分解方法研究世界，获得了极为丰富和细化的知识，比神话知识丰富深刻得多，细致精确得多。近代科学追寻世界不变的本质和规律，虽然追求抽象的知识，但对世界的认识和把握深入得多。科学追求抽象永恒的定律，这并不意味着实在是永恒不变的。例如，伽利略的落体定律是不变的，并不意味着实在的落体运动是不变的。实在中落体运动纷繁复杂，羽毛、树叶、雪花和石头等都有落体运动，现象变化无穷，但都可以用落体定律来解释。

人类知识和经验等是可以传承的。特别是，进入文明时代以来，人类发明了文字，可以记录和传承前人的思想和知识。后人可以站在前人的肩膀上继续前进。爱因斯坦可以学习和继承牛顿的科学成果，牛顿却无法学习和继承爱因斯坦的相对论。因此，人类的思想、知识和文化在不断传承和积累，后人的知识总是超越前人的。人类的进步，主要是在思想、知识和文化等积累基础上的进步。我们今天学习和继承了古希腊的精神财富，但是，古希腊的物质财富却已几乎消失得无影无踪了。费耶阿本德似乎在忽视这些基本的常识，像一个非科学传统的遗老遗少，总是在喋喋不休地为其"还魂"。从知识的不可通约性方面来看，似乎有一定的意义。然而，总的来看，很难让人相信，也缺乏可靠的历史基础。

费耶阿本德研究哲学，总是从历史视角运用历史方法来展开。下面以其研究经典经验论（即关于伽利略后的近代科学的经验论）为例来进

行说明。① 他不是运用哲学分析和逻辑构造方法，分析语义，逻辑构造经
验论的理论框架；而是用历史比较方法，用科学史案例和其他历史案例
来进行"实证"研究。首先，从历史发展角度，他比较亚里士多德的经
验论、培根的经验论和经典经验论，认为亚里士多德的经验论是最完美
的，而 16 世纪和 17 世纪的"启蒙"摧毁了这种经验论。其次，费耶阿
本德又比较了新教理论和培根的经验论，认为二者有许多相似之处。新
教的信仰规则是"《圣经》经文是全部宗教的基础"，同时，"对于不能
根据该规则认为是合理的东西，又要求人们撇开它们，也从不使用它
们"，这样就使得该规则变成逻辑上空洞的规则。其原因有三个：第一，
该规则没有提供任何识别经文的方式；第二，即使给定经文，人们也不
知道如何解释它；第三，即使给定经文并阅读了它，人们也无法得到结
论。相比之下，培根经验论的"信仰规则"是"经验是全部知识的基
础"，该规则同样也可以用前面三个原因来驳斥，只不过是把"经文"换
成"经验"：第一，该规则未能让人们识别经验；第二，人们也不能确定
经验告诉了他们什么；第三，无法马上获得用以支持经验论的复杂理论。
上述两条"信仰规则"虽然在逻辑上是空洞的，但是，并不意味着它们
在心理上也是空洞的，因为它们被运用到实践中，在家庭、社区、教会、
学校和社会中不断被应用。

　　紧接着，费耶阿本德把经典经验论与上述两种经验论进行比较，并
认为经典经验论在捍卫其想要保留的思想的实践中，也同样使用这种空
洞的"信仰规则"。此外，在他看来，使用空洞的"信仰规则"也是经典
经验论最典型的特征之一，牛顿是这种经验论的最杰出的代表。然而，
他分析和论述经典经验论的特征，不是用语义分析和逻辑构造的方法，
而是运用历史案例的方法。这一历史案例就是"牛顿的颜色理论"（光线
理论）。

　　牛顿的颜色理论战胜了其他替代理论，这涉及两个混同：实验结果
混同于现象（运用所讨论的理论的术语，对实验结果进行的理想化和一

① 关于论文《经典经验论》，请参见 Paul Feyerabend. *Problems of Empiricism*（Philosophical Papers Volume 2）. New York：Cambridge University Press, 1981, pp. 34 - 51.

般化描述）；现象混同于经验（经验的信仰规则视其为一切经验知识的基础）。由于第一个混同，现象成为被选择的理想化实验，这些实验的特征与所要证明理论的特征一一对应；由于第二个混同，理论与经验混合，相互证明。最终，理论和事实的界线消失了，理论决定事实，而不是理论以经验为基础。此外，牛顿还用哲学中的推理法则 4 来反对惠更斯的波动理论，从而阻止出现替代理论。① 在这种情况下，牛顿借助于提出特设性假说来完善自己的颜色理论。在费耶阿本德看来，牛顿的这种做法违背了理论增生原理，禁止出现替代理论，阻碍了发现新事实和出现新的经验。

　　总之，费耶阿本德用历史分析方法得出结论认为，经典经验论与政治没有什么不同，都是通过例证、重复、灌输和洗脑等方法来保持和捍卫自己的思想和理论。因此，在某种程度上，伽利略后的近代科学理论是一种党派路线。

　　费耶阿本德主张理论决定事实，不同的理论决定不同的事实。因此，在科学中，事实不是绝对可靠的标准和判断依据。同理，在历史中，不同的史学理论具有不同的史实。如果是这样，他的以历史为基础的科学知识论就彻底丧失了其基础。这样的知识论就是他自己的知识论，建立在其历史观和历史理论基础之上，别人可以置之不理。然而，事情不是这样的。有两个理由。首先，他没有独具一格的历史观和历史理论，与其他人可以在许多方面可以达成共识，从而也可以具有共同的史实。其次，他的科学知识论及其哲学都是为了反对和驳斥别人的观点和思想，而不是为了提出自己的主张和观点。因此，他常常用归谬法进行论证。从别人认可的历史理论和历史观出发，应用归谬法进行论证，然后出现了悖论，因而可以证明别人的历史理论和历史观有问题。

──────────

　　① "法则 4：在实验哲学中，我们必须把那些从各种现象中运用一般归纳而导出的命题看作完全正确的，或者是非常接近正确的；虽然可以想象出任何与之相反的假说，但是没有出现其他现象足以使之更为正确或者出现例外以前，仍然应当给予如此的对待。"关于此法则的中文翻译，请参见 ［英］牛顿《牛顿自然哲学著作选》（塞耶编），王福山等译校，上海译文出版社 2001 年版，第 6 页。关于其英文原文，请参见 Paul Feyerabend. *Problems of Empiricism*（Philosophical Papers Volume 2）. New York：Cambridge University Press，1981，p. 48.

### 三　理论传统和历史传统

关于知识形式，费耶阿本德认为在古希腊最早出现的知识形式是清单（一维的）、故事（动态、具体、形象，以案例来说明今天的抽象性质；在故事中，概念不是抽象实体，而是事物的某一方面）、戏剧和诗歌等，后来出现抽象的理性知识。他专门研究了抽象知识在古希腊兴起的过程。费耶阿本德区分了抽象传统和历史传统，但又主张"一切传统都是历史传统"[①]，即抽象传统不是历史传统的替代者，而是历史传统的组成部分。因此，他认为抽象传统和历史传统这种分类没有刻画真正的差异，因而他用理论传统和经验传统取而代之。然而，在实际使用过程中，他并没有严格区分这两种分类，常常混淆使用。换言之，费耶阿本德把知识分为两大传统：理论（抽象）传统（理论知识或抽象知识）和历史（经验）传统（历史知识或经验知识）。

> 从现在起，我把早期哲学家想要得到的知识称为理论知识，把包含理论知识的传统叫作理论传统。将要被取代的传统，我称之为经验（或历史）传统。理论传统的成员把知识等同于普遍性，把理论视作信息的真实载体，试图用标准化的（或"逻辑的"）方式来推理。他们想要让普遍规律来支配知识。在他们看来，理论识别出历史流动中永恒的东西，并使其成为非历史的。他们引入真正的知识，即非历史的知识。历史传统的成员强调特殊的东西（包括特殊规则，如开普勒定律）。他们依靠清单、故事和题外话，用例证、类比和自由联想来推理；当适合于其目标时，他们就会运用"逻辑"法则。他们也强调多元性，进而强调逻辑标准依赖于历史。[②]

费耶阿本德认为，理论传统的兴起与哲学和理论科学（如数学、天

---

[①]　Paul Feyerabend. *Problems of Empiricism* (Philosophical Papers Volume 2). New York：Cambridge University Press, 1981, p. 8.

[②]　Paul Feyerabend. *Farewell to Reason*. London：Verso, 1988, p. 118.

文学和基础物理学）的兴起密切相关，而历史传统包含艺术、人文学科、技艺和其他实践知识。理论传统主张其产生的理论知识是客观的和普遍的，是无条件的；而历史传统主张其产生的历史知识是有限和相对的，是有条件的。理论传统的成员认为应当根据专家的发明来调整其生活方式，而历史传统的成员却认为应当使专家的发明适应于人们的生活方式。在理论（抽象）传统（理论知识或抽象知识）和历史（经验）传统（历史知识或经验知识）之间，费耶阿本德更重视后者，而总是批判前者。

　　费耶阿本德虽然主张理论决定事实，但是，在后期，他特别重视意会知识，认为其属于经验（历史）传统，是经验实践知识。相反，在他看来，言传知识属于理论（抽象传统），是抽象的理论知识。许多人认为科学和理性的普遍知识是真正的实在知识，是高级的知识，是第一生产力，而轻视工匠的技艺知识，认为它们是雕虫小技，不是真正的实在知识，不会真正推动生产力发展。费耶阿本德坚决反对这种看法。

　　　　无论如何，下面这种看法不是真的：哲学家、科学家和使用大话（Big Words）的其他人比其余的人更接近实在；他们能给我们指明方法，而我们却不能给他们展示任何东西。他们能给我们展示有趣的东西，但魔术师、针灸师、鸟类观察者、厨师和工程师也能这样做；甚至，来自周围地区的伙计们也能这样做，他们刚发现了他们具有康复能力［我以前在梅伦（Meilen）的电视修理工就是例证］。①

　　费耶阿本德批判科学和主流哲学等理论知识。特别是，他把主流科学哲学批判为歪曲的抽象传统。他认为不能通过学习形式模型和遵从抽象规则来理解一个历史传统，而是要"浸入"其中，过该传统的生活，熟练掌握具体情况。正如小孩学习语言那样，要生活在具体的语言环境中。只有这样，才可能发现该传统的假设和可能性，才可能理解其成员

---

① ［美］费耶阿本德：《科学的专横》，郭元林译，韩永进校，中国科学技术出版社 2018 年版，第 113 页。

的愿望和思想。正是在这种意义上，费耶阿本德认为人类学属于历史传统，人类学方法属于历史传统的方法。因此，他赞美人类学研究和人类学方法，批判和反对逻辑研究和逻辑方法（属于理论传统）。他写道："我在（《反对方法》英文第一版）第17章末尾指出，应该指导科学家的正是这种具体案例的研究，而不是理性主义者的枯燥做法，我赞成对标准进行人类学的研究，反对对标准进行逻辑研究。"①

特别是，费耶阿本德研究了理论传统在古希腊的兴起过程，认为理论传统去除了世界的丰富性。他认为人类学已经恢复了哲学家和古代科学家试图消除的丰富性，因此，它属于历史（经验）传统。

> 一个人类学家在试图发现他所选部族的宇宙学及其在语言、艺术和日常生活中的反映方式（实在论对工具论的问题）时，首先会学习这种语言和基本社会习惯；他探索它们如何同其他活动（包括那些乍看不重要的活动，如挤牛奶和烹调）相关联；他力图辨识关键思想。他注意细节，并不是出于错误的求全心理，而是因为认识到，在一种思维（和知觉）方式看来不重要的东西，在另一种思维方式里可能起极其重要的作用。……他切不可试图做"逻辑重建"。这种做法会把他束缚于已知的或某些集团偏爱的思想中，会永远阻止他领会他正在考察的未知思想体系。②

费耶阿本德批判理论传统和逻辑方法，批判抽象的普遍知识，认为没有超越传统的普遍知识，一切知识都依赖于传统，是某一历史传统的知识。他认为人类学知识属于历史（经验）传统，所以特别重视人类学的实地调查研究方法，因为人类学家通过这种方法"浸入"调查对象中。

---

① ［美］费耶阿本德：《自由社会中的科学》，兰征译，上海译文出版社2005年版，第234页。

② ［美］费耶阿本德：《反对方法：无政府主义知识论纲要》，周昌忠译，上海译文出版社2007年版，第230页。另外，请参见英文版Paul Feyerabend. *Against Method*: *Outline of an Anarchistic Theory of Knowledge*. London：Verso, 1978, p. 250. 根据英文原文，笔者对上述中文引文有所改动。

他批判当代科学史和科学哲学研究中缺少这种方法，而过多地使用逻辑方法。他说："今天所能看到的零星实地调查，主要是汉森、库恩、拉卡托斯和其他人工作的结果。这些调查表明，逻辑学家的方法不仅排除了科学的一些无关紧要的装饰，而且取消了那些使科学进步因而也使科学成为可能的特点。"① 在费耶阿本德看来，只有库恩、拉卡托斯和汉森等人利用人类学方法，尽管这是远远不够的，但是，其调查结果也揭示了逻辑方法存在严重缺陷。

在《反对方法》中，费耶阿本德提出多元主义方法论"怎么都行"，就运用了人类学研究，揭示了逻辑原理和理性方法将阻碍科学发展，因为科学中充满了矛盾，是非理性的事业，它违反一致性原理，使用反归纳法、模糊话语、灌输、宣传和欺骗等各种方法。所以，他高度赞美人类学及其方法，极力反对逻辑原理和理性方法。

> 人类学探究将揭示什么，这是无法预言的。前几章粗略说明了一些特殊事件的人类学研究。它们表明，科学总是充满缺陷和矛盾；无知、冥顽不化、依赖偏见、撒谎等都绝不会阻碍知识前进，相反，凡此种种都是科学的必要前提；精确性、一致性、"诚实"、尊重事实、在给定条件下获致最大限度的知识等传统优点（如果硬性实践它们）将导致科学停顿。它们还表明，逻辑原理不仅在推动科学前进的（论证性的和非论证性的）过程中起着小得多的作用，而且，如果试图普遍地强加它们，那么，这将严重阻碍科学发展。②

因此，费耶阿本德赞同库恩和波兰尼的主张——最抽象的科学也是

---

① ［美］费耶阿本德：《反对方法：无政府主义知识论纲要》，周昌忠译，上海译文出版社2007年版，第235页。另外，请参见英文版 Paul Feyerabend. *Against Method*：*Outline of an Anarchistic Theory of Knowledge*. London：Verso, 1978, p. 255. 根据英文原文，笔者对上述中文引文有所改动。

② ［美］费耶阿本德：《反对方法：无政府主义知识论纲要》，周昌忠译，上海译文出版社2007年版，第240页。另外，请参见英文版 Paul Feyerabend. *Against Method*：*Outline of an Anarchistic Theory of Knowledge*. London：Verso, 1978, p. 260. 根据英文原文，笔者对上述中文引文有所改动。

历史传统。然而，他却批判拉卡托斯的主张——科学是理论传统，尽管后者把理性问题解释为历史问题。

尽管费耶阿本德区分了理论传统和历史传统，但是，他认为抽象的理论传统也是一种新的历史传统。纵然理论传统在表述和意图上看起来是成功的，显得是客观普遍的和逻辑严谨的，表面上似乎超越了人的感知、意见和生活，可是，这些都是假象。在费耶阿本德看来，科学及其先驱哲学不是超越一切历史的实体，而是特定历史传统的组成部分：即使是最抽象的理论，纵然其在意图和表述上是非历史的，但是，其在使用上仍是历史的。因此，事实、定律、理论、科学和知识产生于某种传统，也依赖于某种传统，没有超越传统的普遍的规律、理论、真理和知识。夸克和神来源于不同的传统，也依赖于不同的传统。

正因为如此，费耶阿本德又区分了基本传统和附属传统。① 大体上，基本传统对应于历史（经验）传统，附属传统对应于理论（抽象）传统。当然，费耶阿本德的"传统"的意义非常宽泛，涵盖物理、生理、心理、社会和文化等层面。他认为传统赋予人们标准、规则和行动倾向，在此基础上，人们做出决定，进行行动。没有超越传统的标准和规则，在一个传统中的人们不仅服从标准和规则，而且还发明它们、改变它们，从而形成全新的传统。

上面从外部看科学知识，从历史基础来论述科学知识。下面从内部来看科学知识，审视科学知识的内部结构，论述费耶阿本德的无政府主义知识论。

## 第三节　无政府主义知识论

费耶阿本德是一个"哲学医生"，竭力发现"哲学疾病"和治疗"哲学疾病"。他引入无政府主义，不是把它作为一种最终的哲学，而是把它作为治疗知识论和科学哲学疾患的良药。在《反对方法》中，他写

---

① Paul Feyerabend. *Knowledge*, *Science and Relativism* (Philosophical Papers Volume 3). New York：Cambridge University Press，1999，p. 204.

道："本书的写作在于使人们确信，无政府主义虽然也许不是最吸引人的政治哲学，但肯定是认识论和科学哲学的良药。"① 费耶阿本德既把无政府主义用作一种辩论的武器，也把它看作一种正面的哲学。然而，他并没有把无政府主义视作一种永恒的哲学，而是看作一种药物，当条件发生变化时，可以不再使用这种药物。

在《反对方法》导言的开头，费耶阿本德写道："科学是一种本质上属于无政府主义的事业。理论上的无政府主义比起它的反面，即比起讲究理论上的法则和秩序来，更符合人本主义，也更能鼓励进步。"② 这句话是导言的中心思想，也是《反对方法》全书的主题思想。从费耶阿本德的科学知识论视角来看，这句话指出了两方面的特征：一是，就科学知识内部而言，科学知识论是无政府主义知识论，没有"法则和秩序"，"怎么都行"；二是，就科学知识外部而言，科学知识论与道德伦理不可分离，根据人本主义（善）来判定科学。

上述第二方面的特征留待以后来处理。本部分将首先阐释上述第一方面的特征，即论述无政府主义知识论。本部分将涉及的主要内容有：不可通约性、理论增生与理论决定事实、理性主义与相对主义、多元主义方法论规则"怎么都行"、知识观与实在观、知识论的怀疑论与无政府主义。下面，首先探讨费耶阿本德的不可通约性问题。

## 一　不可通约性

1962 年，费耶阿本德发表了经典论文《说明、还原和经验论》，库恩出版了其名著《科学革命的结构》。这两部作品都提出了"不可通约的"

---

① ［美］费耶阿本德：《反对方法：无政府主义知识论纲要》，周昌忠译，上海译文出版社 2007 年版，导言，第 17 页。另外，请参见英文版 Paul Feyerabend. *Against Method*：*Outline of an Anarchistic Theory of Knowledge*. London：Verso, 1978, p. 114. 根据英文原文，笔者对上述中文引文有所改动。

② ［美］费耶阿本德：《反对方法：无政府主义知识论纲要》，周昌忠译，上海译文出版社 2007 年版，第 1 页。

（incommensurable）这一概念。① 此前，他们两人共同讨论过库恩的书稿，特别是讨论了其中的"范式"概念。但是，费耶阿本德自己说，不知道他俩谁先在今天广泛流行的意义上使用"不可通约的"这一术语。② 然而，对于这一概念的理解和用法，即关于此概念的内涵和外延，费耶阿本德认为在自己和库恩之间存在一定的差别。

在反还原论的基础上，费耶阿本德提出了不可通约性思想。内格尔的还原理论以两个假设，即可逻辑推导性假设和意义不变性假设为基础。费耶阿本德驳倒了这两个假设，从而驳倒了内格尔的还原理论。③ 在此基础上，他进一步主张和坚持反还原论，并提出不可通约性思想。关于不可通约性，费耶阿本德做过许多论述。下面这段话非常清晰地说明了不可通约性的基本含义。

> 我们不可能比较 A（古代宇宙学）和 B（新宇宙学）的内容。A 事实和 B 事实甚至不可能并列在记忆之中：呈现 B 事实意味着暂时废止在构造 A 事实时采用的原理。我们所能做的只是在 B 中画关于 A 事实的 B 图画，或者把关于 A 事实的 B 陈述引入 B。我们不可能在 B 中应用关于 A 事实的 A 陈述。把语言 A 翻译成语言 B，也是不可能的。这并不是说，我们不可能讨论这两种观点；而是说，这种讨论不可能用 A 要素和 B 要素之间任何（形式的）逻辑关系来进行。

---

① 不可通约性（incommensurability）和不可比较性（incomparability）是两个容易混淆的概念。在《反对方法》的译本中，译者把前者翻译为后者，二者等同。在《自由社会中的科学》中，二者区分开来了。有关的中文翻译问题，请参见郭元林《〈反对方法〉的一些中译问题探讨》，《科学文化评论》2015 年第 12 卷第 4 期，第 111—123 页。

② Paul Feyerabend. *Problems of Empiricism*（Philosophical Papers Volume 2）. New York：Cambridge University Press，1981，p. 152.

③ 郭元林：《费耶阿本德的困惑：反还原论和取消型唯物论》，《世界哲学》2014 年第 5 期（人大复印资料全文转载），第 83—93 页。在拙文中，笔者比较细致地介绍和分析了费耶阿本德的反还原论思想。

这种讨论将是"非理性的",就像那些一心想保留 A 的人谈话那样。①

由上面的论述可以看出,费耶阿本德认为,不可通约性是指两个普遍理论(如宇宙论)之间的一种非逻辑演绎关系,即从一个理论不可能逻辑推导出另一个理论。例如,相对论和牛顿力学就是不可通约的:相对论是相对时空观,其中长度和质量是相对变化的;牛顿力学是绝对时空观,其中长度和质量是绝对固定不变的。如果不改变基本概念、基本定律、理论结构和实在观,就不可能从相对论逻辑推导出牛顿力学——即便牛顿力学和相对论都是力学体系,都可以用来解释世界,具有某些相似性;然而,它们不能同时使用,要用相对论解释世界,就必须暂时抛弃牛顿力学。反之亦然。正如费耶阿本德自己所言:"诚然,不可通约的构架和不可通约的概念可能展现许多的结构相似性,但并未抹杀这样的事实:一个构架的普遍原理被另一个构架暂时废止。正是这样的事实确立了不可通约性,尽管存在人们可能会发现的种种相似性。"② 也就是说,人们不能同时用相对论和牛顿力学来解释世界:如果选择用牛顿力学,那么,就相信长度和质量是绝对不变的,就观察不到"动钟变慢"的事实;反过来,如果选择相对论,那么,就相信长度和质量是相对变化的,就观察不到"事件同时发生"的事实。

费耶阿本德把不可通约性关系仅限于普遍的理论之间。他主张,在特殊的理论之间不存在不可通约性关系,因为这些理论抽象程度不高,它们的范式差异不一定很大。他写道:"我从未说过,任何两个相竞争的理论都是不可通约的(incommensurable)。…… 我说的是,某些相竞争的

---

① ［美］费耶阿本德:《反对方法:无政府主义知识论纲要》,周昌忠译,上海译文出版社 2007 年版,第 252 页。另外,请参见英文版 Paul Feyerabend. *Against Method*: *Outline of an Anarchistic Theory of Knowledge.* London: Verso, 1978, pp. 270 – 271. 根据英文原文,笔者对上述中文引文有所改动。

② ［美］费耶阿本德:《反对方法:无政府主义知识论纲要》,周昌忠译,上海译文出版社 2007 年版,第 258 页。另外,请参见英文版 Paul Feyerabend. *Against Method*: *Outline of an Anarchistic Theory of Knowledge.* London: Verso, 1978, p. 277. 根据英文原文,笔者对上述中文引文有所改动。

理论、所谓'普遍的'理论或者'非例证的'理论，如果以某种方式来解释的话，不易加以比较。"① 费耶阿本德主张，即使是两个不可通约的普遍理论，它们之间也是可以比较的。在这方面，他与库恩的看法不同，库恩主张：两个不可通约的普遍理论之间是不可以比较的。费耶阿本德坚决批判和反对库恩的这种主张。他说："库恩的不可通约性是由 A、B、C 综合所产生的范式的不可比较性。而我的'版本'，即费耶阿本德的不可通约性，却是演绎的不相交性，仅此而已，我从未由此推出不可比较性。相反，我试图发现比较这类理论的方法。"② 在费耶阿本德看来，理论可以用不同方式来解释。在有些解释（如工具论解释）中，理论是关于同一题材的，是可通约的。在有些解释（如实在论解释）中，理论是关于不同题材的，是不可通约的。在有些解释（如经验论解释）中，理论是关于同一经验的，理论的不可通约性就不可能出现。

费耶阿本德和库恩各自提出了不可通约性概念，但含义也有所不同。库恩认为范式之间不可通约，就像两个不同的世界，是不可比较的，人们改变范式，就如同宗教皈依，进入不同的世界。然而，费耶阿本德却主张不可通约的理论之间是可以比较的，而且，鼓励进行比较，认为库恩的皈依哲学没有意义。③ 费耶阿本德批判库恩的不可通约理论，认为把它推广到社会，会造成族群、传统及文化分裂。例如，可能形成这样的观念：只有亚洲人理解亚洲人，只有白人理解白人，只有黑人理解黑人，只有残疾人理解残疾人，只有女性理解女性，只有男性理解男性。因为族群不同，文化传统不同，就不可通约，不可比较，不可互相理解，所

---

① ［美］费耶阿本德：《反对方法：无政府主义知识论纲要》，周昌忠译，上海译文出版社 2007 年版，第 94—95 页。另外，请参见英文版 Paul Feyerabend. *Against Method: Outline of an Anarchistic Theory of Knowledge.* London：Verso, 1978, p. 114. 根据英文原文，笔者对上述中文引文有所改动。

② ［美］费耶阿本德：《自由社会中的科学》，兰征译，上海译文出版社 2005 年版，第 75—76 页。另外，请参见英文版 Paul Feyerabend. *Science in a Free Society.* London：Verso, 1982, p. 68. 根据英文原文，笔者对上述中文引文有所改动。

③ 关于费耶阿本德的不可通约性与不可比性之间的差异，德国学者奥博海姆和我国学者牛秋业都有研究。请参见 Oberheim, E. *Feyerabend's Philosophy.* Berlin：Walter de Gruyter. 2006, pp. 227 - 261；牛秋业：《费耶阿本德的不可通约与不可比理论研究》，《北方论丛》2010 年第 2 期，第 117—120 页。

以，就会造成族群对立和文化冲突。今天西方的一些左派人士就利用族群和传统来分裂社会，造成族群对立和文化冲突。费耶阿本德对此持激烈的批判态度，认为纵然有些理论是不可通约的，但是，传统和文化是不断变化的，相互之间是可以比较和交流的。

费耶阿本德认为人们可以从一个范式进入另一个范式，就像学习一种新的语言一样，可以从零开始，完全进入新的语言环境。他主张一个传统的人亲身接触另一个传统，进入和学习另一个传统，就像学习另一种语言一样，要进入这种语言传统，在其中生活和学习。他反对西方哲学中的不可通约性原理和翻译不确定性原理，因为西方传统是抽象和理性的，排除细节和个人事务，然而，理解任何事情都需要具体接触。

总之，费耶阿本德坚决反对不可通约的理论或范式之间不可比较。即使是两个不可通约的理论，总可以对它们进行文字、书写方式、字数和语音等方面的比较。除此之外，费耶阿本德认为自己和库恩的不可通约性就没有什么差别了。他对库恩的不可通约性做了如下总结：

> 库恩注意到，不同的范式（A）使用了无法产生包含、不相容和交叠这些通常逻辑关系的概念；（B）使我们以不同方式看待事物（不同范式的研究人员不仅有不同的概念，而且有不同的知觉）；（C）包含不同的方法（从事研究的思想工具和物质工具），以便进行研究和评价研究结果。①

在费耶阿本德看来，库恩的范式不可通约性涵盖了三个方面的内容：概念之间不存在逻辑演绎关系；不同的概念和知觉；不同的研究方法（思想方法，观察和实验方法）。关于自己的不可通约性，费耶阿本德概括如下：

---

① ［美］费耶阿本德：《自由社会中的科学》，兰征译，上海译文出版社2005年版，第74页。另外，请参见英文版 Paul Feyerabend. *Science in a Free Society*. London：Verso, 1982, p. 66. 根据英文原文，笔者对上述中文引文有所改动。

第一，存在着一些思想（活动、知觉）的构架，它们是不可通约的。

第二，不可通约性在知觉领域中具有相对应的东西，它是知觉史的组成部分。

第三，存在一些科学理论，它们相互不可通约，尽管它们显然处理"同一题材"。①

费耶阿本德的不可通约性也强调在思想构架、理论和知觉等方面的差异，与库恩的基本等同。总的来说，他们二人的不可通约性，都意指不可通约的理论或范式对世界的解释不同，决定了不同的实在观。但是，费耶阿本德强调不可通约的理论之间仍是可以比较的，而库恩却认为它们之间不可比较。

在《告别理性》中，费耶阿本德分析了普特南的不可通约性思想，认为后者不同于自己关于综合理论（如牛顿力学和相对论）的不可通约性思想。二者的差异在于如下两个方面："首先，我所理解的不可通约性是很少发生的事情。只有当一种语言（理论、观点）中描述术语的意义条件不允许使用另一种语言（理论、观点）的描述术语时，才会出现不可通约性；仅仅意义的差异还不会导致我所意指的不可通约性。其次，不可通约的语言（理论、观点）不是完全割裂的——在它们的意义条件之间存在一种微妙而有趣的关系。"② 另外，费耶阿本德认为不可通约性对哲学家来说是麻烦，而对于科学家来说却不是麻烦。因为哲学家坚持意义的稳定性，主张不同语言之间有不可逾越的界线；而科学家却意识到语言是流动变化的，是模糊的，语言的运用在于遵从语言规则和改变语言规则，从而跨越不同语言之间的界线。正如费耶阿本德自己所言："就我所关心的来说，不可通约性对于科学而言不是难题（difficulty）；或者，在这方面，对于任何其他东西而言也不是难题——仅仅对于某些非

①　［美］费耶阿本德：《反对方法：无政府主义知识论纲要》，周昌忠译，上海译文出版社2007年版，第252—255页。

②　Paul Feyerabend. *Farewell to Reason*. London：Verso，1988，p. 272.

常幼稚的哲学理论而言，它是难题；而且，因为这些理论被认为是某类
'理性'的必要成分，所以，对这类理性来说，它也是难题。"① 在费耶
阿本德看来，对于某些幼稚的哲学家来说，不可通约性是难题；除此以
外，它对教条的理性主义者也是难题。

最后，费耶阿本德对不可通约性的看法前后似乎也不一致，发生了
某些变化。在这里，仅举一例。下面一段是《反对方法》英文第一版第
17 章的分析索引，它概括了不可通约性的含义，特别是，概括了神话和
科学的不可通约性。

> 这些涉及比较内容类的标准并非总是适用的。某些理论的内容
> 类不能说存在那些通常的逻辑关系（包含、不相容、交叠）。从这个
> 意义上说，这些内容类是不可能加以比较的。当我们比较神话和科
> 学时，情形就是这样。在科学本身的那些最高级、最一般因此也是
> 最富有神话色彩的部分里，情形也都是这样。②

《反对方法》英文版第一版出版于 1975 年。十三年后（1988 年），
在再版的英文版中，费耶阿本德把这段分析索引修改为：

> 最后，大多数方法论所根据的那种比较，仅在某些相当简单的
> 情形里才是可能的。当我们试图把非科学观点和科学作比较时，当
> 我们考察科学本身的最先进的、最一般的以及因此最带神话色彩的
> 部分时，这种比较就站不住脚了。③

---

① ［美］费耶阿本德：《知识对话录》，郭元林译，韩永进校，中国科学技术出版社 2020
年版，第 174 页。

② ［美］费耶阿本德：《反对方法：无政府主义知识论纲要》，周昌忠译，上海译文出版社
2007 年版，第 202 页。

③ ［美］费耶阿本德：《反对方法》，周昌忠译，时报文化出版企业股份有限公司 1996 年
版，第 195 页。另外，请参见英文版 Paul Feyerabend. *Against Method*（Revised Edition）. London：
Verso，1988，p. 170；Paul Feyerabend. *Against Method*（Fourth Edition）. London：Verso，2010，
p. 169.

对比上述两段话，前者指出不可通约的理论不能在逻辑关系的意义上进行比较，意思比较清楚；而后者指出不可通约的理论仅在相当简单的情形里才可能进行比较，语义比较模糊。第一段话所表述的不可通约性，就是费耶阿本德通常所说的意义，即两个普遍理论之间不存在逻辑演绎关系。而在第二段话中，费耶阿本德并没有表述这种意思，似乎把不可通约性泛化了，不限于两个普遍理论之间的非逻辑推导关系。在不同时期，费耶阿本德的有些思想观点发生了变化。[①] 在早期，他很重视不可通约性。在后期，他在这方面似乎有所弱化，认为只有对于幼稚的哲学和教条的理性主义来说，不可通约性才是难题；而在科学中，不可通约性根本不成为难题。关于量子力学是否完整，玻尔和爱因斯坦的看法截然相反，有过激烈的争论，但是，他们之间不存在不可通约性。柏拉图和亚里士多德的哲学并不是不可通约的，尽管他们二人有不同的思想、理论、认识论和世界观。

## 二　理论增生与理论决定事实

费耶阿本德提出理论之间不可通约性的思想，由此主张理论增生，进一步发展出理论操纵经验、理论决定事实、理论决定实在、理论决定世界、理论改变世界等思想。他的不可通约性和理论增生与所有传统平权在思想上是一脉相承的。在费耶阿本德看来，当科学哲学最终退化成具有特定标准和思维工具（形式逻辑）的学科时，思想大量增生就会终结。他批判逻辑实证主义，因为这种科学哲学不利于理论增生。

费耶阿本德的理论增生原理如下："发明并详尽阐述与公认观点不一致的理论，即使这种公认的观点碰巧是被高度确证的，是被普遍接受的。"[②] 符合

---

[①] 关于这一点，请参见郭元林、王瑞《从〈反对方法〉不同版本看费耶阿本德思想变化》，《自然辩证法研究》2015 年第 10 期，第 120—124 页。

[②] Paul Feyerabend. *Realism, Rationalism and Scientific Method* (Philosophical Papers Volume 1). New York: Cambridge University Press, 1981, p. 105. 其中，"理论"一词的语义非常宽泛，包括常说的神话、理论、政治思想、形而上学、宗教系统、思想系统、制度框架和生活形式，类似于奎因的"本体论"、维特根斯坦的"语言游戏"、库恩的"范式"、拉卡托斯的"科学研究纲领"、劳丹的"传统"和卡尔纳普的"语言框架"等。在某种程度上，这里的"理论"也类似于他常用的"传统"。只是"传统"更加模糊，也更加常用。

理论增生原理的方法论就是多元主义方法论，发明的与公认观点不一致的理论被称为替代理论。理论增生原理和多元主义方法论更加符合科学实际发展的历史和实践。

在提出理论增生原理过程中，费耶阿本德深受米尔的自由主义思想影响。他把米尔支持思想自由的四个理由转化为自己支持观点、理论和生活形式增生的理由。这些理由如下。

> 首先，因为人们有理由可以拒绝的观点仍然可能是真的。"否认这一点，就相信我们自己永远不会犯错。"其次，因为一个成问题的观点"可能而且总是包含真理成分；因为关于任何主题的一般（或流行）意见极少（或绝不）是全部真理，只有经过与相反意见互相碰撞，真理的其余部分才有机会展现"。再次，即使一个观点完全是真的，但不经过争论，人们也"将……以偏见方式来持有它，几乎不能理解（或感知）其合理理由"。最后，如果没有通过与其他意见相比较来表明它的意义在何处，那么，人们将不理解这种意义，赞同它将变成"一种仅仅形式上的表白"。①

费耶阿本德把米尔的社会自由主义思想转化为认识论中的理论增生原理。米尔主张个人思想自由和言论自由，即使是错误的思想和言论，也允许甚至鼓励其自由发表和自由讨论，允许其与正确的思想和言论进行碰撞。这样做，有利于纠正错误的思想和言论，更有利于发展和壮大正确的思想和言论，增强其认识力量。

费耶阿本德的理论增生原理，类似于波普尔的猜想反驳原理，二者都以批判为核心，替代理论是批判的武器和思想资源，理论增生和理论批判互相促进。理论增生能够促进理论证伪。但是，增生原理不仅鼓励发明替代理论，也阻止抛弃遭到反驳的旧理论。费耶阿本德主张韧性原理："第一，我们从众多理论中挑选这样的一种理论——它是最吸引人

---

① Paul Feyerabend. *Realism, Rationalism and Scientific Method* (Philosophical Papers Volume 1). New York：Cambridge University Press, 1981, p. 139.

的，并有希望从中得到最富有成效的结论；第二，我们坚持这种理论，即使遇到相当大的困难。"① 在费耶阿本德看来，即使理论遭到反驳，甚至遭到证伪，也可以继续保留这种理论，为其辩护。由此形成日益增长的理论海洋，而不是持续接近或得到唯一正确的真理，从而有利于知识增长，也能丰富人的生活形式，促进人类思想和心智的发展。而波普尔的证伪理论要求抛弃被证伪的理论，保留未被证伪的理论。

费耶阿本德批判和反对当代经验论，由此来提出和完善其理论增生原理。当代经验论成立的两个基本前提条件是一致性条件和意义不变性条件。

一致性条件，即在给定领域，只有这样的理论才是可接受的：它要么包含此领域中已经被使用的理论，要么至少在此领域内与其一致。

意义不变性条件，即在科学进步中，意义将保持不变：未来的一切理论必将这样来表述，以致它们在说明中的使用，不会影响被说明的理论（或事实报告）所要表述的语义。②

费耶阿本德认为，内格尔的还原论成立的两个基本假设是：理论间的可逻辑推导假设和意义不变性假设。在反对还原论和提出不可通约性思想时，他就驳倒了这两个假设。大体上，上述的一致性条件和意义不变性条件等同于这两个基本假设。同理，这两个条件也是不成立的。在费耶阿本德看来，当代经验论虽然攻击中世纪经院哲学，但是，二者具有相似之处，就是要保留熟悉的陈旧的理论，阻止创造新的理论。他写道："一致性条件所以促进保存旧的熟悉的理论，不是因为后者有什么内在的优点——例如，不是因为它比新提出的替代理论有更好的观察基础，

---

① Paul Feyerabend. *Knowledge*, *Science and Relativism* (Philosophical Papers Volume 3). New York: Cambridge University Press, 1999, p. 107.

② Paul Feyerabend. *Knowledge*, *Science and Relativism* (Philosophical Papers Volume 3). New York: Cambridge University Press, 1999, p. 83.

或者因为它更优美——而是因为它是旧的和熟悉的。"① 因此，应当抛弃一致性条件，抛弃当代经验论。

费耶阿本德的理论增生原理，符合"经验不完全决定理论"的观点，但是远不止于此。后者的方向仍是从经验观察到理论，为理论寻求确定性；前者的方向却是相反的，从理论到观察经验，为寻求新的事实，促进理论发展和知识增长。由理论增生产生的知识是替代理论的海洋，也是不同标准的海洋，这些标准可以区分和联系不同理论。这种知识海洋能够促使人的心灵进行选择、想象和批判，从而促使知识不断增长。

费耶阿本德的理论增生的知识发展模式，类似于生物演化论中物种增生模式：即使现存生物很好地适应其生存环境，也有新物种不断增生和演化出来，出现新的生物变异，从而形成物种不断发展和演化的过程。这种物种增生模式能够阻止物种停滞和退化。在费耶阿本德看来，自己的理论增生和韧性发展模式是批判传统知识论最有力的武器，自己的无政府主义知识论也符合人道主义。

费耶阿本德认为归纳问题是经典的伪问题，主张用理论增生原理取代归纳原理，放弃追求知识的确定性，也放弃真理。他的知识发展模式不是从经验和事实到理论，而是从理论到事实。他声称："抛弃'在科学中只使用高度确证且确定的理论'那样的规则，我们至少要偶尔运用这样的规则：'借助于不确定的理论，来检验确定理论的确定性'。"② 波普尔宣称自己用证伪主义解决了休谟问题。对此，费耶阿本德不屑一顾。在他看来，只要改变知识观，放弃追求知识的确定性，休谟问题就消失了，而且该问题也与科学实际没有任何关系。他说："休谟问题出现在与科学实际几乎没有任何关系的梦境中，正如康德（Kant）的道德义务构建了一个与我们的世界完全不同的残酷的幻想世界，因为在我们的世界

---

① ［美］费耶阿本德：《反对方法：无政府主义知识论纲要》，周昌忠译，上海译文出版社2007年版，第14页。另外，请参见英文版 Paul Feyerabend. *Against Method: Outline of an Anarchistic Theory of Knowledge*. London: Verso, 1978, pp. 36 – 37. 根据英文原文，笔者对上述中文引文有所改动。

② Paul Feyerabend. *Knowledge, Science and Relativism* (Philosophical Papers Volume 3). New York: Cambridge University Press, 1999, p. 145.

中，诚实受到友善的制约。"① 费耶阿本德主张理论增生原理。根据这种原理，理论必然是多元的，它们形成相互竞争的思想市场和知识市场。

关于理性（理论）和实践的关系问题，在《自由社会中的科学》中，费耶阿本德批判了唯心主义（理性指导实践）和自然主义（理性由实践获得内容和权威），主张相互作用论，即理性和实践不是相互独立的两种东西，而是同一辩证过程的组成部分，它们相互作用，跟地图和旅行活动之间的关系类似。特别是，在理性与感觉的关系上，他主张理性能够战胜感觉。

费耶阿本德批判知识论中的经验论（基础论）和融贯论。他主张没有经验的科学，没有基础的知识。他指出："经验不是产生于理论假说之前，而是与其一起出现的。正如（所谓的）没有经验的理论是不可理解的，没有理论的经验同样也是不可理解的。去除一个感觉主体的部分理论知识，你将发现该主体会是完全迷乱的，不能完成最简单的行动。"② 费耶阿本德认为经验不能成为知识的真正的源头和基础。他有时走得更远，不但认为经验不能成为科学的基础和起点，还主张科学始于反抗经验。他说："我们必须得出这样的结论：科学不是始于经验，而是始于反抗经验，并通过把经验当作幻想而生存下来。"③ 换句话说，他认为科学始于反抗经验，通过无视经验而生存和成长。

特别是，他反对融贯论，容忍在研究或理论中存在矛盾或不相容，主张包含矛盾的研究或理论对认识世界也是有益的。他认为无矛盾性只是一种理性标准，标准只是认识和实践的一种工具，而实践（传统或研究）高于理性和标准，它发明标准、世界观和生活方式。他写道：

　　在我们知道标准应予以判定的那种题材之前，我们无法规定标

---

① ［美］费耶阿本德：《知识对话录》，郭元林译，韩永进校，中国科学技术出版社 2020年版，第 99 页。

② Paul Feyerabend. *Realism, Rationalism and Scientific Method* (Philosophical Papers Volume 1). New York: Cambridge University Press, 1981, p. 133.

③ ［美］费耶阿本德：《科学的专横》，郭元林译，韩永进校，中国科学技术出版社 2018年版，第 29 页。

准。标准不是高级教士会议为防止科学、艺术和社会中乌合之众的非理性而维护和提出的关于研究、道德和美的永恒仲裁者，而是那些熟悉情况并详细考察了情况的人为了某些目的而提出的工具。一个科学家、艺术家、公民跟需要"方法论爸爸"和"理性妈妈"来保护和指导的一个孩子不同，他可以照料自己，因为他不仅是定律、理论、图画、戏剧、音乐形式、与同胞交往方式以及制度的发明者，也是全部世界观的发明者，他是全部生活方式的发明者。①

　　费耶阿本德主张理论增生，即使理论之间不一致或矛盾，也不应当禁止理论增生。因为无矛盾性是理性传统的标准，而他是批判和反对理性的。理论增生原理违反了理性传统的标准，创造了另一种传统的标准。由此形成了不同传统构成的海洋，不同标准构成的海洋，不同理论构成的海洋。在费耶阿本德看来，理论增生和理论多元性不是知识发展不成熟和不完善的表现，不是知识发展的初级阶段，而是所有知识的本质特征。在各种传统、标准和理论平权的基础上，形成动态竞争的思想和知识市场：各种理论都可以进入这种市场，参与竞争；它们相互竞争、相互碰撞，充分完善自身，从而占据不同的市场份额，优胜劣汰，有的理论被淘汰了，但新的理论不断产生出来，进入市场；没有哪一种理论能够凭借暴力来禁止和消灭其他思想和理论，进而垄断和独霸市场，成为唯一真理；理论的认识力量由其在思想和知识市场中的竞争能力来体现，理论的发展和衰退、生存和消亡由市场来决定，不是由某个传统、标准、组织或个人来决定的。

　　费耶阿本德主张多元论和理论增生，由此造成的结果之一是，知识的稳定性遭到破坏。在他看来，知识的稳定性并不表明其是绝对真理；而是意味着创造力萎缩，不能发明替代知识；意味着我们不能具有更高级的知识，不能超越知识的某个偶然阶段。

---

　　① ［美］费耶阿本德：《自由社会中的科学》，兰征译，上海译文出版社 2005 年版，第 35 页。另外，请参见英文版 Paul Feyerabend. *Science in a Free Society*. London：Verso, 1982, p. 38. 根据英文原文，笔者对上述中文引文有所改动。

费耶阿本德主张理论增生原理的根本原因在于，他认为不同的理论（特别是不可通约的理论）决定了人们看到的世界是不同的，即理论决定感觉、经验、事实、实体和实在，不同理论会带来不同的世界。他认为，"一个广包的理论毕竟被假定也包含一种本体论，而这种本体论决定存在什么，从而界定可能事实和可能问题的范围。"① 因此，他要坚持理论增生原理，尽可能多地发展不同的理论，尽可能多地看到不同的世界，更加全面地认识世界。

> 我们需要做的一切是，指出基本理论的变化如何经常地带来世界的变化。如果理论是可通约的，那就不会产生什么问题——我们只是增加了知识。这不同于不可通约的理论。因为我们当然不能假定两个不可通约的理论涉及的是同一个客观情况……因此，除非我们想假定它们根本不涉及任何事物，否则我们就必须承认它们涉及的是不同世界，（由一个世界到另一个世界的）变化是由理论之间的转换带来的。……按照这种说法，我们便不再假定一个不受我们认识活动影响的客观世界了，在一种特殊的观点范围之内从事活动除外。我们承认我们的认识活动甚至对一些最牢固的宇宙论内容也可能有决定性影响——这些活动可以使上帝消失，而代之以虚空中的一堆原子。②

费耶阿本德认为，不同的理论，特别是不可通约的理论带来不同的世界。他主张理论决定实体。神话理论决定了神的存在，而近代科学理论决定了基本粒子和相互作用力的存在。热质说塑造了存在热质的世界，燃素说构建了存在燃素的世界，氧化理论认为世界中存在氧气。以太、N

---

① ［美］费耶阿本德：《反对方法：无政府主义知识论纲要》，周昌忠译，上海译文出版社2007年版，第152页。另外，请参见英文版 Paul Feyerabend. *Against Method*：*Outline of an Anarchistic Theory of Knowledge.* London：Verso，1978，p. 176 - 177. 根据英文原文，笔者对上述中文引文有所改动。

② ［美］费耶阿本德：《自由社会中的科学》，兰征译，上海译文出版社2005年版，第78—79页。

射线、磁单极子、获得性遗传，都曾经在各自的理论背景下出现过，认为它们存在，后来又被抛弃了。理论不仅决定实体，而且还决定人们的感觉、经验、思想、行为和生活方式，塑造事实。他说："语言及其引起的反应模式不仅是用于描述事件（事实、事态）的工具，而且也是事件（事实、事态）的成形器；它们的'语法'包含宇宙学，一种关于世界、社会和人的处境的广包的观点，它影响思想、行为和知觉。"① 从思想史角度来看，费耶阿本德把"理论决定事实"归因于抽象理性和抽象理论的发展。他研究了抽象理性、抽象理论和二分法在古希腊的兴起和发展，并认为抽象和二分法不能认识世界的丰富性，使世界变得贫乏。但是，在他看来，抽象和二分法最终胜利了，而且抽象理论和抽象理性在近代科学发展中起了极为重要的作用，由此造成抽象理论高于具体实践，抽象理论决定实在和研究方向，即理论决定事实，而不是实践和事实决定理论和实在。

　　这种在提供认识的抽象理论和从未完全明晰的实践学科之间进行的区分，在近代科学兴起过程中起了重要作用。它用物质理论取代了关于物质材料的丰富的实践信息，尽管这些物质理论是抽象的、内容贫乏的，但是，它们却界定了实在，并指导了后代的研究：实践结果（就其自身来看）并未强加任何实在观念。顺便说一下，要注意，抽象理论最终胜利了，这表明矢志不渝地偏好实践知识在实践上是最不可行的。②

　　如果承认理论决定事实，那么，人们一般所说的理论与事实比较，就是理论与理论比较。替代理论与观察和公认的理论不一致，不一定是

---

① ［美］费耶阿本德：《反对方法：无政府主义知识论纲要》，周昌忠译，上海译文出版社2007年版，第202页。

② Paul Feyerabend. *Conquest of Abundance*：*A Tale of Abstraction versus the Richness of Being*. Chicago：The University of Chicago Press，1999，p. 195. 另外，请参见［美］费耶阿本德《征服丰富性》（特波斯特拉编），戴建平译，中国人民大学出版社2007年版，第192页。根据英文原文，笔者对上述中文引文有所改动。

理论与事实不一致，而是替代理论与旧理论不一致，因为旧事实是由旧理论决定的。根据替代理论可以发现新的事实。他写道："对这一切情境、观察术语、感觉核心、辅助科学和背景猜测的考察表明，一个理论之所以可能同证据不一致，并非因为它不正确，而是因为证据已被污染。"① 理论污染了证据，证据与理论一体，所以，就不可能有所谓的判决性实验。

在科学中，经常有科学家和哲学家主张用判决性实验来检验两个相互冲突的理论，从而决定其去留和成败。然而，费耶阿本德却认为，在两个不可通约的理论之间不可能有判决性实验，因为只要承认理论增生原理和理论决定事实的主张，就必然不能承认判决性实验。判决性实验的前提条件是：自主原理（事实相对自主的假设），即"事实的存在或获取，是独立的，不管人们是否为受检验理论提供替代理论"②。但是，费耶阿本德主张理论增生和理论决定事实，反对自主原理：不同的理论决定了不同的事实，它们之间不存在共同的实验；没有独立于理论的事实和实验。

费耶阿本德主张理论决定事实，那么，理论来源于何处呢？他认为理论来源于传统、历史和环境，是通过社会权力或暴力来取得统治地位的，不是通过论证推理战胜对手的，因此，理论不是普遍的，没有普遍真理和普遍道德。广而言之，费耶阿本德认为知识不能脱离它的历史和产生环境。正如费耶阿本德所言："一个科学家实际驾驭的材料、他的定律、他的实验结果、他的数学技巧、他的认识论偏见、他对待自己已接受理论的荒谬结论的态度，在许多方面是不确定的、含糊的，而且从未同历史背景完全分离。"③

费耶阿本德既然主张理论决定事实，那么，就必然坚持"意义下行"

① ［美］费耶阿本德：《反对方法：无政府主义知识论纲要》，周昌忠译，上海译文出版社2007年版，第43页。另外，请参见英文版 Paul Feyerabend. *Against Method：Outline of an Anarchistic Theory of Knowledge.* London：Verso，1978，p. 67. 根据英文原文，笔者对上述中文引文有所改动。

② Paul Feyerabend. *Knowledge，Science and Relativism*（Philosophical Papers Volume 3）. New York：Cambridge University Press，1999，p. 91.

③ ［美］费耶阿本德：《反对方法：无政府主义知识论纲要》，周昌忠译，上海译文出版社2007年版，第42页。另外，请参见英文版 Paul Feyerabend. *Against Method：Outline of an Anarchistic Theory of Knowledge.* London：Verso，1978，p. 66. 根据英文原文，笔者对上述中文引文有所改动。

理论。在 1958 年的论文《尝试对经验进行实在论解释》中，他论证了"意义下行"的观点：意义来自思想，即意义从理论层面"下滴"到观察层面。然而，当时的大多数科学哲学家却坚持"意义上行"的观点。在《科学的专横》中，他写道："在二十世纪五十年代后期，许多科学哲学家都谈到……意义从知识的观察之根向上流动到理论术语。我坚决主张观察自身没有任何意义，并建议把这种顺序颠倒过来：意义从理论流向观察。"① 既然意义从理论流向观察，那么，术语的意义不是由定义来决定的，而是由所属的理论系统（包括基本定律和基本规则）决定的。因此，语言哲学的意义讨论应由理论讨论来取代。正是在这种意义上，费耶阿本德反对分析哲学对语词自身进行语义分析。

费耶阿本德主张意义下行的观点，反对逻辑经验主义的意义上行理论，这种理论指出：理论陈述通过逻辑联系从观察陈述获得意义。然而，在其自传中，费耶阿本德却认为这两种观点都是相当幼稚的："意义没有固定在任何位置。它没有指导我们行动（思想、观察），而是产生于行动过程中。意义可能如此稳定，以致意义有固定位置这种假设开始讲得通了。然而，这是一种病态，而不是一种基础。"② 由此可见，在晚期，费耶阿本德似乎放弃了意义下行理论，主张意义没有固定位置，意义不是存储于理论当中，而是产生于行动过程。然而，他对这种意义理论没有过多论述。

费耶阿本德主张理论增生和理论决定事实，相比于汉森提出的"观察负载着理论"，费耶阿本德的主张就更加激进，更加彻底。因此，他反对汉森提出的观察负载着理论，即反对理论负载性观点。在他看来，汉森的这种观点不够彻底。因为费耶阿本德主张观察术语和观察陈述不仅是负载理论的，而且完全是理论的，观察语言和理论语言之间没有界线，不可区分。他说："理论负载意味着存在一种理论载荷和某种非理论的东西，而这种非理论的东西携带着一切观察陈述中所包含的这种载荷。在我的所有论著中，

① ［美］费耶阿本德：《科学的专横》，郭元林译，韩永进校，中国科学技术出版社 2018年版，第 99 页。

② Paul Feyerabend. *Killing Time*: *The Autobiography of Paul Feyerabend*. Chicago: The University of Chicago Press, 1995, p. 116.

从我的学位论文（1951 年）开始，到《反对方法》的最新一版（平装本），我一直反对这个论点。"① 在观察与理论的关系上，费耶阿本德比汉森走得更远，也更加激进。汉森认为，观察虽然不是独立的，其渗透了理论，但是，它是基础，是第一位的。然而，费耶阿本德却认为理论是决定性的，是第一位的，它决定了观察，意义从理论下行到观察。

费耶阿本德主张理论增生、理论决定事实和意义下行，进而反对区分事实命题和价值命题。在知识论方面，费耶阿本德反对科学划界，反对科学还原论，反对科学统一，认为一些抽象理论之间不可通约。奎因挑战了经验主义的两个教条，认为分析命题和综合命题之间、观察命题和理论命题之间没有严格的界线，费耶阿本德主张理论决定事实和意义下行，认为事实命题和价值命题之间也没有固定的界线，依理论和文化传统而定。

在《反对方法》第 14 章中，费耶阿本德主张取消如下四种区别：发现与境和证明与境之间的区别，观察术语与理论术语之间的区别，方法论规则和历史描述之间的区别，"应当"（价值）和"是"（事实）之间的区别。他写道："只有把'应当'和'是'的区别看作权宜措施而不是根本界线时，才可能取得进步。…… 学习并不是从观察上升到理论，而总是涉及这两个因素。经验同理论假设一起（而不是在理论假设之前）产生，离开理论的经验恰如没有经验的（所谓）理论一样不可理解：消除感觉主体的一部分理论知识，就会使一个人完全迷失方向，不能进行最简单的活动。消除更多的知识，就将使他的感觉世界（他的'观察语言'）开始瓦解，颜色和其他简单感觉将消失，他将回到比幼儿还要原始的阶段。"② 在费耶阿本德看来，理论与感觉一体、理论与经验一体、理论与观察一体、理论与事实一体、价值与事实一体，它们之间没有严格

_____

①　［美］费耶阿本德：《自由社会中的科学》，兰征译，上海译文出版社 2005 年版，第 194 页。另外，请参见英文版 Paul Feyerabend. *Science in a Free Society*. London：Verso, 1982, p. 157. 根据英文原文，笔者对上述中文引文有所改动。

②　［美］费耶阿本德：《反对方法：无政府主义知识论纲要》，周昌忠译，上海译文出版社 2007 年版，第 144 页。另外，请参见英文版 Paul Feyerabend. *Against Method：Outline of an Anarchistic Theory of Knowledge*. London：Verso, 1978, pp. 167 – 168. 根据英文原文，笔者对上述中文引文有所改动。

的界线。①

费耶阿本德主张任何观察语言（包括概念、实体和陈述等）都包含理论成分，认为观察语言和理论语言不可区分，每种语言都是理论语言。人们根据理论来解释其观察和经验，没有中立的观察和经验。他写道："每种语言都是理论语言，即包含抽象、详细和可变的范畴系统的语言。观察语言不是另外的语言，它不再包含理论成分；而是在现在使用的不同理论语言中，人们能迅速达成一致决定的所有那些部分的逻辑总和。"②费耶阿本德认为，理论与观察一体，观察语言本质上也是理论语言，只不过是人们对其习以为常了，因而能够达成共识。

费耶阿本德认为，爱、失望和欲望不仅在人们的生活中具有重要作用，而且在科学研究过程中也起作用，因而情感和感情也是科学的组成部分。所以，人们要想真正理解科学（sciences），就必须转向艺术和人文学科。他说："当然，你知道，在某种程度上，理论是凝固的情感。人们对世界有某种感情，然后设法固化其感情，理论就随之产生了。"③如果理论、感觉、经验、情感、事实和价值等相互适应，一体化了，那么，就形成了一种传统。近代科学就是一种传统，其中的理论、感觉、经验、事实、情感和价值是一体的。一个科学家接受近代科学，就意味着接受其整个范式和传统（包含理论、感觉、知觉、经验、事实、情感和价值等）。相反，亚里士多德学说也构成了一个传统，其中的理论、感觉、经验、事实、情感、价值、心理学、物理学、天文学、认识论、本体论和生活方式相互适应，构成一个密不可分的整体。费耶阿本德写道："地心假说和亚里士多德关于知识与知觉的理论也是相互适应的。…… 天文学、物理学、心理学、认识论，这一切学科在亚里士多德哲学中协同造成一

---

① 一方面，费耶阿本德认为价值、理论和事实之间没有界线，而如果把它们当作三种传统，那么，就是三种传统之间没有界线，无法区分。另一方面，费耶阿本德又极力区分各种传统。

② Paul Feyerabend. *Knowledge*, *Science and Relativism* (Philosophical Papers Volume 3). New York: Cambridge University Press, 1999, p. 47.

③ Paul Feyerabend. Last Interview. In Preston, John, Gonzalo Munevar and David Lamb (eds.). *The Worst Enemy of Science*? —— *Essays in Memory of Paul Feyerabend*. New York: Oxford University Press, 2000, p. 162.

个体系，它是一致的、合理的，同观察结果相符合。"① 总之，费耶阿本德认为，理论、经验、事实、价值、情感、认识论和本体论等是一体的，在价值命题和事实命题之间没有明确的界线。

在费耶阿本德看来，价值不仅影响知识的应用，还是知识自身的必要组成部分，分离事实、价值和理性是一种欺骗手法。他写道："当然，分离事实、价值和理性是一种欺骗手法。事实是由内含价值的程序建立的，价值受事实影响而发生变化，理性原理假定了某种世界秩序（在荒谬的世界里，非矛盾律是荒谬的）。"② 费耶阿本德认为，价值和事实不可分离，价值是理论和知识的必要组成部分。因此，他明确反对科学是无涉价值的。

> 据说，科学是无涉价值的。但绝对不是这样。……在科学事实的构成中，价值起了重要作用。我碰见一个朋友。在某种程度上，我看到我们的全部关系都写在她的脸上。……这种"看"不是一个客观事实，它不是固定在她的脸上等待由客观的实验程序来发现，而是我们关系的一部分……它不是一个科学事实……科学和价值紧密联系在一起，而且联系方式是复杂的，并不一定显而易见，这难道不是明摆着的吗？③

费耶阿本德主张，在科学中，价值是必不可少的。即使是简单的"看"和观察，也包含着关系、情感和价值。当然，科学和价值的联系是复杂的，不一定是显而易见的，往往是深藏不露的，从而使得科学看起来是客观理性的，无涉价值的。通过研究伽利略的科学史案例，费耶阿本德深刻揭示出科学与政治相似，远不是客观理性的，而是内含价值、认识论和本体论。为了发展某种科学理论，必须像在政治斗争中一样，

---

① ［美］费耶阿本德：《反对方法：无政府主义知识论纲要》，周昌忠译，上海译文出版社2007年版，第126—127页。
② Paul Feyerabend. *Farewell to Reason*. London：Verso, 1988, p. 25.
③ ［美］费耶阿本德：《科学的专横》，郭元林译，韩永进校，中国科学技术出版社2018年版，第87—88页。

科学家要运用劝说、教育、宣传、洗脑和欺骗等手段，从而改变人们的世界观和价值观。正如他自己所言："从对思想和行为间关系的分析，也可看出，在我们的知识的增长和科学的增长中，兴趣、影响力、宣传和洗脑技巧所起的作用之大远远超出人们通常的估计。"① 在人们的世界观、人生观和价值观改变之后，世界就发生了改变，新的世界诞生了。在新的世界中，接受了新的世界观、人生观、知识观和价值观的人们就顺利接受了新的科学，从而用新的科学取代了旧的理论。费耶阿本德主张事实问题和真理问题依赖于价值问题。而实证主义者拒绝这种主张，费耶阿本德认为这是由于他们没有意识到自己的价值偏见。

费耶阿本德主张理论的多元、不可通约和增生，主张理论决定事实，反对价值和事实分离，在认识论上坚持反还原理论和意义下行理论。然而，在本体论上，他早期曾坚持取消型唯物论，这种唯物论与反还原理论不相容，也与其后期著作《征服丰富性》中的核心思想（世界是丰富多彩和多元复杂的）不一致。关于这方面的分析和论述，请参见拙文《费耶阿本德的困惑：反还原论和取消型唯物论》。② 综合费耶阿本德的多种观点和理论，可以构建出其知识图像：理论、理性、感觉、知觉、经验、事实、情感、价值、本体论、实在观、认识论和生活方式等密不可分，它们之间没有明确的界线，构成一个复杂的网络整体："我们声称拥有的知识（包括由现代物理理论所提供的那些非常普遍的知识）是一个由理论原理和实践（几乎是身体）能力所构成的错综复杂的网络，不能通过专门只看理论来理解它。"③ 这个复杂的网络整体就形成一个传统：在该传统中，虽然理论和价值是第一位的，理论决定事实，但是，费耶阿本德也没有忽视经验、事实和实践，因为理论、价值、经验、事实和实践不是相互独立的，在它们之间没有明确的界线，所以，他特别重视

---

① ［美］费耶阿本德：《反对方法：无政府主义知识论纲要》，周昌忠译，上海译文出版社2007年版，第4页。
② 郭元林：《费耶阿本德的困惑：反还原论和取消型唯物论》，《世界哲学》2014年第5期（人大复印资料全文转载），第83—93页。
③ ［美］费耶阿本德：《科学的专横》，郭元林译，韩永进校，中国科学技术出版社2018年版，第101页。

意会知识。

### 三　理性主义与相对主义

在费耶阿本德看来，"理性"意指一套人们应当遵循的规则。[①] 例如，矛盾律就是一条规则。他还认为理性是一种态度。他说："理性地处理某事，就是用某种态度来处理它。"[②] 由此看来，他所说的"理性"与常见的理性在意义上没有什么差别。

有不少人说，费耶阿本德反对理性和理性主义。他自己却否认这一点。在其自传中，费耶阿本德说自己从不贬低和反对理性本身，只是蔑视和反对理性的某些僵化和暴虐的形式。他反对僵化的理性形式和教条的理性主义。然而，根据常见的理性标准和理性主义，科学是理性的，而费耶阿本德却独树一帜，认为科学不能排除非理性。他写道："只要是科学，理性就不可能是普适的，而非理性也不能加以排除。科学的这个特点要求一种无政府主义认识论。"[③] 费耶阿本德的独创之处在于，运用科学史案例（特别是伽利略案例）揭示了科学的非理性一面，提出了无政府主义认识论。在他看来，科学或生活形式不可能完全符合逻辑理性的要求，科学理论经常违反归纳法和一致性要求，科学中存在矛盾和不一致。他写道："没有一门科学或者别的生活形式，它既符合逻辑要求，又是有用的、进步的。每门科学都包含一些理论，它们同事实和别的理论都不一致，它们被详细分析时揭示了矛盾。只有独断地信仰一门所谓

---

① Paul Feyerabend. Last Interview. In Preston, John, Gonzalo Munevar and David Lamb (eds.). *The Worst Enemy of Science? —— Essays in Memory of Paul Feyerabend.* New York: Oxford University Press, 2000, p. 162.

② Paul Feyerabend. Last Interview. In Preston, John, Gonzalo Munevar and David Lamb (eds.). *The Worst Enemy of Science? —— Essays in Memory of Paul Feyerabend.* New York: Oxford University Press, 2000, p. 167.

③ ［美］耶耶阿本德：《反对方法：无政府主义知识论纲要》，周昌忠译，上海译文出版社2007年版，第146页。

的统一学科'逻辑'的原理，才会使我们无视这种情势。"① 他认为，科学不完全是逻辑理性的，所以，在科学进步和知识增长中，就充满了不一致和矛盾等非理性现象。

费耶阿本德自称是一个浪漫主义者，喜欢想象和感情，但不想用它们取代理性，只是想用它们来补充和限制理性。在费耶阿本德看来，理性和科学传统太强势了，排挤了想象和情感等浪漫主义元素，因此，他主张用想象和情感来补充和限制理性，希望理性、想象和情感等元素达成某种平衡，保持平权，从而更好地看待世界，更全面、更丰富地认识世界。

> 我的确是一个浪漫主义者，但不是他所说的意义上的浪漫主义者。他认为浪漫主义是对旧传统的怀念、对想象和感情的爱好。我说旧传统应该保留，这并不是因为它们是旧传统，而是因为它们不同于现状，因为它们可以使我们正确地看待现状，因为许多人仍然对它们感兴趣并想按照它们去生活。我也喜欢想象和感情，但我并不想用它们取代理性，而想用它们限制理性、补充理性。②

费耶阿本德用想象、情感、非理性和浪漫主义等来限制和补充理性，使得各种元素之间达到平衡，其目的是追求思想、方法、传统和生活方式的多元性。他认为，虽然科学和理性非常强大，但是，它们并不能消灭这种多元性。他说："虽然我个人赞成思想、方法和生活方式的多元性，但我还没有试图通过论证来支持这一信念。相反，我的论证是否定性的，它们表明，理性和科学不能排除这种多元性。无论理性还是科学，都没有强大到足以把限制强加给民主社会，从而阻止人们把自己最珍爱

---

① ［美］费耶阿本德：《反对方法：无政府主义知识论纲要》，周昌忠译，上海译文出版社2007年版，第239页。另外，请参见英文版 Paul Feyerabend. *Against Method*: *Outline of an Anarchistic Theory of Knowledge*. London：Verso，1978，pp. 258 – 259. 根据英文原文，笔者对上述中文引文有所改动。

② ［美］费耶阿本德：《自由社会中的科学》，兰征译，上海译文出版社2005年版，第236页。

的传统引进到民主社会之中。"① 费耶阿本德在哲学著述中虽然也运用理性论证，但是，他并没有把理性论证当作哲学研究的最重要手段或唯一手段，因为他认为哲学观点的流行是权力（或欺骗）的结果，不是理性论证的结果。他写道："……只是确证了这种（相对主义）思想——哲学主张的流行是权力（或欺骗）的结果，不是论证的结果……"② 此外，费耶阿本德对理性和理性主义有更严厉的批判，认为它们被用来奴役人和"杀人"。当然，这种"杀人"不是意指对人进行肉体消灭，而是意指扼杀人的心灵。

> "理性"经常被用来奴役人，或者，甚至用来杀人。罗伯斯庇尔（Robespierre，1758—1794）是一位理性主义者……几乎不曾存在过一种运动，会比这种所谓的"批判"理性主义更乏味同时又更教条。确实，理性主义者没有杀人，但是，他们扼杀人的心灵……③

费耶阿本德否认理性和理性主义是哲学的唯一标准，否认理性论证是唯一的哲学方法，相反，主张一种哲学观点战胜另一种哲学观点，流行起来，像政治斗争一样，是权力运作的结果，有非理性元素（如教育、宣传、洗脑和欺骗）参与其中，根本不是理性论证的结果。因此，他就接受了相对主义。他写道："我只是论证说，通向相对主义的道路还没有被理性主义所封闭，所以理性主义者不能反对任何人加入相对主义。当然，我对这一道路抱有很大的同情，这是一条成长之路、自由之路……"④ 费耶阿本德不但认可相对主义，而且还对其抱有很大希望，因为相对主义能够促进各种传统平权，有利于理论、知识、方法和生活形

---

① ［美］费耶阿本德：《自由社会中的科学》，兰征译，上海译文出版社 2005 年版，第 184 页。另外，请参见英文版 Paul Feyerabend. *Science in a Free Society*. London：Verso, 1982, pp. 148 – 149. 根据英文原文，笔者对上述中文引文有所改动。

② Paul Feyerabend. *Farewell to Reason*. London：Verso, 1988, p. 100.

③ ［美］费耶阿本德：《知识对话录》，郭元林译，韩永进校，中国科学技术出版社 2020 年版，第 173 页。

④ ［美］费耶阿本德：《自由社会中的科学》，兰征译，上海译文出版社 2005 年版，第 179 页。

式丰富多元化，有利于人的幸福。

费耶阿本德从传统平等平权论证推出传统相对主义。这种传统相对主义基础就是传统平等平权，并认为观点、思想和理论都依赖于传统，不是"客观的"。不能离开传统来评价和判断观点、思想和理论。因此，任何看法、观点、思想和理论都是"主观的"，只有疏忽或隐藏了评价和判断它们的传统，它们才显得是"客观的"。

> 传统谈不上好坏——它们仅仅是传统。如果一个人参加了另一种传统，并以那种传统的价值来观察世界，那么，只是在他看来，这些传统才获得了合意的或不合意的性质。这些看法看起来是"客观的"（即不依赖于传统的），表达那种传统的判断的那些陈述听起来是"客观的"，因为当事人及其所代表的传统根本没有在这些看法和陈述中出现。它们实际上是"主观的"，因为这种没有出现是由于疏忽。在当事人采纳另一种传统时，他的价值判断改变了，这种疏忽就暴露出来了。①

费耶阿本德从这种传统相对主义引申出了政治相对主义和哲学相对主义。所谓的政治相对主义，就是"断定所有传统都有平等权利；有些人按照某种传统来安排自己的生活，仅这个事实便足以使该传统享有其所处社会的一切基本权利。"② 由此可见，政治相对主义的实质含义是：在社会中，各种传统都享有平等权利，无所谓优劣，无所谓高低贵贱。费耶阿本德极力主张政治相对主义，并为其辩护。他的传统相对主义应用到社会领域，就是政治相对主义。这种传统相对主义的根基在于：各种传统在社会中平等、平权。然而，他认为自己的传统相对主义不同于哲

---

① ［美］费耶阿本德：《自由社会中的科学》，兰征译，上海译文出版社 2005 年版，第 94 页。另外，请参见英文版 Paul Feyerabend. *Science in a Free Society*. London：Verso, 1982, p. 81. 根据英文原文，笔者对上述中文引文有所改动。

② ［美］费耶阿本德：《自由社会中的科学》，兰征译，上海译文出版社 2005 年版，第 96 页。另外，请参见英文版 Paul Feyerabend. *Science in a Free Society*. London：Verso, 1982, p. 82. 根据英文原文，笔者对上述中文引文有所改动。

学相对主义。他所谓的哲学相对主义意指这样一种学说："所有的传统、理论、观点都是同样真的或同样假的，或者用一种更激进的说法，对传统的任何真值分配都是可接受的。"① 由此可见，哲学相对主义即认识论相对主义：在认识论中，各种传统、理论和观点是平等的，它们同样真或同样假。他不赞同哲学相对主义，也没有为其辩护。把他的传统相对主义应用到认识论，得到的并不是认识论相对主义，而是一种基于传统的主观主义认识论：传统决定观点和理论，没有超越传统的观点和理论；任何观点和理论都预设某种传统，都依赖于某种传统，因而是"主观的"；它们表面上看起来是"客观的"，是由于隐藏或疏忽了其预设和依赖的传统。但是，费耶阿本德没有主张所有的观点、理论和传统具有同样的真值，因为在他看来，没有超越传统的普遍规则和标准，也没有超越传统的真假。

在《告别理性》中，费耶阿本德写了一篇长文来解释和分析相对主义。最后，在总结相对主义时，他这样说：

在结论中，让我重申这一点：这里呈现的相对主义不是关于概念的（尽管它的绝大多数现代形式都是概念形式），而是关于人的关系的。它处理不同文化（或具有不同习惯和爱好的个人）相互碰撞时出现的问题。知识分子习惯于用争论来处理文化碰撞问题，倾向于提炼这些虚构的争论，直到它们变得如同他们自己的言语一样抽象和不可理解。运用这种方式，许多知识分子已经远离了生活，进入专业知识王国。他们不再关心这种文化或那种文化、这个人或那个人，而关心诸如实在思想、真理思想或客观性思想之类的思想。他们没有问这些思想如何与人的生存相关，而是问它们如何相互关联。例如，他们问如下问题：真理是客观概念吗？科学实践是理性的吗？实在依赖于感知吗？在这些问题中，他们这样定义"真理"、

————————

① ［美］费耶阿本德：《自由社会中的科学》，兰征译，上海译文出版社 2005 年版，第 96 页。另外，请参见英文版 Paul Feyerabend. *Science in a Free Society*. London：Verso, 1982, p. 83. 根据英文原文，笔者对上述中文引文有所改动。

"科学实践"和"感知"，以致这些定义方式阻止了与科学家和其他普通人生活中发生的一切有现成联系。①

在上述段落中，费耶阿本德特别批判了理论（概念）相对主义、抽象概念和理论思想，因为它们远离了实践和人的生活。他批判知识分子脱离人的具体生活，抽象思辨，虚构空洞概念，玩弄文字游戏，运用不可理解的专业语言，超越现实。这符合他一贯的主张：道德伦理和生活高于科学和认识。

关于相对主义，费耶阿本德区分个体相对主义与传统（文化或文明）相对主义，也区分为实践相对主义（机会主义）和认识相对主义。② 在个人相对主义和传统相对主义之间，他更重视后者，认为传统决定人的生活方式和认识，传统高于个体，在一个传统内部，个体可以自主选择。例如，在自由民主的传统或社会中，个体可以自由选择其他传统。在实践相对主义和理论相对主义之间，他更重视前者，认为一种实践就是一种生活方式和一种传统，而实践、生活方式和传统是多种多样的，因此，认识就是多种多样的，每种认识结果都有其适用的范围和传统，没有超越传统的普遍理论和真理。费耶阿本德坚持文化多元主义和相对主义，其目的在于实践和人的生活，不在于认识、理论和科学。

在后期，费耶阿本德主张"每种文化潜在地是全部文化"和"每种传统潜在地是全部传统"，强调传统和文化是可变的。因此，他认可传统流变的传统相对主义，而批判和反对传统固化的传统相对主义。在此基础上，他承认自己是传统流变的传统相对主义者。他写道："在某种程度上，我是相对主义者。但是，我与某些形式的相对主义（relativism）有

---

① Paul Feyerabend. *Farewell to Reason*. London：Verso，1988，p. 83.

② 赫勒通过研究《自由社会中的科学》《告别理性》《科学的专横》和《征服丰富性》这些著作，分析和总结了费耶阿本德中后期的相对主义思想，并把它分为两类：认识相对主义和政治相对主义。请参见 Heller, Lisa. Between Relativism and Pluralism：Philosophical and Political Relativism in Feyerabend's Late Work. *Studies in History and Philosophy of Science*，Vol. 57，2016，pp. 96 – 105. 另外，库施也研究了费耶阿本德中后期的相对主义思想。请参见 Kusch，Martin. Relativism in Feyerabend's Later Writings. *Studies in History and Philosophy of Science*，Vol. 57，2016，pp. 106 – 113.

很大分歧。根据某些形式的相对主义，不管人们说什么，他们所说的只有在'某一系统内'（within a certain system）才有效。"① 在后期，费耶阿本德特别强调文化和传统的流变性，认为人们在一个传统中生活，就会不断产生新的要素和结构，从而摧毁旧传统，形成新的传统。此外，费耶阿本德还认为人们能够学习新的生活方式和文化，从而进入新的传统，突破旧传统和旧文化的限制。总之，在后期，他强调传统和文化是流变的，反对传统和文化是固化的，从而成为传统流变的传统相对主义者。

费耶阿本德虽然是相对主义者，特别是传统相对主义者，但是，他在早期也提及过知识进步和科学进步。例如，在《没有基础的知识》《如何成为一个好的经验论者》《关于知识和行动的多元理论大纲》《反对方法》和《自由社会中的专家》等著述中，他似乎承认知识进步和科学进步，但没有详细论述。② 但是，其中"进步"的含义是非常模糊和含糊的，没有明确的语义，不同的群体和个人可以根据不同的标准来界定其内涵和外延，对其可以有不同的理解。

> 应当指出，我频繁使用诸如"进步""进展""改善"这类词，可并不意味着我声称占有关于科学中孰善孰恶的专门知识，也并不意味着我想把这种知识强加于我的读者。人人都可以按自己的方式读这些术语，都按他所属的传统读它们。……而我的命题是，无政府主义有助于达致人们愿意选择的任何意义上的进步。③

然而，到了后期，费耶阿本德的相对主义思想进一步发展，就明显

---

① ［美］费耶阿本德：《知识对话录》，郭元林译，韩永进校，中国科学技术出版社 2020 年版，第 170 页。

② Paul Feyerabend. *Knowledge*, *Science and Relativism*（Philosophical Papers Volume 3）. New York：Cambridge University Press，1999，p. 69，p. 83，p. 99，p. 110，p. 125 and so on；Paul Feyerabend. *Realism*, *Rationalism and Scientific Method*（Philosophical Papers Volume 1）. New York：Cambridge University Press，1981，p. 108 and p. 110.

③ ［美］费耶阿本德：《反对方法：无政府主义知识论纲要》，周昌忠译，上海译文出版社 2007 年版，第 5—6 页。

不承认在哲学、科学和艺术中有进步，不论是质的进步还是量的进步。从历史观上来看，费耶阿本德似乎并不主张历史是进步的，也不主张知识是进步的。

在相对主义基础上，费耶阿本德进一步反对普遍真理，认为试图强加普遍真理（发现真理的普遍方式）在社会领域会带来灾难，在自然科学中造成空洞的形式体系以及从未实现的许诺。① 当然，他自己的观点、思想和理论也不是普遍真理。他提出它们是为了挖理性主义的墙脚，为了给相对主义的宝库添加更多的"主义"，促进相对主义的发展。

## 四 多元主义方法论规则——怎么都行

一般而言，人们认为费耶阿本德不仅提出多元主义方法论规则"怎么都行"，而且他也主张和坚持这一方法论规则。然而，他自己却对此并不认可。他明确表达过，"怎么都行"没有表达他的任何信念，不是他自己赞同和捍卫的原则，而是喜好原理的理性主义者认真研究历史后不得不认可的原则。

> 但是，"怎么都行"没有表达我的任何信念，它是我对理性主义者的尴尬处境所进行的诙谐概括：我说，如果你想要普遍标准，而且，假如没有独立于情境、世界形式、研究需要和奇异独特性而成立的原则，你就不能生活，那么，我可以给你一个这样的原则，它将是空洞的、无用的、相当可笑的——但它是一个"原则"。它就是"怎么都行"的"原则"。②

由此可见，费耶阿本德运用"归谬法"推导出了"怎么都行"，即把理性主义的标准和原理当作假设的前提，然后推论出一个荒谬的结论，从而否定理性主义。总的来看，费耶阿本德的哲学是否定哲学，即意在

---

① Paul Feyerabend. *Farewell to Reason*. London：Verso, 1988, p. 61.

② ［美］费耶阿本德：《自由社会中的科学》，兰征译，上海译文出版社 2005 年版，第 235 页。另外，请参见英文版 Paul Feyerabend. *Science in a Free Society*. London：Verso, 1982, p. 188. 根据英文原文，笔者对上述中文引文有所改动。

否定他人的观点和理论，而不是为了提出自己的观点和理论。因此，对于费耶阿本德而言，归谬法不仅是论证方法，而且是一种哲学原理，成为其否定哲学的基本方法。

费耶阿本德虽然明确表述过，"怎么都行"不是他的主张，也不是他相信和坚持的原则，但是，从未见他反对过它，相反，他总是为其辩护，不断发展它。他认为，为了科学发展和知识增长，规则和标准无论多么理性，都可以被违反："由规则和标准组成的任何体系都不是永久安全的，进入未知领域的科学家可能违反任何这样的体系，无论这种体系多么'合理'。这就是'怎么都行'这一表述的论战意义。"① 没有脱离环境和历史的普遍有效的规则和方法论，它们必须适应环境，而且必须有新的规则和方法论创生出来。"怎么都行"方法论类似于辩证法，一切以时间和地点为转移。所以，科学是科学家实际研究活动的产物，现实的研究活动丰富多彩。特别是，科学革命的重大成果往往是突破和违反现有理论和规则的结果。正如费耶阿本德自己所言："科学是研究的结果，不是遵守规则的结果，所以，人们不能用抽象的认识论规则来判断科学，除非这些规则是一种特殊的不断变化的认识论实践的结果。"② 在科学中，费耶阿本德并不害怕矛盾，似乎还在追求矛盾。他说："包含矛盾的科学理论，不断进步，导向新的发现，扩大我们的眼界。当然，这意味着科学中的矛盾不是按照朴素的形式逻辑规则处理的——这是在批判逻辑，而不是在批判科学：逻辑规则太简单，不能反映科学变化的复杂结构和运动。"③ 在费耶阿本德看来，科学理论包含矛盾，不是缺陷，而是优势，能够导向新的发现，促进知识进步。这证明了理性的逻辑规则太简单，阻碍了科学发展，因此，科学的方法论规则应当是"怎么都行"。

---

① ［美］费耶阿本德：《自由社会中的科学》，兰征译，上海译文出版社 2005 年版，第 205 页。另外，请参见英文版 Paul Feyerabend. *Science in a Free Society*. London：Verso, 1982, p. 165. 根据英文原文，笔者对上述中文引文有所改动。

② ［美］费耶阿本德：《知识对话录》，郭元林译，韩永进校，中国科学技术出版社 2020 年版，第 47 页。

③ ［美］费耶阿本德：《自由社会中的科学》，兰征译，上海译文出版社 2005 年版，第 262 页。另外，请参见英文版 Paul Feyerabend. *Science in a Free Society*. London：Verso, 1982, p. 211. 根据英文原文，笔者对上述中文引文有所改动。

费耶阿本德主张"怎么都行",给人造成一种错误印象:他反对任何规则。其实不是这样,他并不反对规则,认为规则应该内生于具体的过程和实践,而是反对脱离具体环境和超越传统的普遍的绝对规则。相反,他主张在具体的实践中创生规则,扩大规则的数量,为规则找到新的应用,扩大规则的应用范围。

> 我论证说所有规则都有其局限性,但我没有论证我们的研究应该不要规则。我论证赞同与境解释,但这些与境规则不是要取代绝对规则,而是要补充它们。在我的辩论中,我既不想取消规则,也不想证明它们没有价值。相反,我的目的是要扩大规则的数量,还建议对所有这些规则做出新的应用。使我的见解独具特色的正是这种应用而不是任何特殊的规则—内容。①

"怎么都行",没有放之四海而皆准的唯一绝对的规则。这种规则与费耶阿本德的理论增生、反还原论和世界丰富性等主张是一致的。他把这种方法论规则也贯彻到其写作方式中,在写作规则上,他也主张"怎么都行"。理性论证仅仅是费耶阿本德的一种写作方式,此外,他还使用多种多样的写作方式。在他看来,可以说写作方式"怎么都行"。

> 理性主义者只需要论证,不需要别的。我的书是写给许多人看的,所以,包含了许多不同的手段。有使理性主义者感到自在的论证,有取悦于更富戏剧性的读者的各种调子的咏叹调,有吸引浪漫主义者的神话,有为那些喜欢毫无约束的激烈辩论的人而用的修辞,还有写给这样一些人看的个人评论:他们正确地感到,思想是由人创造的,人们越是理解这些思想,就越了解创造这些思想

---

① ［美］费耶阿本德:《自由社会中的科学》,兰征译,上海译文出版社2005年版,第204页。另外,请参见英文版Paul Feyerabend. *Science in a Free Society*. London:Verso,1982,p. 164. 根据英文原文,笔者对上述中文引文有所改动。

的人。①

　　费耶阿本德认为，研究和表述哲学的方式不是唯一的，而是多种多样的，除了理性论证，还应该用修辞、文学、绘画、戏剧和电影等方式。特别是，他希望拍摄更多的哲学电影，拓展哲学研究方式和表现方式。

　　费耶阿本德批判理性主义，并主张"怎么都行"。在这种情况下，根据逻辑一致性要求，在其著述中，就难免出现矛盾或不一致性。但是，费耶阿本德对别人关于这方面的批评，根本不屑一顾，认为"怎么都行"。

　　　　我所碰到的最常见的反对意见之一是，我的书中存在着"矛盾"或"不一致性"。几乎每一个人都做出了这种评论，但任何人都没有解释为什么应该严肃地对待它。……不一致性有什么错？的确，存在着一些相当狭隘的逻辑体系，在这些体系中，矛盾可以推导出一切陈述；但是，还存在着其他体系，如科学的某些组成部分，它们没有这种性质；此外，还有一些逻辑体系，如黑格尔的逻辑体系，在其中，不一致性作为概念发展的原则起着作用。批评者似乎都不知道这一点。因此，不一致性的指责并不是根据充分思考的论证而提出的，而是没有理智内容的本能反应。②

　　在费耶阿本德的著述中，确实存在"不一致"或"矛盾"。但是，他认为这无关紧要，因为矛盾律是演绎逻辑的定律，是形式逻辑的要求，而在其他逻辑体系（如黑格尔的辩证逻辑）中，矛盾律是可以违反的。所以，不存在超越逻辑体系和传统的普遍定律和规则，纯粹抽象的方法论只能是一种乌托邦，只能满足于逻辑构想和理性建构，不能在现实世

　　① ［美］费耶阿本德：《自由社会中的科学》，兰征译，上海译文出版社2005年版，第223页。另外，请参见英文版 Paul Feyerabend. *Science in a Free Society*. London：Verso, 1982, pp. 179－180. 根据英文原文，笔者对上述中文引文有所改动。
　　② ［美］费耶阿本德：《自由社会中的科学》，兰征译，上海译文出版社2005年版，第238页。另外，请参见英文版 Paul Feyerabend. *Science in a Free Society*. London：Verso, 1982, pp. 190－191. 根据英文原文，笔者对上述中文引文有所改动。

界中获得。在费耶阿本德看来，把矛盾律当作超越具体环境和传统的普遍规则和原则是一种理性的本能反应，根本不是思考的结果。在费耶阿本德的哲学中，不一致或矛盾、"怎么都行"、否定演绎逻辑体系是基本的前提假设，有的是显而易见的，有的是隐藏的。在哲学体系中，最重要的是前提假设。因此，费耶阿本德哲学是另类哲学，最重要的是其前提假设与主流哲学的不一致。

### 五　知识观与实在观

费耶阿本德的知识论是有其本体论基础的，即他的知识观是建立在其实在观基础上的。他认为最终的实在独立于任何认识主体和任何方法，是永远不可认识的，是不可言说的，因此，就否认了真理或真实的基本理论。在实在层面上，费耶阿本德区分了实在对象、理论对象和经验对象，认为实在对象是真正的实在，理论对象是用理论术语来认识实在形成的对象，经验对象是感觉经验过滤实在后形成的对象。

> 我也从未说过实在和设想的实在一样（"混淆"理论对象和实在对象）。"不可通约性"一章所定义的"实在论"并不意味着实在等同于理论对象，而意味着人们试图通过理论术语来理解实在，而不是把实在看成"所与"。至少这就是我对实在对象、理论对象和经验对象之间关系的看法。①

一般而言，费耶阿本德区分了实在对象、理论对象和经验对象，反对混淆它们。然而，他还区分了内部说明（根据某种传统内部的标准来说明）和外部说明（根据超越某种传统的外部标准来说明）。在内部说明中，费耶阿本德经常不区分实在对象和理论对象。其理由如下：

---

① ［美］费耶阿本德：《自由社会中的科学》，兰征译，上海译文出版社 2005 年版，第 212 页。另外，请参见英文版 Paul Feyerabend. *Science in a Free Society*. London：Verso，1982，p. 171. 根据英文原文，笔者对上述中文引文有所改动。

当"从内部"检验传统时，我们必须采纳参加者的观点和程序，我们必须试图按照参加者所看到的世界（他们的"现象世界"）来重建世界。如果参加者没有区分实在对象和理论对象，那么，我们也不得做出这种区分……①

费耶阿本德主张，在内部说明中，如何区分不同的对象，要以传统而定，没有超越传统的标准。如果一个传统的内部成员没有区分理论对象和实在对象，那么，他也就不区分。在费耶阿本德看来，人们能够认识和理解的只是理论对象和经验对象，最终的实在对象是不可知的。他认为，一些科学家把特定显现的实在看作最终的（基本的）实在，这是错误的。而且，他也认为主流的实在观在教育、政治和社会中占据统治地位，不是由于它是正确的，而是它用强力推行的结果。在此基础上，他认为知识不是描述和表达实在的本身，而是描述和表达实在的回应。人用各种各样的方法来作用于实在，实在对不同的方法有不同的回应。当然，有的方法成功了，有的方法失败了。但是，方法千差万别，回应就会异彩纷呈，由此产生的知识也将丰富多样。费耶阿本德认为，在研究中，实在既是研究的对象，也是研究的作用者。

在心灵、传统（生活形式、投射）、理论和实在之间，费耶阿本德认为，如果心灵通过投射作用于实在，就会形成不同的回应，从而形成不同的理论。心灵通过这种路径到达实在，理论不是独立于传统或投射的。

古代思想家假定：能被直接观察到的就是实在的——与常识无缝对接的就是实在的。现代思想家假定："实在"是被掩藏的，我们的感官不能直接掌握它。感官欺骗我们，……存在与常识直接相连的事物，它们形成一个完整的世界；存在深奥玄妙的事物，不得不

---

① ［美］费耶阿本德：《自由社会中的科学》，兰征译，上海译文出版社 2005 年版，第 213 页。另外，请参见英文版 Paul Feyerabend. *Science in a Free Society*. London：Verso, 1982, p. 171. 根据英文原文，笔者对上述中文引文有所改动。

通过仪器和思索来发现它们，它们也形成一个完整的世界。这两个世界都不完美，都有问题——但它们形成了两个不同的集合，而且所指也不同。不能把从一个世界到另一个世界的转变描绘为一种从谬误到真理的转变——而那正是第二个世界的观点。因此，再重申一次，谈论真理就是提出关于世界的某些假设——而且，这些假设也不必是公认的。①

在费耶阿本德看来，不同的理论和世界就是实在对不同传统和投射的回应，是关于实在的某些假设，无所谓真理和谬误。这就是他的相对主义知识观。

如果理解了费耶阿本德的实在观和知识观，那么，就可以很好地理解其如下思想观点：理论决定事实，理论增生，多元主义方法论，无政府主义知识论，相对主义。这些思想和观点都可以统摄在其实在观和知识观下。理论决定事实：在不同的理论框架下，人们会对实在采取不同的行动，所用的方法也不同，从而得到实在的不同回应，对实在回应的描述就不同，事实（即知识）自然就不同了，因此，从不同的理论得到不同的知识（事实），即理论决定事实。理论增生：鼓励用更多的理论和方法来对实在进行作用，从而得到更多的回应，也就得到更多的知识，从而丰富对实在的认识。多元主义方法论和无政府主义认识论，都是主张用各种各样的方法和理论去认识实在和世界，从而获得丰富多样的知识。既然最终实在不可认识，不可言说，知识不是描述实在本身，而是描述实在对各种方法的回应，那么，因为理论、传统和生活方式多种多样，所以，对实在的作用就必然是多种多样的，产生的回应和知识也是多种多样的，知识就是相对的，不是绝对的，它是相对于各种方法和实在的不同回应的，因此，相对主义就是合理的。

费耶阿本德的实在观具有神秘主义色彩，这可能受到伪狄奥尼索斯和维特根斯坦的影响。特别是，伪狄奥尼索斯主张上帝是不可认识和不

--------

① ［美］费耶阿本德：《科学的专横》，郭元林译，韩永进校，中国科学技术出版社2018年版，第108—109页。

可言说的，而上帝会以人可理解的各种方式来对人的各种方法做出回应，但上帝不等同于各种回应方式。由此可见，费耶阿本德把伪狄奥尼索斯的上帝换成实在，也就把后者的上帝观变成其实在观。

### 六　知识论中的怀疑论和无政府主义

在知识论中，怀疑论是一种古老的传统，古希腊哲学家皮浪（Pyrrho）就是怀疑论者。近代以来，怀疑论更是成为重要的知识论流派，刺激并左右了近代哲学的发展。理性主义和经验主义都在力图回应和解决怀疑论提出的问题。即使到了 20 世纪，分析哲学和科学哲学仍在回应怀疑论的挑战。然而，无政府主义知识论是费耶阿本德独自创立的一种知识论，似乎前无古人，后无来者。尽管如此，仍有人可能认为，费耶阿本德的无政府主义知识论就是一种怀疑论。对此，费耶阿本德进行了坚决否认。

> 认识论无政府主义区别于怀疑论，也区别于政治（宗教）无政府主义。怀疑论或者认为一切观点都一样好，或者认为它们都一样坏，或者干脆不下这种判断；而认识论无政府主义者毫不反悔地为最陈腐或最荒诞不经的陈述辩护。政治的或宗教的无政府主义者想取消某种生活；认识论无政府主义者则不然，他可能想捍卫它，因为他不会永久地忠于或者永久地嫌弃任何制度或任何意识形态。认识论无政府主义者同达达派相似，远甚于同无政府主义者相似。……他爱好的消遣是为不合理的学说发明无可置辩的理由，使理性主义者陷入窘境。任何观点，不管它多么"荒谬"或者"不正派"，他都不会拒绝考虑，也不会拒绝按之行动；他也不认为，有什么方法是不可或缺的。他明确而绝对反对的一样东西，是普适标准、普遍定律、普遍观念，例如"真理"、"理性"、"正义"、"爱"，以及它们所带来的行为，尽管他并不否认，行动时权当这种定律（这种标准、这种观念）存在，并好像相信它们，常常不失为一种上策。他可能在反对科学和物质世界上赶上宗教无政府主义，也可能在极

力捍卫科学纯洁性上超过任何诺贝尔奖金得主。①

由此可见,费耶阿本德的无政府主义知识论不同于怀疑论。在认识世界方面,怀疑论者的态度是严肃认真的,是真诚的,他们不相信任何观点和理论,觉得任何观点和理论相对于世界和实在来说总是有缺陷的,总想对其吹毛求疵。他们这样做,是为了更好地认识世界,他们相信存在绝对完美的观点和理论,只是现在还没有找到,所以,他们不断怀疑,去追寻完美的思想和世界。当然,怀疑论者意在认识世界,但不一定想改造世界和创造世界。相反,费耶阿本德认为,就认识世界和实在来说,无政府主义知识论者的态度既不严肃认真,也不真诚,而是玩世不恭的,是戏谑的,他们可以肯定任何观点和理论,也可以否定任何观点和理论。他们这样做,可以是为了批判主流哲学和思想,攻击理性主义,可以是为了高兴好玩,为新奇甚至荒谬的观点和理论辩护,也可以是仅仅为了使对手难堪。总之,在费耶阿本德看来,无政府主义知识论者没有任何信仰和信念,玩世不恭,总是要"扰乱"和"反抗"世界,总希望改变世界,创造新的世界。简而言之,费耶阿本德总结说:"不能正面肯定事情的是怀疑论者;无政府主义者可以肯定他想肯定的任何东西,并且经常肯定荒唐的东西,以期导致新的生活方式。"② 当然,无政府主义知识论者也可以否定任何东西,即使是公认的理论,甚至是看起来确定无疑的"普遍真理"。

费耶阿本德也认为自己的知识论无政府主义不同于政治无政府主义。政治无政府主义者主张取消政府管制,主张个人自由,不受任何政府的约束和控制。费耶阿本德虽然主张自己的知识论是无政府主义知识论,但是,他并不一定是无政府主义者,至少在政治上不是无政府主义者。相反,在某种程度上,他属于西方的左派,赞成政府加强对社会控制,为各种传统创造平等的机会和制度环境,在某种程度上,他反对个人自

---

① [美] 费耶阿本德:《反对方法:无政府主义知识论纲要》,周昌忠译,上海译文出版社2007年版,第165—166页。

② [美] 费耶阿本德:《自由社会中的科学》,兰征译,上海译文出版社2005年版,第262页。

由。他虽然主张政科分离，但是，实际上他希望政府控制和打压科学，"清洗"科学，使科学变得更加"纯洁"。

# 第四节　追求善的科学知识论

费耶阿本德的科学知识论以道德伦理为基础，他认为评价科学知识的最高标准是看其是否促进了人的幸福。正统的科学知识论主要研究科学知识的本质，而他的科学知识论既研究科学知识的本质，也研究科学知识的价值，把二者结合起来，实现真与善的统一。值得指出的是，这是费耶阿本德中后期的观点。在早期，他认为科学的首要任务是认识世界。例如，在其写于1958年的哲学词条《自然哲学》中，他写道："我们再次捍卫如下一种观点：追求物理学不仅是为了制造原子武器，其首要目的是认识世界。"[1]

在《没有基础的知识》中，费耶阿本德明确提出所有认识论最基本的问题就是，"人们将采取何种生活态度？人们将过何种生活？"[2] 他主张人们采取批判的生活态度和生活方式，而且生活形式高于批判和知识。然而，一个人采取何种生活态度和过何种生活，这是一种基于个人要求和偏好的选择，是人为的决定，不是论证和证明的结果。费耶阿本德认为关于价值、如何使用科学技术、如何对待科学文化的决定是生存决定，这些决定的好坏取决于人们想要过什么样的生活。在他看来，主张科学比非科学优越的观念并没有经过科学分析，选择科学（而抛弃非科学）的这种选择也不是科学选择，这种观念和选择并不能给人的生活带来幸福。他把人的生活和幸福作为衡量其科学知识论的最高标准，把善作为其科学知识论追求的目标。

费耶阿本德主张生活、幸福、道德伦理、爱和善高于知识。在这方面，他与康德类似。康德前半生做科学研究，后半生研究哲学。在其哲

---

[1]　Paul Feyerabend. Stefano Gattei and Joseph Agassi（eds.）. *Physics and Philosophy*（Philosophical Papers Volume 4）. New York：Cambridge University Press，2016，p. 341.

[2]　Paul Feyerabend. *Knowledge，Science and Relativism*（Philosophical Papers Volume 3）. New York：Cambridge University Press，1999，p. 71.

学研究中，最重要和最有影响的是知识论研究。但是，康德却自认为，最重要的是哲学能够追求善，恢复人类尊严。他说："我生性是一个探求者，我渴望知识，不断地要前进，有所发明才快乐。曾有过一个时期，我相信这就是使人的生命有其真正尊严的，我就轻视无知的群众。卢梭纠正了我。我臆想的优点消失了。我学会了来尊重人，认为自己远不如寻常劳动者之有用，除非我相信我的哲学能替一切人恢复其为人的共同的权利。"① 在康德和费耶阿本德看来，人的幸福和尊严高于科学研究和哲学研究，高于知识。

这部分包括两方面的内容：第一方面探讨（科学）知识与道德伦理、爱、生活和幸福的关系，费耶阿本德认为道德伦理、爱、生活和幸福高于知识；第二方面探讨道德伦理与科学真理的关系，费耶阿本德主张伦理是科学真理的尺度。综合两方面的内容，可以得出结论认为：费耶阿本德的科学知识论意在追求善，把真与善统一起来。

### 一　科学知识、生活、幸福、道德伦理和爱

费耶阿本德认为，理论增生和多元主义方法论都有助于扩大人的自由，提升人的尊严，增加成功的希望。因此，基于人本主义和人道主义，为了知识的增长和人的自由发展，他提倡理论增生，反对齐一性，鼓励意见多样化和思想多元化，反对意见和思想单一化。他写道："意见一致可能适合于教会、某种（古代或现代）神话的恐惧受害者、某一暴君的柔弱顺从的追随者，而意见多样化是客观知识的必要特征；鼓励多样化的方法也是唯一与人道主义观相容的方法。"② 思想控制和意见一致只能带来人的奴化和知识固化，违背了人本主义和人道主义。

费耶阿本德的理论增生思想源于米尔个人自由思想。米尔本来探讨个人在社会中的自由问题。米尔用思想增生来表达其自由的思想、理念和态度，他认为个人有权选择自己喜欢的生活方式，有权据此自由生活；

---

① 杨祖陶、邓晓芒：《康德〈纯粹理性批判〉指要》，人民出版社2005年版，第6页。
② Paul Feyerabend. *Knowledge, Science and Relativism* (Philosophical Papers Volume 3). New York: Cambridge University Press, 1999, p. 97.

他相信多元主义的生活形式和思想方式对于认识世界来说是必要的，能够增进人的幸福，对所有人都是有益的。而费耶阿本德虽将其转化为研究理论和知识增长问题。但是，他知识论的最终目的仍是人的幸福，而不是认识世界。

在我看来，民主、人们按照自己认为合适的方式安排自己生活的权利是第一位的，而"理性""真理"及我们的知识分子的一切其他发明是第二位的。顺便说一下，为什么我更喜欢的是米尔而不是波普尔，为什么我完全瞧不起我们的批判理性主义者的假谦虚，其主要原因正在于此。这些批判理性主义者热衷于关注"自由"或"开放社会"，但当人们想按照自己祖先的传统生活时，他们便开始设置障碍。①

费耶阿本德赞美米尔，批判波普尔。其原因在于二者的思想和理论的目标不同。在米尔看来，个人的物质和精神福祉以及个人能力的充分发展是最主要的目标，而随之产生的哲学和理论是副产品。而在波普尔看来，追求真理是最重要的，其重要性超越了个体幸福。费耶阿本德认为，引入理论增生不是哲学分析的结果，也不是为了解决认识论问题，而是为了解决生活问题，科学理论仅仅是关于人的一般理论的一个组成部分。

上面论述了米尔是如何引入增生的。它不是细致的认识论分析的结果，也不是对言语（例如，"知道"和"有……证据"）用法进行语言分析的结果。也没有提出用增生来解决认识论问题，如休谟问题或一般陈述的可检验性问题。……引入增生，是用来解决生活问题的：我们如何能够获得充分意识；我们如何能够学会我们所能

① ［美］费耶阿本德：《自由社会中的科学》，兰征译，上海译文出版社2005年版，第179页。另外，请参见英文版 Paul Feyerabend. *Science in a Free Society*. London：Verso, 1982, p. 145. 根据英文原文，笔者对上述中文引文有所改动。

做的；我们如何能够增加我们的自由，以便我们能够决定（而不是习惯采用）我们想运用自己才能的方式。……科学方法是关于人的一般理论的组成部分。它从这种理论得到其规则，并根据我们关于有价值的人类生存之思想来建构它。①

费耶阿本德提出理论增生，其最高标准和最终目的是人道主义，即人是目的，真理、科学和知识是手段；而不是反过来，人是手段，真理、科学和知识是目的。如果科学放弃了确定性，放弃了追求真理，那么，科学家的任务将会是什么呢？对此，费耶阿本德写道："科学家的任务既不在于'追求真理'，也不在于'荣耀上帝'，也不在于'观察的系统化'。科学家的任务是（正如智者关于自己所表述的那样）'扶弱济贫'，从而保持我们的思想运动。"② 因此，从科学内部来看，科学家要"扶弱济贫"，批判强的理论，捍卫弱的理论，不断进行理论增生。从科学外部来看，科学家要为人类谋幸福，要追求伦理和道德正确，从而成为人类的救星，成为道德卫士。

费耶阿本德把个体的幸福和全面发展当作最高价值。他的所有思想和理论要以这种最高价值为目标。他批判和反对科学，因为科学阻碍思想自由，阻碍人的解放。他写道："在我看来，个体的幸福和全面发展现在是（永远是）最高的可能价值。这种价值并不排斥源于生活的制度化形式的价值（真理、勇敢和自我否定等），而是助长它们，但是，仅助长到这种程度，即它们能够促进个体发展的程度。"③ 费耶阿本德既然主张个体的幸福和全面发展是最高的可能价值，那么，他也应当认为伦理学是最高的哲学学科，它比认识论更有价值。然而，他却把伦理学归属为抽象知识，不喜欢它，不重视它，因为伦理学对他而言，太抽象，太哲

① Paul Feyerabend. *Problems of Empiricism* (Philosophical Papers Volume 2). New York：Cambridge University Press, 1981, p. 67.

② Paul Feyerabend. *Knowledge, Science and Relativism* (Philosophical Papers Volume 3). New York：Cambridge University Press, 1999, pp. 145 – 146.

③ Paul Feyerabend. *Problems of Empiricism* (Philosophical Papers Volume 2). New York：Cambridge University Press, 1981, p. 143.

学化了。他更加重视的是道德规范或准则，因为它产生于人们相互适应的实际生存过程，不是外部强加的抽象规则。他说："相比于完全抽象的知识而言，道德规范有价值得多，因为道德规范产生于人们长期相互调适的发展过程。……伦理学是关于道德规范的理论。对于我的口味来说，它太哲学化了。道德规范依赖于时间，依赖于历史。比起像伦理学一样的抽象知识（如'什么是善'的问题），道德规范更加重要。"① 因此，他重视的是道德规范，或实际的道德问题，而不是抽象的伦理学研究。他把政治问题和知识问题归结为道德问题，认为它们都是道德问题。例如，在他看来，是否应当传授和宣传科学知识是道德问题，学校教授和研究什么是道德问题，在一个国家乃至全世界宣传什么也是道德问题。总之，他认为道德规范高于抽象知识。因此，值得注意的是，不要混淆伦理学与道德伦理本身：他的科学知识论是以道德伦理为基础的，而不是以抽象的伦理学研究为基础。

　　费耶阿本德的知识论是以道德伦理为基础的，因此，即使《反对方法》的主题是无政府主义知识论，但其写作动机之一却是解放人。他把人的幸福作为其哲学的最终目标，反对抽象概念，因为它们是对人的专制。遗憾的是，为了阐述自己的思想，他自己也引入了类似的抽象概念。在自传的最后一章，他对此有所反思：没有抽象概念，如何表达思想？他主张用故事来表达思想。费耶阿本德也极力主张用戏剧、电影、音乐、绘画和诗歌等艺术形式来表达思想：戏剧家布莱希特就是在这方面为他所称道的典范。

　　　我写《反对方法》的动机之一是要解放人，把人们从哲学迷惑家和抽象概念（如"真理"、"实在"或"客观性"）的专制中解放出来，因为抽象概念窄化了人们的视野，并压缩了人们在世界上生存的方式。遗憾的是，在阐述自认为是自己的态度和信念中，我最

① Paul Feyerabend. Last Interview. In Preston, John, Gonzalo Munevar and David Lamb（eds.）. *The Worst Enemy of Science? —— Essays in Memory of Paul Feyerabend.* New York：Oxford University Press，2000，p. 167.

终也引入了具有类似严格性的概念，如"民主"、"传统"或"相对真理"。现在，我意识到了这一点，我想知道它是如何发生的。确实，人们有强烈的冲动不是简单地用故事而是用"系统阐述"（systematic account）来说明自己的思想。①

费耶阿本德批判理性和理性主义，反对抽象的概念和理论，反对抽象的体系哲学，是为了解放人的思想，丰富人的生活方式，因为理性、抽象和体系化会束缚和奴役人的思想，压制人的生活方式，降低人的生活质量。在《告别理性》的最后一章中，费耶阿本德总结了自己的哲学，其中指出，他关注的既不是理性和科学，也不是自由，而是个体的生活质量。他写道："我关注的既不是理性，也不是科学，也不是自由（这些抽象概念已经弊大于利），而是个体生活的质量。在能够提出任何改变建议前，这种生活质量必须被个体经验亲身体认到。"② 在这里，费耶阿本德关注的是一个个活生生的个体的生活质量，而不是抽象的人类（人民）的生活质量，也不是某一共同体的生活质量。而且，这种生活质量必须用个体的亲身体验来衡量。

费耶阿本德认为，在不同的生活方式之间做出选择的可能性将会大大增加个体的自由。因此，他主张各种传统平权，反对科学传统独霸天下。在他看来，科学只重视认识和效用，却可能损害人的精神，相反，一些古老的传统则更敬畏人和自然，更加重视人道。他写道："科学探讨实在的方式只尊重效率和理论的恰当性，而不管这会给人的精神造成什么损害，可是，较古老的传统则试图维护人和自然的完整性。在实效和人道方面，我们可以从非西方传统那里学到很多东西。让这些传统在我们中间自由地生存……"③ 由此可见，他批判和反对科学，也是出于道德

① Paul Feyerabend. *Killing Time：The Autobiography of Paul Feyerabend.* Chicago：The University of Chicago Press, 1995, pp. 179 – 180.

② Paul Feyerabend. *Farewell to Reason.* London：Verso, 1988, p. 17.

③ ［美］费耶阿本德：《自由社会中的科学》，兰征译，上海译文出版社 2005 年版，第 221 页。另外，请参见英文版 Paul Feyerabend. *Science in a Free Society.* London：Verso, 1982, p. 178. 根据英文原文，笔者对上述中文引文有所改动。

伦理考量，为了给人们创造更多的生活方式，使人的生活更加幸福。

费耶阿本德用一个案例来论证传统和道德伦理先于科学和知识：西方医生想用 X 射线给中非部落的一个病人做检查，但病人却拒绝，因为根据其传统，这种检查与保护隐私和身体完整性等相冲突。① 在费耶阿本德看来，医生和病人都是合理的和善的，因为他们的传统、生活方式和伦理不同，所以，他们的善和幸福的标准也是不同的。在这种情况下，"追求善的知识论"和"增进人的幸福"就没有明确的意义，甚至没有意义，因它们的意义由传统和生活方式来确定，不同的传统和生活方式就会有不同的标准和伦理，但它们都是善的和幸福的。然而，果真如此吗？在中非部落传统中，病人拒绝用 X 射线检查，其疾病得不到治疗，不能恢复健康，生活痛苦，直至死亡。即使在该传统中，这种情况恐怕也不符合善和幸福的标准吧？相反，在西方传统看来，这肯定是一种愚昧和罪恶，应该用 X 射线等各种手段积极治疗，恢复健康，提高生活质量和幸福感，这才符合伦理标准，是真正的善，纵然这样做与中非部落的传统有冲突。就此案例而言，极少人反对西方传统，而抱守中非部落传统。然而，费耶阿本德却反对绝大多数人的这种价值观，因为他反对西方文明，极力赞美其他传统。在这方面，他似乎有点走火入魔。

因为宗教总是反对科学，所以，费耶阿本德经常赞美宗教。近代天主教反对近代科学，软禁伽利略。费耶阿本德站到教会这一边，批判伽利略，认为教会不但考虑认识问题，而且还考虑了伦理和生活问题，视野更加全面，处理更加得当。现代基督教反对进化论，认为进化论不是事实，只是一种理论。在他看来，基督教和科学是两种不同传统，应该平权，不应当用一种传统来否定另一种传统。因此，他也批判宗教。例如，他批判天主教在中世纪的统治，是政教合一，压制和迫害其他传统，从而主张政教分离，进而主张在当今社会要政科分离。总之，他赞美宗教，却批判和反对科学，并不是基于认识和真理，而是基于道德伦理，为了使人的生活更加幸福。

在费耶阿本德的哲学中，"传统"是一个使用非常广泛的词语，但其

---

① Paul Feyerabend. *Farewell to Reason*. London：Verso，1988，p. 24.

语义并不清晰明确。他划分了许多不同的传统。例如，他区分了科学传统和科学受到监督的传统。在科学传统中，科学是衡量一切事物的标准，科学家（专家）成为最终的权威，社会必须适应科学知识的塑造和发展。在科学受到监督的传统中，科学只是社会的一个组成部分，科学知识太专业化，科学世界观太狭隘，因此，科学知识不能被社会毫无保留地接受，而是要受到更宽广的观点和价值观的分析和评判，即科学要受到制约和监督，科学家（专家）要受到公民（非专家和民众）的监督和评判。费耶阿本德认为，在伽利略时代，伽利略捍卫的就是科学传统，而教会代表了科学受到监督的传统。伽利略要把科学知识、客观性、抽象性和理性主义强加给社会，这是非人化的，是一种极权主义，所以，他就是"真理的暴君"；而教会要考虑人的信仰和生活，整个社会的幸福，从个体性、主观性、具体性和人性着眼，用道德伦理来审视科学，所以，教会体现了善和爱。总之，科学不能成为一种充实生活的基础，而是要用美好生活来审视和评判科学是否合理，即用道德伦理来审视科学。

在道德伦理方面，费耶阿本德把道德品质形成归咎于环境，归咎于机缘巧合，自己在纳粹时期的行为也是环境所迫，而不是出于自己的选择，为其逃避道德责任寻找借口。在自传《消磨时光》的倒数第二章，他写道：

> 回顾这一插曲，我得出结论认为：道德品质不能由论证、"教育"或意志行动来塑造；它不能由任何有计划的活动（不管是科学活动、政治活动，还是道德活动或宗教活动）来塑造。像真正的爱一样，它是一种馈赠，不是一种获取。它依赖于机缘巧合（如父母喜爱、某种稳定性和友谊），进而依赖于在自信和关心他人之间所建立的脆弱平衡。我们能创造有利于这种平衡的条件，但不能创造其自身。当这种平衡存在时，罪行、责任和义务这些观念才有意义。相反，当缺乏这种平衡时，这些观念就是空洞的，甚至成为障碍。①

① Paul Feyerabend. *Killing Time*: *The Autobiography of Paul Feyerabend*. Chicago: The University of Chicago Press, 1995, p. 174.

费耶阿本德认为，在我们的时代，并没有达到上述平衡，因此，谈论道德品质似乎没有什么意义。既然如此，自己在纳粹时期的所作所为也就无所谓道德不道德，不应受到谴责，不承担责任，但是，可以诉说自己的所作所为，可以反思，可以对自己的一切思想和行为进行合理解释。

> 至于我自己，我确实不能消除自己在纳粹时期摇摆和冷漠所造成的影响。但是，我也认为不应因自己的行为而受到谴责，或不能为其负责。责任意味着如下假设：我们知道别的选择，知道如何从中选择；我们使用这种知识，但因为怯懦、机会主义或意识形态狂热而放弃这些选择。然而，我能诉说那时的所思所为，也能诉说现在关于昔日所思所为的思考，还能诉说自己为什么发生了变化。①

费耶阿本德虽然把自己的科学知识论建基于道德伦理之上，但是，他似乎不认可有什么绝对的道德伦理规范，需要大家都来遵守。在他看来，一个人似乎也不需要承担什么道德责任，因为他把一个人道德品质的形成归咎于环境，归咎于机缘巧合。因此，他批判绝对的道德律令（如康德的"诚实"道德规范），反对绝对的道德义务和道德力量。他写道："一种道德力量，无论是善的还是恶的，都会把人们变成奴隶，而奴隶的身份，即使是为善或上帝本身服务的奴隶身份，也是所有身份中最悲惨的。"② 他反对绝对的道德伦理规范和道德义务，是为了使人摆脱奴役，过上更加自由和幸福的生活。他认为，相比于道德信条、观点、理论、哲学和生活方式，人生要丰富得多。他说："人生要比真理和诚实要丰富得多。人们必须能看到这种丰富性（richness），并且必须学会如何对

---

① Paul Feyerabend. *Killing Time*: *The Autobiography of Paul Feyerabend*. Chicago: The University of Chicago Press, 1995, p. 175.

② ［美］费耶阿本德：《自由社会中的科学》，兰征译，上海译文出版社 2005 年版，第 134 页。另外，请参见英文版 Paul Feyerabend. *Science in a Free Society*. London: Verso, 1982, p. 108. 根据英文原文，笔者对上述中文引文有所改动。

待它……"① 总之，从外部来看，费耶阿本德的科学知识论以道德伦理为基础。其中，道德伦理不是意指某种道德规范或某种道德教条，而是意指泛泛的"幸福"、"善"或"好的生活"。然而，具体说来，什么是"幸福"？什么是"善"？什么是"好的生活"？费耶阿本德对此既没有详细的实证研究，也没有抽象的哲学论述。当然，他对这些抽象的伦理学问题并不感兴趣，实证的社会科学研究好像又不是他的专业领域。

费耶阿本德认为，其科学知识论的基础不是客观标准和客观价值，而是美好生活的梦想。但是，这种美好生活怎么来界定呢？是每个人自身感受、认为和想要的美好生活，还是不同传统所界定的美好生活，还是费耶阿本德所理想的美好生活？这是一个大问题。对此，他并没有明说。但是，总体来看，他主张根据传统来界定美好生活，不同传统的成员过不同传统的美好生活。在晚期，费耶阿本德特别强调其哲学和科学知识论中最重要的东西是"爱"。因为科学鼓励甚至强求客观性，而"对于那些坚持'客观性'的人来说，即对那些完全遵照科学精神来生活的人而言，爱是不可能的。"② 换言之，科学削弱了我们爱的能力，所以，要用爱来批判和规范科学。费耶阿本德批判现代科学医学，为传统医学辩护。他认为现代科学医学缺乏仁爱，只是追求知识，其治疗效果并没有人们想象的那样好，甚至是糟糕的。所以，他主张公民监督科学和医学，取消专家在这些领域中的特权，把科学和医学问题的最终决定权交给公民，用"公民的主动创造性取代认识论"。

知识增加了，内容增加了，但病人死了，因为科学医生及其盲目的辩护者（defender）（科学哲学家）喜欢"科学"（scientific）胜过喜欢仁爱。这是我提出如下想法的原因之一：我们要从专家（医生、科学哲学家等）手中接管基本问题（包括认识论问题和方法问题），并把它们交给公民去解决。专家将担任顾问的角色，人们

---

① ［美］费耶阿本德：《知识对话录》，郭元林译，韩永进校，中国科学技术出版社2020年版，第59页。

② Paul Feyerabend. *Farewell to Reason*. London：Verso, 1988, p. 263.

将咨询他们，但他们将没有最终的决定权（say）。"公民的主动创造性取代认识论"（Citizens' initiatives instead of epistemology）——这是我的口号。①

在爱和真理之间，费耶阿本德更加强调爱在人类生活中的重要性。然而，他的爱的意义是模糊的，他自己也不能说清楚它是什么，不过他否定了抽象的爱，指出爱是一种馈赠，不是一种获取。在其自传中，他写道：

> 今天，在我看来，爱和友谊起着最为重要的作用，若没有它们，最高贵的成就和最基本的原理甚至也是苍白的、空虚的和危险的。在提到爱时，我并不是意指一种抽象的爱，如"爱真理"或"爱人类"，因为如果仅有这种抽象的爱，常常会激发偏执和残忍；我也不是意指情感爆发，因为其自身很快就会消耗殆尽。我不能真正说出我用爱意指什么，因为那将限定一种现象，而那种现象本来是一种由关心和启迪构成的不断变化的混合体。爱吸引人们超越其有限的"个体"，开阔他们的视野，并用他们的方式来改变每个对象。然而，在这种爱中不存在功劳。它既不受智力支配，也不受意志支配，而是环境机缘巧合的结果。它是一种馈赠，而不是一种获取。②

费耶阿本德把"爱"归结为一种模糊的非理性情感，既不受智力支配，也不受意志支配。特别是，他追求具体而活生生的爱（爱某个具体的人，如一个即将离世的老妇人），反对抽象的爱（如爱抽象的人类，爱抽象的共同体，爱抽象的理念、思想和理论），因为抽象的爱像抽象的理性和教条一样，会造成残忍和杀戮。他高度赞赏具体的非理性的爱和仁慈："防止残忍的不是理性主义，不是法律和秩序，而是'人类不凭理智

---

① ［美］费耶阿本德：《知识对话录》，郭元林译，韩永进校，中国科学技术出版社2020年版，第136页。

② Paul Feyerabend. *Killing Time*: *The Autobiography of Paul Feyerabend*. Chicago: The University of Chicago Press, 1995, p. 173.

的仁慈冲动'……'但仁慈是一种非理性的力量'。"①

在去世前，费耶阿本德希望自己留给世界的不是论文和哲学主张，而是爱。他是哲学家和思想家，是其思想影响了世界。他不是慈善家，不是善举影响了人们。纵然如此，他仍希望用爱来影响人，而不是用思想来影响人。在自传的结尾处，他写道："我关心的是，在离世后，我留给世界的不是论文，也不是最后的哲学宣告，而是爱。……现在，不管发生什么事，我们的小家庭（格拉茨亚、我和我们的爱）能够永存。我希望幸存的东西，不是知识，而是爱。"② 自传是费耶阿本德生前完成的最后著作。在 1993 年底，他因脑瘤导致身体部分瘫痪而住院。住院期间，他写完了自传。完成自传两周后，他的病情加剧，于 1994 年 2 月 11 日中午去世。因此，上面的话也可以说是费耶阿本德的遗言，他念念不忘的仍然是爱，而不是知识、科学、哲学和思想。由此可以得出这样的结论：爱是其知识论的基础和灵魂，离开了爱就无法理解其知识论和哲学。在某种程度上，费耶阿本德的科学知识论和哲学像基督教，基督教的基础和灵魂就是爱。

## 二　道德伦理是科学真理的尺度

费耶阿本德认为知识是人生的组成部分，真理是人们创造的主观理论，不是人们发现的客观存在。他说："我认为把一切成就看成暂时的、有限的和个人的，把一切真理看成是由我们对它的喜爱所创造的，而不是'发现'的，就会防止曾经很有前途的神话的退化。"③ 费耶阿本德多次使用"显微镜（或望远镜）训练"例证来说明认识的主观塑造性，说明真理是一种主观创造。如果一个人没有经过训练，就用显微镜来观察细菌，可能看到的是"一团混沌"，根本看不到细菌。但是，经过训练

---

① ［美］费耶阿本德：《自由社会中的科学》，兰征译，上海译文出版社 2005 年版，第 159 页。

② Paul Feyerabend. *Killing Time*：*The Autobiography of Paul Feyerabend.* Chicago：The University of Chicago Press，1995，p. 181.

③ ［美］费耶阿本德：《自由社会中的科学》，兰征译，上海译文出版社 2005 年版，第 150 页。

后，他就看到了细菌。因此，显微镜训练，使人们学会用不同的方式看世界。人们的认识依赖于本能、感觉、知觉、情感、信念和理性等，它们都是主观的，受到传统和文化的影响和塑造。知觉训练、信念改变、情感爆发和利益关系都可能使人们用不同的方式看待事物。总之，费耶阿本德主张，知识和真理必然是主观的创造。正如他自己所言："社会学家（sociologist）在渴望模仿他们认为是正确的科学程序（scientific procedure）时，排除指导训练所有这些'主观的'（subjective）手段，因而使他们自己和别人看不见世界的重要方面；他们力图是'客观的'（objective），但终结于主观的牢狱。"①

在费耶阿本德看来，所谓的真理是由传统或文化决定的，没有超越传统或文化的真理。他写道："如果你属于西方文明（civilization），科学定律是正确的；相对于由这种文明发展的规程和标准而言，它们是正确的——但是，在不同文化（culture）中，它们不仅不真实，而且没有意义。"② 他认为，在近代西方文明中，牛顿力学定律是真理；但是，在神话传统中，牛顿力学定律不仅不是真理，而且是没有意义的。简言之，牛顿力学定律与神话传统不相容。因此，他倡导理论增生，反对意见一致，而绝对的普遍真理就是一种意见一致。在他看来，意见一致并不意味着是认识的结果，而是政治权力、暴力、偏见、教育、灌输、欺骗和洗脑的结果。

> 意见一致经常是政治决定的结果：持异议者受到压制或保持沉默以维护科学这样的声誉——它是可靠和几乎无误的知识之源。在其他情况下，意见一致是共同偏见的结果：没有对所要检验问题进行细致考察，就采纳了见解，并用产生于详尽研究的同一权威力量来灌输见解。……因而，意见一致还可能表明了批判意识的降低：

---

① ［美］费耶阿本德：《知识对话录》，郭元林译，韩永进校，中国科学技术出版社2020年版，第156页。

② ［美］费耶阿本德：《知识对话录》，郭元林译，韩永进校，中国科学技术出版社2020年版，第18页。

只要仅仅考虑一种观点，批判就仍然是虚弱的。[①]

费耶阿本德认为，意见一致和绝对的普遍真理统治世界意味着缺乏批判意识和批判能力。所以，他鼓励理论增生，倡导批判的态度和生活，主张把知识和真理与整个人生统一起来，并认为人的幸福和生活高于知识和真理。例如，费耶阿本德主张科学、哲学和人的其他生活三者相互动、相统一，在三者之间不要有任何界线，而且，在三者中，幸福全面完美的生活是最基础的，也是最重要的。

> 需要这样的哲学：它不仅从外部进行评论，而且还参与科学过程自身。在科学和哲学之间，千万不要有任何界线。人们也不要满足于效率提高、真理内容增加、经验内容增加或你构想的任何东西。与幸福全面完美的生活相比，所有这些东西都不重要。我们需要这样的一种哲学：它为人提供力量和动机，从而促使科学更加文明，而不是允许虽是超级高效和超级真的但其他方面却野蛮的科学来贬低人。这种哲学必须说明和分析具体生活形式（包括不能用语言表述的那些生活形式）的所有意义。因此，在哲学和人的其他生活之间，同样也千万不要有任何界线。[②]

费耶阿本德提倡哲学、科学和人生相统一，是基于道德伦理的考量和判断。他让哲学参与科学自身的活动过程，不是仅仅为了使科学获得更多知识，增加真理内容，而是为了促使科学更加文明，促使人生活得更加幸福和完美。在这里，他始终把人当作目的，而不是手段，坚持道德伦理高于真理，人生幸福高于知识。正如德国学者奥博海姆所言："对于费耶阿本德来说，伦理判断的基础不是理论真理；相反，有关真理存

---

① ［美］费耶阿本德：《自由社会中的科学》，兰征译，上海译文出版社 2005 年版，第 104 页。另外，请参见英文版 Paul Feyerabend. *Science in a Free Society*. London：Verso, 1982, p. 88. 根据英文原文，笔者对上述中文引文有所改动。

② Paul Feyerabend. *Knowledge*, *Science and Relativism*（Philosophical Papers Volume 3）. New York：Cambridge University Press, 1999, p. 198.

在及其使用的方法论规范却基于伦理判断……"①因此，费耶阿本德主张道德伦理是其他一切事物的基础，把道德伦理作为科学真理的尺度。

费耶阿本德认为道德伦理是科学知识论的基础，而且，在道德伦理与科学真理的关系问题上，发表过文章《伦理作为科学真理的尺度》（Ethics as a Measure of Scientific Truth）进行专门探讨，把伦理视作科学真理的尺度。② 这篇文章主要目的在于批判别人，因为有人从科学的普遍性和宇宙的普遍性推论出民主、平等、自由和人权的普遍性，即从本体论、认识论到政治学和伦理规范，从物质到规范，把科学真理当作伦理的尺度。这与费耶阿本德的观点和思路截然相反，因为他认为科学只是众多传统中的一种，不具有优越性，更不具有普遍性，宇宙是相对于传统和投射的，不同的传统和投射创造不同的宇宙，所以，宇宙也不具有普遍性；此外，他的论证思路是从道德伦理到认识论和本体论，从规范到物质，把道德伦理当作科学真理的尺度。其中，费耶阿本德特别批判了科学实在论，他认为人是实在的雕刻者，不同的传统、文化、实践和投射等会雕刻出不同的实在，实在是相对于传统的，不是客观的，是主观的。例如，在我们日常经验的地心传统中，人们雕刻出"太阳升起"的实在事件；而在我们没有经验的日心传统中，理性科学家却雕刻出"地平线下降"的实在事件。因此，他通过否定科学和宇宙的普遍性来否定人的各种权利具有普遍性，从而否定对方的论证思路和结论，以便捍卫自己的观点：道德伦理是认识论和本体论的基础，道德伦理是科学真理的尺度。

然而，在论证过程中，费耶阿本德混淆了科学的统一性和普遍性，用科学的非统一性反对其普遍性。

---

① 奥博海姆，编者引论。请参见［美］费耶阿本德《科学的专横》，郭元林译，韩永进校，中国科学技术出版社 2018 年版，第 xv 页。

② Paul Feyerabend. *Conquest of Abundance: A Tale of Abstraction versus the Richness of Being.* Chicago: The University of Chicago Press, 1999, pp. 242 – 251. 另外，请参见［美］费耶阿本德《征服丰富性》（特波斯特拉编），戴建平译，中国人民大学出版社 2007 年版，第 243—252 页。

　　科学的普遍性与其唯一性（即这样一种主张，认为只有一种科学，只有一种真正的知识）紧密相连。但是，一个学科内含非限制性的原理，这个事实并未排除别的学科，而别的学科内含其他同样的非限制性原理。算术没有排除几何学，现象学热力学长期与力学原理共同发展。确实，另类学科可能被合并或消除：科学偶尔（尽管几乎没有）可能只发出一种声音。然而，永恒的唯一性不是事实，而是理想，或是形而上学假设。①

　　费耶阿本德一再主张科学不是一种统一的事业，即科学不具有统一性。显然，上述段落在论述科学不是统一的，这没有什么问题。但是，科学的普遍性并不意味着其统一性，并不意味着只有一种科学，只有一种真正的知识。科学的普遍性意指科学理论和知识在时间和空间上的广泛适用性；而科学的非统一性意指科学的内部结构，其理论、知识、方法、结论和意识形态等千差万别，甚至相互冲突。因此，不能用科学的非统一性来反对其普遍性。例如，物理学有量子力学和相对论，二者并不统一，但并不影响它们的普遍性。相对论可以应用于任何时空范围，超越时空限制，具有普遍性。由此可见，费耶阿本德在反对科学普遍性的论述中，似乎混淆了普遍性、统一性和唯一性等概念，影响了其论证的有效性和力度。

　　不过，总体上看，费耶阿本德的批判是合理的，也是洞察深邃的。因为道德伦理含有信仰的成分，具有超越科学的一面，更不能用科学来证实和推断。例如，人的平等权利从何而来？对于这种问题，有各种各样的答案：天赋人权，神的恩赐，理性主义，社会进化论，经验论，功利主义。这些答案是超越科学的。信仰和伦理与科学分属于不同的领域和不同的层次，不能将其混同起来。如果把自然科学的真理性和普遍性以及宇宙的普遍性无限扩展，扩展到人和社会，就有可能给人类带来无

---

　　① Paul Feyerabend. *Conquest of Abundance*：*A Tale of Abstraction versus the Richness of Being.* Chicago：The University of Chicago Press, 1999, p. 244. 另外，请参见［美］费耶阿本德《征服丰富性》（特波斯特拉编），戴建平译，中国人民大学出版社 2007 年版，第 246 页。根据英文原文，笔者对上述中文引文有所改动。

穷无尽的灾难。历史已经证明了这一点。一些人利用权力和暴力，宣称
自己掌握了科学，认识了宇宙中的一切规律，拥有绝对真理，为人类构
想了美好的未来社会，绘制了人类进入天堂的路径和蓝图，从而改造人、
人性和社会，最后发现把人类带入了地狱。而且，在此过程中，为了实
现所谓的乌托邦，这些人不惜一切代价，控制思想、言论和人身自由，
消除异见和异态，消灭异己，摧毁其他一切传统，大规模屠杀阻碍"前
进"的人。面对这种历史灾难，费耶阿本德坚持"伦理是科学真理的尺
度"，无疑是清晰的反思，甚至是当头一棒，让人们回归道德伦理，回归
人的幸福是目的，让人们牢记：人是目的，不是手段；科学不是超越人
的目的，而是服务于人的福祉的手段；人的幸福是衡量科学真理的尺度。

　　费耶阿本德主张理论没有确定性，知识没有基础，所谓的知识确定
性是人为选择的结果，是人自身的产物。换言之，从知识论内部来看，
他认为知识没有基础，实在、经验、感觉、观察、直观、理性、思想明
晰等都不能成为知识的基础。然而，他从伦理和价值角度为知识寻找基
础，即把善当作知识的基础，实现真与善的统一。他这样做，抛弃了传
统的认识论和现代主流认识论，用新范式构建新的认识论，可能带来更
多的问题。因为价值同样也是不确定的，善恶好坏的标准也不是确定无
疑的。从不同的传统和不同的价值标准看，会得到截然不同的结论。例
如，消除贫困和饥饿可以被看作善行，也可以被批判为仅满足低级的物
质欲望；去除偏见可以被视为善行，也可以被视为自负和不宽容；追求
个人自由和自足可以被认为是善行和美德，也可以被认为是自我中心，
甚至是自私自利。因此，墨索里尼和希特勒等所谓的"领袖"，曾经是不
少人顶礼膜拜的对象；时至今日，早已被大多数人唾弃，但仍然不乏徒
子徒孙和支持者。

　　费耶阿本德极力为知识论提供伦理基础，把真与善统一起来思考和
研究，这是非常有意义的。但是，他并没有解决知识的基础问题。在知
识论内部，他没有发现知识的可靠基础。在知识论外部，他为知识提供
了道德伦理基础。可是，他对这种伦理基础的说明和论证很少，不足以
成为坚固的基础。他主张批判的生活态度和生活方式，而反对教条的生
活态度和生活方式。这种主张明显受到波普尔的批判理性主义影响，但

是，对于什么是批判的生活态度和生活方式，他没有详细地分析和论述，因而它难以成为其知识论的坚实基础。此外，他经常泛泛地说，人的幸福和美好生活是最高的伦理标准。然而，"人的幸福"和"美好生活"是模糊不清的，也可能有不同的标准。例如，对于大多数人来说，温饱是幸福最基本的要求，但是，也有人更注重气节和骨气，主张"不食嗟来之食"，"饿死不吃某国粮"，"饿死事小、失节事大"。特别是，他主张所有传统平权，不同的传统对人幸福的标准和价值很难达成一致。这可能是其知识论的困境。

费耶阿本德的追求善的科学知识论，是用人文主义来批判和规范理性主义。在近代早期，人文主义和理性主义之间并无冲突，二者共同发展，都是要反抗宗教神学统治。人文主义张扬人性，反对神性和神世，主张回归人性和俗世，从而使得在一切活动中，目的和关注的焦点不再是神，而是人。理性主义用理性来认识和改造世界，反对从信仰出发，用理性来审视信仰，从而对抗盲目信仰和宗教神学束缚。因此，在近代早期，理性主义和人文主义是同盟军，二者共同反抗天主教神学，要回归人性：人性既包括理性，也包括人文性，即人的情感、合理的欲望、幸福和道德等。

然而，随着近现代科技的迅猛发展，理性主义膨胀，人类认识和改造自然的能力不断加强，人们追求物质欲望的满足。在此过程中，纵然人的生活水平不断提高，但是，人好像已深陷于物质欲望之中，失去了超越俗世的精神世界。同时，理性主义和科技发展造成环境污染、核灾难、大规模杀伤性武器和数字奴役等问题，理性和科学技术异化了：理性和科技本来是要为人服务的，是工具和手段，而人才是目的；而现在反过来，人却要受科技和理性的奴役和伤害。在这种情况下，人文主义改变了自身的核心理念，反对人只满足物质欲望，而是要追求精神的超越，要有终极关怀，关注人的情感和美德，实现高尚的人生，把善作为最高目的。因此，理性主义和人文主义分道扬镳了，也就出现了斯诺所说的人文文化和科学文化的对立，而且人文主义也不再一味反对宗教，而是向宗教靠拢。费耶阿本德批判和反对科学，实质上就是用道德伦理、人文文化和善来批判和反对理性、科学文化和真。而且，在此过程中，他很少反对宗教，而是利用宗教来批判和反对科学。

## 第五节　科学、自由、平等、民主和社会

费耶阿本德经常探讨自由、平等、民主和社会问题，其目的是建立一个自由的社会，即传统平等平权的社会。在《反对方法》中，他研究了科学自由的问题，即科学如何免受哲学干预的问题。在《自由社会中的科学》中，他探讨了非科学传统的自由问题，即非科学传统如何免受科学干预的问题。由此造成给人带来一个错误的印象，他是一个现代自由主义者，这绝对是一种误解。① 因为他所说的自由主要有两个特征：第一，强调传统的自由平等，这一点与反对科学相联系；第二，反对个人自由平等，反对普遍的标准和规则，这一点与强调传统的自由平等相联系。② 下面将详述这两个特征。

此外，费耶阿本德批判和反对科学，主张对科学进行民主监督：在科学内部，他主张用民主投票来判定科学理论的优劣；在科学外部，即在社会中，他批判科学家、专家和知识分子控制社会，认为其不应享有过高的社会地位，具有过大的权力。因此，他强调需要对科学进行外部干预，特别是政治干预和政府干预。

最后，费耶阿本德从批判和反对科学走向批判和反对当代教育和科学医疗，因为二者运用科学来摧残人的灵魂和身体。他认为科学控制了当代教育，科学家摧残人的心灵，因此，需要把当代教育从科学的控制和束缚中解放出来，在教育中增加更多的神话内容。他极力批判和攻击

---

① 例如，台湾学者胡志强经过研究得出结论认为费耶阿本德是"富含怀疑精神的自由主义者"。请参见胡志强《费尔阿本德》，生智文化事业有限公司2002年版。

② 费耶阿本德用"传统"（tradition）这个术语，但有时也用另一个术语"实践"（practice），请参见《自由社会中的科学》。在这方面，二者的含义是相同的。总的说来，在费耶阿本德哲学中，"传统"是一个非常重要的范畴，但是，其语义和所指并不清晰。费耶阿本德非常宽泛而模糊地使用"传统"这个术语，其所指范围远远超出了科学领域，科学只是一种传统，还存在大量非科学的传统。如果"传统"用来意指科学，那么，大体对应于库恩的"范式"和拉卡托斯的"科学研究纲领方法论"。有时，费耶阿本德也用"实践"、"研究"和"理论"来代替"传统"，当然，这些术语的内涵和外延不一定完全相同。

科学医疗，大力赞美和美化其他的传统医疗，为其辩护。

当然，他的所有上述反思、批判和主张不一定是合理的。有的不能自圆其说；有的明显违背常理，站不住脚；有的没有事实支持，没有证据和数据。因此，需要具体的分析和论述。

## 一 传统的自由平等

在费耶阿本德看来，反对科学和追求非科学传统的自由平等是一枚硬币的两面。在现代社会中，科学传统压制非科学传统，占据至高无上的地位，拥有豁免一切的特权，从而使得与科学传统相比，非科学传统失去了自由平等的地位。正如台湾学者胡志强所指出的，费耶阿本德所关心的自由问题是："'科学的自由'以及'社会的自由'。科学的自由意味着排除方法论的干涉、排除其他意识形态要求；而社会的自由，则指社会免于受科学压制的自由，或者非科学传统不受科学支配的自由。而科学，属于民主的一部分，自然得受民主的控制。"① 胡志强所说的"科学的自由"，就是多元主义方法论（"怎么都行"）和无政府主义知识论；而"社会的自由"，就是各种传统的自由，特别是非科学传统的自由。因此，费耶阿本德反对科学，就是为其他非科学传统争取自由平等的地位。

费耶阿本德科学知识论的一个不变的主题就是：强调所有的认识传统平权，为非科学的传统（神话、宗教、巫术、占星术和中医药等）辩护。在《反对方法》《自由社会中的科学》《告别理性》《知识对话录》和《科学的专横》等著作中，费耶阿本德都强调了这一主题。特别是，在《自由社会中的科学》中，他主张理性和实践的相互作用论，把理性看作各种传统中的一种。

> 相互作用论意味着理性和实践以平等的身份进入历史。理性不再是指导其他传统的力量。它本身只是一种传统，它要求进入舞台中心的权利与任何其他传统同样多（或同样少）。作为一种传统，它

---

① 胡志强：《费尔阿本德》，生智文化事业有限公司2002年版，第174—175页。

谈不上好坏，它仅仅是一种传统。这同样适用于一切传统——它们谈不上好坏，它们仅仅是一些传统。仅当从某种其他传统的观点来看时，它们才能成为好的或坏的（理性的/非理性的；虔诚的/不虔诚的；先进的/"原始的"；人道的/邪恶的；等等）。"客观地说"，在反犹太主义和人道主义之间做选择没有多大意义。但对人道主义者来说，种族主义是邪恶的，而对种族主义者来说，人道主义是乏味的。①

近代以来，不少人认为科学、理性和人道主义是超越任何传统的普适价值和普遍标准。费耶阿本德却坚决否定这种看法，对其进行批判和反对。他把科学和非科学、理性和反理性、理性和实践以及反犹太主义和人道主义并列，认为它们分别只是众多传统中的一种，没有优劣高下之分。特别是，在他看来，理性和实践是两种不同的传统，前者并不优于后者，不应当指导后者。他否认存在超越传统的共识，认为不存在普遍的善恶是非标准，主张反犹太主义者和人道主义者都可以大行其道，都可以根据自己的传统进行思考和行动。他的这种观点具有很大的危害性，可能侵蚀人类社会存在和发展的基石。

费耶阿本德把传统和自由社会联系在一起，从传统论证出各种传统自由的社会而不是个人自由的社会。他极力主张各种传统自由平等的社会，并详述了这种社会的特征。

A. 传统谈不上好坏，它们仅仅是传统。"客观地说"（即不参加一种传统），在人道主义和反犹太主义之间做选择没有什么意义。

推论：理性不是传统的仲裁人，它本身就是一种传统或传统的一个方面。因此，它谈不上好坏，它仅仅是一种传统。

B. 仅当把一种传统与另一种传统做比较时，即仅当根据后者的价值来看世界的参加者审视前者时，这种传统才呈现出合意的或不

① ［美］费耶阿本德：《自由社会中的科学》，兰征译，上海译文出版社2005年版，前言，第3页。

合意的性质。

C. A 和 B 暗示了一种相对主义，这种相对主义似乎正是普罗塔哥拉所捍卫的那种相对主义。普罗塔哥拉的相对主义是合理的，因为它注意到了传统和价值的多元论。

D. 每一种传统都有获得信徒的特殊方式。……对一个观察者来说，论证是宣传，而对另一个观察者来说，却是人类言论的本质。

E. 我们已看到，当判定所发生的事件和所产生的结构时，参加到传统的相互作用中的个人或团体，可能采用一种实用主义哲学。他们的哲学原理常常只是在相互作用过程中（在观察改变或参加到这种改变中时，人也改变了；而随着人的改变，他们所使用的传统也可能改变）突显出来的。这意味着，在判定一个历史过程时，人们可以使用一种迄今尚未详细说明或无法详细说明的实践。

F. 因此，至少有两种不同方式来共同决定一个问题，我将分别称之为受导制的（guided）交流和开放的交流。

G. 自由社会是这样的社会：在其中，所有传统都有平等的权利，都有平等的机会来接受教育和接近其他权力位置。

H. 自由社会不是强加的，而是仅仅在如下情形中突现出来：以合作精神来解决特殊问题的人们引进所暗示的那种保护性结构。

I. 决定自由社会结构的辩论是开放的辩论，而不是受导制的辩论。

J. 自由社会坚持科学和社会的分离。①

上面论述从传统到自由社会，从自由社会到科学与社会分离（包括科学与政治分离、科学与教育分离）。② 从表面上来看，这些特征似乎有点复杂和高深，让人一下子看不明白。其实，可以非常简练地概括这些

① ［美］费耶阿本德：《自由社会中的科学》，兰征译，上海译文出版社 2005 年版，第21—26 页。另外，请参见英文版 Paul Feyerabend. *Science in a Free Society.* London：Verso, 1982, pp. 27-31. 根据英文原文，笔者对上述中文引文有所改动。

② 费耶阿本德强调政府和各种传统保持分离，因此，他所主张的政府和科学分离只是这种一般分离的特殊情况。

特征。在费耶阿本德看来，自由社会就是各种传统自由的社会，其特征就是：传统多元、平等、平权、相互交流。既然如此，各种传统就没有高低贵贱和对错优劣之分。然而，费耶阿本德却不这样看。他总是赞美非西方的文化和传统，似乎认为它们优于西方文化。他写道："自从发现不属于西方文化和文明圈的人们以来，必须告诉他们这个真理……这个真理首先是基督教（Christianity），其次是科学技术宝库。现在，被这种方式扰乱其生活方式的人们已经发现了一种方式：这种方式不仅是生存，而且赋予其生存以意义。总的来说，这种方式比那些技术奇迹有益得多，因为那些技术奇迹是强加给他们的，并带来了如此多的苦难。"[1] 由此可见，他似乎主张非西方的生活方式优于西方现代科技，认为前者比后者更加丰富全面（包含生活意义），更加有益（至少对于非西方传统是这样）。不仅如此，而且，费耶阿本德总是极力赞美非西方文化，批判甚至攻击西方文化。他写道："在美国残存的非西方文化遭受大量精神痛苦，这是由我们的多数主要哲学家、科学家和科学哲学家的这种蒙昧的知识法西斯主义造成的。"[2] 在他看来，西方文化是法西斯主义文化，西方的知识观是蒙昧的法西斯主义知识观。

费耶阿本德虽然是白人，并在西方传统中成长，而且也接受了西方文化，但是，他好像对白人、科学和西方文化充满了"仇恨"，总是在批判和反对它们，同时不断为其他种族、非科学和非西方传统辩护，极力美化和赞美它们。

当白人中产阶级基督徒（和自由主义者、理性主义者甚至马克思主义者）最后给印第安人提供了某些他们认为他们所居住的那个伟大社会的奇迹般的机会时，他们感到极大满足，而当印第安人的反应令人扫兴而没有对他们感激涕零时，他们便感到不安和气愤。

① ［美］费耶阿本德：《知识对话录》，郭元林译，韩永进校，中国科学技术出版社 2020 年版，第 84 页。

② ［美］费耶阿本德：《自由社会中的科学》，兰征译，上海译文出版社 2005 年版，第 258 页。另外，请参见英文版 Paul Feyerabend. *Science in a Free Society*. London：Verso, 1982, p. 207. 根据英文原文，笔者对上述中文引文有所改动。

但是，印第安人甚至从未梦想过要把自己的文化强加给白人，现在，为什么他们应该为强加给自己的白人文化而表示感激呢？白人已经窃取了他们的物质财产、土地和生存空间，现在还要继续窃取他们的心灵，他们为什么应该对白人表示感激呢？①

费耶阿本德认为，白人凭借暴力和侵略把西方文化强加给其他种族，掠夺了他们的物质财富，摧毁了他们的思想文化。这是赤裸裸的"犯罪"。因此，他总是站在道德正义的制高点上来"谴责"西方文化。他的这种观点和论证是否站得住脚呢？下面，对此进行一些分析和论证。

近代以来，西方科学传统不断扩张，其他认识传统日益萎缩。在面对这种情况时，为了保护文化的多样性，费耶阿本德强调这一主题具有合理性。但是，各种认识传统是否无所谓优劣，是否平等，这是一个值得深究的问题。可以从应然（价值）和实然（事实）两方面来分析此问题。费耶阿本德似乎只是从应然方面来探讨这个问题的，从价值上强调各种传统应当平权。然而，从现实的角度观察，近代以来，在竞争和对抗中，西方科学传统无疑占据了优势，其他传统明显处于劣势，否则，也不会出现费耶阿本德极力反对的全球性"政科合一"的态势。费耶阿本德似乎拒绝面对这一现实，当然也不会去分析产生这一现实的原因。

在笔者看来，科学传统是现代传统，而费耶阿本德所说的其他传统（神话、宗教、巫术、占星术和中医药等）则属于前现代传统，它们不在一个时间断层上。按照费耶阿本德比较知识的标准和逻辑，就不应当把处于不同历史断层的传统直接进行比较，而应当考虑历史演进。因为费耶阿本德认为不同的知识处于不同的历史断层，不应该把它们放到同一历史平面上来比较。他在《反对方法》中写道："在大多数情况下，尤其在观察与理论相对的情况下，我们的方法论把科学的全部各不相同的要素和一切它们所占据的不同的历史断层都投射到同一平面上，随即做出

---

① ［美］费耶阿本德：《自由社会中的科学》，兰征译，上海译文出版社 2005 年版，第 88 页。另外，请参见英文版 Paul Feyerabend. *Science in a Free Society*. London：Verso, 1982, p. 77. 根据英文原文，笔者对上述中文引文有所改动。

比较判断。这就好比让一个婴儿和一个成人战斗，然后得意地宣告那无论如何都毫无悬念的结果，即这个成人行将获胜（……）。我们在考察新假说时，显然必须考虑到历史。"① 在费耶阿本德看来，新知识像新生的婴儿，幼稚柔弱，需要得到呵护，需要宽容自由的环境来成长；而旧知识像强壮的成人，成熟坚强，能够承受艰难险阻，应对险恶环境。在这种情况下，如果把新旧知识简单地放到同一历史平面上来进行比较，二者的优劣胜负一目了然，毫无悬念。因此，对新旧知识进行比较时，必须考虑历史发展和历史断层。

显然，如果不同的传统处于不同的历史断层，其所包含的知识就处于不同的历史断层。因此，如果根据费耶阿本德处理知识的标准和逻辑，那么，比较传统时，就应当考虑传统所处的历史断层，对新传统要宽容爱护，要呵护其成长。但是，费耶阿本德在比较传统时却反其道而行之，根本不考虑传统的历史发展和历史断层，而且对科学这种新传统"百般挑刺"和"大加鞭挞"，对神话、宗教和巫术等老传统却"无限赞美"和"竭力呵护"。由此可见，费耶阿本德对待知识和传统的态度和逻辑明显不一致，需要引起人们注意。当然，在费耶阿本德的著作中，这种不一致并不少见。因此，下面继续专门论述费耶阿本德所探讨的传统问题。

在近代以前，世界上各个地区和民族处于相对孤立、封闭的环境中，都创造了自己独特的传统，而且由于交流和竞争比较少，因此，各种传统得以延续和发展。但是，在哥伦布大航行以后，各种传统之间的交流不断加强，从而展开了竞争。在竞争和对抗中，有的传统具有优势，得以胜出，有的传统明显处于劣势，被淘汰出局。毫无疑问，在这场竞争中，科学传统是获胜者。面对这种局面，费耶阿本德认为科学传统获胜不是各种传统自由竞争的结果，而是西方殖民者凭借经济、政治、宗教和军事等非科学因素，强迫其他传统接受科学传统，从而使科学占据了优势地位，因此，需要进行政治干预，让其他传统有机会展开自由公平

① ［美］费耶阿本德：《反对方法：无政府主义知识论纲要》，周昌忠译，上海译文出版社2007年版，第125页。另外，请参见英文版 Paul Feyerabend. *Against Method*：*Outline of an Anarchistic Theory of Knowledge*. London：Verso, 1978, pp. 147 – 148. 根据英文原文，笔者对上述中文引文有所改动。

竞争。他津津乐道的一个例证就是中国共产党在20世纪50年代干预中医
发展。

　　中国是直到19世纪还未受西方知识统治的几个国家之一。20世
纪早期，新的一代对旧传统及其固有的局限性感到厌倦，而对西方
输入的科学在物质上和知识上的优越性有很深的印象。科学很快抛
弃了一切传统的成分。草医草药、针灸、艾灸、阴阳二元论、气的
理论都受到嘲笑，被从学校和医院中清除出去，西医被认为是唯一
明智的医疗方法。这种态度一直持续到1954年前后。后来，共产党
意识到需要从政治上监督科学家，命令医院和大学恢复传统医学。
这一命令复活了科学和传统医学之间的自由竞争。人们马上发现，
传统医学具有优于西方科学医学的诊疗方法。那些对部落医学和科
学进行比较的人也发现了相似的情况。由此获得的教益是，只要给
非科学的思想体系、实践、理论和传统以公平的竞争机会，它们就
可以成为有力的竞争对手，就可以揭露科学的重大缺陷。①

　　费耶阿本德的上述说法，值得商榷。政府命令大学和医院恢复传统
医学，这本身就是政治干预。在这种情况下，传统医学和科学医学之间
的竞争就不一定是"自由竞争"和"公平竞争"。如果从前传统医学被淘
汰出局，是由于自由公平竞争的结果，那么，再通过政治干预重新进入
竞争，显然这不再是自由公平的竞争。正如体育比赛中的出局者，通过
政治干预再重新参加比赛，这显然是不公平的，不是自由竞争。反过来，
如果从前传统医学被淘汰出局，是由于外力干涉，受到不公正待遇，那
么，作为补偿，政治干预使其重返自由公平竞争的舞台，这是合理的。
但是，历史事实是如此吗？
　　对于中国传统来说，西方科学医学传统是地地道道的外来传统，因

---

　　① ［美］费耶阿本德：《自由社会中的科学》，兰征译，上海译文出版社2005年版，第125
页。另外，请参见英文版 Paul Feyerabend. *Science in a Free Society*. London：Verso，1982，pp. 102 –
103. 根据英文原文，笔者对上述中文引文有所改动。

此，它在进入传统中国，试图"打败"中医的过程中，遇到了强大的阻力和抗拒，各方面都处于不利地位，根本没有自由公平竞争的机会。在某种程度上，中国传统是封闭的传统，自成体系，自我生长和发展，天生就拒斥外来的东西，所以，外来传统只有具备绝对优势，具有极强的穿透力，才可能从外部打破这种封闭的传统，从而生根发芽和发展壮大。从更广的范围来看，西方科学医学属于西方科学技术传统，从后者进入中国就可明显看到这一点。中国传统中缺乏抽象逻辑系统，因此，欧几里得几何系统作为一种外来传统进入中国就经历了漫长的过程。阿拉伯文版的《几何原本》在元朝就进入中国了，但是，根本没有引起多少学者的注意。直到三百多年后，明朝徐光启和利玛窦才把《几何原本》的前半部翻译成中文；又过了二百五十年，清朝李善兰和伟烈亚力才终于翻译完其后半部。从《几何原本》进入中国到把全书翻译成中文，前后历时约有六百年之久。

作为外来传统，西方科学技术进入中国，绝不是一帆风顺，而是非常曲折的；不是借助于强制力一路凯歌，而是长期竞争、冲突和碰撞的结果。早期的西方传教士引进一些西方科学技术，但是，他们这样做，是把科学技术当作传教的工具，其目的是传教，而不是传播科学。显然，传教士在通过科学技术来传教，不是像费耶阿本德所说的，通过基督教的力量来强制人们接受科学。因为对于绝大多数中国人来说，他们更愿意接受的是西方科学技术（特别是技术），而不是西方宗教，在历史上是如此，在今天更是如此。甚至，在今天的中国，几乎找不到不接受科学的人，但是，反对西方宗教的人却比比皆是。

在鸦片战争前，中国是"天朝上国"，认为自己是世界的中心，而其他国家是蛮夷之国，西方国家也不例外。英国派马戛尔尼访华，是为了与中国建立外交关系，打开中国的大门和市场，可是，乾隆皇帝压根就不懂这茬，也不理这茬，硬是让他下跪，他也绝不听命下跪。马戛尔尼还带来不少当时先进的西方机器和武器，但朝廷根本不感兴趣，认为它们是"奇技淫巧"，把它们封存到颐和园去了。然而，鸦片战争后，面对洋人的坚船利炮，清朝军队节节败退、狼狈不堪，这才不得不大规模学习和引进西方科学技术，兴办洋务运动，可是，为了保全天朝上国世界中心的颜面，高呼"师夷长技以制夷""中学为体、西学为用"等口号，仍然不忘自己是"世界中心"，高蛮夷一等，甚至几等。当然，在这种情况下，费耶阿本德说，西方人凭借坚船利炮强迫中国人接受了他们的科学技术，中国人其实更愿意保持他们自己的传统。这种说法很难站得住脚，中国人也不都是傻子，他们看到自己的弓箭、长矛和大刀明显竞争、战斗不过西方的洋枪洋炮，一目了然，毫无悬念，因此毫不犹豫地抛弃了前者，而拥抱后者。从此以后，中国人学习西方科学技术再没有犹豫过，直到今天，西方人都害怕了，还说我们"偷窃他们的知识产权"。

事实上，西方科学医学凭借坚船利炮只是在封闭的中国传统上轰开了一个口子，通过这个口子有机会进入传统中国，有机会与中医展开自由、平等的竞争，但从来没有一统天下，"成为唯一明智的医疗方法"，并把"中医从学校和医院中清除出去"。在西医进入中国前，传统中医办的是诊所，而不是医院，中医通过师傅带徒弟来培养医生，也不办学校，因此，根本就不存在费耶阿本德所说的把"中医从学校和医院中清除出去"，反倒是，后来中医学习西医，也办起了医院和学校。至于"西医成为唯一明智的医疗方法"，真是言过其实了。西医作为外来传统，最早由教会引进和创办，往往首先出现在城市等交通方便的地方，然后逐渐扩散，虽然不断发展，但从来没有一统天下。即使在当今，当新冠疫情袭来，全国各地都出现了抢购双黄连、连花清瘟和板蓝根等中药的浪潮。

面对强势的西方传统，中国传统逐渐萎缩了：它抛弃了传统的科学技术，接受了西方的科学技术；抛弃了皇帝，迎来了共和；抛弃了儒教，接受了源于西方的马克思主义。中国传统不是永恒的，而是流变的，它不得不抛弃那虚幻的"自我中心的世界观"，发现自己甚至处于"世界的边缘"，还面临被开除球籍的危险，需要拯救，需要发愤图强。当然，这种变化是巨大的，犹如近代的天文学革命，抛弃地心说，宣称日心说，最后发现找不到宇宙的中心。时至今日，很难说清楚当今的中国传统是什么，因此，费耶阿本德总拿传统说事，确实是利用了世事无常、语言模糊的"实在"，言说了什么、混淆了什么，需要当心。

近代科学起源于欧洲，诞生于西方传统。近代西方传统继承了古希腊传统和基督教传统，具有不同于其他传统的明显特征，从而创造了近代科学。与之相比，其他前现代传统没有创造出近代科学，只能向西方传统学习近代科学。时至今日，不管什么传统，不管什么国家，不管什么地区，都接受了近现代科学和以之为基础的现代技术，甚至非西方传统的极端主义组织，以反西方为目的的恐怖分子都渴望拥有核武器、生化武器和导弹等现代尖端技术，而这些技术恰好来源于西方传统。从更广泛的发现和发明来看，近代以来，人类的创造和创新也基本上源于西方传统并接受了西方传统的其他传统（如日本），然后向其他传统和其他地区扩散。从创造力和增进个体幸福两方面来看，近代西方传统明显优于其他传统，它们之间显然不是平等的，所有传统也显然不是平权的。在这个意义上，有的传统是文明的，而有的传统是野蛮的，并不像亨廷顿所认为的那样，现存的传统都是文明。从这个实然的角度来看，费耶阿本德明显是错误的。他忽视了时间演化，科学传统是现代传统，神话、宗教和巫术等是前现代传统，把这些处于不同时间断层的传统放到同一时间层面来比较，并认为是平权的，认为它们具有无差别的平等自由，这明显不符合实际。因为人类的智力、知识和思想实际上在不断继承、累积和进化，特别是，在人类发明文字后，人类的思想文化可以保存下来，传给后代，从而使得后代可以在前人的基础上继续发展思想文化，而不必重复前人的劳动。因此，一般而言，在有相继关系的传统之间，后面的传统要超越前面的传统，故比较传统时，不能无视传统所处的时间断层。

从应然（价值）角度来看，费耶阿本德强调所有传统平等自由，也不是毫无道理的。但是，他强调的传统平等是普遍规则和普遍标准前的机会平等还是结果平等，对此，他并没有说得非常清楚。一方面，他主张所有传统应当平权，似乎在强调所有传统在普遍的规则和普遍的标准面前机会平等。例如，他写道："自由社会（free society）是这样的社会：在其中，所有传统（tradition）都应当被赋予平等的权利（equal right），而不管其他传统如何看待它们。所以，尊重他人的意见、两害相权取其轻、抓住进步的机遇——所有这些事情都表明支持让全部医疗系统与科学进行公开自由的竞争。"① 在这段话中，他似乎在强调所有传统在规则和标准面前公开、公平地自由竞争。但是，费耶阿本德否认有超越传统的普适规则和普遍标准，主张任何规则和标准都是隶属于某一传统的。因此，如果要坚持这一主张，不存在普适规则和普遍标准，那么，各个传统之间就无法展开自由、公平的竞争，也就不存在机会平等和规则平等。即使承认各个传统之间存在普适规则和普遍标准，它们在机会平等和规则平等的基础上展开自由竞争，那么，不同的传统也会得到不同的竞争结果，有的优胜，有的劣败，有的能够生存下来，有的则被淘汰出局。费耶阿本德似乎并不喜欢这样的局面，因为他更喜欢各个传统的结果平等，而不是它们的机会平等和规则平等。然而，在现实中，机会平等和结果平等常常是不相容的，机会平等似乎必然产生结果不平等，而要保证结果平等就似乎必然要破坏机会平等，这一点在人类的历史经验中得到反复验证。

总的来看，费耶阿本德更多强调各个传统之间的结果平等。例如，在比较现代科学医学和传统医学时，他说道：

> 健康和疾病是由健康人或病人所属的传统来决定的，并且在这个传统内，又通过特定的生活理想，个人为他自己来决定。仅仅只有在"学习"这些特定的生活形式之后，而且学习它们必须像人们学习一种语言那样参与构成那种语言的活动，然后，才能科学地研究它们。在这里，从前的家庭医生（old house physician）的优势非常明显地突显出来了：他认识他的病人，了解他们的癖性和信仰，知道他们需要什么，并且已经学会如何去满足这种需要。与他相比，现代的"科学医生"像法西斯独裁者，他们趁着治疗强加他们自己关于疾病和健康的思想，而在大多数情况下，这种治疗仅仅是一种无益的练习。②

---

① ［美］费耶阿本德：《知识对话录》，郭元林译，韩永进校，中国科学技术出版社2020年版，第85页。

② ［美］费耶阿本德：《知识对话录》，郭元林译，韩永进校，中国科学技术出版社2020年版，第85页。

从上述这段话中，首先可以看出来，费耶阿本德拒绝承认有超越传统的健康和疾病标准。某人是否身体健康由其传统来决定，这明显是违背常识的。当今世界，不论什么信仰、种族、国家、性别、阶级、文化和传统等等，在身体健康的标准方面还是达成了许多共识的。比如体温是否正常，在全世界是有一定标准的。费耶阿本德既然连健康标准都取决于传统，没有普适的标准，那么，各个传统之间就无法进行公平自由的竞争，所以，他也就基本上否定了各个传统之间的规则平等和机会平等。在这种情况下，费耶阿本德只能主张各个传统之间结果平等，因此，他就极力为传统医学辩护，赞美传统医学，同时大力攻击科学医学，丑化其为"法西斯"医学，并愤愤不平地写道："以科学的方法杀人是合法的，而以非科学的方法治疗却是非法的。"①

值得一提的是，费耶阿本德用自己的亲身治疗经历来赞美传统医学，批判西方科学医学。在第二次世界大战中，他受了伤，造成终身残疾，遭受了多种病痛折磨。他经常说西医对治疗他的病痛几乎没有什么帮助，而其他传统医学（如中医）却改善了他的健康状况。因此，他在伯克利任教时，有一个针灸医生和信仰疗法医生。② 在这种情况下，他对其他传统医学的赞美就不一定是恰如其分的，可能有夸张和美化的成分。例如，他写道："现代医学所使用的机器经常是不必要的，中国的任何一个乡村医生根据脉搏、尿液、皮肤肌理、病人自述都可以诊断得好很多……"③费耶阿本德没有在中国的乡村生活过，这种描述更多的是一种想象，而不是一种亲身经历。然而，笔者在一个农村长大，村里有一个赤脚医生，文化程度最多小学毕业，只能诊断、治疗感冒等常见疾病，稍微复杂一点的疾病，他连病名都不知道，谈何诊断？谈何治疗？村里二三百口人，

① ［美］费耶阿本德：《自由社会中的科学》，兰征译，上海译文出版社2005年版，第218页。

② ［美］费耶阿本德：《自由社会中的科学》，兰征译，上海译文出版社2005年版，第170页。

③ ［美］费耶阿本德：《自由社会中的科学》，兰征译，上海译文出版社2005年版，第218页。另外，请参见英文版 Paul Feyerabend. *Science in a Free Society.* London：Verso, 1982, pp. 175 – 176. 根据英文原文，笔者对上述中文引文有所改动。

不超过三十年的时间，有三个孕妇因生孩子去世，还有一个小孩因输液去世。由此可见，中国的乡村医疗远没有费耶阿本德描述得那样美好，今天农村人生大病，有条件的肯定要到大城市大医院用先进仪器去诊断，用现代医术去治疗，而不是去找乡村医生。

顺着这条思路，就可以很好地理解费耶阿本德为什么极力反对科学了。在机会平等和规则平等的原则下，各个传统之间竞争，科学传统无疑取得了优势地位，甚至取得了霸主地位，而其他传统或处于劣势，或被淘汰出局。费耶阿本德不能容忍这种状况，因此，他极力反对科学，为其他传统争地位，争平等。费耶阿本德想要的是各个传统之间的结果平等，而不是它们的机会平等和规则平等。显而易见，他的这种主张具有反智化和反道德化的倾向。如果整个世界根据他的主张来运行，必然会造成各个传统不管优劣，一律平等，而不是优胜劣汰，必然会阻碍社会进步。这种左派主张不分是非、不分好坏，主张一律拉平，抑善扬恶，压优扶劣，表面上看似乎很美好，但最后必然给人类造成深重的灾难。历史已经反复证明了这一点，这里就不赘述了。

更为离奇的是，费耶阿本德似乎也主张纳粹传统与其他传统（如理性主义传统）平等平权。费耶阿本德对纳粹的态度非常暧昧，从未见其批判过纳粹。根据其自传《消磨时光》，他的父亲曾是纳粹党员，赞美希特勒，购买过由希特勒撰写的纳粹圣经《我的奋斗》，因此，战后不得不到占领当局去登记，而且担心失去工作和养老金；他的母亲崇拜希特勒；他自己也考虑过加入党卫军。中学一毕业，他就加入了纳粹军队，服役两年多，获得铁十字勋章，最高军衔至少校。他在战争中身负重伤，落下终身残疾，但并未见其对战争和纳粹有过批判和抱怨。他对自己所经历的战争的叙述，总是轻描淡写，很少谈及和反思战争所造成的痛苦和灾难。例如，在其自传中，有下面这样的一段话：

> 我在军队服役三年（1942—1945），这是一种中断，令人讨厌。军人生涯一结束，我就忘记了它；不久，我甚至对自己的这种经历都觉得无法想象：我曾经起初是普通士兵，然后是中尉，再后来是一个营的指挥官，在俄国乡村跑来跑去，指挥战斗。这是梦还是现

实？我是如何活下来的？确实，我得到了一个"纪念品"：我曾经挂着拐杖，一瘸一拐地走路——现在仍然如此。但是，我甚至渐渐习惯了这种处境。人们如何能够不凭借外部支撑而站立或行走，我今天对此感到十分好奇。现在，需要说明的似乎是他们的情状，而不是我的情状。[①]

从上面这段话中，可以看出，费耶阿本德极力回避自己加入纳粹军队的经历——尽管这段经历并不是一瞬间，而是三年。二战后，他总想让自己的军旅生涯一笔勾销，或者声称已忘记了它，或者把它想象为梦境。然而，战争给自己造成终身残疾，这是实实在在的，既无法忘记，也不是梦境，他对此却没有反思，反而进行美化，说自己习惯于挂拐跛行，认为这是正常的；而一般人不挂着拐杖站立或行走，反而是不正常的，需要对此进行说明。这种奇谈怪论，也只有哲学家能够说出来。当然，如果这样说是为了掩盖或回避什么，也就可以理解了。

他的这种经历和表现，也确实让人生疑和担忧——对于纳粹的受害者来说，更是如此。例如，费耶阿本德在伦敦经济学院做博士后研究期间，阿加西当时也是波普尔的学生。但是，起初，阿加西就不信任费耶阿本德，因为他自己是犹太人，而费耶阿本德却曾担任纳粹军官。关于费耶阿本德和纳粹，二人也有过不太友好的争论。费耶阿本德非常愤怒地反驳阿加西："他说我自愿加入德军——我其实是被征入伍的。他说我试图忘记第二次世界大战的政治方面和道德方面问题——我没有意识到这些问题。在十八岁时，我只是一个书呆子，不是一个受尊敬的人。"[②]平心而论，他的这种反驳并没有多大的可信度和说服力。当然，他是自愿还是被迫入伍，他内心是否意识到战争的政治方面和道德方面问题，从绝对哲学的意义上来说，只有他自己知道，别人无法亲自意识和体验。但是，从常识角度来看，根据他的表现，很难说他是被迫入伍的；根据

① Paul Feyerabend. *Killing Time*: *The Autobiography of Paul Feyerabend*. Chicago：The University of Chicago Press, 1995, pp. 111 – 112.

② Paul Feyerabend. *Farewell to Reason*. London：Verso, 1988, p. 312.

他的智力、知识和思想，也很难说他在十八岁时没有意识到战争的政治与道德方面的问题。由此可见，他对自己在纳粹德国时期的所作所为，根本不愿提及，更不用说反思了。波普尔说过，费耶阿本德曾为自己参加第二次世界大战而痛哭流涕地忏悔过，并劝说阿加西要以朋友的方式来对待费耶阿本德。阿加西在文章中引用过这种说法。① 费耶阿本德却并不认可，因为在他看来，自己在第二次世界大战中，唯一应该道歉的地方就是没有用足心思去逃避兵役。如果真的发生过波普尔所说的事，他认为那是自己所干的蠢事。②

当听到纳粹投降时，费耶阿本德感到解脱了，没有感到被出卖和背叛，但也有失落感。他自称没有接受纳粹主义的目标，也不了解这种目标。他的道德感非常模糊，他写道："然而，麻烦的是，善恶的分布并不容易搞清楚，至少对我而言是如此。在邪恶的正中心，也能发现同情、无私和爱。"③ 也许，他是在利用这种模糊的道德感为自己参加纳粹军队及其战争狡辩，也为纳粹德国狡辩。总的来看，他似乎没有是非善恶之分。他说："就我所关心的而言，在奥斯维辛的党羽和这些'人类恩主'之间，不存在任何差异——在这两种情形中，生活因特殊目标而被滥用。问题在于日益恶化的蔑视精神价值，而且用粗俗而'科学'的唯物论（有时甚至被称为人本主义）来取代精神价值。"④ 他认为下列现象与奥斯维辛集中营没有差别：现代民主社会对待少数族裔，现代教育，发展现代武器，破坏自然，消灭"原始文化"，动物实验，现代外科手术——当然，这些现象是不完美，可是，与奥斯维辛集中营还是有本质差别的。例如，他认为现代外科手术残害身体，还让病人花费大量钱财。然而，病人通常是自愿去医院就医、做手术的，而不是医生和医院强迫病人这样做的。如果病人觉得不合适，就可以不去做手术，医生和医院也不能

---

① Agassi, Joseph. As You Like it. In Munevar, G. （ed.）. *Beyond Reason：Essays on the Philosophy of Paul Feyerabend*. Dordrecht：Kluwer Academic Publishers, 1991, p. 384.

② Paul Feyerabend. *Farewell to Reason*. London：Verso, 1988, p. 312.

③ Paul Feyerabend. *Killing Time：The Autobiography of Paul Feyerabend*. Chicago：The University of Chicago Press, 1995, p. 55.

④ Paul Feyerabend. *Farewell to Reason*. London：Verso, 1988, p. 313.

强迫病人就医。再说，现代外科手术是为了治病救人或其他目的（即使退一步，医生和医院也只是为了赚钱或人体试验），而绝对不是为了种族灭绝。费耶阿本德混淆了这些，似乎有意为奥斯维辛集中营辩护。由此可见，他似乎没有什么道德感。这一点似乎也得到其朋友阿加西教授的认可。他写道："但是，到那时，他已经向我承认，他几乎没有任何道德感。"①

费耶阿本德不仅似乎没有任何道德感，而且还明确表示反对谴责纳粹时代的暴行。当有人问他是否反对谴责纳粹时代的暴行时，他回答道："是！——如果谴责以肤浅而有偏向的事实为基础，在某种程度上，它就会变为空谈。如果要求与事件和受害者没有情感联系的人进行谴责，这种'道德谴责'就是无意义的诅咒，要求重复它是一种强制，任何以此为基础的行为都是犯罪。"② 在费耶阿本德看来，谴责的言语如果没有与个人经验、情感、恐惧和愿望等联系起来，它就会变为空洞的诅咒。因此，他反对非亲身经历者谴责纳粹暴行，也反对哲学家和历史学家用言语去谴责纳粹暴行；而是赞成用文学艺术手段来再现纳粹暴行和那个时代的魅力，探讨为什么那么多人迷恋于罪恶，探寻其中的正面因素，然后再做出道德决定——是否谴责纳粹时代的暴行。由此可见，对于谴责这种明显的暴行，费耶阿本德提了很高的要求，反对哲学家和历史学家进行谴责，也反对非亲身经历纳粹暴行的普通大众进行谴责。相反，对于科学，他认为可以随意批判、反对和谴责。更令人倒胃口的是，费耶阿本德写道："试图刺杀希特勒的施陶芬贝格是恐怖分子，纵然是一个不成功的恐怖分子。"③ 他认为，即使在纳粹德国，人们也不应该暴力反抗，而应该以和平方式来表示不满，如移民出国或忍气吞声，因为暴力会造

① Agassi, Joseph. As You Like it. In Munevar, G. (ed.). *Beyond Reason: Essays on the Philosophy of Paul Feyerabend*. Dordrecht: Kluwer Academic Publishers, 1991, p. 384.

② Paul Feyerabend. Concluding Unphilosophical Conversation. In Munevar, G. (ed.). *Beyond Reason: Essays on the Philosophy of Paul Feyerabend*. Dordrecht: Kluwer Academic Publishers, 1991, p. 511.

③ Paul Feyerabend. Concluding Unphilosophical Conversation. In Munevar, G. (ed.). *Beyond Reason: Essays on the Philosophy of Paul Feyerabend*. Dordrecht: Kluwer Academic Publishers, 1991, p. 520.

成很大的伤害。相反，他却主张人们要有足够的爱心，爱希特勒，因为希特勒是一个活人，至少是一个"活生物"。① 真是奇谈怪论！真是颠倒是非！不错，施陶芬贝格刺杀希特勒是暴力！难道希特勒屠杀犹太人，侵略世界，是"和平的非暴力"?！无言以对！

他这样做，似乎并不令人感到意外，因为他并不关心思想、观点和主张的真假善恶美丑，一点也不认真对待。他主张什么，主要取决于其是否有趣好玩，取决于其是否与众不同，取决于其是否能够反驳别人。他认为最愚蠢、最糟糕的观点都有其优势，值得为之辩护。

> 至于我的所谓的"思想"，我的态度完全是相同的。我总是喜欢与朋友讨论，讨论宗教、艺术、政治、性、谋杀、戏剧、测量的量子理论和许多其他问题。在这种讨论中，我时而持一种主张，时而又持另一种主张。我改变主张，甚至改变我的生活形式，部分是为了逃避无聊，部分因为我是反向启发的（正如波普尔曾惋惜地评论的那样），部分因为我越来越确信：即使是最愚蠢、最不人道的观点，也有优点，值得尽力捍卫。几乎我写的全部东西……（好了，让我们称之为"作品"），从我的论点出发，来源于这种现场讨论，显示了参与讨论者的影响。②

他主张所有传统平权，无所谓好坏优劣。纳粹也是一种传统，奥斯维辛也是一种传统，要给予它们平等的机会和权利，值得为之辩护。因此，他很少批判纳粹，甚至为奥斯维辛辩护，就不值得大惊小怪，这是其思想理论的自然发展结果。费耶阿本德声称自己不是理性主义者，批判西方传统，颠覆人类一些"理所当然"的善恶标准，为纳粹分子辩护。他说："'当然'，许多纳粹分子是微不足道的卑鄙小人……但微不足道的卑鄙小人也是人，他们也是按照上帝的形象创造出来的，单是这

---

① Paul Feyerabend. Concluding Unphilosophical Conversation. In Munevar, G. （ed.）. *Beyond Reason: Essays on the Philosophy of Paul Feyerabend*. Dordrecht: Kluwer Academic Publishers, 1991, p. 521.

② Paul Feyerabend. *Farewell to Reason*. London: Verso, 1988, p. 316.

一点就需要我们更慎重地对待他们，而不是仅仅以'当然'为依据来对待他们。……我们看到他（这种卑鄙人物）的行为如何出自他的人性，出自他的完整而真实的人性，而不是出自它的某些堕落的部分。他不再是人类的弃儿，而是它的一部分，纵然是令人迷惑的一部分。"① 相反，他猛烈地批判理性主义，认为理性主义扼杀了心灵，而相比于杀戮肉体，扼杀心灵是更加严重的犯罪，因此，他主张把老师和知识领袖与杀人凶手同等看待，应该给予前者同样（甚至更严重）的惩罚。此外，他横加指责人类领袖，甚至宣称他们是最大的罪犯。他认为我们要颠覆这些"当然"的标准，重新思考这些问题，提出新的善恶标准。

> 看到许多青年人不屈不挠地沿着理性（批判理性、独断理性——二者没有任何区别）之路行进，他们没有笑容且心地狭隘，我心想这是什么样的文化，对扼杀灵魂，它给予歌颂、奖励和尊重，而对杀戮肉体，它却表现出标准化的厌恶。难道灵魂不是比肉体更重要吗？相比于今天给予个体凶手和集体凶手的惩罚，难道不应该给予我们的"老师"和"知识领袖"同样（甚至更大）的惩罚吗？难道不应该以人们为了追缉八旬老纳粹分子所付出的同样精力来揭发有罪的老师吗？难道所谓的"人类领袖"，即像耶稣基督、释迦牟尼、圣奥古斯丁、路德和马克思这样的人，不是我们的一些最大罪犯（伊拉斯谟、莱辛和海涅的情况不同）吗？所有这些问题都被不花力气的"当然"抛到一边，而"当然"固化了标准的反应，而没有使我们思考。②

费耶阿本德无情地批判理性主义者和"人类领袖"，认为他们扼杀了

---

① ［美］费耶阿本德：《自由社会中的科学》，兰征译，上海译文出版社 2005 年版，第 172 页。另外，请参见英文版 Paul Feyerabend. *Science in a Free Society*. London：Verso, 1982, p. 139. 根据英文原文，笔者对上述中文引文有所改动。

② ［美］费耶阿本德：《自由社会中的科学》，兰征译，上海译文出版社 2005 年版，第 173 页。另外，请参见英文版 Paul Feyerabend. *Science in a Free Society*. London：Verso, 1982, pp. 139 - 140. 根据英文原文，笔者对上述中文引文有所改动。

人的心灵。相反，他却为纳粹分子辩白，认为他们仅仅是屠杀肉体。果真是这样吗？这明显罔顾事实，违背常理。理性主义有可能扼杀人的心灵，也出现过这种现象。然而，理性主义也可以解放人的心灵和思想，让人从迷信、狂热和盲从中挣脱出来，这种现象也不少见。相比之下，纳粹分子不仅对犹太人的肉体进行种族灭绝，也屠杀其他人的肉体，而且还用谎言、强权和暴力来教育、灌输、洗脑和欺骗大众，给他们洗脑，扼杀其心灵，控制其思想。总之，纳粹分子给人身心造成的伤害要远远大于理性主义者的。费耶阿本德的这种"颠倒是非"的观点和论述是根本站不住脚的。

总之，费耶阿本德强调各个传统之间机会平等和规则平等，这是值得肯定的。但是，他强调各个传统之间结果平等，这是必须否定的。遗憾的是，费耶阿本德主要强调的正是后者，而不是前者。更为糟糕的是，强调传统的平等和自由，还会导致否定个体的自由和平等，进而导致对个体的奴役。这一点将留待后面一部分来论述。下面，将介绍和分析费耶阿本德晚期对自己这方面观点的反思。

在后期，特别是在其自传《消磨时光》和著作《征服丰富性》中，费耶阿本德关于传统平等的思想有所变化，他提出"每种文化潜在地就是全部文化"，进而思考传统之间的交流和变化。他写道：

> 如果每种文化潜在地就是全部文化，那么，文化差异就失去了不可言说性，并表现了共同人性的特殊性和可变性。官方的谋杀、酷刑和压迫就变成普通的谋杀、酷刑和压迫，这些本应该如此对待。女权主义不仅在美国有使命，其在非洲、印度和南美甚至有更多的使命。为了努力实现和平，不再需要尊重某种所谓的文化完整性，因为这种完整性通常只不过是一个暴君或另一个暴君的统治。而且，还有许多理由去怀疑政治正确的一些意识形态因素。①

---

① Paul Feyerabend. *Conquest of Abundance: A Tale of Abstraction versus the Richness of Being*. Chicago: The University of Chicago Press, 1999, p. 34. 另外，请参见 [美] 费耶阿本德《征服丰富性》（特波斯特拉编），戴建平译，中国人民大学出版社 2007 年版，第38—39 页。

由上述段落可以看出，费耶阿本德意识到了过分强调传统平等所带来的问题。传统平等并不能保证和促进个体平等，甚至可能适得其反，会损害个体平等，因为一些所谓的传统通常只不过是暴君或独裁者的统治，而强调这种传统或文化的完整性，就是强调暴君或独裁者统治、压迫甚至残害其他个体的先天合法性，从而剥夺了个体追求自由、平等和幸福的权利和机会。此外，他也批判了西方左派的政治正确，因为这种政治正确也是根据种群、传统、性别和文化等集体标准来判定一切，不是根据个体的权利和能力等因素来评价是非，即它强调的也是传统或文化的平等和自由，而不是个体的平等和自由。

因此，费耶阿本德对文化或传统的态度发生了变化。特别是，他注意到传统或文化的内部结构，注意到了其内部的不平等和压迫。事实上，人类的大多数不平等和压迫来源于传统或文化的内部，而不是外部。传统或文化内部造成的灾难也远多于传统外部造成的灾难。如在中国传统内，妇女缠足一千多年，虽然极不人道，但是，这一传统大行其道，甚至有不少人（也包括女人）欣赏其美，赞美其伟大。20世纪后，受西方文化冲击和影响，中国人才逐渐抛弃了这种糟粕。正因为如此，费耶阿本德强调要与传统或文化的广大民众进行联系，了解和认识文化的内部情况，不是仅仅空洞地强调文化或传统平等，从代表传统或文化的暴君的视角来观察世界，对文化内部的苦难视而不见。他说：

但是，在运用这种新的行动自由时，我们一定要小心，不要延续旧习惯。要排除客观判断，也要排除抽象的受意识形态驱使的文化保护。不是要排除激烈的文化干预，而是只有在广泛联系（不仅与一小撮"领袖"联系，而且要与广大相关的民众进行联系）后，才进行干预。既然抛弃了客观性和文化分离，并强调文化间的相互作用过程，那么，那些意识到医疗问题、营养问题、环境问题或人权问题（或者，更具体地说，女权问题）的人，必须立即启动这些过程，并适当注意本地人的意见。已经有一些运动采取了这种具体化的、非客观的方式。解放神学和发展领域的某些措施就是例证。让我们支持这些运动，并从中学习，不要再坚持旧式的认识论和别的"原始"游戏了。①

在其自传中，费耶阿本德批判了文化相对主义和文化客观主义。他把所有传统平等的思想称为文化相对主义，而且对其有所反思和批判。在《反对方法》和《自由社会中的科学》中，他强调传统或文化的平等，而且强调文化或传统的不变性，忽视文化之间的交流和变化。在自传中，他认识到了这一问题，并强调文化的交流和改变，进而主张文化的"无限"可变性：每种文化都是可变的，并且可能转变为一切文化。

> 其他的理论观点并不是非常走运。我意指我的"相对主义"，即这样的思想：文化几乎是封闭的实体，具有它们自己的标准和规程，而且，它们是本质上有价值的，不应当受到干预。……文化之间相互作用，而且，它们不断变化，并拥有资源。其所拥有的资源超越其稳定而客观的成分，更确切地说，超越那些成分——即至少被一些人类学家已经浓缩成不可阻挡的文化法则和文化规律的那些成分。……我得到这样的结论：每种文化潜在地就是一切文化，各种独特的文化特征表明单一人性是可以改变的。②

既然如此，费耶阿本德认为，任何文化独特性都不是神圣不可侵犯的，也不存在真正的文化压制和文化谋杀，因为文化都是可变的，每种文化都潜在地是全部文化。他写道："这一结论具有重要的政治意义。它意味着文化独特性不是神圣不可侵犯的，根本就不存在诸如'文化的原始'压迫或谋杀之类的事情。……然而，既然已经认识到每种文化中固

---

① Paul Feyerabend. *Conquest of Abundance: A Tale of Abstraction versus the Richness of Being*. Chicago: The University of Chicago Press, 1999, p. 34. 另外，请参见［美］费耶阿本德《征服丰富性》（特波斯特拉编），戴建平译，中国人民大学出版社 2007 年版，第 39 页。

② Paul Feyerabend. *Killing Time: The Autobiography of Paul Feyerabend*. Chicago: The University of Chicago Press, 1995, pp. 151–152.

有的变化潜在性，那么，在改变别人之前，我们就必须乐于改变自己。"①
与他从前的观点相比，这种看法是截然不同的。他之前认为，西方文化
侵略和摧毁了其他文化，白人凭借暴力把西方传统强加给其他人民，给
他们造成了深重的灾难。所以，他不遗余力地批判和攻击西方文化和西
方传统，为其他传统和文化辩护和唱赞歌。

在自传中，他仍然强调传统或文化平等，批判文化客观主义。他主
张，一种传统或文化的人们如果想了解和学习另一种传统或文化，就应
当亲自进入其中，亲身感受后者，而不是从远处"客观"地旁观。他写
道："我们必须注意将要受到干预的人们的愿望、意见、习惯和建议，必
须通过扩展个人联系来获得信息，而不是从远处试图'客观'地获得信
息，也不是通过结交所谓的领袖来获得信息。……客观主义和相对主义
不仅作为哲学是站不住脚的，而且对于富有成效的文化合作来说，它们
是非常糟糕的指导理论。"② 费耶阿本德批判文化客观主义，认为不能
"客观"地认识一种文化。在他看来，要想真正理解一种文化，不能站在
远处"客观地"观察，而是要深入其中，就像儿童学习一种语言一
样——他们生活在这种语言传统之中，不是站在这种传统之外来"客观
地"观察人们如何运用语言。

在后期，费耶阿本德的文化观（传统平等的思想）发生了一百八十
度的大转变，从文化不变到文化无限可变。事实上，这两种文化观都站
不住脚。文化交流变化，这没有问题，但每种文化潜在地是全部文化，
这恐怕不符合历史事实。只要回顾历史，许多文化消失了，只有少数文
化还保有生命力，能够延续或发生转变。因此，"每种文化潜在地就是全
部文化"明显是一种夸大其词的口号，具有欺骗性。当然，考虑到他喜
好走极端，这种文化观的变化也就不难理解了。

---

① Paul Feyerabend. *Killing Time: The Autobiography of Paul Feyerabend*. Chicago: The University of Chicago Press, 1995, p. 152.

② Paul Feyerabend. *Killing Time: The Autobiography of Paul Feyerabend*. Chicago: The University of Chicago Press, 1995, p. 152.

### 二 反对个体自由平等

费耶阿本德主要强调传统自由，很少探讨个体自由。他写道："自由社会是所有传统都具有平等权利和进入权力中心的平等机会的社会（这不同于通常的定义：人人都有进入由一种特殊传统——即西方科学和理性主义的传统——所规定的地位的平等权利）。"① 在他看来，一般自由主义所追求的个体自由和平等，只是西方科学和理性主义传统内部的自由平等，而这种传统只是一种白人传统，并不一定适合于其他种族，甚至可能歧视其他种族，因此，他批判一般的自由主义传统及其平等观，因为自由主义的"平等，包括'种族平等'在内，并不意味着传统的平等；而是意味着有平等的权利接近一种特殊的传统——即白人的传统"②。总之，费耶阿本德所追求的是传统的自由平等，感兴趣的也是传统的自由平等，对个体的自由平等似乎有点漠不关心，当二者冲突时，他会毫不犹豫地反对后者，所以，他总是批判一般的自由主义传统，因为后者主张的是个体自由平等而不是传统的自由平等，而在他看来，这种个体自由平等只是白人传统（西方科学和理性主义传统）内部的自由平等，不值得提倡。

费耶阿本德说过这样的话："我认为绝对的自由是这个世界中找不到的抽象观念，但是有条件的自由是可能的、需要的、应该追求的。"③ 尽管如此，可是，他所谓的个体自由，似乎是指个性的充分发展，是老庄意义上的无拘无束，是没有规则的自由，是指自由意志，是哲学意义上的自由，即无政府主义的自由——反对一切限制，不受法律和责任的约束，反对普遍标准和普适规则，反对齐一性，认为齐一性危害个人的自由发展。他写道："因此，要增加自由，要过充实而有价值的生活，以及

---

① ［美］费耶阿本德:《自由社会中的科学》，兰征译，上海译文出版社 2005 年版，前言，第 4 页。

② ［美］费耶阿本德:《自由社会中的科学》，兰征译，上海译文出版社 2005 年版，第 87 页。

③ ［美］费耶阿本德:《自由社会中的科学》，兰征译，上海译文出版社 2005 年版，第 216 页。

相应地发现自然和人的奥秘，就必须拒斥一切普适的标准和一切僵硬的传统。（自然，它也要求拒斥大部分当代科学。）"① 这种随心所欲的个人自由主义，在思想上，与他的无政府主义知识论和多元主义方法论是一致的。但是，这种"无法无天"的逍遥式自由不可能在现实中存在，只是一种乌托邦：如果允许某人或某些人有这种自由，想干什么就干什么，想怎么做就怎么做，那么，其他人就无法生存，更不用说自由了。因此，这种自由不是现代法律和社会意义上的自由，因为现代社会中的个体自由是所有人都要遵守普遍的规则和法律，不存在超越规则和法律的特权者。对于单个的人来说，表面上看这种规则和法律限制了其自由，但实际上它也保护了其自由，使得别人不能侵犯其自由。在这种环境下，每个人才能获得其最大的自由。这种自由是最现实的自由，也是最完美的自由。

然而，费耶阿本德过分关注传统自由，却导致他反对遵守普适规则和共同法律的个体自由。他拒绝承认超越种族、语言、信仰和传统的普遍权利和自由，甚至认为如果不区分种族、语言、文化和传统，就不可能存在个体自由，其理由如下：

> 因为如果我们"不区分"（disregard）脸部的种族特征，如果我们不关心从其嘴中涌现出来的声音节奏（rhythm），如果我们删除文化决定的特殊的说话姿势（gesture），那么，我们便不再有一个活生生的人，而是有一个怪物。这种怪物是死的，不是自由的。②

上述这段话说得有点令人感到莫名其妙。当然，每个活生生的人，都具有种族特征，都具有语言和文化特色，也必然属于某一传统或某些传统的组合，但这并不妨碍他遵守普适的规则和法律。如果每一个活生生的人都能遵守普适的规则和法律，这就是现代社会的自由。活生生的

① ［美］费耶阿本德：《反对方法：无政府主义知识论纲要》，周昌忠译，上海译文出版社2007年版，第5页。

② Paul Feyerabend. *Three Dialogues on Knowledge*. Oxford：Basil Blackwell Ltd，1991，pp. 166 – 167.

人与普适的规则和法律之间并没有矛盾：对于每一个活生生的人来说，他只需要遵守普适的规则和法律，不需要屈服于任何强权，在法律面前人人平等，这就是现代社会的自由平等。相反，如果区分每个人的种族、性别、信仰、阶级、意识形态、民族、语言、文化、传统、地位、地域、职业、财产、健康和贵贱等，并根据这些区分，不同的人需要遵守不同的规则和法律，从而把人分成三六九等，区分出高低贵贱，这就是身份政治和身份社会。在这样的社会里，不存在个人的平等自由，而是存在各种各样的歧视（如种族歧视、性别歧视、政治歧视、思想歧视、职业歧视、阶级歧视、健康歧视、财产歧视），从而产生一些"高等"族群和一些所谓的"贱民"。

纳粹德国就根据种族区分出"高贵的日耳曼人"和"低劣的犹太人"，然后据此大规模屠杀犹太人。当然，费耶阿本德不一定赞成这样做。在军训的演讲中，他讲过这样的话："我们（日耳曼人）的不幸是我们自己造成的，千万不要归罪于任何犹太人、法国人或英格兰人。"① 他认为日耳曼人应该正视自身的问题，应对其所造成的一切后果承担起全部责任，不应当归罪于别人。然而，他对犹太人还是有别样的感情的。在其自传中，他这样描述犹太人：

在纳粹时期，关于犹太人、共产主义和布尔什维克威胁的公众舆论，我几乎没有关注，既不赞成，也不反对。这些舆论反反复复，明显对我毫无影响。多年后，在美国、英格兰和欧洲大陆，我有许多犹太朋友。事实上，根据纳粹的界定标准，我在职业中所交的朋友几乎都是犹太人。在我们的友谊开始之时，我并不知道朋友是犹太人。当发现这一点时（绝大多数是偶然发现的），我感到发生了相当奇特的异事。"他是犹太人，他是我的好朋友"——犹如吃了禁果。那种感觉持续了几年，现在已经消失。在某种程度上，我对此感到懊悔。对于不同的面孔、不同的族群和不同的团体有不

---

① Paul Feyerabend. *Killing Time*: *The Autobiography of Paul Feyerabend*. Chicago: The University of Chicago Press, 1995, p. 50.

同的感觉，似乎比抹平所有个人特质和族群特质的人道主义更加人道。①

费耶阿本德虽然主张传统平等，但却又主张区分不同的种族，区分不同种族的生理特征和文化特质，进而主张对不同种族和族群有不同的感觉，并认为这比人道主义更加人道，因为人道主义主张对任何人实行人道主义，而不区分其种族和族群。他一方面，主张各种传统平等；另一方面，又主张区分不同族群，并对不同族群有不同感觉。这两方面的主张似乎是矛盾的——不同族群保持不同传统，对它们有不同感觉，这可能造成根本的不平等，造成严重的族群歧视。为了保证传统平等、族群平等，应当尽量对不同的传统和不同的族群一视同仁，应当尽量避免对其有不同的感觉，而不是竭尽全力地去区分不同的传统和不同的族群，更不是在此基础上鼓励人们对其有不同的感觉。当然，费耶阿本德总是费尽心机地区分出不同于西方传统和白人的传统和族群，然后，批判前者，极力主张后者与前者平等。但是，费耶阿本德似乎没有意识到这一点：这种区分本身就可能是一种歧视，就是一种不平等。

实际上，区分不同传统和族群在政治上是十分危险的，纳粹就极力区分日耳曼人和犹太人，认为日耳曼人是高等民族，而犹太人是劣等民族，从而大规模迫害和屠杀犹太人，造成人间惨剧。当然，费耶阿本德虽然区分不同传统和族群，但是，他主张不同传统和族群之间平等，没有宣称其不平等，极力为处于弱势的传统和族群争取平等的机会和权利。然而，费耶阿本德似乎并未意识到这种危险，因为只要有了这种区分，就是一把双刃剑：既可以为纳粹利用，成为其迫害和屠杀犹太人的借口；也可以成为费耶阿本德主张各种传统和族群平等的前提。然而，如果人们仅仅主张在法律和制度面前人人平等，不管其所属传统、文化和族群，不管其身份，那么，根本就不需要这种区分。值得指出的是，笔者从未见过费耶阿本德批判过这种区分所造成的危险，也没有见到他批判过纳

---

① Paul Feyerabend. *Killing Time*: *The Autobiography of Paul Feyerabend*. Chicago: The University of Chicago Press, 1995, p. 53.

粹以这种区分为基础对犹太人进行的大屠杀。

费耶阿本德追求传统平等，根据传统来区分人，从而有可能导致各种各样的身份歧视。之所以如此，是因为他否认存在超越传统的、抽象的普适规则和普遍标准，进而把这种"抽象的规则和标准"与"抽象的人"混淆起来。他的逻辑推理是这样的：如果存在超越传统的、抽象的普适规则和普遍标准，那么就存在超越传统的"抽象的人"，而抽象的人是一种死的怪物，不是活生生的人，因此根本谈不上个体自由。在这个逻辑推理中，至少存在两个错误。首先，肯定存在"抽象的规则和标准"，就必然肯定只能存在"抽象的人"，即否定存在"活生生的人"。显然，不能从"抽象的规则和标准"推出必然否定存在"活生生的人"，二者没有逻辑蕴含关系；"抽象的规则和标准"和"活生生的人"之间没有任何矛盾，相反，后者可以遵守前者，这就是现代意义的个体的自由平等。其次，存在"抽象的人"与存在"活生生的人"之间矛盾，这明显是逻辑错误。根据柏拉图的理念说，活生生的人是分有抽象理念的人，二者都是存在的，并没有用一种来否定另一种。根据唯物论的观点来看，抽象的人是对活生生的人的抽象，二者都是存在的，不能用一种来否定另一种。当然，"抽象的人"是观念还是实体，这在哲学上有争论。但是，不能说只要谈论抽象的人，就否定了活生生的人。"白马非马"论只是说"马"不等同于"白马"，二者不是一个东西，并没有说谈论抽象的马就必然否认存在白马、黑马、红马和黄马等各种各样具体的马。退一步讲，即使根据唯名论，"抽象的人"只是名称，是观念，不是实体：在现实中，人们只能观察到一个个活生生的人，而看不到一个"抽象的人"，即在实体世界中，只有活生生的人，没有抽象的人，由此来否定抽象的人，否定抽象的规则和标准。然而，根据这种逻辑，"种族"、"传统"、"语言"和"文化"也必然是抽象的观念，而不是具体的实体，不是活生生的个体，因而也应该否定它们，不能谈论它们，更不能谈论传统的自由。显然，费耶阿本德在这里是自相矛盾的。

当然，费耶阿本德毕竟是科学哲学家，他虽然否认存在超越传统的普适的社会规则和普遍的社会标准，但是，却承认自然定律的普适性。①
然而，他否认能从存在普适的自然定律推导出存在超越传统的普遍的社
会法则。他坚决反对一位科学家的这种思想。他写道："他（一位科学
家）设法根据'不区分种族（race）、语言（language）、宗教（religion）
和其他信仰'的普遍权利（universal right）为其自由（freedom）之战而
辩护。他说：物质宇宙（physical universe）遵循'宇宙学原理'（cosmol-
ogical principle）——在其中，每个地方和方向（direction）与其他一切地
方和方向都是等效的。因此，他说：这同样适用于道德宇宙（moral uni-
verse）。这是古老的普遍化倾向（tendency）的再现，我们在此非常清楚
地看出它将导向何处。"② 换句话说，他承认存在普适的自然科学定律，
但不存在超越传统的普遍的社会法则，即不存在普适的自然法。有科学
家为了论证个人平等自由的正当性，认为既然万有引力定律适用于每个
传统的个人，那么，也就存在超越所有传统的普遍的社会法则，因而遵
守普遍社会法则的个体自由平等就是天经地义的。对于费耶阿本德来说，
这种观点无疑是当头一棒，是釜底抽薪，彻底否定了他所谓的不存在超
越传统的普适规则和普遍标准，不支持他一再强调的各个传统之间的结
果平等，而这正是其梦寐以求的事情。因此，费耶阿本德对此予以毫不
留情的批判。

　　总之，在传统、共同体或集体层次上来谈平等和自由，会导致个体
的不平等和不自由，会导致个体被奴役，因为传统或共同体自身并不会
说话，那么它的领袖就会代表它说话，俨然成为它的化身。在这种情况
下，传统的平等和自由就很快异化为其领袖的平等和自由，但领袖的平
等和自由并不等同于其他个体的自由和平等，而且，领袖的平等和自由
往往是以奴役其传统内的其他个体为代价的。平等和自由的主体应该是
个体，而不是空洞的传统，因为只有个体才会感知、体验和言说自身，
所以，只有个体的平等和自由才有意义，传统的平等和自由不但没有意

　　① 在20世纪，仍然出现过否认自然定律普适性的怪事。例如，纳粹德国根据种族标准，
区分出犹太物理学和日耳曼物理学；苏联根据阶级标准区分出无产阶级物理学和资产阶级物理
学，以及无产阶级生物学和资产阶级生物学，等等。
　　② Paul Feyerabend. *Three Dialogues on Knowledge*. Oxford：Basil Blackwell Ltd, 1991, p. 166.

义，而且还会导致个体被奴役。例如，在《知识对话录》中，就出现了
这样的情况：费耶阿本德一直在赞美某一传统，但对其内部的压制和奴
役却视而不见，并毫不留情地批判这一传统内部的反抗个体，批判这些
个体追求个人平等和自由——因为个人平等和自由属于西方传统。因此，
如果人们追求的是自由，而希望得到的也是自由，而不是奴役，那么，
就应该对费耶阿本德的自由观要多加审视和分析。个体自由是个体幸福
的重要前提和重要组成部分，甚至是最为重要的前提和最为重要的组成
部分。一个人若失去了自由，个人幸福就必将化为泡影。然而，费耶阿
本德却对个体自由漠不关心，甚至反对和批判个体自由，因此，他主张
个体幸福高于科学、理性和知识，追寻以善为基础的知识论，这些都是
不可靠的，值得怀疑、分析和批判。

　　费耶阿本德虽然反对科学和理性，提出无政府主义知识论，但是，
在主张传统和文化平等方面，他却在利用理性来构建社会秩序。这是一
种自我悖论，自相矛盾。如果他主张不同传统和文化在规则和机会面前
平等，那么，这些传统和文化在平等的机会与规则下经过竞争和冲突，
有的处于劣势，有的处于有利地位，有的被淘汰了，有的被保留了，优
胜劣汰，进而形成一种社会秩序。这种社会秩序是竞争和自然演化的结
果，不是某人理性设计的结果。反之，费耶阿本德如果主张不同传统和
文化在结果上平等，那么，他就是在用理性和热情设计一种社会秩序。
这种社会秩序很可能完全不同于经过竞争和自然演化形成的社会秩序，
既不利于社会的发展，也不能促进社会公平。人类历史一再证明，人类
理性是有限的，特别是某些人或个别人的理性更加有限，因而人为理性
设计社会秩序带来的不一定是福音，但造成的灾难却比比皆是。

　　一般而言，费耶阿本德极力主张保护的是传统而不是个人。如果有
的个人不属于（或不认同）任何一个传统，那么，他有无权利？如果有，
他的权利如何得到保障？对于这些问题，费耶阿本德的答案是显而易见
的。如果一个人不属于或不认可任何一个传统，那么，他就没有任何权
利，更谈不上权利的保障。因为平等和权利的对象是传统，而不是个人。
个体的自由、平等和权利是西方传统的观念，不是普适的，不适合于其
他传统。在现代化过程中，个体逐渐摆脱共同体（传统）束缚，求得个

人自由和独立，由此张扬了个体的权利和个性。如果现代化过程是一个进步的过程，那么，费耶阿本德极力主张传统自由和平等，似乎就在逆历史潮流而动，坚持传统（共同体）高于和先于个体，鼓吹传统束缚个体，个体服从和维护传统，而不是倡导个体的自由和解放。特别是，他强调对人的爱和个体幸福，但对于一些非人道的传统，他也强调其平等，这是难以自圆其说的。

### 三 科学、民主监督和外部干预

费耶阿本德主张民主和生活方式高于理性和真理，认为"民主、人们按照自己认为合适的方式安排自己生活的权利是第一位的，而'理性''真理'及我们的知识分子的一切其他发明是第二位的"①。因此，他极力主张对科学进行民主监督和外部干预。在费耶阿本德看来，科学并不比非科学更优越，它本身也不绝对是真理，也不是天生就是一种解放的力量。思想体系的生命力和活力在于竞争：各种思想体系在思想市场相互竞争，是保持其生命力和活力的先决条件；一旦某种思想体系垄断了思想市场，不再相互竞争，那么，它就成为束缚和奴役人的教条，不再是一种解放的力量。正如费耶阿本德自己所言："在科学或任何其他思想体系中，没有什么东西能够使它们生来便有解放力。思想体系可以退化，成为独断的宗教——它们自成功之时便开始退化，一旦反对派被打垮，它们就成了教条：它们的胜利就是它们的失败。"② 在近代早期（19世纪之前），科学在社会中还没有占据主流和垄断的地位，与其他思想体系相互竞争，为思想发展和个人自由发展提供了空间，使人们从宗教的控制和束缚中解放出来，是一种解放的力量。然而，在19世纪之后（特别是在第二次世界大战之后），科学打败了其他传统，成为社会中的一种霸权

---

① ［美］费耶阿本德：《自由社会中的科学》，兰征译，上海译文出版社2005年版，第179页。另外，请参见英文版 Paul Feyerabend. *Science in a Free Society*. London：Verso, 1982, p. 145. 根据英文原文，笔者对上述中文引文有所改动。

② ［美］费耶阿本德：《自由社会中的科学》，兰征译，上海译文出版社2005年版，第86页。另外，请参见英文版 Paul Feyerabend. *Science in a Free Society*. London：Verso, 1982, p. 75. 根据英文原文，笔者对上述中文引文有所改动。

力量，与政府合一，成为一种奴役人的力量。正是在这种情况下，费耶阿本德主张对科学进行民主监督和外部干预。

费耶阿本德所主张的对科学进行民主监督和外部干预，可以从两个范围来看。这两个范围就是科学内部和科学外部。就科学内部而言，通常的观点认为科学认识世界，追求真理，有其判断真假的原则和规范，拒绝民主的原则和程序。然而，费耶阿本德主张无政府主义知识论和多元主义方法论，否定科学追求真理，认为科学是一种无政府主义的事业。在他看来，今天的科学是商业，科学研究不是被理性和真理指导，而是受商业利益左右和控制，所谓的科学思想和理论根本不是真理，而是权势学派的意见。费耶阿本德严厉批判科学商业化："过去的科学赐予我们实用而可怕的礼物，但没有运用单一不变的'战无不胜'的手段。今天的科学是商业，根据商业原理来运营。大机构中的研究不是被理性和真理指导，而是受最大利益化方式左右；而且，今天最伟大的心灵日益转向金钱，这意味着军事问题。我们的大学里教授的不是'真理'，而是权势学派的意见。"[1] 正因为如此，所以在科学内部，费耶阿本德主张在科学中引入民主程序，用外行来监督内行，通过民主投票来决定一些科学事务，认为民主判断高于"真理"和专家意见。

没有科学家会承认，投票表决在他的学科里是起作用的。仅仅事实、逻辑和方法论就可做出判定……我们看到：仅仅事实并不十分有力，不足以使我们接受或拒斥科学理论，它们留给思想的范围太宽广了；逻辑和方法论排除得太多，所以太狭窄了。处在这两个极端之间的，是人类思想和意愿不断变化的领域。对科学博弈中的成功之着（从科学家本身的观点来看是"成功的"）的比较详细的分析，确实表明存在一个广阔的自由范围，它要求思想多样化，允许应用民主程序（选票—讨论—投票表决），但它实际上被强权政治和

① Paul Feyerabend. *Farewell to Reason.* London：Verso，1988，p. 102.

宣传所封闭。①

费耶阿本德认为，在科学中，对科学理论判定的两种渠道都有缺陷。在经验事实渠道中，存在经验不完全决定理论的问题，甚至是理论决定事实，无法判定科学理论。在逻辑理性渠道中，根据严格的方法论规则，又排除了许多的科学理论，使得科学无法发展。所以，在实际的实践中，科学既反归纳地行事，又违背一致性原理，"怎么都行"，思想和理论有广阔的自由发展空间，允许多元化，可以运用民主原理和程序，通过投票表决来判定科学理论的命运。当然，实际的科学活动也确实会运用这种投票表决。例如，在论文、项目和奖项等评审中，最终结果往往通过评委民主投票来决定。这是一种科学内部的民主，即在科学共同体内部，某些科学家通过民主投票来决定一些科学事务。然而，费耶阿本德认为，一般的科学理论和事实，却没有通过民主的原则和程序（没有通过科学内部民主的原则和程序，更没有通过科学外部的民主原则和程序）来判定，而是通过权力、教育、宣传和洗脑来强行推广和灌输的。

　　我们接受或拒斥科学思想的方式是同民主决策程序迥然不同的。我们接受科学定律和科学事实，我们在学校里教它们，我们使它们成为重要政治决策的基础，但从未让它们服从投票表决。科学家不让它们服从表决——或者至少这是他们的意见——而且外行也肯定不让它们服从表决。具体的建议偶尔加以讨论，也有人提议投票表决。但是，这种程序没有扩展到一般理论和科学事实。近代社会所以是"哥白尼主义的"，并不是因为哥白尼主义已付诸表决，加以民主辩论，然后以简单多数被选中；它所以是"哥白尼主义的"，是因为科学家是哥白尼派，还因为人们不加批判地接受他们的宇宙学，

---

① ［美］费耶阿本德：《反对方法：无政府主义知识论纲要》，周昌忠译，上海译文出版社2007年版，第279—280页。另外，请参见英文版 Paul Feyerabend. *Against Method：Outline of an Anarchistic Theory of Knowledge.* London：Verso，1978，pp. 302 – 303. 根据英文原文，笔者对上述中文引文有所改动。

就像人们曾经如此接受主教和红衣主教的宇宙学那样。①

就科学内部而言，费耶阿本德认为它既不求真，也不民主，而是一种强权政治，因此，需要对科学进行民主监督和外部干预。他认为外行监督和领导专家和科学家，可以纠正后者的错误，因为外行与专家和科学家可能分属于不同的传统，而判断正误的标准却是由传统决定的。他写道："涉及有限领域的小错误也许可以从内部纠正，而涉及整个领域的'基本思想体系'的全面错误只能由外行或具有不寻常经历的科学家来揭示，而且经常只是被他们揭示的。这些外行利用新的思想纠正了错误，并因此从根本上改变了研究。什么算作错误和什么不算作错误取决于做出判断的那种传统……"② 费耶阿本德坚持理论和观点依赖于传统，没有超越传统的普遍真理和标准，所以，他主张外行用不同的传统来监督科学，纠正科学的错误，促进科学的发展。

费耶阿本德强调用教会、政府、政党、公众的不满或金钱等非科学力量来干预科学，其目的是促使科学理论增生。如果对科学没有民主监督和外部强制干预，科学就会停滞，变得僵硬、狭隘。因此，为了促使科学增生，就必须对其进行民主监督和外部干预。当然，费耶阿本德也承认对科学进行民主监督和外部干预，并不能保证科学必然增生，李森科事件就是一个失败的案例。换句话说，对科学进行民主监督和外部干预只是科学增生的必要条件，而不是充分条件。即便如此，费耶阿本德仍然坚持科学需要民主监督、外部控制和外部干预。

在科学外部，即在社会中，费耶阿本德猛烈批判科学家、专家和知识分子，认为他们占据了至高无上的优势地位，通过间接民主（代议制

---

① ［美］费耶阿本德：《反对方法：无政府主义知识论纲要》，周昌忠译，上海译文出版社2007年版，第278页。另外，请参见英文版 Paul Feyerabend. *Against Method：Outline of an Anarchistic Theory of Knowledge.* London：Verso, 1978, pp. 301 – 302. 根据英文原文，笔者对上述中文引文有所改动。

② ［美］费耶阿本德：《自由社会中的科学》，兰征译，上海译文出版社2005年版，第121页。另外，请参见英文版 Paul Feyerabend. *Science in a Free Society.* London：Verso, 1982, pp. 99 – 100. 根据英文原文，笔者对上述中文引文有所改动。

民主）来控制社会，为自己捞好处。因此，他极力鼓吹直接民主，由外行和群众来监督和领导内行，由大众来做出最后的决定和解决问题。他写道："专家的意见当然也要予以考虑，但专家将不能做最后的决定。最后的决定是由民主构成的委员会做出的，在这些委员会中，外行占有优势。"①"在所有情况下，最后的决定不是由专家做出的，而是由直接相关人员做出的。"② 费耶阿本德由此否认科学家、专家和知识分子应该享有学术自由的权利。他说："今天，我们有诸如学术自由的事情。教授所做的研究和教学由他们自己来评判，而不是由外部组织来评判。许多知识分子认为学术自由是一项基本权利，也把学术自由看作社会的其余部分要服从的神圣戒律。但这是一种愚蠢的看法。"③ 费耶阿本德认为，在近代科学发展初期，科学家追求学术自由的权利是应该的，因为当时教会控制了一切，压制科学的发展，迫害科学家。但是，在当今世界，科学已经垄断和控制了社会，占据了霸权地位，压制非科学传统，因此，为了使得社会平衡发展，必须对科学进行外行监督和外部干预，剥夺科学家的学术自由权利。

　　费耶阿本德所说的自由社会是各种传统平等的社会，所以，他反对知识分子在社会中占据优势地位，赞成限制甚至取消他们的学术自由，号召把他们从社会生活中心清除出去。他写道："但在自由社会中，知识分子只是一个传统，他们没有特殊的权利，他们的观点没有特殊的重要性（当然，对他们自己来说除外）。问题不是被专家解决的（虽然他们的建议不会被忽视），而是被有关人士按照他们所重视的思想、根据他们认

---

　　① ［美］费耶阿本德：《自由社会中的科学》，兰征译，上海译文出版社 2005 年版，第 102 页。另外，请参见英文版 Paul Feyerabend. *Science in a Free Society*. London：Verso, 1982, p. 87. 根据英文原文，笔者对上述中文引文有所改动。

　　② ［美］费耶阿本德：《自由社会中的科学》，兰征译，上海译文出版社 2005 年版，第 116 页。另外，请参见英文版 Paul Feyerabend. *Science in a Free Society*. London：Verso, 1982, p. 97. 根据英文原文，笔者对上述中文引文有所改动。

　　③ ［美］费耶阿本德：《科学的专横》，郭元林译，韩永进校，中国科学技术出版社 2018 年版，第 82 页。

为最适当的程序来解决的。"① 在费耶阿本德看来，不仅应该剥夺科学家
的学术自由权利，还应当对科学家进行更多的审查和控制，因为当今的
科学家和知识分子是社会的寄生虫，不但是物质财富的寄生虫，而且是
心灵的寄生虫。他写道："寄生虫是不劳而获的男人或女人。今天许多科
学家和知识分子恰恰在这个意义上是寄生虫。他们凭空获得大笔的薪水、
奢华的生活环境。因为，让我们不要忘记，正在州立大学和其他用税款
予以支持的机构（如国家科学基金会）中进行的研究和教学中，只有一
小部分对一般公众有益，有的还只是抱有有益于公众的思想。"② 费耶阿
本德认为，科学沙文主义造成科学家浪费研究经费，凭空获得大量金钱，
不劳而获，侵吞社会的物质财富，成为钱财的寄生虫。更为严重的是，
科学家和知识分子已经成为心灵的寄生虫，他们凭借地位和权力把自己
的研究成果和思想体系强加给其他人，特别是通过教育和宣传强力灌输
给学生，腐蚀了青年人的心灵。因此，他建议："仔细考察科学家使用公
众钱财的方式，考察他们强加给青年人的学说。我建议有前途的研究要
得到恰当的报酬——但它的基本思想体系将不会自动成为基本教育的组
成部分（监狱警卫的思想体系对于看守犯人也许是很出色的，但作为一
般教育的基础，它却是完全不合适的）。"③

在这种情况下，为了使普通民众避免受到科学家和知识分子等"寄
生虫"的控制和伤害，费耶阿本德进一步提出政府干预科学。他写道：
"保护公民摆脱这些靠老百姓的心灵和腰包生活的沙文主义寄生虫，正是
政府的职责——而一旦不得不进行保护，政府当然也不得不进行干预。
然而，我完全理解：那些由现状而获益的人、科学家及其走狗科学哲学

---

① ［美］费耶阿本德：《自由社会中的科学》，兰征译，上海译文出版社 2005 年版，前言，
第 4 页。

② ［美］费耶阿本德：《自由社会中的科学》，兰征译，上海译文出版社 2005 年版，第 187
页。另外，请参见英文版 Paul Feyerabend. *Science in a Free Society*. London：Verso，1982，p. 151. 根
据英文原文，笔者对上述中文引文有所改动。

③ ［美］费耶阿本德：《自由社会中的科学》，兰征译，上海译文出版社 2005 年版，第 188
页。另外，请参见英文版 Paul Feyerabend. *Science in a Free Society*. London：Verso，1982，p. 152. 根
据英文原文，笔者对上述中文引文有所改动。

家为什么会感到我的建议'讨厌'。"① 他主张政府干预科学，其意图是削减科研经费和科学家的薪酬，降低科学家的社会地位，削弱科学家对社会的影响力和控制力。费耶阿本德由此得罪了科学家及其"走狗"科学哲学家和其他受益者，成为"科学最凶残的敌人"。

费耶阿本德大力主张各种传统平等，而且互不干涉传统内部事务，禁止一种传统把其生活形式强加给另一种传统。他说："每个组织、每个政党、每个宗教团体都有权捍卫它的特殊生活方式及其包含的一切标准。"② 照此逻辑，如果把科学和政治看作两种不同的传统，那么，二者就是平等的，不需要比较好坏优劣，不应当用一种传统去干预另一种传统。然而，费耶阿本德在这里却违反逻辑一致性，极力主张用政治干预科学。之所以如此，是因为："科学的理论权威远不如人们想象的那样。另外，它的社会权威现在变得强大至极，以致为了恢复平衡发展，就必然需要政治干预。"③ 费耶阿本德这样说，显然夸大其词了，科学的社会权威在有的地方很强大，但在有的地方并非如此。特别是，他津津乐道的中国政治干预科学的成功案例就有些想象的成分。

费耶阿本德极力鼓吹政治干预科学。他认为中医在中华人民共和国的复活是一个政治成功干预科学的案例。但是，这是值得讨论的。例如，他说：20 世纪 50 年代，在中国"科学被引进、被教授，排挤掉一切传统因素。科学沙文主义得胜了：'顺科学者生，逆科学者亡'"④。显然，这种说法与事实大相径庭。在当时的中国，科学还比较落后，根本不存在科学沙文主义，更没有排挤掉一切传统因素。自从秦始皇以来，在中国，

① ［美］费耶阿本德：《自由社会中的科学》，兰征译，上海译文出版社 2005 年版，第 264 页。另外，请参见英文版 Paul Feyerabend. *Science in a Free Society*. London：Verso, 1982, p. 212. 根据英文原文，笔者对上述中文引文有所改动。

② ［美］费耶阿本德：《反对方法：无政府主义知识论纲要》，周昌忠译，上海译文出版社 2007 年版，第 195 页。

③ ［美］费耶阿本德：《反对方法：无政府主义知识论纲要》，周昌忠译，上海译文出版社 2007 年版，第 195 页。另外，请参见英文版 Paul Feyerabend. *Against Method：Outline of an Anarchistic Theory of Knowledge*. London：Verso, 1978, p. 216. 根据英文原文，笔者对上述中文引文有所改动。

④ ［美］费耶阿本德：《反对方法：无政府主义知识论纲要》，周昌忠译，上海译文出版社 2007 年版，第 27—28 页。

最强大的传统是政治传统，它决定一切。近代科学本身就是外来传统，在当时的中国扎根并不深，即使在今天的中国，也不好说它有多么强大。因此，可以说，在中国，那时的科学传统还比较脆弱，是政治传统的"婢女"。在这种状况下，政治挂帅，一切以政治为标准，不敢讲真话，"放卫星"，何谈科学沙文主义。后来的各种政治运动，充分证明了这一点：科学研究和教育几乎停摆，科学传统几乎无影无踪，而政治传统却所向披靡，战无不胜。由此可见，费耶阿本德对中国了解得很肤浅，所举的这个案例还是有漏洞的，甚至存在误解和歪曲。

　　然而，费耶阿本德一再利用这一案例进行宣传，号召人们反抗科学沙文主义，呼吁把社会从科学的桎梏中解放出来。他说："要么不加抗辩地接受科学沙文主义，要么用公众行动的反击力量来克服它，这取决于我们，取决于自由社会的公民。共产党人50年代在中国利用公众力量反击科学；在不同条件下，一些反进化论者70年代在加利福尼亚也这样做。让我们仿效他们，把社会从意识形态上僵化的科学桎梏中解放出来，正如先辈把我们从一真教的桎梏中解放出来一样。"① 费耶阿本德认为，在政治干预科学方面，李森科事件是一个失败的案例。但是，他把失败的原因归咎于极权主义，而没有归咎于政治干预。他写道："李森科事件中那种要不得的东西不是政府的干预，而是极权主义的干预，它扼杀了反对者，不让他走自己的路。"② 如果仔细分析这句话，就可以发现它有点似是而非。政治有各种各样的政治，如极权主义政治、威权政治、民主政治、君主政治、皇帝政治、神权政治、无政府主义政治，因此，只要主张政治干预科学，各种政治就都可以干预科学，极权主义政治也不例外。如果极权主义政治干预科学失败了，那么，这也属于政治干预科

　　① ［美］费耶阿本德：《反对方法：无政府主义知识论纲要》，周昌忠译，上海译文出版社2007年版，第284页。另外，请参见英文版Paul Feyerabend. *Against Method：Outline of an Anarchistic Theory of Knowledge*. London：Verso, 1978, p. 307. 根据英文原文，笔者对上述中文引文有所改动。

　　② ［美］费耶阿本德：《反对方法：无政府主义知识论纲要》，周昌忠译，上海译文出版社2007年版，第283页。另外，请参见英文版Paul Feyerabend. *Against Method：Outline of an Anarchistic Theory of Knowledge*. London：Verso, 1978, p. 306. 根据英文原文，笔者对上述中文引文有所改动。

学失败的情形。当然，可以把失败原因归咎于极权主义政治，而不是一般的政治。然而，费耶阿本德没有明确说出哪些政治可以干预科学，哪些政治不可以干预科学，更没有明确反对极权主义政治干预科学，反而经常赞美某种极权主义政治干预科学，并认为这种极权主义政治干预科学非常成功。

总之，费耶阿本德极力主张政治干预科学（或政府干预科学）似乎有点走火入魔，认为李森科事件越多越好。然而，在他生活的 20 世纪，人类最大的痛苦和灾难并不是科学霸权乃至科学极权，相反，政治极权主义给人类造成极大的伤害，贫穷、奴役、饥饿和大屠杀，造成数亿人非正常死亡。费耶阿本德对此视而不见，还或明或暗地为极权主义政治辩护，至少从未见他批判过极权主义政治。此外，他年轻时还参加纳粹军队，为极权主义政治和战争服务。广而言之，他一直猛烈批判近代科学和西方文明，为其他传统和文明辩护，也对马列主义和毛泽东思想比较感兴趣，这大体上符合西方左派的思想观点。当然，他是否一定就能完全归入西方左派（新左派）阵营，是需要进一步讨论的。

值得注意的是，费耶阿本德经常强调公民监督或干预科学。显然，这里的公民不包括科学家和专家，主要指普通民众。在其潜意识中，科学家和专家是社会中的另类，连公民都不是，与普通民众对立。这有点不可思议。在他看来，"科学家是思想和新奇玩意的推销者，不是真理和谬误的裁判者，也不是适当生活的高级牧师"①。在普通人看来，科学家和专家是社会精英，是精英主义者。然而，费耶阿本德却把精英主义者等同于斯大林主义者。而且，据他说，他的这种用法源于拉卡托斯的著作《数学、科学和认识论：论文集第二卷》，也源于自己与其的私下交谈。②

最令人瞠目结舌的是，费耶阿本德为了批判科学和专家，取消他们的学术自由，剥夺他们在社会中所占据的优势地位，摧毁他们对社会的

---

① Paul Feyerabend. *Problems of Empiricism* (Philosophical Papers Volume 2). New York: Cambridge University Press, 1981, p. 31.

② Paul Feyerabend. *Problems of Empiricism* (Philosophical Papers Volume 2). New York: Cambridge University Press, 1981, p. 27.

控制和霸权，竟然主张科学家和专家是奴隶，他们是制度和理性的奴隶，而业余爱好者却是自由人，而且一个人只有成为业余爱好者，才能是自由人。关于什么是自由人，他写道："根据亚里士多德的思想，自由人是具有平衡感的人。他具有分寸感。在政治、科学和艺术领域，他见多识广。……换言之，只有你是一个业余爱好者，你才能成为一个自由人，才能获得并保持自由人的尊严、相貌和语言。"① 由此可见，他把自由人界定为业余爱好者，而专家虽然在某一狭窄领域具有丰富的专业知识，具有敏锐的判断力和深邃的洞察力，取得非凡业绩，但是专家不是平衡发展的，失去了平衡感，失去了分寸感，所以，就成为最糟糕的、最胸襟狭隘、自负的奴隶，在思想、语言和社会地位等方面都成为奴隶。相反，业余爱好者是平衡发展的，没有失去平衡感和分寸感，所以，业余爱好者就是自由人。

如果费耶阿本德的上述主张成立，那么，就可以这样说："无知是自由，知识越多越反自由，知识越多越受奴役"。根据他的这一主张，今天的绝大多数知识分子都是奴隶，甚至大学毕业生都是奴隶，只有文盲或具有中小学文化程度的人才可能是自由人，因为今天的知识储量太大，对于任何人而言，都可以是无限的，所以，只有分科学习和研究才可能达到一定的深度。因此，在一般的政治和社会自由意义上，他的这一主张绝对是荒唐的。然而，在思想奴役意义上，他的这一主张可能有一定道理，因为专家受到专业知识和范式束缚，甚至受到专业偏见和行业利益影响，可能成为专业的奴隶。可是，在另一方面，专家的创新知识有助于突破思想禁区，有利于打破旧观念和旧知识的束缚，从而解放专家和社会，使专家和其他人变得更加自由。最后，如果让专家和业余爱好者分别组成两个传统，即专家传统和业余爱好者传统，那么，费耶阿本德的这种主张也明显违反自己的所有传统平权的要求。他显然拒斥专家传统，而拥抱业余爱好者传统。

当然，费耶阿本德主张对科学进行民主监督，让外行干预科学，也

---

① Paul Feyerabend. *Knowledge, Science and Relativism* (Philosophical Papers Volume 3). New York: Cambridge University Press, 1999, pp. 117–118.

有其合理性，因为科学家有时是利益方，涉及职业和行业利益，就有可能追求利益而损害科学研究。他说：即使你自己没有成为一个科学家，也能批判科学。更为特别的是，即使你没有成为一个科学家，也能批判科学的贪求——贪求更多的金钱、更大的权力、更大的政治影响尤其是更大的教育影响。科学的民主批判不仅不荒谬，而且它属于知识的本性。① 在这种情况下，科学研究不是为了追求知识增长和真理，而是为了个人、组织或行业利益。特别是，在当今世界，一些科学家、专家和知识分子经常深陷政治利益和经济利益之中，为了个人利益和组织利益，不惜损害社会和普通民众的利益。如果情况是这样的，那就需要对科学进行政府监管、公民监督、舆论监督和外部干预。

费耶阿本德一方面极力主张政府干预科学，另一方面又主张政府与科学分离。正如他自己所言："政府和科学应该分离，正如政府和教会现在已经分离了一样。分离的理由很简单：每一种职业都有一种思想体系，都要争夺远超出其成就的权力，而民主的任务就是要控制这种思想体系和争夺。在这个问题上，科学和其他行业没有任何不同……"② 在他看来，应当像政府与宗教分离一样，政府与科学也应当分离。这样做，是为了使各种传统保持平等和平衡，免得科学凭借政府的权力来打压其他传统。广而言之，为了实现其所谓的传统自由的社会，费耶阿本德主张政府与各种传统分离，如政府和意识形态分离、政府和宗教分离、政府和科学分离、政府和教育分离、政府和神话分离。

费耶阿本德，一方面主张各种传统平等，一方面又极力主张政治干预科学（或政府干预科学）；与此同时，他却又主张政府与科学分离。显然，如果这三方面的主张作为普遍原则，那么，它们肯定是不相容的。然而，费耶阿本德却不这样认为，他说："但是干预与分离是相容的，如

---

① ［美］费耶阿本德：《科学的专横》，郭元林译，韩永进校，中国科学技术出版社 2018 年版，第 28 页。

② ［美］费耶阿本德：《自由社会中的科学》，兰征译，上海译文出版社 2005 年版，第 187 页。另外，请参见英文版 Paul Feyerabend. *Science in a Free Society*. London：Verso, 1982, p. 151. 根据英文原文，笔者对上述中文引文有所改动。

果干预是为了引进分离、保护分离或在分离遭到破坏时恢复分离的话。"①
当然，如果不是把它们视作普遍原则，而是看作一种因时因地的权宜之
计，今天主张干预，明天主张分离，此地主张干预，它地主张分离，那
么，它们是相容的。甚至可以狡辩说，今天主张干预是为了明天的分离，
此地的干预是为了它地的分离，在不相容的东西之间建立了联系。但是，
从哲学上来说，这种权宜之计没有观点，没有主张，没有言说什么，也
没什么意义，也算不上哲学，只能是一种狡辩。当然，费耶阿本德可以
说"怎么都行"，没有主张，没有原则，最好沉默，最好闭嘴。

### 四 科学、教育和医疗

费耶阿本德认为科学控制了现代医疗和教育，因此，他不遗余力地
批判现代医疗和教育，宣称前者虐待摧残身体，而后者蒙蔽扼杀心灵。
他也认为科学已经商业化，特别是医疗科学已经变成了商业。费耶阿本
德极力反对科学对教育和医疗的控制，认为科学已经完全控制了这两个
行业，所以，他不断呼吁科学和教育分离。纵然，他没有提出科学与医
疗分离，但是，他竭尽全力为非科学医疗辩护，又不遗余力地批判科学
医疗。

费耶阿本德虽然不是教育家或教育专家，但是，他多年从事大学教
育工作，对教育有切身体验和丰富的经验，极为关心和关注青年人的教
育问题，对教育有大量深入思考，其中不乏深邃洞见，值得研究。他对
教育现状极为不满，对当代教育的理念、目标、内容和方法有过深刻的
批判和反思。在此基础上，他提出了自己的教育理想和教育主张。

费耶阿本德批判和反对科学，认为只给学生灌输科学知识，只对学
生进行科学教育，将扼杀学生的心灵，所以，他反对科学家接管教育。
他写道："当然，这一切意味着，我们必须制止科学家接管教育，制止他
们照'事实'和照'一真方法'教人，而不管现在的神话是怎么样的。
同科学一致，决定按科学的规范行事，这些应是考察和选择的结果，而

---

① ［美］费耶阿本德：《自由社会中的科学》，兰征译，上海译文出版社 2005 年版，第 225
页。

不是一种抚养孩子的特定方式。"① 在费耶阿本德看来，教育不应该是给学生灌输所谓的科学和真理，而应该是给学生提供各种观点、理论和传统，让学生对其进行选择，培养学生的这种选择能力。正如他自己所言："我设想了一种新的教育，这种教育由于不同观点的丰富储备而得以生存，允许选择对个人最有利的传统。教师的任务在于促进这种选择，而不在于用他自己的某种'真理'来代替它。"② 因此，费耶阿本德反对科学在教育中占据统治地位，主张科学与非科学在教育中平等、平权，主张科学与教育分离。

费耶阿本德也批判和反对当代的职业化教育，认为它是现存的最暴虐的工具，它扼杀了人的心灵，使人失去丰富的想象力，使人失去活生生的个性，变成僵尸。正如他自己所言："你所考虑的教育将用洗脑规程（brainwashing procedure）取代外部约束，然而，外部约束控制行为但不伤害心灵，可是洗脑规程却束缚人的一切。"③ 他认为这种职业化教育，使学生变成像大工厂中生产出来的机器，千篇一律，失去了创造力和个性，甚至失去了人性。

　　　　"教师"利用分数和对失败的恐惧来塑造年轻人的头脑，直到他们曾经可能具有的想象力丧失殆尽。这是一种灾难性的情势，要补救也不容易。……就我而言，首要的且最紧迫的问题是把教育从"职业教育者"的控制中解放出来。分数、竞争和正规考试等制约均应去除。我们还必须把学习过程同为一种特定行业做准备区分开来。④

---

① ［美］费耶阿本德：《反对方法：无政府主义知识论纲要》，周昌忠译，上海译文出版社2007年版，第197页。

② ［美］费耶阿本德：《自由社会中的科学》，兰征译，上海译文出版社2005年版，第148页。

③ ［美］费耶阿本德：《知识对话录》，郭元林译，韩永进校，中国科学技术出版社2020年版，第90页。

④ ［美］费耶阿本德：《反对方法：无政府主义知识论纲要》，周昌忠译，上海译文出版社2007年版，第196页。另外，请参见英文版Paul Feyerabend. *Against Method: Outline of an Anarchistic Theory of Knowledge*. London：Verso，1978，p. 217. 根据英文原文，笔者对上述中文引文有所改动。

因此，费耶阿本德认为把教育从职业化教育者的控制中解放出来，是当时最紧迫的教育问题。当然，他对教育的批判没有止步于此，而是进一步批判整个教育系统。他说："我们的教育系统（educational system）在什么程度上把人变成羊，而在何种程度上又把知识分子和教师等变成牧羊犬。……变成牧羊犬，对任何没有接受他们已接受的信仰的人狂吠不止，尽管他们仍处在羊的状态……"① 在费耶阿本德看来，当代教育系统就是一个奴役系统，把学生变成奴才，把教师和知识分子变成管家，让管家来监管和奴役奴才。而所谓的教育者没有培养学生的创造力和选择能力，而是奴役他们的心灵，因此，教育者是思想罪犯。正如他自己所言："我认为许多所谓的人类'教育者'（educator）只是权力饥渴的罪犯，他们不满足于自己微不足道的自我，还想统治其他人的心灵，竭尽全力来增加奴隶的人数。他们没有增强人们发现自己的道路的能力……"② 由此可见，费耶阿本德对当代教育几乎全盘否定，认为其对学生的身心健康发展都造成了伤害。特别是，当代教育奴役和扼杀人的心灵和思想，是一种思想犯罪。

事实上，费耶阿本德对当代教育的批判和否定，并不一定能站得住脚。例如，费耶阿本德援引伊朗学者拉内马（Majid Rahnema）的观点，用古代的无学校教育批判现代学校教育。③ 在古代，很少有专业化和职业化的学校教育，主要是家庭教育和社会教育，几乎每个成人都是老师，所以，每个人都可以受教育，教育并不是稀缺资源。而现代学校教育是专业化和职业化的事业，有各种各样的教育标准，并不是每个成人都可以成为现代教育的教师，因此，现代学校教育成为稀缺资源。显然，这种观点不值一驳，因为现代的社会教育和家庭教育仍然不是稀缺资源，几乎每个成人都是老师，这一点古今没有变化。而变化的是，现代发展出了学校教育。在现代社会中，现代学校教育纵然是稀缺资源，可是它

① ［美］费耶阿本德：《知识对话录》，郭元林译，韩永进校，中国科学技术出版社2020年版，第86页。
② ［美］费耶阿本德：《知识对话录》，郭元林译，韩永进校，中国科学技术出版社2020年版，第138—139页。
③ Paul Feyerabend. *Farewell to Reason*. London：Verso，1988，p. 298.

毕竟出现了，而且有相当多的人接受了现代学校教育。把古代无学校教育看成优势，把现代学校教育稀缺视作劣势，用前者来批判后者，这是非常荒唐和可笑的。

费耶阿本德从批判教育走向批判社会。他认为，大学中的教育是专业化的无能和无能的专业化，大学教师是缺乏创造力的无知者；初等教育和高等教育联合起来共同摧残下一代，培养眼光狭隘的"僵尸"。但是，在宗教、政治和军事等其他社会行业，情形同样如此——摧毁青年的未来，使青年失去希望、创造力、个性和人性。

> 人们在我们的大学中每天都可以看到这种结果：一些缺乏独立精神的无足轻重的人徒劳地试图找到自己痛苦的根源，耗费了自己的一生试图"发现自己"。当他们继续研究下去的时候，实际上发现的是，缺乏眼力是真正的"思想可靠性"，无知是真正的"专业能力"，精神呆滞是"学问"。所以，初等教育和高等教育携起手来产生了一些眼光极端狭隘、僵化的人，虽然他们决定在以知识的名义把限制强加给其他人方面不受任何限制和约束。……但是，我们不要过分纠缠大学，因为在宗教、政治和军事这些行业中，情况也完全一样。在一切地方，没有希望的人从那些还有希望的人那里把希望夺走，鼓励、纠缠、哄骗他们要"面对现实"，从而保证这个世界永远不缺少和他们类似的人。①

在批判和反思教育的基础上，费耶阿本德提出了自己的一些教育主张和教育理想。他把无政府主义贯彻到教育领域，主张在该领域中"怎么都行"。他写道："但就这些社会的性质来说，尤其在教育领域中，'怎

---

① ［美］费耶阿本德：《自由社会中的科学》，兰征译，上海译文出版社 2005 年版，第 217 页。另外，请参见英文版 Paul Feyerabend. *Science in a Free Society*. London：Verso，1982，pp. 174 - 175. 根据英文原文，笔者对上述中文引文有所改动。

么都行'。……我说民主国家的教育机构原则上应该教授任何学科……"①
如果纳税人想要学校教授伏都教、占星术、祁雨舞仪式和传统医学，那
么，学校就必须教授这些东西。正如毛泽东要求知识分子接受贫下中农
再教育，费耶阿本德主张纳税人监督专家，因为西方传统（理性主义
和自由主义）的教育政策是"极权主义的，因为它们使一小撮知识分
子的意识形态成为一切事物的尺度。它们是眼光短浅的，因为这种意识
形态是十分有限的，它是和谐与进步的障碍"②。总之，费耶阿本德反
对科学家、专家和知识分子在教育中占据主导地位，更不允许他们接管
教育，而是主张普通大众在教育中占据主导地位，由他们来监管甚至接
管教育。在批判和反对知识分子的基础上，他提出了自己理想的真正
教育。

    你们的（在这儿，我意指你和你的知识分子同类）规程是要
发展理论、伦理系统（ethical system）、人道主义哲学（humanitari-
an philosophy），以及在你们办公室里构想出的诸如此类的东西，并
以"教育"（education）为幌子把它们强加给其他人，而我却想要
人们发现他们自己的路。我所做的一切就是要排除知识分子设置在
他们路上的障碍；而你却想要改变行为习惯，直到它与你的成见一
致。当然，你必须有一个计划，而我却能把社会组织化留给其自身
的制度。然而，我把真正的教育理解为这样的教育：它告诉人们
"正在发生什么"，而同时设法保护人们不要被这种"正在发生什
么"的故事征服。例如，它告诉人有诸如人道主义（humanitarian-
ism）之类的东西，但它也设法增强人们的能力，以便看到这种思

① ［美］费耶阿本德：《自由社会中的科学》，兰征译，上海译文出版社2005年版，第166
页。另外，请参见英文版 Paul Feyerabend. *Science in a Free Society*. London：Verso, 1982, p. 134. 根
据英文原文，笔者对上述中文引文有所改动。
② ［美］费耶阿本德：《自由社会中的科学》，兰征译，上海译文出版社2005年版，第170
页。

想的界限。①

在费耶阿本德看来，真正的教育是为学生提供各种选择，培养学生的选择能力，让学生发现自己的路。他反对在教育中强制灌输任何观点、理论和传统，而是要告诉学生任何观点、理论和传统都有局限性。因此，费耶阿本德把传统平等的观念推行到教育领域，主张在教育领域中容纳和教授各种传统，给学生接受各种传统的机会；学生喜欢什么传统，想学习什么传统，教师就教授什么传统。在这种情况下，教师就不是教育的主导者，而是变成了教育服务者，来满足学生的各种需求。既然如此，教师就很难心怀教育理念和理想，更不用说把它们传递给学生，这样就可能摧毁了教育。教师是教育者，学生是受教育者，二者在思想、知识、阅历和境界等方面有明显的高低之差。一般说来，教师拥有更丰富的思想、观念和知识，并有较高的鉴别力，知道需要把什么传授给学生，知道如何培养学生的创造力；而学生是受教育者，对这些知之甚少，甚至一无所知，可是要由学生或外行来决定教授什么，这是很危险的。

费耶阿本德也提出了自己的教育目标和教育方法，认为教育是引导年轻人进入生活、社会和世界，教育方法的本质却是教授某些神话，因为神话几乎能够解释一切，使人成为自然和社会的主人。因此，教育要保护和激发孩子的奇特想象力，充分发展孩子的容纳矛盾的精神。

正如人们所想的那样，教育的目标是引导年轻人进入生活，而且，这也意味着：引导年轻人进入其所生长的社会，进入社会周围的物质宇宙。通常，教育方法以教授某些基础神话为其本质特征。有各种形式的神话。高级的神话可以用入会仪式来教授，从而把神话坚固地植入心灵。成人了解神话后，就能解释几乎任何事物（否则，为了获得详细的信息，他只能求助专家）。他是自然和社会的主

① ［美］费耶阿本德：《知识对话录》，郭元林译，韩永进校，中国科学技术出版社 2020年版，第90—91页。

人，认识自然和社会，并知道如何与它们打交道。然而，他不是神话的主人，而神话却指导他进行认识。①

费耶阿本德提出的教育目标似乎没有什么新意，也没有多少可以争论的地方。但是，他主张教育方法的本质特征是教授某些基础神话，并认为神话几乎能够解释一切事物，还能指导人们进行认识——言外之意，神话似乎是教育的一切。由此看来，尽管他主张宗教和教育分离、科学和教育分离，但他似乎主张神话与教育合一。当然，即使他主张"神话与教育"合一，这种主张在当代教育和当代社会中也不会得到认可，更不会得到重视，只可能被当作一种奇谈怪论来看。上面是费耶阿本德关于教育的批判、反思和论述。下面，看看他如何批判和反对当代科学医疗。

费耶阿本德从批判和反对科学出发，进一步发展到批判和反对当代科学医疗。他赞扬和美化传统医疗，不遗余力地为其辩护，其目的是贬低和攻击当代科学医疗。他写道："而我却对信仰疗法医生、针灸医生、女巫和其他声名狼藉的人有着详细的'公众经验'和'个人经验'。我有很多机会把他们的实效和'科学的'医生的实效进行比较。从那以后，我一直像躲避瘟疫一样地躲避后者。"② 值得注意的是，费耶阿本德批判和攻击当代科学医疗，可能与他自身的身体健康状况有关。在第二次世界大战中，他参加纳粹军队，在侵略苏联的战斗中负伤，落下终身残疾，留下严重的伤痛。对于治疗他的伤痛来说，当代科学医疗似乎没有什么办法，就是服用大量的镇痛剂。当代医疗科学是实证科学，在没有证据和数据的情况下，很难给他许诺什么，所以，对于治疗其病痛来说，它似乎没有给他带来多少效果和希望。在这种情况下，他不断求助于针灸、草药和中医等传统医疗。事实上，这些传统医疗对治疗其伤痛也未必有什么效果，但是，给予了他很多安慰，也给他许诺了一些希望，尽管这

① Paul Feyerabend. *Knowledge*, *Science and Relativism*（Philosophical Papers Volume 3）. New York：Cambridge University Press，1999，p. 188.

② ［美］费耶阿本德：《自由社会中的科学》，兰征译，上海译文出版社 2005 年版，第 242 页。

种希望也许是不切实际的。一些传统医疗学科不是实证科学，不太强调
证据和数据，往往求助于神奇效果，其中甚至出现"神医"。这也能满足
费耶阿本德批判和反对科学的需要。无论如何，在他看来，传统医疗必
定优于当代科学医疗。

　　科学医学在许多地方是唯一存在的医学形式，这个事实并不意
味着它是最好的。在其他医学形式获得成功的地方，科学医学却不
得不求助于外科手术，这个事实表明它有严重的缺陷：许多妇女拒
绝医生要她们切除乳房的建议，而去求医于针灸师、信仰疗法医生、
草药医生，并得到了治愈。患有所谓不治之症（其中包括白血病）
的小孩的父母没有放弃希望，他们请教"巫术医生"，使他们的孩子
得到了治愈。我是怎么知道的？因为在这些男男女女中，我向其中
的一些人提出过建议，我关注其他人的命运。①

　　费耶阿本德的上述说法似乎不可信，只是个人经历。没有研究证据
支持上述说法。因为传统医学可能连不治之症（如白血病）也诊断不清
楚。他不遗余力地赞美各种非科学医疗，认为传统的非科学医疗方法可
以终结癌症科学研究的停滞状态，促使其进步。他批判现代科学医疗把
身体看作机器，视病因为化学、生理、物理原因，仅仅关注身体的功能，
而不关心人的情感和对美的追求。相反，他却赞美其他传统医疗，更加
关心人的情感、直观能力和其他心灵功能。还有更离奇的是，他说：在
西方医疗中，"当医生罢工时，医院的死亡率下降了，这是众所周知
的"②。据笔者看来，这种说法似乎没有证据，好像也不符合常识。此外，
从费耶阿本德个人就医的经历来看，他虽然经常赞美非科学医疗的神奇
效果，但是，总体上看，在减轻其病痛方面，所起的作用非常有限。相

---

　　① ［美］费耶阿本德：《自由社会中的科学》，兰征译，上海译文出版社 2005 年版，第
256—257 页。另外，请参见英文版 Paul Feyerabend. *Science in a Free Society*. London：Verso，1982，
p. 206. 根据英文原文，笔者对上述中文引文有所改动。
　　② Paul Feyerabend. *Problems of Empiricism*（Philosophical Papers Volume 2）. New York：Cambridge University Press，1981，p. 32.

反，他也经常去西医医院看病，最后在当代科学的大医院去世，而不是在非科学的传统小诊所去世。

面对西方科学医疗的优势，费耶阿本德偶尔也不得不承认西医是有益的。他写道："我并不是要说，本土社会一切都好，绝对不需要外面的帮助。寄生虫、传染病和先天性缺陷成为巨大的问题，而西方医学缓解了其中的一些问题。"① 他虽然承认西方医疗在个别方面有用，但是，他却否认其有整体优势。因为在他看来，其他传统的医疗消失了，西方医疗失去了对照组。他认为其他传统的医疗消失，不是因为西方医疗的发展具有先进的医疗优势，具有良好的医疗效果，而是因为政治、军事和社会发展等方面的压力。更为奇特的是，他也不承认有明确的健康标准，没有超越传统的普遍健康标准，认为幸福健康评价随时间和传统不同而不同。

费耶阿本德批判和反对当代科学医疗，赞美和美化各种传统的医疗，有助于建立其主张的各种传统平等、平权的自由社会。在这样的自由社会中，各种医疗传统也要平等、平权。正如他自己所言："传统不仅包括伦理规则和宗教，而且还包括宇宙学（cosmology）、医学知识（medical lore）、人性观，等等。因此，应当允许每个传统都会实践其自身的医学、从税收中扣除这样发生的医疗费用，还应当允许它用基本的神话来教育指导青年。正如我所说的，这是一项基本权利，所以，应该保护落实这项权利。"② 他认为，在自由社会中，每个传统都会实践其自身的医学，这是一项基本权利。

费耶阿本德批判科学、当代教育和科学医疗，是为了批判和反对西方传统和西方文明。总的来看，他是西方文明的反叛者和攻击者，甚至是颠覆者。他不遗余力地批判和攻击西方传统，是为了建立他所提出的自由社会，即各种传统平等、平权的社会。他认为当代教育和科学医疗凭借科学摧残人的身体和灵魂，这是西方文明的罪过。因此，他要坚决

---

① Paul Feyerabend. *Farewell to Reason*. London：Verso, 1988, p. 26.

② ［美］费耶阿本德：《知识对话录》，郭元林译，韩永进校，中国科学技术出版社 2020年版，第 137 页。

攻击和打击西方文明和西方传统，为其他传统争取生存空间，使它们获得与西方传统平等、平权的地位，从而使得任何人都有权按照自己的传统来生活，有权选择自己的生活方式。

　　面对这些杀害心灵的人和理性贩子，面对这些以科学方法使身体和精神变残的人，我试图捍卫个人的自由和权利，个人有权利按照自己认为合适的方式生活，有权利采纳自己所尊敬的传统，有权利拒斥"真理""责任""理性""科学""社会条件"和我们的知识分子的一切其他发明，也有权利受这样的教育：这种教育不是把他变成令人沮丧的模仿者，变成现状的"承担者"，而是把他变成能够进行选择，能够依据这种选择安排自己全部生活的人。①

　　在上述段落中，费耶阿本德批判科学、理性和西方传统，捍卫个人自由和权利。然而，这里的个人自由和权利主要意指个人有权利选择自己喜爱的传统和生活方式，实质上仍然是捍卫传统的自由和平等。

　　费耶阿本德对科学、当代教育和科学医疗的批判和反对，并没有得到普遍认可，人们认为其偏激，认为其缺乏理论基础和经验支持。但是，不得不说，他破除科学神话，有利于解放思想、知识增长和科学进步。近代以来，科学的权威和力量不断增大。直到今天，科学在某些地方确实具有宗教地位，一些社会强势组织利用科学来树立标准和权威，为其统治和控制社会提供确定无疑的基础，进行思想一元化统治，消除异见，消灭异己；同时，也利用科学技术来设计和控制社会。此外，一些个人或组织还把最新科学成果运用到医疗领域，利用科学技术来设计、编辑、"创造"和"生产"人。各种科学技术的异化和滥用并不少见。因此，从这方面看，费耶阿本德的科学知识论是有积极意义的。

---

　　① ［美］费耶阿本德：《自由社会中的科学》，兰征译，上海译文出版社2005年版，第219页。另外，请参见英文版 Paul Feyerabend. *Science in a Free Society*. London：Verso, 1982, p. 176. 根据英文原文，笔者对上述中文引文有所改动。

# 第六节 总结

费耶阿本德的科学知识论是在批判和否定主流知识论和主流科学哲学基础上形成的，因此，他的科学知识论是否定的科学知识论。他几乎否定主流知识论和主流科学哲学的一切，他否定知识有明确的定义（主流知识论最大的任务就是给知识下定义），否定科学知识与非科学知识的区分，否定科学是一种统一事业，由此得出结论认为主流知识论或主流科学哲学将衰落或终结。

在否定了主流知识论和主流科学哲学之后，费耶阿本德为科学知识论找到了新的基础（即科学史和科学实践），突破了理性逻辑重构的束缚，重建科学知识论和科学哲学，从而实现了科学、科学史和科学哲学三者的统一。在这些研究基础之上，他构建了无政府主义知识论：不可通约性，理论增生和理论决定事实，多元主义方法论，相对主义的实在观和知识观。总的来看，费耶阿本德拒绝方法、拒绝事实、拒绝理性。

费耶阿本德虽然构建了无政府主义知识论，但是，他也想为其科学知识论建立坚实的伦理道德基础，主张道德伦理是科学真理的尺度。正因为如此，可以把他的科学知识论概括为追求善的科学知识论，科学知识应当增进人的幸福，爱和善高于知识和科学。然而，在他看来，个体幸福似乎不包括个体自由，因此，他反对个体自由。

费耶阿本德的科学知识论是综合的，是全域的。他的科学知识论进入历史、实践和社会领域，构建了基于传统的相对主义知识论，认为知识依赖于传统，基于传统才能判定知识的真假和优劣。他主张建立各种传统平等、平权的自由社会，反对西方传统，反对提倡个体自由的西方文明，赞美和美化非西方的其他传统。他批判和反对科学，主张对科学进行民主监督和外部干预，特别是，主张对科学进行政治干预和政府干预。他进一步反对当代教育和科学医疗，因为科学通过控制当代教育和医疗对人进行身心摧残，所以，他主张教育和科学分离，为其他非科学医疗辩护。

　　总之，费耶阿本德的科学知识论是否定的，也是综合的；是相对主义的，也是绝对主义的。说它是否定的，是因为它否定了主流知识论和主流科学哲学；说它是综合的，是因为其内容似乎是无所不包的，它既研究科学内部，也探讨科学外部，深入历史、实践和社会中，而不是仅仅对知识进行逻辑重构。相对主义与绝对主义是一对"爱争吵的孪生子"。说它是相对主义的，是因为它是以传统为基础和标准的；说它是绝对主义的，是因为它把伦理道德视作衡量科学真理的尺度。

# 第 四 章

# 古希腊哲学

费耶阿本德从物理学哲学开始进行哲学研究，然后进入一般科学哲学，批判科学理性和科学霸权，最后进入古希腊哲学中探寻理性主义起源，批判理性认识的干瘪、乏味和僵化。因此，他的古希腊哲学研究是其批判理性、理性主义和科学的进一步发展和深化。

费耶阿本德高度重视古希腊哲学，特别是前苏格拉底哲学。他认为前苏格拉底哲学不仅尝试认识世界，而且还尝试认识"认识世界的方法"，从而掌控认识世界的方法。在《没有基础的知识》中，他主张采取批判的生活态度和生活方式，并认为前苏格拉底哲学是批判哲学，因而得出这样的结论："抛弃除前苏格拉底哲学以外的几乎所有传统哲学"。①

费耶阿本德研究古希腊哲学的主要目的在于批判西方现代科学、哲学、理性和文明，把前者当作批判后者的思想资源和批判武器。特别是，他认为西方主流哲学（分析哲学）是思想狭隘的微观哲学，缺少勇敢的探索，缺乏普遍的概括；而古希腊哲学却是宏观的伟大哲学，乐观向上，积极探索。

费耶阿本德研究古希腊哲学的著作主要有《反对方法》《告别理性》《自然哲学》《征服丰富性》和《科学的专横》。前两者是他的名著，在其生前出版。后三者都是在其去世后由别人整理出版的。《自然哲学》是其中期著作，差不多与《反对方法》同期写作，原计划是一本巨著，包

---

① Paul Feyerabend. *Knowledge*, *Science and Relativism*（Philosophical Papers Volume 3）. New York：Cambridge University Press, 1999, p. 73.

括五卷或六卷，但后来放弃了，没有完成。《征服丰富性》是其后期著作，直到去世前都在写作，但没有完成，是一本遗著。《科学的专横》是其后期在意大利的讲课稿。这五本书都涉及了古希腊哲学，内容有重复之处。其中，《征服丰富性》是费耶阿本德研究古希腊哲学最主要的著作，它比较全面地收集了费耶阿本德在这方面的手稿和论文。

在其自传中，费耶阿本德提到了他正在写作《征服丰富性》（一部论述实在的书）。这本书也是一个"拼盘"。他无意中答应了其夫人格拉茨亚要写这本书。在编辑《征服丰富性》时，编者把费耶阿本德在自传中有关该书的几个段落编入编者所写的序言中。

> 我答应格拉茨亚要写一本论述实在的书，但其构思成形却非常缓慢。书名暂定为《征服丰富性》（*Conquest of Abundance*）。它意在表明专家和普通人如何简化其周围迷惑他们的丰富性，也意在表明其行动所产生的后果。本书主要研究如下内容：抽象（特别是数学观念和物理学观念）的作用，以及似乎随抽象本身而来的稳定性和"客观性"（objectivity）的作用。它将探讨这些抽象是如何兴起的，如何得到日常言说和生活方式的支持，如何因论证和（或）实践压力而发生改变。在本书中，我还设法强调，一切预设了变化的概念、图像和观念都在本质上具有模糊性。没有模糊性就没有变化。玻尔解释的量子理论就是一个完美的例证。[①]

在《知识对话录》中，费耶阿本德也谈到了要写作《征服丰富性》。他答应给其朋友和妻子格拉茨亚写一本关于实在的书，并勾画了基本内容："它将涉及量子理论问题、中世纪后期的绘画、布莱希特（Brecht, 1898 — 1956）、斯坦尼斯拉夫斯基（Stanislavsky, 1863 — 1938）——以及许多另外的东西；它将简短地论述这些东西，全书不超过 120 页。它

---

① Paul Feyerabend. *Killing Time: The Autobiography of Paul Feyerabend*. Chicago: The University of Chicago Press, 1995, p. 179. 另外，请参见［美］费耶阿本德《征服丰富性》（特波斯特拉编），戴建平译，中国人民大学出版社 2007 年版，自序，第 2 页。

可能要再花费我一个十年的时间——我根本不着急——它将有大量图片。"① 此外，他还谈到将写一本自传。不过，在内容上，这里描述的"《征服丰富性》"似乎不是研究和论述古希腊哲学，因此，它与后来编辑出版的文本有较大差距，也与其自传中所构想的《征服丰富性》不同。

在《告别理性》的结尾处，费耶阿本德也论及要为其夫人格拉茨亚写作这本书。在他看来，格拉茨亚是一位高尚而坚定的战士，为和平与自立、自信而战；她的思想属于历史传统。为了写作这本书，费耶阿本德不得不放弃抽象传统和抽象方法，并告别理性。正如他自己所说的："当然，为了写这本书，我将不得不切断仍然保留下来的把我与抽象方法连接起来的细线，即回归到我通常的不负责任的谈论方式，我将不得不说告别理性。"② 费耶阿本德在这里谈到《征服丰富性》的主题，它就是批判理性抽象。

值得注意的是，费耶阿本德关注和研究古希腊哲学，不是始于其哲学研究后期，而是始于其哲学研究早期。在加州大学伯克利分校任教期间，费耶阿本德组织讨论课，讨论亚里士多德的著作和柏拉图的《泰阿泰德篇》。

1964 年以后，大量少数族裔进入大学。费耶阿本德面对来自不同传统的青年学生，主张传统平等，批判科学和白人文化。这些经验也促使他开始研究古希腊哲学。他把亚里士多德哲学与逻辑经验主义进行比较，认为前者是富有成效的，而后者是贫乏的。在《自由社会中的科学》中他就意识到，用抽象概念和抽象观念来探讨问题是错误的，从而开始研究古希腊哲学，开始思考抽象理性和抽象观念在古希腊产生的原因，探讨"人们为什么迷恋抽象观念"这一问题。这种研究主题恰恰就是其最后遗著《征服丰富性》的研究主题。费耶阿本德不断批判科学、抽象理性和抽象观念，极力反对知识分子用它们来扼杀灵魂和摧毁其他非西方传统。

---

① ［美］费耶阿本德：《知识对话录》，郭元林译，韩永进校，中国科学技术出版社 2020 年版，第 178—179 页。

② Paul Feyerabend. *Farewell to Reason*. London：Verso，1988，p. 319.

这样的一些经验使我确信，通过概念和来自其他一切事物的抽象观念来探讨问题的理智程序在方向上错了，我开始对这种错误现在对人们拥有巨大力量的原因感兴趣。我开始考察唯理智论在古希腊的产生及其产生的原因。我想知道什么东西使得有着丰富而复杂的文化的人们迷恋上枯燥的抽象观念，并摧毁他们的传统、思想、语言，以便能够适应这些抽象观念。我想知道知识分子如何设法逃避了谋杀的罪名——因为这是谋杀，谋杀心灵和文化，而这种谋杀在学校、大学和外国教育使团中却年复一年地进行着。①

20世纪80年代，费耶阿本德在瑞士联邦工学院任教期间开设过关于柏拉图对话录《泰阿泰德篇》和《蒂迈欧篇》的课程。在此课程中，他把古代问题与现代问题联系起来。例如，他把柏拉图的感知理论与量子力学联系起来，而且详细探讨了柏拉图选择对话（而不是史诗、戏剧、公开演讲和科学论文）作为交流方式的原因。此外，他也开设过探讨亚里士多德的物理学的课程。总之，在研究古希腊哲学方面，费耶阿本德花费了不少精力和时间。正如他自己所言："在过去十年，我一直在研究柏拉图，因为我无限钦佩他。我花费了三年时间准备关于亚里士多德《物理学》的演讲课程，因为我认为那是一本伟大的著作……"②费耶阿本德研究古希腊哲学不是为了美化某一学科，不是为了建构一种意识形态，也不是为了孕育思想，而是为了探讨人们多种多样的可能生存方式。更详细说来，他研究古希腊哲学（《征服丰富性》）主要为了解决如下问题：

这些减少丰富性和贬低人的存在的观点，如何能够变得如此有

① ［美］费耶阿本德：《自由社会中的科学》，兰征译，上海译文出版社2005年版，第148页。另外，请参见英文版Paul Feyerabend. *Science in a Free Society*. London：Verso, 1982, p. 119. 根据英文原文，笔者对上述中文引文有所改动。

② Paul Feyerabend. Concluding Unphilosophical Conversation. In Munevar, G. （ed.）. *Beyond Reason：Essays on the Philosophy of Paul Feyerabend*. Dordrecht：Kluwer Academic Publishers, 1991, p. 495.

力？赋予这些观点以力量、并使它们显得似乎有理的过程是什么？
我们如何处理这种似乎有理性？对于巴门尼德、爱因斯坦和一些分
子生物学家而言，人的生活作为一个整体是一种假象，我们如何能
够说明他们的这些激进看法？丰富多彩的世界以多种多样的方式影
响着我们，却被划分成两大领域，一个领域还包含了一些生活，而
另一个领域却几乎缺乏所有使我们的存在变得重要的性质和事件，
这是如何发生的呢？[①]

可以把这些问题归结为：抽象过程是如何发生的？尽管实在和人是
丰富多彩的，是复杂的，而抽象过程简化了世界，使世界变得贫乏，并
贬低了人的存在，但是，抽象观点却如此有影响力，这是为什么呢？特
别是，如何说明抽象观点的二分法及其产生过程？为了回答这些问题，
费耶阿本德写作《征服丰富性》的思路如下：

首先，我将描述表象和实在这一区分的两种不同产生方式。在
第一种方式（见第一章）中，这种区分从复杂的社会过程中突现出
来，并且由不情愿的参与者来表述。它是压力的产物，而不是论证
的结果。在第二种方式（见第二章和第三章）中，这种区分是由某
一个人提出的，他明显是通过纯理智方式来为之辩护的。我将表明，
第二种方式包含了第一种方式，并且在两种方式中谈论"客观进步"
都是没有意义的。我的下一个例证来自艺术领域，它阐明实在和文
化变化的问题（见第四章）。该例证已被广泛讨论，而且把（关于最
丰富多彩的那类问题的）各种猜想与其相联系。我利用了一些相关
作品，但得到了我自己的结论。最后一章将总结这些论述，并把它
们变成一个单一的故事。该故事限制了理论的认识作用，并扩展了
艺术的认识功能，但未受到二者概念的束缚。总而言之，我的目标

---

[①] Paul Feyerabend. *Conquest of Abundance*: *A Tale of Abstraction versus the Richness of Being*. Chicago: The University of Chicago Press, 1999, p. 16. 另外，请参见 ［美］费耶阿本德《征服丰富性》（特波斯特拉编），戴建平译，中国人民大学出版社 2007 年版，第 14—15 页。

是摆脱一般化倾向，而在西方和其他地方，不仅在学者中看到这类倾向，而且在经过数世纪的广泛而坚定不移的教育努力之后，在公众中也发现了这类倾向。此外，这个故事还回答了我在第 16 页上提出的问题……①

上述段落勾画了费耶阿本德研究古希腊哲学（主要集中于《征服丰富性》）的思路、内容和目标。其基本思路和内容是：导论，三个案例研究［围绕表象和实在产生的两种方式：阿喀琉斯（Achilles），从语言角度研究，第一种方式；色诺芬尼和巴门尼德，理性的兴起，运用纯理智方式辩护，第二种方式；艺术］，总结（把全部内容总结成一个故事，限制理论的认识作用，并扩展艺术的认识功能——没有完成）。其目标是摆脱一般化倾向，回答他自己提出的问题。

关于费耶阿本德的古希腊哲学研究，《征服丰富性》的编者特波斯特拉（Bert Terpstra）有过深入思考。他精准地概括和总结了《征服丰富性》的主要思想，对费耶阿本德的古希腊哲学研究有深刻洞见。特波斯特拉认为，在《征服丰富性》中，费耶阿本德详细论述了西方文化发展中抽象理性和抽象观念兴起的过程。在此过程中，人们广泛使用抽象和固型，结果导致实在和人的特殊的具体细节消失了，世界的丰富性和复杂性消失了。费耶阿本德要用一个故事来分析和概括这一过程。在特波斯特拉看来，费耶阿本德论述这一过程的故事包含如下基本的观点和要素。

A. 粗糙的二分法不适于表达微妙的本体论

实在/假象这种二分法过于粗糙，以至于它并不能对我们生活中的重要现象进行分类。每个人和每种文化都在不同程度上经历着实在，而其本体论也彼此不同。同样的，相对于人的经验来说，知识/

---

① Paul Feyerabend. *Conquest of Abundance*：*A Tale of Abstraction versus the Richness of Being.* Chicago：The University of Chicago Press, 1999, pp. 17 – 18. 另外，请参见［美］费耶阿本德《征服丰富性》（特波斯特拉编），戴建平译，中国人民大学出版社 2007 年版，第 15—16 页。

意见、正义/邪恶等二分法也过于粗糙。

**B. 我们的感知是由语言和固型塑造的**

我们心灵中的概念和固型把那些适合它们的方面分离出来并加以放大，并贬抑其他方面，从而使其遗忘，由此来塑造我们的感知。我们所经历的实在是由我们的心灵塑造的。固型是有限的几套标准化解释，用来对自然现象、人类特征和艺术形式等做出解释。感知使用固型，为的是使认识有可能进行（即从混沌中创造秩序）。

**C. 模糊性确保了变化的潜能**

没有任何概念或固型会被永远、完全地固定下来——新情况发生并展现其模糊性，新解释变得可能了，提出新定义，把新现象归入现有概念中，等等。正是这种模糊性使个人变化和文化变化变得可能。像在古希腊出现抽象趋势（"理性的兴起"）那样，如果固型变换展现了一种总体模式，那么，我们就说文化发生了变化。

**D. 抽象理论不可能表示终极实在**

理论或模型把一类投射（即固型化的感知，剥离掉许多独特的方面）和另一类投射（即从理论或模型推断出的简化结果）相比较。二者匹配是一种人为建构，而为了适合于使用特设性解释，经常进行这种人为建构。下面这种信念是不合理的：高级理论表示了终极实在。高级理论最多是一种概括，概括了存在对某种特定人为方法所做反应的某些方面。

**E. 逻辑是一种特殊的讲故事形式**

当进入演绎的术语的意义是稳定的时候，逻辑是有效的。但是，从一个人到另一个人，从一代人到另一代人，概念会发生意义变换。科学家得到一个故事来谈论物质的、"凝固的"、没有神居住的宇宙，这是偏好用数学和逻辑来表述问题和理论的内在结果。巴门尼德非常简洁地讲述了这个故事。

**F. 存在对某些方法做出了回应，但并不是对所有方法都做出了回应**

存在是一种具有未知性质的实体，它部分顺从部分反抗。人们发展与存在相互作用的实践（行动和感知），发展相关的语言和概念（行动和感知之间的心灵操作），从而"创造"特殊的实在。不是所有的相互作用实践都是成功的，但是，存在下来的实践绝对不止一种，而存在下来的这些实践给发展它们的人的生活赋予了意义。①

特波斯特拉的上述概括是阅读和研究《征服丰富性》的一把钥匙，也是费耶阿本德古希腊哲学研究的大纲。费耶阿本德的古希腊哲学研究包括本体论和认识论，但其研究方向不是从本体论到认识论，而是从认识论到本体论。他认为我们的世界观和本体论是由理论、固型和认识论产生的，因此，不同的理论、固型和认识论就会产生不同的本体论和世界观。当今主流的理性主义本体论和世界观是由理性和科学塑造的，由此产生的实在是凝固的物质宇宙，是僵化的、乏味的。因此，他要批判科学和理性，研究其起源和发展，揭示其所产生的实在并不是终极实在，而是一种简化的实在。如果我们用不同的固型、理论和认识论去看待和认识世界，就会产生不同的实在。他希望创立丰富、复杂的固型、理论和认识论，从而产生丰富的实在。

在哲学中，认识论比本体论更为重要和根本，因为只有在一定的认识论框架下，才能谈论本体论。而真理问题又是认识论的核心问题。费耶阿本德把传统分为历史传统（经验传统）和抽象传统（理论传统）。在他看来，古希腊抽象理性兴起的过程，就是理论传统取代经验传统的过程。他批判理论传统，而理论传统是西方文明的核心。在后期，费耶阿本德特别重视意会知识，在《科学的专横》中有大量论述。这与其反对抽象和理性的思想一致，也与其古希腊哲学研究相一致。

费耶阿本德古希腊哲学研究是比较庞杂的，本课题研究不准备面面俱到，将集中探讨如下几方面的内容：第一，世界的丰富性；第二，探寻世界；第三，二分法及其产生；第四，论证、证明、抽象理性的兴起和二分

---

① Paul Feyerabend. *Conquest of Abundance*：*A Tale of Abstraction versus the Richness of Being.* Chicago：The University of Chicago Press，1999，pp. xvii – xviii. 另外，请参见［美］费耶阿本德《征服丰富性》（特波斯特拉编），戴建平译，中国人民大学出版社 2007 年版，编者手记，第 2—3 页。

法的发展；第五，布鲁内莱斯基发明透视画法：固型和传统的变化；第六，论亚里士多德；第七，批判和反对论证证明、抽象理性和西方文明。

## 第一节　世界的丰富性

费耶阿本德认为，从无限的视角、理论和世界观去观察大千世界，它是无限丰富的。或者说，人们不限于一隅，不是单从理性和科学视角观察实在，而是不限定视角，世界的丰富性就因而显现出来了。但是，费耶阿本德并不是从本体论上去言说世界本来是什么样子，他只是从认识论角度去批判用单一理论和视角去认识世界，特别是批判用单一的科学和理性视角观察世界，从而使世界失去了丰富性。因为，近代以来，科学和理性垄断了主流意识形态，甚至成为唯一的意识形态，排挤甚至消灭了其他的认识理论和方法，从而使理性主义世界成为主流世界，甚至唯一的世界，排挤和消灭了其他世界，使丰富的世界变得贫乏甚至干枯。

> 我们居住的世界非常丰富，其丰富性超越了我们最丰富的想象力。存在树木、梦想、日出；存在雷暴、阴影、河流；存在战争、跳蚤叮咬、风流韵事；存在人们的生活、众神、整个星系。即使是人的最简单的举止，在不同人和不同场合之间也会发生差异——否则，我们怎么能通过其步态、姿势和声音来辨认我们的朋友，并把握其变化的情绪呢？在被狭隘限定的事物（例如，十三世纪的巴黎神学、人群控制、中世纪晚期的翁布里亚艺术）中都充满隐蔽的错误和意想不到的东西，由此证明，任何现象（不管被如何限制）都没有边界。雅各布（Francois Jacob）如此描述他的老师霍夫莱克（Hovelaque）："对他来说，表面上看起来像锁骨一样简单的骨头都变成了迷人的景观，其山脉和峡谷都可以被无休止地穿越。"①

---

① Paul Feyerabend. *Conquest of Abundance*: *A Tale of Abstraction versus the Richness of Being*. Chicago：The University of Chicago Press, 1999, p. 3. 另外，请参见［美］费耶阿本德《征服丰富性》（特波斯特拉编），戴建平译，中国人民大学出版社 2007 年版，第 4 页。

　　费耶阿本德认为，世界和实在是无限丰富和复杂的，因为人们认识世界和实在的视角、手段和工具是无限的。他批判科学实在论（科学唯物论），主张本体论的多元论，因而尝试提出一种替代的实在观，即尝试提出一种关于科学的新的形而上学。美国学者布朗把费耶阿本德提出的这种实在观（关于科学的形而上学）概括为"丰富的实在论（丰富的世界）"。①唯物论者和唯心论者把世界分为物质世界和精神世界，波普尔把世界分为三个世界：物理世界、心理世界和客观知识。在费耶阿本德看来，纵然唯物论者、唯心论者和波普尔划分世界的方式不同，但他们的视角是单一的，简化了世界，使世界变得贫乏不堪。他认为，任何现象都无限丰富，没有边界，可以从不同角度、用不同投射去认识，从而形成不同的实在。例如，对"梦"进行不同角度和不同层次的解释和认识：可以当作幻想，一无所有；可以当作真实发生的东西，至少是与"真实"相联系；可以看作过去的印记，也可以看作预示了未来；可以看作做梦者自己所有，也可以看作他人托梦，甚至是神仙托梦；可以看作生理层面的过程，也可以看作心理层面的过程，也可以看作波普尔所说世界三的过程；可以对梦进行弗洛伊德式的精神分析，也可以认为不值一提；等等。可以用无限的想象力对梦进行解释和认识，从而得到不同的世界和实在。不论根据唯物论还是唯心论，还是波普尔的三个世界理论，人们去认识梦，去投射世界和实在，都只能得到有限的世界和实在。因此，人们要不断丰富认识世界的视角、手段和工具，丰富投射世界的方式，从而丰富世界和实在。费耶阿本德的这种观点和主张与其理论增生和理论决定事实的思想是一致的。

　　费耶阿本德所讨论和批判的世界假设和实在观念，是西方主流思想所假定的世界假设和实在观念，也就是理性的世界假设和实在观念：把世界分为实在和现象，实在是被掩盖的；对实在的阐释必须是理性统一的；人与实在分离，人不能改变实在。

　　① Brown, Matthew. The Abundant World: Paul Feyerabend's Metaphysics of Science. *Studies in History and Philosophy of Science*, Vol. 57, 2016, pp. 142 – 154.

1. 世界的重要组成部分被掩盖了。

2a. 这些被掩盖的组成部分形成了一个融贯的宇宙，它的要素和运动成为一些现象的基础，而其他现象则完全是我们自身的产物。

2b. 因为2a，所以，对这个宇宙和实在的真理性阐释必须是融贯的和统一的。

3. 人们起着昙花一现的作用，他们并没有与实在直接连接在一起，也不能改变它。①

费耶阿木德认为有无数的实在观念，有很多种方式来解决"实在问题"。他认为西方近代科学无法认识世界的丰富性和复杂性，使世界变得单一、贫乏，需要其他认识传统来补充和丰富。亚里士多德用四因说（目的因、动力因、形式因和质料因）来解释和认识世界，而西方近现代科学取消了目的论，在认识生命、意识、思想、情感、社会等复杂性问题方面确实有缺陷，需要发展其他的知识传统来弥补这种缺陷。关于古希腊的实在观念，费耶阿本德提出了这样的主张："在当时（从公元前五世纪到四世纪），至少有三种方式来确立实在：一种方式可以'遵循论证'；另一种方式可以'遵循经验'；最后一种方式，可以选择在人们想要过的生活中起重要作用的东西。与此相应的是，有三种实在观念……"② 在费耶阿本德看来，真正的实在是不可以认识的，人们用不同的投射去认识实在，就会得到不同的实在观，而这种实在观就是一种实在。换言之，没有脱离投射的实在观，任何实在观和实在都是基于投射的。因此，古希腊的三种投射方式造就了三种实在观，创造了三种实在。费耶阿本德批判和反对用单一的视角和投射去探寻世界，而是积极探索用多种多样的视角和投射去认

① Paul Feyerabend. *Conquest of Abundance：A Tale of Abstraction versus the Richness of Being.* Chicago：The University of Chicago Press, 1999, p. 11. 另外，请参见［美］费耶阿本德《征服丰富性》（特波斯特拉编），戴建平译，中国人民大学出版社2007年版，第10页。

② Paul Feyerabend. *Conquest of Abundance：A Tale of Abstraction versus the Richness of Being.* Chicago：The University of Chicago Press, 1999, p. 190. 另外，请参见［美］费耶阿本德《征服丰富性》（特波斯特拉编），戴建平译，中国人民大学出版社2007年版，第187—188页。

识世界，丰富世界。特别是，他反对把抽象的理性视角和科学投射当作绝对唯一的标准。

## 第二节　探寻世界

费耶阿本德认为，探寻实在和探寻世界始终伴随着西方文明的成长，而这种探寻既有积极的作用，也有消极的影响。其积极的作用就是发现了新的实在和世界，开阔了人们所谓的视野，有助于追寻所谓的现象背后的本质。正如费耶阿本德自己所言："它常常呈现为某种积极的事业，即一种通向发现新客体、新特征和新关系的事业。据说，它开阔了我们的视野，并揭示了最常见现象背后的原理。"① 而其消极的影响就是简化了世界，使世界失去其本来面目，使世界失去其丰富性和细节，变成理性抽象，并用二分法割裂了整体世界。

然而，这种探寻也包含很消极的成分。它不是如其所是地接受现象，而是改变它们：或者在思想中改变它们（抽象），或者通过行动干预来改变它们（实验）。这两类改变都包含了简化。抽象去除了区分不同物体的特殊细节，还去除了某些普遍性质（如颜色和气味）。实验进一步切断了（或试图切断）把每个过程与周围环境连接起来的纽带——实验创造了一种有点贫瘠的人工环境，并探索这种环境的独特性。这两种情况都把事物从我们周围世界的整体中剥离出来或"封闭起来"。非常有趣的是，事物中保留下来的东西被称为"实在"，这意味着认为它们比这个整体本身更重要。而且，这个整体现在被描述为由两部分构成：实在世界，它是隐藏的、被部分歪曲的；包围在实在世界周围的"掩饰物"，它有遮蔽和干扰的功能。这种二分法不仅出现在西方哲学和科学中，还出现在宗教与境中，

---

① Paul Feyerabend. *Conquest of Abundance*：*A Tale of Abstraction versus the Richness of Being*. Chicago：The University of Chicago Press, 1999, p. 5. 另外，请参见［美］费耶阿本德《征服丰富性》（特波斯特拉编），戴建平译，中国人民大学出版社 2007 年版，第 5 页。

而在宗教中，它可以与善恶二分法相统一。①

上述段落描述了理性和科学探寻实在的方法，其主要特征是利用实验和抽象来简化和描述世界，尤其用二分法割裂整体世界，把世界分为实在和现象，并认为实在是真正的世界，而现象是覆盖在实在之上的虚假"掩饰物"，因此，要认识世界就要透过现象直达本质。这就是古希腊以来的理性主义认识方法，它追寻世界本原，把世界还原为最简单、最基本的东西。但是，在费耶阿本德看来，理性、抽象、二分法和简化等思维方式兴起和发展后，割裂了主体和客体、人和自然、经验和实在、整体和部分，把人看作自足的抽象实体，与周围世界分离开来，从而产生三类问题：第一，理论问题（心身问题、归纳问题、外部世界的实在问题以及量子力学中的测量问题等）；第二，实践问题（人的行动如何能与世界的其余部分整合为一体？因为人类把自己看作自然和社会的主人，而人类的成就现在威胁要毁灭自然和社会）；第三，伦理问题（人类有权根据最新的思想范式来塑造自然和文化吗?）。② 费耶阿本德认为，在这种抽象的理性世界观中，无法解决这些问题，也无法解释创造性问题（把创造性看作思维主体的特殊天赋），因此，需要建构奇迹来解决这些问题，而奇迹是极端非理性的事物，这是抽象理性世界观最大的悖论。为了消解这种悖论，人应当回归自然和社会的整体中，放弃抽象的二分法。

费耶阿本德批判这种认识方法，认为它简化了世界，使世界变得贫瘠和乏味。因此，他主张用讲故事的方法来认识世界，从而认识世界的丰富性。然而，采用费耶阿本德的认识方法探寻世界，就能认识无限丰富的整体世界吗？答案显然是否定的。这种探寻结果同样是一种简化，同样使世界变得贫瘠。因此，追寻一种整体的认识世界方法本身就是一种形而上学追求，也与其"世界和实在是丰富的"这种观点相矛盾，

① Paul Feyerabend. *Conquest of Abundance*：*A Tale of Abstraction versus the Richness of Being*. Chicago：The University of Chicago Press, 1999, p. 5. 另外，请参见［美］费耶阿本德《征服丰富性》（特波斯特拉编），戴建平译，中国人民大学出版社 2007 年版，第 5—6 页。

② Paul Feyerabend. *Farewell to Reason*. London：Verso, 1988, pp. 139 – 140.

还与其理论增生和理论决定事实的主张相冲突。认识本来就是各种各样的认识，人也在不断发现新的认识，这就是人类的认识。至少到目前为止，还没有找到一种认识整体世界的方法，也许，以人的有限身躯和智力永远也无法找到这样的方法。当然，费耶阿本德揭示了理性和科学认识的片面性，这是有价值的。但是，据此要找到一种替代它们的整体认识也许是不可能的。实质上，任何认识都是一种简化，即对认识对象的简化。认识结果不能等同于认识对象，如果二者等同就没必要认识了；只有前者比后者简化，也较易为认识主体所把握时，认识才是必要的。

## 第三节　二分法及其产生

在当今世界，二分法随处可见。例如，身/心、物质/精神、物质/意识、存在/思维、人/自然、自然/社会、先验/经验、先天/后天、自然/艺术、科学/人文、潜能/现实、真/假、美/丑、善/恶、有限/无限、相对/绝对、实在（reality）/现象（phenomena）、实在/表象（appearance）、实在/假象（illusion）、永恒不变的实在/瞬时变化的表象、知识/信念、存在/非存在、主观/客观、主体/客体、描述/建构、理性/非理性。费耶阿本德主要关注实在/假象、实在/表象或实在/现象这三种二分法。他认为古希腊人没有实在/表象这种二分法。他写道："古希腊人又添加了神性：对他们来说，宙斯、雅典娜、赫尔墨斯和阿芙洛狄忒（Aphrodite）的行动就像梦和彩虹一样是'实在'，这意味着它们发生了，具有明确的性质，并影响了其周围环境。然而，却没有最重要的二分法：一方是实在，它是坚固、可靠和真实的；另一方是表象，它是骗人的。细致而无偏见的检析已经表明，这些现象（与关于它们的意见相反）并不支持这种划分。"① 在费耶阿本德看来，荷马时代的古希腊人还没有这种二分法，

---

① Paul Feyerabend. *Conquest of Abundance：A Tale of Abstraction versus the Richness of Being*. Chicago：The University of Chicago Press, 1999, p. 9. 另外，请参见［美］费耶阿本德《征服丰富性》（特波斯特拉编），戴建平译，中国人民大学出版社 2007 年版，第 9 页。

它是后来产生的。

费耶阿本德批判二分法，认为二分法不能把握世界，因为世界太丰富、太复杂。例如，他比较了桌子、云和彩虹这三种不同的存在。按照实在性强弱来排序，桌子是最强的实在，云是次强的实在，而彩虹是最弱的"实在"。然而，根据实在/现象二分法，如果把桌子和云归入实在，那么，彩虹是现象还是实在呢？这就是一个难以简单回答的问题。因此，实在/现象二分法太简单，无法把握和描述丰富而复杂的世界，而且其主张把"实在"归属于事件而不是事物。哲学中通常把实在归属于事物，而且认为事物中既包含实在也包含现象，例如在彩虹中有实在和现象。总之，费耶阿本德的这种论证似乎是另一个视角和另一种思路。

> 不能用一个简单的定义来说明实在观念，但它控制着如何在不同事件之间划界。彩虹看起来是一种完美的实在现象，它可以被看到、被画下来、被拍照。然而，我们却不能走进它。这意味着它不像桌子，也不像云——随着观察者运动，云并不改变其位置，而彩虹却改变其位置。人们发现，彩虹是由光在水滴内折射和反射而形成的，这就又重新引入了云，并以此说明了彩虹的特性，从而至少把云的一些实在性返还给了彩虹。因此，最重要的细分（如实在/非实在这种细分）是过分简单了，从而不能把握我们的世界的复杂性。存在许多不同种类的事件，最好把"实在"归属于事件和类型，但不是绝对的。①

费耶阿本德主张把实在归属于事件，这是一个与众不同的新奇观点，值得注意。正是在此观点的基础上，他认为应该抛弃实在/非实在二分法，不应该问什么是实在和非实在的问题。在这样的世界中，真正的问题是，什么事件发生了，在什么情况下发生，发生的事件误导了谁，如

---

① Paul Feyerabend. *Conquest of Abundance: A Tale of Abstraction versus the Richness of Being.* Chicago: The University of Chicago Press, 1999, p. 10. 另外，请参见［美］费耶阿本德《征服丰富性》（特波斯特拉编），戴建平译，中国人民大学出版社2007年版，第9页。

何误导。费耶阿本德坚持把"实在"归属于事件。他写道:"每一个实体的运动方式都是复杂而独特的,尽管它符合于某种模式,但它不断显露惊人的新特征,因而不能用一个公式来把握它;每一个实体与其他实体和过程相互影响,从而构成了一个丰富多变的宇宙。在这样的宇宙中,问题并非什么是'实在'和什么不是'实在'——这样的问题甚至算不上真正的问题。问题是,什么发生了,在什么情况下,谁已被(或正在被,或能够被)事件误导,如何被误导。"① 由此看来,费耶阿本德抛弃了物质和精神二分法,也抛弃了波普尔的"世界三分法",在本体论上主张世界的一元论:实在即事件。他认为把实在归属于事件是更加合理的,因为事件是复杂的运动过程,不是静态的抽象模式。他批判和反对抽象观念和抽象模式,认为它们无法把握复杂丰富的世界。

费耶阿本德也反对自然/艺术的二分法,主张自然与艺术统一。他在论文《艺术作为自然产品,自然作为艺术作品》中论述了如下三个论点。

特别是,我将论证(论点一):艺术作品像岩石和花儿一样是自然产品。接着,我将论证(论点二):我们的整个宇宙(从神秘的大爆炸,到氢和氦的突现,到星系、恒星、行星系统、病毒、细菌、跳蚤和狗,一直到西方男人的荣耀现身)就是一件人工制品,是由几代科学家和工匠从部分顺从、部分反抗的性质未知的物质材料中建构出来的。这两个论证相当合理,这表明(论点三):一般的思想论证是不确定的联系结合。我们为解决问题而需要的是,经验和特殊的辩护。②

一般观点认为,艺术是人类的创造物,体现了人的创造性。然而,

① Paul Feyerabend. *Conquest of Abundance: A Tale of Abstraction versus the Richness of Being.* Chicago: The University of Chicago Press, 1999, p. 10. 另外,请参见[美]费耶阿本德《征服丰富性》(特波斯特拉编),戴建平译,中国人民大学出版社2007年版,第9—10页。

② Paul Feyerabend. *Conquest of Abundance: A Tale of Abstraction versus the Richness of Being.* Chicago: The University of Chicago Press, 1999, p. 224. 另外,请参见[美]费耶阿本德《征服丰富性》(特波斯特拉编),戴建平译,中国人民大学出版社2007年版,第225页。

费耶阿本德却根据歌德的自然主义来论证艺术是自然产品：因人类长期生活在自然中，适应了自然，与自然融为一体，过剩的信息和材料转变成一种本能，正是这种本能的自然指导着思想家和艺术家，即正是这种体现在特定个人中的自然本身创造了艺术，不是神秘的创造性创造了艺术。这样，费耶阿本德就把艺术归结为自然自身形成的东西（即自然产品），不是人为的人工制品。

另一方面，自然是艺术作品，即自然不是客观的，而是人们主观建构出来的。这是费耶阿本德一再主张和反复论证的观点。他认为人是自然的雕刻者，研究者及其传统与自然相互作用，并把这种相互作用称为投射。不同的投射会得到不同的回应，从而得到不同的知识，由此建构不同的自然。这种投射有两种形式：一种形式是物质投射，如实验干预自然，人类物质上征服自然和改造自然；另一种形式是思想投射，对于不同的思想投射，自然将给予不同的回应，从而建构不同的自然。因此，科学家描述的自然不是自在自为的自然，而是人与自然相互作用的结果，即投射的结果。

由上面的论述，费耶阿本德得到结论认为艺术和自然是统一的，即"艺术是自然形成的，而自然是人为建构出来的"，反对艺术和自然二分。在此基础上，他批判了科学家和哲学家等理性主义者，而赞美了文学艺术家（如诗人、画家和音乐家）。因为理性主义者把他们的传统看成是绝对的和不变的，喜好抽象、理论固型和客观性，不能容忍和处理变化和模糊性。而费耶阿本德认为，传统是模糊和流变的，"原则上，每种文化能成为任何文化"。世界也比理性主义者假设的更加丰富和多变，丰富性和混沌是世界的不同侧面，因此，投射世界时，需要简化，但是，不是只有一种简化，而是有许多种简化。相反，艺术家偏爱用模糊的话语、令人感到困惑的设计和无意义的运动等各种手段来消解科学家的似乎严格而客观的自然，并用多变而有意义的表象或人工制品来取代它。总之，费耶阿本德主张自然与艺术统一，反对艺术与自然二分，也是在批判科学和理性，而褒扬文学艺术。

费耶阿本德不仅批判和反对二分法，而且还研究二分法的起源和产生。他认为二分法的产生有两种方式。在研究古希腊哲学中，费耶阿本德探寻了二分法产生的两种方式。在第一种方式中，以阿喀琉斯为研究案例，他论证了表象和实在这种区分从复杂的社会过程中突现出来。它是压力的产物，而不是论证的结果。在第二种方式中，以色诺芬尼和巴门尼德为研究案例，他论述了二者如何提出这种区分，如何通过纯理智方式来为之辩护。此外，他还说明第二种方式包含了第一种方式。下面先介绍和分析第一种方式，即阿喀琉斯的研究案例。

在阿喀琉斯的研究案例中，费耶阿本德从阿喀琉斯与来访者之间的对话开始，以其为分析素材，研究荷马语言的特点，进而研究荷马的世界和世界观，最后研究语言和世界的转变。荷马语言中没有表象和实在的区分，荷马世界是几何世界。在后期几何世界中，利用语言模糊性，产生了这种区分。总体研究思路是从荷马语言进入荷马世界，从而探究语言、世界观和世界的转变。费耶阿本德古希腊哲学研究的思想基础是理论决定事实，即语言塑造思想，语法包含世界观，语言变化伴随事实变化。

在费耶阿本德看来，根据荷马语言的规则，荣誉自身和荣誉奖赏不能分离，而且，荣誉观念是社会观念，不是形而上学观念，不是综合观念，荣誉是一种清单，是一种集合，它包含个体的行动和事件，也包含集体的行动和事件，这种集合的要素有："（享有或缺乏荣誉的个体）在战争、集会和内部纷争中的作用；战争结束后，他收到的战利品或礼物；当然，在所有这些场合的行为。"[1] 当集合中的要素出现时，荣誉也就出现了。

但是，阿喀琉斯受到冒犯，因为阿伽门农（Agamemnon）拿走了他的礼物。后来，希腊人原封不动地把礼物归还给阿喀琉斯，并许诺给予他更多的礼物，因而就认为给阿喀琉斯恢复了荣誉。然而，阿喀琉斯却把荣誉自身和荣誉奖赏分离开来，发明了新的"荣誉"概念，从而跨越了荷马语言的边界。因此，在阿喀琉斯和来访者之间发生了冲突：来访

① Paul Feyerabend. *Conquest of Abundance*: *A Tale of Abstraction versus the Richness of Being*. Chicago: The University of Chicago Press, 1999, p. 179. 另外，请参见［美］费耶阿本德《征服丰富性》（特波斯特拉编），戴建平译，中国人民大学出版社 2007 年版，第 178 页。

者认为给阿喀琉斯提供了礼物和奖赏，也就给了他荣誉，所以，他应当返回战场；而在阿喀琉斯看来，这些礼物和奖赏与荣誉是两码事，它们并不是荣誉，所以，他拒绝返回战场。由此可见，他们关于荣誉的界定是不同的，来访者的想法是传统的，是当时流行的观念；而阿喀琉斯因愤怒和失望，产生了新的想法。也就是说，他们虽然说着相同的话语，但是，话语的意义和所指却并不相同，即语言框架和语言背后的世界并不相同，这才是他们发生冲突的根本原因。

荷马语言不用层级体系来组织部分和事件，而是用并列方式来组织。这种并列添加结构不仅是叙事结构，而且也是史诗概念的结构；史诗概念不是表示过程、状态和事件的内在性质，而是概括其序列；连续过程（如运动）被分解为静态事件的相继。例如，史诗中的人体是一个集合，不是一个整体，缺乏名称，但是，它仍具有统一性，这种统一性是集合统一性，不是超越和改变其部分的整体统一性。换言之，即人体是一个木偶，没有统一的心灵。在荷马语言中，也没有"心灵"或"精神"概念。然而，在荷马世界中，事物、人和过程虽然缺乏现代的那种统一性，但是，它们既不是分离的，也不是被偶然性统治的。相反，复杂而明确的关系把自然、人和众神联结在一起，人完全是这个世界的一部分，真正是"天人合一"的，而且也有丰富的词语来表达这些关系。

费耶阿本德认为，荷马语言包含复杂的概念：这些概念的内容丰富，能够精致地描述事件和过程，但在相似性和演绎关系方面却是贫乏的；它们通过列出清单而不是用共同性质来加以说明。在荷马语言中，清单是唯一充足的知识形式，不是在走向适当定义的道路上迈出了错误的第一步。他写道："（在荷马传统中）过程和对象是相对独立部分的集合，概念是这种集合在不同情形中的代表，'知识'列举了我们从一种情形到另一种情形时发生了什么。"① 荷马世界即后期的几何世界，不是指客观的世界，而是通过荷马史诗和荷马语言所认识到的世界。费耶阿本德对荷马世界有如下描述：

---

① Paul Feyerabend. *Problems of Empiricism* (Philosophical Papers Volume 2). New York：Cambridge University Press, 1981, p. 5.

从其内部来看，这个世界确实居住着一些怪物：如果有人具备荷马的感知却使用二十世纪的词汇，那么，他会把这些怪物称为"拟人的神"和"木偶般的人"；"客观的"梦在神和人之间来回游荡。这个世界是一种丰富的事件模式，而这种模式把个体作为其中的组成部分，而不是作为外在的旁观者。对于那些以这种模式生活的人来说，这个世界是一个实在的世界，而且，它也完全可能是他们所知道的唯一世界。①

在费耶阿本德看来，荷马世界是由人、自然和神构成的一个整体世界，人就在这个世界中，而不是站在世界之外的旁观者。在费耶阿本德的哲学中，世界是指通过广义语言（艺术品、建筑物、风俗、制度和思维模式等）和理论而得到的世界，即认知的世界，而不是客观世界。在认知世界中，经验是由多种因素共同促成的，不是只有语言这一种因素，免除共同促成因素的经验是不存在的。费耶阿本德得出如下结论："我的结论是，我们的'经验领域'，不仅被语言而且也被其他无数的模式和制度（其中多数是相互冲突的）所塑造、'遮盖'和'共同促成'。因此，从一种风格、一种特定的语言结构或者新近的科学信念中推论出一种宇宙学、相应的生活方式和无所不包的'时代精神'，这需要特别的支持，它不能被当作理所当然的事情。"②

荷马世界中不存在表象和实在这种区分，所有事件都同样"真实"，——即使它们产生的影响不同。在荷马语言和荷马世界的转变过程中，语言模糊性、风格多样性和文化内部冲突起到了关键作用。费耶阿本德特别重视语言的模糊性，认为如果一种语言精确而清晰，具有绝对明确的规则，缺少弹性，那么，它就是短命的，会很快消亡。反之，如

① Paul Feyerabend. *Conquest of Abundance*：*A Tale of Abstraction versus the Richness of Being.* Chicago：The University of Chicago Press, 1999, pp. 30 – 31. 另外，请参见［美］费耶阿本德《征服丰富性》（特波斯特拉编），戴建平译，中国人民大学出版社 2007 年版，第 27 页。

② Paul Feyerabend. *Conquest of Abundance*：*A Tale of Abstraction versus the Richness of Being.* Chicago：The University of Chicago Press, 1999, p. 29. 另外，请参见［美］费耶阿本德《征服丰富性》（特波斯特拉编），戴建平译，中国人民大学出版社 2007 年版，第 26 页。

果一种语言是模糊的，富有弹性，那么，它就会发生变化。此外，风格多样性和文化内部冲突都会促进语言和世界的转变。

二分法不是突然一下子出现的，而是逐渐发展而来的。对于阿喀琉斯来说，传统标准虽然不再是社会实践的一部分，但它们仍然在起作用。因此，有些学者认为，阿喀琉斯的言说没有意义，因为他把荣誉自身和荣誉奖赏分离开来，而在荷马语言和荷马世界中，这二者是不分离的。这标志着表象（是丰富具体的，也是容易引起误解的）和实在（是简单、抽象、空洞的，但是仍然非常重要）二分法开始萌芽。费耶阿本德写道：

> 阿喀琉斯的谈话促进了这种发展，因此，其包含发明的因素。这些被发明的特征成为缓慢出现的结构的组成部分，这意味着阿喀琉斯也做出了一种发现。毫无疑问，主观性起了作用——正是阿喀琉斯的愤怒使得他对别人还没有注意到的东西做出了回应。在某种意义上，他看到的东西已经在那里了——神的判断总是比人的判断更具有决定意义——这意味着阿喀琉斯的看法具有"客观内核"。但是，它仍然是"主观的"，因为日益抽象的趋向及相关的实在和表象分离不是唯一的发展。①

由此可见，阿喀琉斯在与来访者的谈话中，出于愤怒而发现了"荣誉"的新概念，使得"荣誉"的内涵和外延发生了变化，使得"荣誉"自身与奖品分离，使得"荣誉"的实在与表象分离，从而发现了抽象的"荣誉"实在。而在原来的荷马世界中，"荣誉"自身与"荣誉"奖品是一体的，没有"荣誉"实在和"荣誉"表象的区分，更谈不到分离。所以，阿喀琉斯通过主观努力做出了一种新的发现，在具体可见的"荣誉"奖品之外发现了抽象的"荣誉"实在，即通过超越可感知的世界而发现了抽象的实在世界。

---

① Paul Feyerabend. *Conquest of Abundance：A Tale of Abstraction versus the Richness of Being*. Chicago：The University of Chicago Press, 1999, p. 38. 另外，请参见 ［美］费耶阿本德《征服丰富性》（特波斯特拉编），戴建平译，中国人民大学出版社 2007 年版，第 32 页。

通过研究阿喀琉斯案例，费耶阿本德揭示了两个方面：一方面是二分法的出现，另一方面是抽象观念和抽象世界的兴起。以此为起始点，荷马世界逐渐发生了变化。原来刻画荷马世界的言语开始变得内容贫乏，变成空洞的套话，一些概念、术语萎缩了，甚至消失了。随后出现了一个总体的抽象过程：追寻抽象的"心灵"，哲学和理性抽象的兴起，反思知识的本性，语言和思想的贫乏化，二分法（表象和实在的分离）的发展。费耶阿本德对此有详细的论述：

> 几何时期后期，"这个世界"逐渐发生了变化。人们变得"自主"了，他们的关系变得更加疏远、更加成问题。从语言学上看，这种变化相当明显：刻画前一个时期的那些认识术语簇萎缩了，那些存留下来的"话语……在内容上变得贫乏了，它们……变成片面而空洞的程式化用语"。新的学科（特别是认识论）试图从理论上（用不充分的手段）把在实践中分离的过程联系起来。这些过程包括："心灵的发现"，西方科学和哲学的兴起，对知识本性的综合反思，思想和语言的贫乏化——所有这些过程构成一个同一的总体发展过程。在阿喀琉斯对来访者的回应中，这一总体发展过程宣告了自身，而且，它也引发了后来的表象与实在的分离。①

费耶阿本德认为，阿喀琉斯的这种转变不仅出现在认识论和思想领域，而且还与某些社会发展密切相关。这些社会发展虽然在阿喀琉斯生活的时代还处于萌芽状态，但是，到了公元前 7 世纪或 6 世纪就表现得非常明显了："在政治上，抽象组群取代了邻人（及其所体现的具体关系），成为政治活动的单元（克里斯提尼）；在经济上，货币取代了专注于与境和细节的物物交易；军事首领与其士兵之间的关系变得越来越不受个人感情影响；在迁徙过程中，地方神融合了；贸易、政治和族群之间的其

---

① Paul Feyerabend. *Conquest of Abundance*：*A Tale of Abstraction versus the Richness of Being.* Chicago：The University of Chicago Press，1999，p. 26. 另外，请参见［美］费耶阿本德《征服丰富性》（特波斯特拉编），戴建平译，中国人民大学出版社 2007 年版，第 24 页。

他交流抹平了部落特质和文化特质；生活的重要部分变得单调乏味；因此，与具体细节相联的词语失去了内容，或者失去了重要性，或者彻底消失了。"① 上述社会发展就是一个抽象的过程，在社会的各个方面，"个体的""邻里的""地方的""具体的""物物交易的""细节的""部落的"被"抽象的""普遍的"取代了，由此造成生活单调乏味，语言贫乏，特别是表述具体细节的词语失去了内容，甚至彻底消失。

上面介绍、分析和总结了费耶阿本德关于阿喀琉斯案例的研究。他通过该案例揭示了二分法的产生与抽象观念和抽象世界的兴起。费耶阿本德还研究了色诺芬尼案例和巴门尼德案例。他通过这两个案例揭示了抽象理性的兴起和二分法的进一步发展。下面将介绍、分析和总结费耶阿本德关于这两个案例的研究。

## 第四节　论证、证明、抽象理性的兴起和二分法的发展

费耶阿本德认为，论证像语言、艺术和礼仪一样具有多种形式，是普遍的，而且历史久远，在逻辑出现之前很久就产生了。在古希腊抽象传统兴起以前，"论证"就产生了。在历史传统中，"'论证'就是含有论点的故事"②。费耶阿本德的主张"论证即故事"，在学界造成了一定的影响。英国学者普瑞斯顿把这种主张上升为费耶阿本德的元哲学。他写道："根据这种元哲学，论证和证明仅仅是不同种类的新故事，它们的真理性来自其内部结构，不必得到传统权威的支持。……但是，这种元哲学是极度成问题的。"③ 当然，普瑞斯顿批判和反对费耶阿本德的这种

① Paul Feyerabend. *Conquest of Abundance*：*A Tale of Abstraction versus the Richness of Being.* Chicago：The University of Chicago Press, 1999, p. 183. 另外，请参见［美］费耶阿本德《征服丰富性》（特波斯特拉编），戴建平译，中国人民大学出版社 2007 年版，第 182 页。

② Paul Feyerabend. *Problems of Empiricism* (Philosophical Papers Volume 2). New York：Cambridge University Press, 1981, p. 7.

③ Preston, John. The Rise of Western Rationalism：Paul Feyerabend's Story. *Studies in History and Philosophy of Science*, Vol. 57, 2016, p. 82.

元哲学。

费耶阿本德认为，论证和证明就是不同的故事。然而，在抽象的理论传统兴起后，古希腊哲学家和科学家发明了一种特殊的论证方式来为他们的观点辩护。他们认为这种特殊论证方式是标准化的，独立于其所发生的环境，其结果是普遍有效的。这种特殊的论证方式就是证明。为了阐明抽象理性的兴起和二分法的发展，费耶阿本德研究了两个古希腊证明的案例：一个是色诺芬尼的神学证明，另一个是巴门尼德的存在证明。

## 一 色诺芬尼——神学证明

从哲学家的眼光来看，色诺芬尼最多是业余的哲学家。他是吟游诗人，是思辨的神学家，不是真正的哲学家。他生活于一个转折时期（从诗歌向哲学的转变时期），他从事旧的职业（如教师、娱乐者和吟诵者）来展示和说明诗歌，但他也侵蚀诗歌及其所蕴涵的思想。他看到世界正在发生变化，人日益变得独立，他欢迎这种发展变化，其思想也随之发生了变化。

色诺芬尼认为"神是全视、全知、全闻的"，而人不可能获得知识，只能有猜想和意见。他把意见与知识分离开来，并把意见当作信息的唯一载体。而且，在费耶阿本德看来，色诺芬尼也用新的标准（有用性或功能）取代了旧的标准，而根据这种新标准，对意见的评价就发生了变化。他写道："根据这种新标准，意见不是无用的。正如人能建造、使用和改进船只、桥梁和隧道一样，人也能引入、使用和提高其另一种产品（日常话语）（B18 和 35）。像房屋、锤子和铁锹一样，这种话语也是有用的，它们提供了信息。这种信息可能是模糊的、误导性的和不可靠的，但是，它可以变得精确、贴切和更加可靠——它能够被改善。"① 色诺芬尼用抽象理性来研究神学，把古希腊的众神抽象成一神，把具有各地特

---

① Paul Feyerabend. *Conquest of Abundance*：*A Tale of Abstraction versus the Richness of Being*. Chicago：The University of Chicago Press，1999，p. 49. 另外，请参见［美］费耶阿本德《征服丰富性》（特波斯特拉编），戴建平译，中国人民大学出版社 2007 年版，第 49 页。

征的地方神变成抽象的神。在此之前，希腊众神与人具有亲密关系，众神是活生生的，就在人间，参与人间事务。但是，色诺芬尼却通过理性抽象使众神变成一神，变成抽象的神，从而超越了人类。在某种程度上，多元而变化的众神就是现象，而抽象的一神就是实在（即通过抽象产生和发展实在和现象的二分法）。而且，这种抽象的一神类似于巴门尼德的抽象的存在。

> 唯一的神是最伟大的，是神和人中最伟大的。
>
> 祂不像那些有生有死的人，外形上不像，洞察力上也不像。
>
> 祂总是不动，静留在唯一的地方。
>
> 因为时而到这里，时而到那里，这是不得体的。
>
> 祂全视，全知，全闻。
>
> 然而，不用任何努力，单凭洞察力，祂就会改变一切。①

色诺芬尼把众神抽象成一神，并建构论证证明。神的抽象，是论证证明神的前提。例如，他用如下论证来证明神是一。

> 神或是一，或是多。
>
> 如果是多，那么，神或平等，或不平等。
>
> 如果平等，那么，神就像民主团体的成员。
>
> 但是，神不是民主团体的成员，因此不平等。
>
> 但是，如果不平等，那么，弱者就不是神。
>
> 因此，神是一。②

---

① Paul Feyerabend. *Conquest of Abundance*：*A Tale of Abstraction versus the Richness of Being*. Chicago：The University of Chicago Press，1999，p. 53. 另外，请参见［美］费耶阿本德《征服丰富性》（特波斯特拉编），戴建平译，中国人民大学出版社 2007 年版，第 52 页。

② Paul Feyerabend. *Conquest of Abundance*：*A Tale of Abstraction versus the Richness of Being*. Chicago：The University of Chicago Press，1999，p. 135. 另外，请参见［美］费耶阿本德《征服丰富性》（特波斯特拉编），戴建平译，中国人民大学出版社 2007 年版，第 133 页。

用今天的逻辑眼光看，从内容上来说，上述证明不够严密，甚至都算不上证明。但是，从形式上来说，它却是严格的证明。它有三种证明形式。第一种是假言式推理，即"如果——那么——"形式的推理。第二种形式，穷尽排除法，即穷尽所有可能选项，排除错误选项，保留正确选项。例如，由神推出的全部可能选项是一或多，而排除了选项多，就证明了神是一；而由多推出的全部可能选项是平等或不平等，但这两个选项都不成立，因此，就排除了选项多。第三种形式，否定后件式推理，即反证法。例如，由平等推出了神是民主团体的成员，但神不是民主团体的成员，因此，就否定了平等。

显然，上述推理证明是依赖于文化或传统的，像一个具有特殊性质的故事。我们今天觉得它不是一个严格的证明，是因为我们没有生存于色诺芬尼的传统或文化中，而是在别的传统中生活。例如，智者普罗塔哥拉主张"人是万物的尺度"，就反对普遍、抽象的神，对色诺芬尼嘲笑多种多样的神嗤之以鼻，更认可荷马的诸神世界观。此外，在推理证明过程中，色诺芬尼从众神（现象）中抽象出一神（实在），从而抽象建构出一个超越了经验和传统的新领域（即后来所称的实在领域），进一步发展了实在和现象的二分法。之所以能如此成功，是由于他利用了日常思想的模糊性，并发现了其对象的新性质。

## 二 巴门尼德——存在（Being）证明

赫拉克利特认为，世界处于永恒变化之中，但巴门尼德却认为变化的是现象，不是实在。巴门尼德认为，存在没有变化和差异，但我们感觉到了变化和差异，正如赫拉克利特所言"一切皆变"。然而，在巴门尼德看来，我们感觉到的这些变化和差异是表象，是假象，是感官世界，是虚幻的、多元的和变化的，不是真正的实在，而实在是不变的，没有差异。现象世界是由感觉、经验和意见所把握的世界，而存在（实在世界）是由理性论证和真理所把握的世界。因此，巴门尼德去掉丰富多变的现象，抽象出存在，用理性思维去论证证明，因为他认为思想与存在同一。他要求人们超越感觉，单独依靠理性，否定感觉告诉的东西，认为传统和经验都不是知识的可靠向导。巴门尼德最早、最明确、最彻底地区分了哲学上后来所称的实在和表象，最早、最激进地捍卫实在论，提出了最早的知识论。

巴门尼德认为最基本的实体就是存在（Being），而存在是逻辑与存在物的相汇之处，因为任何包含"是"（to be）的陈述都会陈述世界的本质。在此基础上，巴门尼德提出了"存在守恒"，这是西方第一个明确的守恒原理，也预示了近代科学中的物质守恒定律和能量守恒定律。由这个守恒原理，能够推论出：存在无生无灭，没有运动，没有结束，是整体，是永恒不变的，是不可分的，是静止的。

关于巴门尼德的存在不变证明，有的书转述得并不准确。[①] 为了准确理解这一证明，下面，先看看巴门尼德的原文：

> 只剩下一条路：存在（it is）。在这条路上，有许多路标：存在（being）无生无灭，因为它是整体，没有运动，没有终结。因为它现在是无所不包的整体，是连续的整体，所以，它过去从来不是如此，将来也不是如此。你将寻求其什么样的创造？它如何起源？它来源于何处？我也不允许你说（或思考）它来源于非存在（not - being），因为"非存在存在"既不可言说，也不可思想。此外，如果它来源于无（nothing），那么，是什么必然性驱动它被提前产生（或被推后产生）？因此，它必定绝对存在，或者，根本不存在。可信性力量也将不允许任何事物由（存在自身之外的）非存在生成。就所关心的而言，正义从未把（存在）从其所受束缚中释放出来，让它自由生成或消亡，而是牢牢地固定住它。如何解决这些问题，取决于下面的两条路：存在，或非存在。因此，解决这些问题的方式（这种方式是必然的）如下：忽视不可思议和不可言说的那条路（因为它不

---

① 例如，梯利在其《西方哲学史》中是这样转述此证明的："如果存在有变化，它一定产生于非存在或产生于存在。如果产生于非存在，它产生于无，这是不可能的；如果产生于存在，那末它是产生于自身，这就等于说，它同它自身是同一的，过去一直是同一的。"请参见［美］梯利《西方哲学史》，葛力译，商务印书馆2003年版，第26页。在梯利的转述中，"存在产生于存在"的论述似乎与巴门尼德自己的如下论述不一致："就所关心的而言，正义从未把（存在）从其所受束缚中释放出来，让它自由生成或消亡，而是牢牢地固定住它。"

是真理之路），而走另一条存在和实在之路。存在如何能消亡？它怎么能生成？如果它是过去生成的，那么，它是非存在；如果它是将来某一时间生成的，它也是如此。因此，生成被消灭了，毁灭也消失不见了。①

对于巴门尼德的存在不变证明，费耶阿本德有非常准确的理解和表述：

因为存在不能来自非存在［理由：非存在既不能被描述，也不能被认识，也不能说它在任一特定时间产生了某种事物（事件总可能发生在不同时间）］

它也不能来自存在（理由：存在存在，因此不能发展变化）

但是，或者存在，或者非存在（B8.16），所以：

存在不变。②

对比和分析巴门尼德自己的论述和费耶阿本德的提炼总结，可以看出，费耶阿本德准确地抓住了巴门尼德的论证核心。只有两条路，存在或非存在。第一条路：非存在之路，存在来自非存在：首先，因为"非存在"既不可言说，也不可思想，所以，存在不可能来自非存在；其次，退一步说，假定存在由非存在生成，也不可能说在某一时间生成，因为事件总可能在任何时间发生，所以，存在也不可能来自非存在。第二条路，存在之路，存在也不能来自存在：因为存在被牢牢地束缚固定，不能生成或消亡，所以，存在也不能由存在生成；如果存在可以由存在（不管是过去还是将来）生成，或者可以消亡，它就是非存在，所以，存在不能来自存在，也不能消亡。

---

① Baird, Forrest and Walter Kaufmann (eds.). *Ancient Philosophy* (Third Edition). Upper Saddle River, New Jersey：Prentice Hall, 2000, pp. 21-22.

② Paul Feyerabend. *Conquest of Abundance：A Tale of Abstraction versus the Richness of Being*. Chicago：The University of Chicago Press, 1999, p. 65. 另外，请参见［美］费耶阿本德《征服丰富性》（特波斯特拉编），戴建平译，中国人民大学出版社 2007 年版，第65—66 页。

　　巴门尼德之所以用理性认识存在，用理性思维去证明存在，是因为他主张思想与存在同一。不过，为什么思想与存在同一呢？他仍然用理性思维去证明。首先，上面已经证明：非存在不可思想。其次，他证明：思想就是关于存在的思想，所有思想必然指涉存在。其证明过程如下：

　　　　思想与关于存在的思想同一：因为你找不到一个思想没有所指涉的存在。存在之外，别无他物于现在（或将来）存在，因为命运已经将它固定为一个整体，并将它固定不动。因此，凡人确定的一切东西（相信它们是真理）仅仅是名称：生成和消亡，存在和非存在，位置变化，以及色彩变化。①

　　总之，巴门尼德关于思想与存在同一的证明包括两个方面：第一，非存在不可思想；第二，思想必然指涉存在。用今天的逻辑理论来看，这两个命题是等价命题，它们互为逆否命题。如果思想与存在完全同一，完全等价，那么，就应该证明另一个命题：不可思想的必然是非存在。但是，未见到他主张并证明这一命题。

　　分析和总结巴门尼德的证明，可以明显看出，从内容上来说，它不是今天严格的逻辑证明。例如，"非存在不可言说、不可思想"，"存在被固定不变，不能生长发展"，这两个命题就不是被证明的，而是一种断言，是证明的前提和预设。然而，从形式上来说，它像色诺芬尼的证明一样，至少有三种证明形式。第一种证明形式是穷尽排除法，即穷尽所有可能选项，排除错误选项，保留正确选项。例如，存在不变包括两种情形：存在既不能生成也不能消亡；而存在生成也有两种情形，或者由非存在生成，或者由存在生成。巴门尼德既否定了存在由非存在生成（因为非存在不可言说和不可思想），也否定了存在由存在生成（因为存在被固定，不能生长变化），由此证明了存在不能生成。巴门尼德也证明

---

　　① Baird, Forrest and Walter Kaufmann（eds.）. *Ancient Philosophy*（Third Edition）. Upper Saddle River, New Jersey: Prentice Hall, 2000, p. 22. 另外，请参见洪汉鼎、陈治国编《知识论读本》，中国人民大学出版社 2010 年版，第 12 页。

了存在不能消亡（因为如果存在能够消亡，它就是非存在），因此就证明了存在不变。当然，他也运用了假言式推理和反证法这两种证明形式。例如，下面这种推理就同时运用了这两种证明形式："如果存在可以由存在（不管是过去还是将来）生成，或者可以消亡，它就是非存在，所以，存在不能来自存在，也不能消亡。"在费耶阿本德看来，巴门尼德似乎是最早明确使用反证法（归谬法）的思想家。

更为重要的是，费耶阿本德用大量篇幅特别说明：巴门尼德的论证证明是依赖于文化和传统的，从论证之外获得力量和内容。今天，一种观点认为逻辑证明是超越传统和文化的，是普遍适用的。费耶阿本德坚决反对这种观点，主张"反逻辑"的观点，认为在辩论双方中，对手仅提供事实、规则及其论证是不够的，必须取消定义，改变其生活方式，提供不同的传统和文化，因为人们视作实在的事物在其偏爱的生活中起了非常重要的作用。例如，巴门尼德超越经验世界，建构了极度抽象的世界，仅有存在，而原子论者为了回到经验常识，论证他们的主张，不得不修改存在的定义和内涵，从而建构另一个世界。

> 虚空是"非存在"，"存在"中没有任何组成部分是"非存在"；因为根据这些术语的严格意义，"存在"是绝对充实的全满。然而，这种全满不是"一"；相反，它是"多"，且数量无限，并因为其体积微小而不可见。①

由此可见，原子论者为了战胜巴门尼德，他们不只提供事实和论证，而且修改了"存在"的定义。巴门尼德抽象出世界唯一的"存在"，除此之外，别无他物，没有非存在，即"存在"是一个绝对的大全，不可分，没有差异，没有结构。而原子论者却把独一的"存在"修改定义为许许多多"存在"，"存在"之间是虚空，虚空就是"非存在"，颠覆了巴门

---

① Paul Feyerabend. *Conquest of Abundance*：*A Tale of Abstraction versus the Richness of Being.* Chicago：The University of Chicago Press，1999，p. 70. 另外，请参见 ［美］费耶阿本德《征服丰富性》（特波斯特拉编），戴建平译，中国人民大学出版社 2007 年版，第 69—70 页。

尼德的传统，开创了原子论传统。原子论者和巴门尼德都注意到了现象世界的变化，前者认为这是真实的，而后者却认为这是虚幻的，只有唯一的"存在"是真实的。虽然二者都注意到了经验现象和事实，也不否认它们，但是，二者却用不同的理论框架来看待世界，从而形成了不同的传统。

通过上述两个证明案例，费耶阿本德揭示了抽象理性和二分法的兴起和进一步发展。然而，他对抽象理性和二分法却持批判和否定态度，认为抽象的理性论证和证明并不是普遍的，而是依赖于传统的。因此，费耶阿本德还列举分析了其他的例子，来巧妙而有力地说明论证是依赖于传统的。例如，用对跖人反对地球球形的论证：在古代，人们的上下方向是绝对的，因此，当有人提出地球是球形的的观念时，人们就用对跖人来反对，因为地球另一端的对跖人会掉落下去。显然，只要人们在这个传统和文化中生活，这个论证就是有效的。然而，在近代科学传统中，这种论证是荒谬的，因为地球是球形，在地球上任何地方的人都受到引力作用，不会掉落下去，而且人们的上下方向也不再是绝对的，而是随着地球的运动而不断变化的。再如，有人利用三角计算推算出彗星在月球层以上，但是，伽利略却反对说：这种计算是无效的，因为三角计算仅适用于具有确定性质的对象，而彗星是像彩虹一样的东西，其没有固定性质。今天来看，伽利略的反对是荒谬的，但是，当时的认识传统认为彗星不是固体星球。这是由于世界观的改变，改变了论证的有效性。

费耶阿本德极力主张论证证明依赖于传统，在为这种主张辩护的过程中，他顺便批判了波普尔的证伪主义。根据波普尔的朴素证伪主义，只要看到一只白乌鸦，就可以证伪命题"所有乌鸦都是黑的"。然而，费耶阿本德却认为，证伪也是依赖于传统的：在一个传统中，大家只有对乌鸦的界定、颜色（如白色或黑色）的认定和推理规则认可等能够达成共识，才有可能证伪该命题；否则，就很难证伪该命题。例如，把一只乌鸦染成白色，或者一只乌鸦生病变成了白色，或者一种新发现的灰色鸟（不知是否是乌鸦，没有基因鉴定），其他生理特征与乌鸦完全相同，这三种情况能够证伪该命题吗？必然是争论不断，只有在一个传统中，这些达成一致，才能得到论证结果。因此，界定乌鸦和确定乌鸦颜色本身就是这一证伪过程的组成部分，论证一个复杂的过程，具有模糊性。

费耶阿本德主张论证依赖于传统，是其不可通约性思想的继续发展，也与库恩的范式思想一致。他的这一主张是深刻的，看到了论证证明的局限性，局限于传统之内。如果论证超越了其传统，必然就是争论和争吵，最后有可能诉诸强权和暴力来解决问题，从而确立新的传统。各种文明冲突、宗教冲突、意识形态冲突和文化斗争大体上都可以如此来看，因为传统不同，它们的前提、假设和价值观就不能达成一致，就无法进行论证，必然诉诸强权和暴力来解决问题。即使是在数学中，欧几里得几何和非欧几何也是不同的几何系统，它们的前提假设不同：欧几里得几何假设过直线外一点只能做一条直线与原直线平行，而非欧几何却否定了这一假设（或者一条也不能做，或者能做无数条）。因此，在这两种不同的几何系统中，其几何证明也是不同的，一种是欧氏几何证明，一种是非欧几何证明。而且，这两种几何系统描述的世界也是不同的，一种是平直空间的世界，一种是弯曲和扭曲空间的世界。总之，传统不同，就是世界观不同。而在费耶阿本德看来，世界观不同就是世界不同。

## 第五节　布鲁内莱斯基发明透视画法：固型和传统的变化

布鲁内莱斯基（Filippo Brunelleschi，1377—1466）发明了透视画法，把几何学原理应用于绘画，绘画由此开始向科学转变。费耶阿本德把布鲁内莱斯基的绘画解释为一种舞台，而且，在他看来，舞台就是一种传统或文化。因此，他研究、分析和解释布鲁内莱斯基的绘画，实质上，是在继续发展和深化其关于传统或文化的哲学思考。当然，费耶阿本德利用这一艺术案例，要重点研究传统的变化，特别是新传统的产生。然而，与前面三个案例研究方法不同，费耶阿本德不再用理性、二分法和证明等哲学方法来论证，而是用艺术手法来直观、形象地表现传统的变化。

费耶阿本德主张，布鲁内莱斯基的透视画法的实在观是建构实在观。

这种实在观认为实在是被建构的，不是客观的，不是独立于艺术家的思想、感知、意图、目的和行动的，也不是独立于社会习惯、制度、意识形态和世界观的。与此相对立的另一种艺术实在观是模仿实在观，这种实在观主张实在是客观独立的，绘画就是对实在的模仿。总之，通过研究布鲁内莱斯基的透视画法，费耶阿本德提出一种透视主义哲学，并得到了一些学者的注意。例如，美国学者吉尔就专门发表论文研究了"费耶阿本德的透视主义"。①

费耶阿本德把作为一种传统组成部分的投射称为自然投射，把自然投射创造的方面称为自然方面，把艺术家为了创造自然方面而在画布上绘制的结构称为固型。② 他认为传统是模糊的，就像水一样流动变化，水有三态（气态、液态和固态）变化，可以变成气，还可以变成冰，而传统的固型就像水结成冰一样，只是一种形式，不是传统的全部内容和形式。如果因为一种传统长期流行，固定僵化，变得根深蒂固，习以为常，从而以为传统的这种固型就是全部的传统，那么，这就像把冰看成固型，成为水的三态的唯一形式和内容，显然，这是错误的。

费耶阿本德主张，艺术的功能并不一定是真实表现实在，艺术的发展变化受到制度、宗教、政治和个人等方面变化的影响，艺术才能并不一定起多少作用，艺术是由构架决定的，这种构架被解释为一种舞台，而这种舞台或者是被创造建构的，或者是一种传统的一部分。费耶阿本德认为，舞台由多种多样的要素构成，既有物质的要素，也有制度和习惯的要素，还有精神的要素。正如他自己所表述的：

> 艺术模仿（以及一般的艺术创造）发生于有时是明确（但通常是极为松散）的与境中，它发生在一个"舞台"上。这个舞台包括艺术作品、模仿方法、创造被模仿方面的投射装置以及这些方面自

---

① Giere, Ronald. Feyerabend's Perspectivism. *Studies in History and Philosophy of Science*, 57 (2016), pp. 137-141.

② Paul Feyerabend. *Conquest of Abundance: A Tale of Abstraction versus the Richness of Being*. Chicago: The University of Chicago Press, 1999, pp. 103-104. 另外，请参见［美］费耶阿本德《征服丰富性》（特波斯特拉编），戴建平译，中国人民大学出版社2007年版，第99页。

身。所思考的任何"实在"都是由这个舞台"编造"的，它随舞台
设置的变化而变化，而且艺术固型也随舞台设置的变化而变化。舞
台要素包括身体、制度、习惯、强烈的信念、经济关系、物理过程
（如光和声）、生理过程（如色觉）、创造感知声音和音乐和谐的机制
以及其他许多事件。①

费耶阿本德认为，布鲁内莱斯基的透视画法是一种新的绘画方式，
是一种新的看世界的方式，不再是模仿世界，而是完全建构新的世界；
在这个新的世界中，实在不是被给予的，而是被创造的。也就是说，布
鲁内莱斯基的绘画建构了一个巨大的舞台，这个舞台"包括原有的结构
（洗礼堂）、人造对象（绘画）以及观看或投射前两者的特别布置。他试
图表现的实在是由舞台设置产生的，表现过程自身是舞台作用的组成部
分，它并没有超越舞台的作用"②。在这种视角下，"实在"是舞台设置
的一部分，不是独立于舞台设置的实体，而且舞台设置既包括物质要素，
也包括精神要素。在费耶阿本德看来，布鲁内莱斯基透视绘画法产生了
新的传统，在这种传统中，画家控制了舞台设置。而在他之前的旧传统
中，艺术家很大程度上被舞台设置控制了，但因长期习惯，所以，他们
几乎没有注意到所包含的舞台设置，从而相信他们在处理实在自身，直
接面对实在自身，没有了中介，忘记了作为建构手段的舞台设置，由此
形成的实在观就是朴素实在观。但是，费耶阿本德并不赞同这种朴素的
实在观，他主张从不同舞台突现出来的方面是不同的，有时甚至会有冲
突，它们不可能是独立于舞台的同一实在的组成部分，这就是相对主义
实在观：通过不同的传统（舞台和投射方式）去看世界和实在，会得到
不同的实在和世界；每种传统都有其独特的意识形态，会产生不同的

① Paul Feyerabend. *Conquest of Abundance*：*A Tale of Abstraction versus the Richness of Being*. Chicago：The University of Chicago Press, 1999, pp. 111 – 113. 另外，请参见［美］费耶阿本德《征服丰富性》（特波斯特拉编），戴建平译，中国人民大学出版社2007年版，第108页。

② Paul Feyerabend. *Conquest of Abundance*：*A Tale of Abstraction versus the Richness of Being*. Chicago：The University of Chicago Press, 1999, pp. 100 – 101. 另外，请参见［美］费耶阿本德《征服丰富性》（特波斯特拉编），戴建平译，中国人民大学出版社2007年版，第97页。

结果。

朴素实在观使其喜好的固型登上王位，而贬低其他传统，而相对主义实在观却平等地对待所有传统，认为它们都是实在的真理性信使。尽管二者差异如此明显，但是，在费耶阿本德看来，它们都含有一个共同的假设，即假定传统是明确确定的，也是明确分离的。费耶阿本德反对这种假设，主张传统是模糊的，是隐蔽的，也是相互交流的，从而导致传统变化，而且传统的变化也是神秘的。所以，费耶阿本德认为这两种实在观都忽略了传统的重要特征，从而不能解释传统的变化和产生。

布鲁内莱斯基创造了一种新的艺术传统，一种新的舞台设置。费耶阿本德重点关注旧传统如何演变为新传统。对这种转变，他这样描述道："一旦创造秩序的其他方式占了上风，这种（直接面对实在的）印象就消失了。它们使以前隐藏的东西显现出来，激活其固有的模糊性，并用它来影响变化：在现在还缺乏界定的其他舞台中，综合舞台变成明确的框架，因为综合舞台已成为习惯和信仰，所以远离了意识。"① 由于天长日久，人们习惯了旧传统，习以为常，忘记了自己是通过旧传统与实在打交道的（旧传统成为无意识，远离了意识），从而认为自己直接面对实在。然而，一旦发明了新的建构实在的方式，引入创造秩序的其他方式，原来隐藏的旧传统就会显现出来，成为明确的框架。值得注意的是，旧传统本身具有模糊性，从中可以孕育出新的传统。

费耶阿本德认为，固型和论证依赖于传统或文化，而传统或文化是开放的、模糊的，其中的概念不是被明确定义的，情感、想象、社会压力及其他非语言机制能够激发模糊性，而论证如果能够利用模糊性，并顺应非语言的力量，就能够胜出，从而改变传统，创造新的传统。不同的传统与世界有不同的相互作用，对世界有不同的投射，从而形成不同的知识，不同的世界观和实在观。基本的实在是不可认识和不可言说的，人是基本实在的雕刻者，不同的雕刻和投射会得到不同的世界和实在。

---

① Paul Feyerabend. *Conquest of Abundance：A Tale of Abstraction versus the Richness of Being*. Chicago：The University of Chicago Press, 1999, pp. 113 – 114. 另外，请参见［美］费耶阿本德《征服丰富性》（特波斯特拉编），戴建平译，中国人民大学出版社 2007 年版，第 109 页。

因此，世界和实在随着传统和文化的改变而改变。坚持某种传统或文化，坚持某种生活形式，就是坚持某种世界和实在。

　　我的结论是：（1）完全封闭的文化（概念系统）并不存在；（2）文化的开放性与思想、感知和行动的内在模糊性相关联，例如，概念不是明确定义的实体，而更像是预示；（3）模糊性能够被情感、构想、社会压力和其他非语言机制促动起来；（4）这些机制具有结构，它们就像语言那样，能"强迫我们顺应它们"（第一章注18和正文），从而保证语言变化是有意义的；（5）只有顺应非论证的压力，论证才有力量；（6）人可进入的实在像文化环境一样开放和模糊，只有当文化固化的时候，它才能得到明确的定义，它也是被研究部分地确定的，确立它的基本步骤在于坚持某种生活形式。①

　　20世纪的主流哲学是语言哲学或分析哲学，其研究语言，力求准确界定语言，追求语义明晰。然而，费耶阿本德却反其道而行之，追求语言的模糊性，认为语言是不精确的，不断流变的，而且，正是这种模糊性促发了传统的转变。他认为，说一种语言既要遵守语言规则，也在改变语言规则，因此，随着语言的变化，语义、语法和语用改变了，事物的性质发生了变化，传统也就改变了，新的传统出现了。例如，阿喀琉斯的语言改变，最终产生了新的、更抽象的关于荣誉、德性和存在的概念。再如，伽利略通过改变亚里士多德传统的运动概念，把绝对运动改变为相对运动，最终产生了近代科学传统。

　　费耶阿本德把传统的产生和变化置入语言、宗教、政治、经济和文化等各种社会因素中来研究，这是一种非常独特的视角，也能揭示深刻的道理。例如，极权主义政治，控制经济、思想、知识和信息等一切人类物质财富和精神财富，从语义、语法、语用和语形等方面全面污染、

---

　　①　Paul Feyerabend. *Conquest of Abundance*：*A Tale of Abstraction versus the Richness of Being*. Chicago：The University of Chicago Press，1999，pp. 78－79. 另外，请参见［美］费耶阿本德《征服丰富性》（特波斯特拉编），戴建平译，中国人民大学出版社2007年版，第76—77页。

改变和重塑语言，传播筛选过的、片面的、错误百出的思想、知识和信息，系统性地改变人们的思维方式、人生观、世界观和实在观，由此从旧传统和文化中创造出新的传统和文化，以确保极权主义政治畅通无阻。一旦这种传统形成，人们就会习以为常，成为其生活的一部分，成为集体无意识，人们就根本意识不到它了，它就会成为人们的世界观，成为人们的生活世界，成为人们的实在。在这种传统中生活久了，人们会主动、积极地排斥其他传统，因为其他传统不是他们的世界和实在。

# 第六节　论亚里士多德

费耶阿本德在《反对方法》和《自然哲学》等著作中论述过亚里士多德，除此之外，他还写过专门研究亚里士多德的学术论文，如《亚里士多德不是一条死狗》（见《自由社会中的科学》）、《关于亚里士多德的数学和连续体理论的一些评论》（见《告别理性》）和《亚里士多德》（见《征服丰富性》）。

费耶阿本德高度评价亚里士多德学说。他写道："我们看到了亚里士多德的宏伟巨制：他所尝试建构的宇宙论处处贴近直观、能公允对待巴门尼德的论证、并且广博到足以容纳由先前和同时代哲人以及他自己所发现的大量跨越天文、物理、生理、数学、政治、社会、艺术、观念史等诸多领域的新事实。思想史迄今为止仍处在亚里士多德哲学隐蔽之下。16、17世纪现代科学发端之时的争论是在亚里士多德观念引导下进行的。"① 正是因为如此，他非常重视和欣赏亚里士多德学说，他也因此才有动力去研究亚里士多德哲学和古希腊哲学。

费耶阿本德研究亚里士多德，主要出于两方面的考虑。第一，他反对抽象和理性，并研究了古希腊抽象和理性兴起的过程。而亚里士多德反对抽象和简化，回归现象、常识、感觉、知觉和经验，反对简单的二分法，强调主体和客体、理论和经验、哲学和常识、人与自然的统一。在这方面，费耶阿本德写道："亚里士多德接受了其前辈的成就，包括他

---

① ［美］费耶阿本德：《自然哲学》，张灯译，人民出版社2014年版，第225页。

们的一些证明方法。但他并没有像他们那样简化概念。他增加了概念的复杂性，以便更加接近常识，同时发展了一种可用这些更复杂的概念来论述的关于物体、变化和运动的理论。"① 特别是，他引用亚里士多德的如下两个观点来支持自己反对抽象的理论和论证，而重视感觉、观察和事实：

> "强迫……观察并试图使观察适应人们的理论和意见……寻找对理论的确认而不是对观察事实的确认"是不可取的。"强调'人们应该服从论证'而超越和无视感官知觉"也是不可取的。②

显然，费耶阿本德在这里援引亚里士多德，是为了反对巴门尼德的抽象论证，而回归现象、经验和复杂性。总之，在费耶阿本德看来，亚里士多德虽然接受了哲学家新创造的抽象（理论）传统，但是，他力图综合经验（历史）传统和理论（抽象）传统："为了实现这种综合，一方面，他通过限制抽象思想的适用范围，使其与常识联系起来，以便反映这样的事实：历史传统不是绝对地判断，而是使其判断适应于环境。另一方面，他力图把这种限制建立在原理基础之上，从而用规则取代熟练和直观。这是一个非常微妙的适应过程：它不仅使常识更理性，使理性更现实，而且还产生了各种各样的新学科（逻辑学、修辞学、心理学、形而上学、物理学、宇宙学、伦理学、政治学、数学哲学、神学和艺术理论）；这些学科都对西方思想产生了影响，一直到二十世纪。"③ 正是因为综合了理论传统和经验传统，亚里士多德才成为一个伟大的思想家和哲学家，也才成为百科全书的学者，影响了人类的思想、知识和历史的发展。

---

① ［美］费耶阿本德：《自由社会中的科学》，兰征译，上海译文出版社 2005 年版，第 59 页。

② ［美］费耶阿本德：《自由社会中的科学》，兰征译，上海译文出版社 2005 年版，第 60—61 页。

③ Paul Feyerabend. *Problems of Empiricism* (Philosophical Papers Volume 2). New York：Cambridge University Press, 1981, p. 12.

　　第二，费耶阿本德研究亚里士多德是为了反对科学。他反对科学，反对的是近代科学。而亚里士多德学说和近代科学具有不同的范式，前者可以为反对后者提供丰富的思想资源和理论基础。例如，亚里士多德认为世界是一个超级有机体，是一个生物实体，而近代科学的世界观却常常是机械论世界观，认为世界最基本的组成部分是无生命的原子、基本粒子和夸克等等。再如，亚里士多德认为宇宙是封闭、有限的，而近代科学却认为宇宙是开放、无限的。两种不同的宇宙观是两种不同的范式，是两种不同的看世界的方式，都不是绝对真理。这样就可以用古代宇宙观来反观甚至批判近代宇宙观。最后，古代的亚里士多德意识到了天文观察的困难，认为感觉和知觉的歪曲，异常和反常情况，情绪、疾病和距离等，都可能导致观察失真。而近代的伽利略却对天文观察的真实性和精确性非常自信，尽管人们对望远镜观察毫无经验，而且这方面的光学、视觉和心理学等方面的知识也非常缺乏。因此，他在这方面赞赏亚里士多德，却批判伽利略，进而批判近代科学。

　　此外，费耶阿本德研究了亚里士多德的运动概念。现代科学中的运动仅指机械运动，即位置移动。而亚里士多德的运动是"潜能之为潜能的实现"，不仅包括简单的位置移动，而且也包括其他量的变化和质的变化（如生物的生长）。此外，近代物理学惯性定律认为，物体自然状态是静止或匀速运动；而亚里士多德认为，物体的自然状态是静止，如果要运动，就必须有推动者的作用。费耶阿本德认为，亚里士多德的运动观影响深远，正是在它的指引下，人们才发现了细菌和病毒等肉眼看不见的微生物。生病和发酵是可见的宏观运动，但这些运动的推动者却是不可见的，所以，就要去探寻研究，最终就找到了真正的推动者。

　　亚里士多德物理学认为，重物下落速度大于轻物下落速度。现在公认的是，伽利略用思想实验反驳了这一运动观点，取得无可争议的胜利。根据近代物理学的观点，如果假定亚里士多德的运动观点正确，那么，就会出现悖论：把一个重物和一个轻物组合成一个物体，从物体重量来看，组合物重于重物，所以，其下落速度大于重物的下落速度；而从下落速度来看，轻物的下落速度小于重物的下落速度，就拖慢了重物下落，所以，组合物的下落速度就小于重物的下落速度。这一悖论充分证明了亚里士多德物理学的运动观是错误的，这在今天是显而易见的。但是，费耶阿本德却指出，伽利略这种论证是有问题的，因为"如果部分没有与整体物理分割开来，那么，亚里士多德就不允许我们考虑部分自身的独立运动"①。当然，这一例证也符合费耶阿本德的主张——论证是依赖于传统的。在近代物理学传统中，伽利略的论证是不言自明的。但是，在亚里士多德物理学中，伽利略的论证是没有意义的，因为"整体大于部分之和"。如果一个整体没有在物理上被分割为部分，就不能谈论部分的运动，只能谈论整体的运动。这就是范式不同，或传统不同，或者不可通约性。

在经典经验论（近代科学的经验论，其最典型的代表是牛顿）、培根的经验论和亚里士多德的经验论中，费耶阿本德认为亚里士多德的经验论是最完美的。关于亚里士多德的经验论，费耶阿本德写道："（在其中）经验被定义为下面二者的总和：第一，在正常环境（亮光、正常感觉、未受干扰的机敏观察者）下观察到的；第二，然后用所有人都懂的一些日常习语所描述的。事实上，亚里士多德经验论，是唯一既清晰（人们知道经验意指什么）又理性（人们能够解释经验为什么是稳定的，还能够解释它为何很好地成为知识的基础）的经验论。"② 在费耶阿本德看来，伽利略后的近代科学、理性及其经验论的发展破坏了理解亚里士多德经验论的环境。

从认识论的视角来看，费耶阿本德对现代科学的认识论并不满意。他说："现代科学将其法则和理论建立在经验和实验之上。…… 可是，我们既不清楚现象或经验是一些什么样的事件，也不知道为何现象、经验和实验要在科学中占据如此重要的位置。现代科学对于理解其自身的基础和解释其功能没有做出任何贡献。（这可能是因为现代科学直到目前都没有能够对身心问题提出令人满意的解答。）"③ 费耶阿本德认为，现代科学虽然发展了，但是，在认识自身方面，并没有取得多少进展：它以经

---

① Paul Feyerabend. *Farewell to Reason*. London：Verso，1988，p. 23.

② Paul Feyerabend. *Problems of Empiricism*（Philosophical Papers Volume 2）. New York：Cambridge University Press，1981，p. 35.

③ ［美］费耶阿本德：《自然哲学》，张灯译，人民出版社 2014 年版，第 230 页。

验为基础，可是，不知道经验是什么，也不理解经验为什么如此重要。归根结底，可能是因为现代科学在解决身心问题方面没有取得什么成果。

相反，费耶阿本德对亚里士多德的认识论却给予高度评价。他写道："亚里士多德那里的情况则不同。感知是认知过程的核心，在他那里则成了一种交互作用的结果，这种交互作用是符合其运动学基本法则的。有一个推动者，即被感知的对象；有一种媒介（声响的媒介是空气、而光的媒介是以太）；还有一个接收系统，即感官。"① 由此可见，亚里士多德把感知当作认知过程的起点和核心，而且是一种交互作用，符合其运动学基本法则。在费耶阿本德看来，亚里士多德的认识论能够很好地解释知识的产生过程：从感知中产生记忆，从众多记忆中产生经验，最后，从经验中产生技艺和知识。费耶阿本德认为，亚里士多德的知识论把知识研究与知识产生的过程统一起来，亚里士多德分析现存知识的条件，并根据分析结果创造新的知识；而亚里士多德的近代后继者（如康德、米尔和惠威尔）满足于探讨现存知识的结构，没有为其添加新的知识。总之，在费耶阿本德看来，亚里士多德的认识论优于现代科学的认识论，它不是独立于他的自然哲学的，而是他的自然哲学一般原理的自然结论，它告诉我们自然中哪些过程是经验，并解释了为什么我们可以信赖这些经验。

费耶阿本德非常重视古希腊悲剧。在这方面，亚里士多德的悲剧观对其有很大影响。模仿是亚里士多德感知（感知把自然形式印刻在感官上）理论的重要组成部分。亚里士多德认为，悲剧和历史虽然都在模仿，但二者是不同的：历史模仿具体的历史事件，只是在叙述；而悲剧模仿基本结构，是理论，所以，它比历史更加哲学化。

总的来看，费耶阿本德主张亚里士多德学说优于伽利略物理学。他认为亚里士多德物理学强调结构明确的过程（开始、中间和结束），否定绝对虚空，其提供的自然哲学要比近代机械自然观充分得多。

———————————

① ［美］费耶阿本德：《自然哲学》，张灯译，人民出版社 2014 年版，第 230 页。另外，请参见英文版 Paul Feyerabend. *Philosphy of Nature*. Cambridge, UK: Polity Press, 2016, p. 162. 根据英文原文，笔者对上述中文引文有所改动。

伽利略基础物理学甚至更糟糕。亚里士多德已经提出了一个关于变化、运动和连续体的一般理论。此理论论述位置移动、性质变化、生成和衰败，并阐释下落的石头，还阐释信息从老师到专心的学生的传递。这个位置移动的理论是非常精致的，由此必然得到这样的结论：一个物体不能同时既运动，又有精确位置。伽利略把他自己限制于位置移动；相比于亚里士多德已经提出的术语，伽利略甚至使用更加低能、愚蠢得多的术语（亚里士多德已经向量子理论走近了一步，因为量子理论把运动视作一个不可分的整体；而伽利略却背离了这一成就）。因此，生物学家、生理学家（哈维！）、新电学科学的创立者和细菌学家继续运用亚里士多德的思想，直到18世纪，在某种程度上甚至直到20世纪（关于亚里士多德，普利高津给予高度赞誉）。毋庸置疑，牛顿认真对待亚里士多德关于运动的评论，这一点能够从其手稿中得到证明。[①]

在费耶阿本德看来，亚里士多德理论是更加全面和综合的理论，包括生物学和信息传递理论等，而伽利略的物理学却只研究位置移动。因此，即使到了近代，生物学家、生理学家和微生物学家等仍然使用亚里士多德的思想，牛顿也认真对待亚里士多德的运动思想。特别是，相比于伽利略的运动理论，他认为亚里士多德的理论更接近于量子理论，因为后面两种理论都把运动视作一个不可分的整体。即使到了20世纪，普利高津专注于研究系统和整体，所以，高度赞美亚里士多德。显然，费耶阿本德在利用亚里士多德学说来批判伽利略的物理学和近代科学；但是，这种过分美化亚里士多德及其学说，而贬低伽利略和近代科学，明显不符合科学发展的历史。在持科学进步观的大众来看，这更是大逆不道。当然，这不值得大惊小怪，因为费耶阿本德否认科学进步。然而，费耶阿本德主张亚里士多德学说优于伽利略物理学，这也与其不可通约性观点相冲突。总而言之，冲突、不一致和缺乏系统性是费耶阿本德哲学的基本特征。

---

① Paul Feyerabend. *Farewell to Reason*. London：Verso，1988，p. 258.

## 第七节　批判和反对论证证明、抽象理性和西方文明

费耶阿本德区分了抽象传统和历史传统，认为这两种传统在西方思想发端之时就相互竞争，如柏拉图所说的"哲学和诗歌之间的古代战斗"。他批判和反对抽象传统，认为抽象传统剥夺了活生生的个性和具体性，使世界变得空洞贫乏。他写道："早期的哲学家（其中包括色诺芬尼和巴门尼德）剥夺了神的个体面孔，而代之以毫无个性的原理。人道主义者米沃什走得更远了一步。他剥夺了人的面孔，代之以毫无个性的抽象统一的人性观念。"[①] 但是，在抽象的理论传统兴起后，古希腊哲学家发明了一种特殊的论证方式来为他们的观点辩护。他们认为这种特殊论证方式是标准化的，独立于其所发生的环境，其结果是普遍有效的。这种特殊的论证方式就是证明。费耶阿本德从三个方面批判了这种论证方式：首先，不是只有一种论证方式，而是有许多种论证方式（即使就逻辑论证来说）；其次，要想证明实在世界（或存在）的统一性，就必须在前提中包含相应的统一性；最后，整个方法根本上不是融贯的（"理性主义兴起的"过程是非理性的）。[②] 表面上看，这种论证抛弃了个体要素，是普遍有效的。然而，费耶阿本德却认为它实质上只是隐藏了个体要素，并没有消除个体要素，因为它终究是人的论证。论证并不是对每个人都有效，只对有适当准备的人有效。如果没有态度、立场、实在观、宇宙论、宗教、文化和传统的支持，论证就毫无用处。

费耶阿本德认为，论证本身的力量非常有限，论证成功必须依赖于条件、环境、文化传统和接受论证的人等，哲学论证与心理操控相互作用和相互影响（教父把心理操控和哲学论证的双重机制发展得炉火纯青）。他说："用论证来对抗洗脑的影响，这是非常困难的，或许是完全

---

① ［美］费耶阿本德：《科学的专横》，郭元林译，韩永进校，中国科学技术出版社 2018 年版，第 67—68 页。

② Paul Feyerabend. *Conquest of Abundance: A Tale of Abstraction versus the Richness of Being*. Chicago: The University of Chicago Press, 1999, p. 15. 另外，请参见 ［美］费耶阿本德《征服丰富性》（特波斯特拉编），戴建平译，中国人民大学出版社 2007 年版，第 13—14 页。

不可能的。即使是最严格的理性主义者，也将被迫放弃论证，而转向使用（比如）宣传，这不是因为他的某些论证不再有效，而是因为一些心理条件消失了，但这些心理条件能使他用这种方式进行有效论证，从而影响别人。"① 费耶阿本德坚持论证证明绝不只是抽象的推理序列，它涉及论证者、旁观者和环境；参与者的行为、性格、相貌和策略等都会影响论证。

费耶阿本德研究了阿喀琉斯、色诺芬尼和巴门尼德这三个前苏格拉底时期的案例，以此来论证抽象和理性的兴起和发展。事实上，抽象和理性的兴起和发展在柏拉图的《对话录》中表现得淋漓尽致。《泰阿泰德篇》讨论了什么是知识：泰阿泰德列出了各种知识的清单，包括天文学知识、几何学知识、算术知识和鞋匠的知识等。但是，苏格拉底对这种答案并不满意，因为他要求得到的知识是一个实体，而不是多个实体。这种要求意味着知识是抽象的一，是共相，而不是包含多个殊相的集合。这就要求给知识下一个定义，而不是列举各种各样的知识清单；这就要求用理性来抽象概括，形成普遍性概念，如"知识是感知"。同样，《美诺篇》讨论了什么是美德：美诺用范例的方式列举了男人的美德、女人的美德、幼儿的美德、男孩的美德、女孩的美德和老人的美德。对于这种范例式的回答，苏格拉底照样也不满意，因为他想得到的是一个单一的美德，而不是一大堆美德。在苏格拉底看来，各种各样的美德例证不是"美德"，即白马非马。在这种情况下，就无法通过举例、描述和讲故事等具体方式来说明美德，只能给美德下一个抽象的定义，如把美德定义为关于善的知识，也就是说，美德即知识。由此可见，哲学家更注重的是言辞、思辨猜测和原理，而不是实物、经验和经验法则。然而，在费耶阿本德看来，柏拉图的《对话录》揭示了不同经验传统之间的冲突，而宣传和捍卫抽象的理论传统和理性主义；但是，柏拉图也意识到了纯理论传统和理论方法的困难，因而也暴露了其局限性；最终，在两种传统之间，他采取了折中办法，而且经验传统和经验方法明显占了上风。

---

① Paul Feyerabend. *Problems of Empiricism* (Philosophical Papers Volume 2). New York：Cambridge University Press, 1981, p. 150.

在古希腊抽象兴起的过程中，费耶阿本德认为智者学派反对巴门尼德的抽象证明方法。巴门尼德要发明超越传统的普遍证明方法，从理性上把握不变的世界，主张普遍主义和客观主义，而智者学派却主张相对主义、怀疑主义和不可知论。普罗塔哥拉认为"人是万物的尺度，是存在者存在的尺度，也是不存在者不存在的尺度"，高尔吉亚提出著名的三原则："第一，无物存在；第二，如果有某物存在，人也无法认识它；第三，即便可以认识它，也无法把它告诉别人。"① 费耶阿本德把智者学派看作先驱，以此来反对抽象、理性、科学、普遍主义、绝对主义和客观主义。

在反对抽象的过程中，费耶阿本德也把亚里士多德视为同道。他认为，亚里士多德在面对抽象原理和常识冲突时选择了后者，并由此修改哲学。在批判巴门尼德时，亚里士多德并没有强调变化是事实（纵然前者否认变化，认为变化是幻觉），而是论证说明变化在人的生活中起着重要作用，因而把变化看作非实在就近于"荒谬"。② 对于巴门尼德的思想和证明，费耶阿本德还指出亚里士多德用两种方式批判巴门尼德，即逻辑批判和伦理批判。亚里士多德分析了巴门尼德的论证，并试图证明它们是无效的，这就是逻辑批判。此外，亚里士多德还认为巴门尼德的结论阻碍了实践生活和政治行动，主张生活方式应成为实在的尺度，这就是伦理批判。亚里士多德批判柏拉图抽象的善和理念，也批判巴门尼德的抽象而唯一的存在，认为人不能产生它们，也不能获得它们，而且，它们既不能提高人的技艺，也不能增进人的幸福。因此，他主张人们追求的善应该增进其幸福，改善人们的生活。在这里，费耶阿本德用亚里士多德的伦理批判来支持他的主张：道德伦理是认识论和本体论的基础，伦理是科学真理的尺度。费耶阿本德反对巴门尼德的抽象的本体论存在及其证明，强调根据道德伦理来建构本体论和认识论："对某种特定生活

---

① 洪汉鼎、陈治国编：《知识论读本》，中国人民大学出版社 2007 年版，第 23 页。

② Paul Feyerabend. *Conquest of Abundance*: *A Tale of Abstraction versus the Richness of Being*. Chicago: The University of Chicago Press, 1999, p. 266. 另外，请参见［美］费耶阿本德《征服丰富性》（特波斯特拉编），戴建平译，中国人民大学出版社 2007 年版，第 269 页。

形式的需要决定了把什么视为实在。"① 换句话说，人的生存（更具体点说，是牢固确立的实践，不是理论）是其实在的尺度。

在《告别理性》中，费耶阿本德对古希腊抽象兴起的过程有如下概括：

> 他们几乎都赞美单一性（使用一个更好的词汇，即单调性），谴责丰富性。色诺芬尼拒绝传统的诸神，引入毫无生气的单一巨神。赫拉克利特大肆嘲笑由常识、工匠及自己的哲学先驱所集聚的丰富而复杂的信息，坚决主张"智慧是一"（Diels – Kranz，B40/41）。巴门尼德论证反对变化和质的差异，并把稳定而不可分的存在团块假定为一切存在的基础。恩培多克勒用简短无用却普遍的定义取代了关于疾病性质的传统信息。修昔底德批判希罗多德的风格多元主义，而坚持统一的因果解释。柏拉图反对民主的政治多元主义，拒绝悲剧作家（如索福克勒斯）的这种观点——（伦理）冲突不可能通过"理性"方式来消除，而且还批判天文学家，因为他们试图用经验方法来探索天空，并建议把所有学科统一到单一的理论基础。大量的作家、教师和学派领袖引导"持久战"（柏拉图，《理想国》607b6f），来反对传统的模糊而相当不规范的思维、言行和安排公共及私人生活的方式。②

费耶阿本德反对理性哲学，因此，他认为欧洲哲学是"一系列关于柏拉图的脚注"（正如怀特海所言），但欧洲历史和欧洲文化绝对不是如此。以今天一般的观点看来，相对于诗歌、艺术、戏剧和史诗等，抽象理性的认识更加优越；相对于故事、清单和举例等，抽象的定义更有优势。但是，费耶阿本德却不这么看。他认为，具体而简单的事物也许可

---

① Paul Feyerabend. *Conquest of Abundance*: *A Tale of Abstraction versus the Richness of Being*. Chicago: The University of Chicago Press, 1999, p. 249. 另外，请参见 ［美］费耶阿本德《征服丰富性》（特波斯特拉编），戴建平译，中国人民大学出版社 2007 年版，第 250 页。根据英文原文，笔者对上述中文引文有所改动。

② Paul Feyerabend. *Farewell to Reason*. London: Verso, 1988, p. 116.

以用概念来定义。例如，"马"这个概念，似乎在各个地区、族群和传统之间可以通过定义来实现通用。然而，复杂、抽象而模糊的事物就很难用统一而抽象的概念来定义。例如，"美德"这个概念，不同的地区、族群和传统之间就有很大差异：中国传统中，有一段时期，妇女缠足和男人蓄发是美德，但西方传统中就不是如此；而且，今天的中国人也不认为它们是美德。再如，数的概念也不是抽象永恒的，而是不断变化的，从整数、小数到无理数，到实数，再到虚数和复数，其内涵和外延在不断变化。总之，费耶阿本德认为世界是复杂、多样而流变的，追寻抽象的定义是一种幻想，因为概念不是"客观的"，不是独立于事物和环境的，受到与境、梦想、情感和愿望等影响。即使使用了这种定义，它的内容也或者是贫乏空洞的，或者是粗糙暴虐的。追求抽象定义者认为人有认识能力来穷尽一切事物和本质，用抽象概念来涵盖一切，抽象定义是超越传统的。维特根斯坦也强烈反对这种对共同本质的追寻，认为其会带来虚假的哲学问题。

费耶阿本德反对抽象的定义和范畴，因为它们像暴君一样是强加给人们的，像警察指导交通那样指导人们生活，没有激发人们思考，让人们有权接受或拒绝它们。反而，这些抽象的思想和范畴与权力和暴力结合，强制人们接受它们，给人们洗脑，损害人们的自由权利。

费耶阿本德认为，公元前9世纪到公元前6世纪，二分法（主体和客体分离，更普遍的表象和实在的分离）就出现了，从而促使抽象性和单调性的兴起和发展，进一步促进了理性的发展。古希腊哲学家追寻世界的本原，在纷繁复杂、变化不定的世界背后寻找统一的本质，尽管答案多种多样（水、气、无定形、火、四元素、存在、理念、原子），但是追寻本原这一追求绝不动摇。这是一种超越精神，超越可感知的现象，去探寻现象背后的实在。正是因为追求这种超越，主体和客体、心和身、现象和实在、精神和物质、思维和存在等各种各样的二分法产生了。在欧洲中世纪，这种超越进入神学领域，抽象出全知全能的上帝。上帝是万物的创造者，是一切的本原和本质，由此产生神和人、天堂和地狱、神界和俗界等二分法。文艺复兴之后，近代哲学和科学迅速发展。特别是，近代科学发展了多种多样的抽象理论，如经典力学、电磁学理论、热力学和化学燃烧理论，一直到 20 世纪的相对论、量子理论和大一统理论。这些抽象理论仍在探寻世界的本原和本质，但极大地深化了对世界的认知，而且认识也更加细致、丰富和准确。即使是弗洛伊德的精神分析理论，面对复杂多变的人的梦和心理、精神等（特别是梦，它千奇百怪、变幻莫测、飘忽不定、忽隐忽现），也要追寻其背后的本质和本原。

然而，费耶阿本德却反其道而行之，认为抽象和理性使世界失去了丰富性，抽象理论和理性认识在内容上是贫乏的。在某种程度上，这种看法是合理的。但是，如果绝对化，就是错误的。如现代医学虽然承认个体差异，但是，它研究的是人的健康，而不是某一个人的健康。而前者是抽象的健康，后者是具体的健康。难道现代医学对人体、健康和疾病等的认识比古代医学更贫乏吗？显然，不是这样。再比如，经典物理学比亚里士多德物理学更抽象，也更加理论化。在认识世界上，特别是在描述机械运动方面，难道前者比后者更加贫乏？显然，也不是这样。今天，除了专门研究亚里士多德物理学的学者，没有多少人知道亚里士多德物理学。因此，抽象理论和理性认识只是认识世界的一种方式，其兴起和发展促使人类认识进一步深化、细致和丰富，并不是像费耶阿本德所说的那样促使认识片面化和贫乏化，使世界失去了丰富性。换句话说，费耶阿本德可能找错了原因。人们应该发现和发明其他方法来补充抽象理论和理性认识，来丰富世界的认识，使世界不失去丰富性，而不是否定抽象和理论。当然，人们的认识可能永远是片面的、贫乏的，需要不断创造和发展，在抽象和理性兴起和发展前是如此，在抽象和理性胜利之后仍然如此，没有一劳永逸的解决办法。

费耶阿本德研究抽象理性产生的原因和过程，有非常重要的哲学启示。抽象理性的产生和发展，一方面使认识深化了，但另一方面也使认识片面化和贫乏化，使世界失去了丰富性。费耶阿本德批判色诺芬尼和巴门尼德的理性证明和抽象理论是极权主义怪物，认为这种怪物建构了与荷马世界截然不同的世界。他写道："为了实现这种改变，我们必须引入与荷马世界（Homeric world）的体验相冲突的新的基本概念（fundamental concept）……必须用色诺芬尼（Xenophanes）和巴门尼德（Parmenides）的极权主义怪物（totalitarian monster）（我们的批判理性主义者非常钟爱这种怪物）来取代荷马的鲜活的神……"① 这种抽象理论和抽象理性的极权主义怪物带来了一个更为严重的后果，这就是欺骗和谎言大行其道。当然，语言的产生就产生了这一结果。人们常说，语言表达和反映现实，表达人的真实想法和意愿。可是，这种说法是片面的和误导人的，因为语言也会歪曲现实，掩盖人的真实想法和意图，从而进行撒谎和欺骗。正因为如此，有人就修饰和窜改语言，改变词语的语义，给恶行赋予美名，给善行赋予恶名，从而混淆是非，使语言失去表意和交流功能。尤其，权力集团利用权力更容易实现这一点。随着抽象理性的产生和发展，语言更加抽象，理论更加抽象和系统，术语更加空洞贫乏。而这些抽象、空洞的语言和理论声称要表示实在，而不表示丰富、具体的现象。在这种情况下，人们失去了判断语言和理论真假的能力和标准，因为他们能够感知到的只是现象，而实在是无法被直接感知的，只能通过抽象理性去把握，由此进一步强化了欺骗和谎言的产生和传播，更有可能制造各种语言污染。例如，希特勒所宣称的"日耳曼人的生存空间"就是一个无法清晰界定的口号，所以，他就可以用此来忽悠和蒙蔽德国人和世界。

抽象理性产生和发展后，也就产生了独立的理论世界（波普尔所说的第三世界），即费耶阿本德所说的传统或文化。不同的传统或文化区分了不同的群体（或集团），因此，不同群体间竞争实质上是不同传统或文化之间的竞争。一个群体为了取得竞争或斗争的胜利，就要不断强行灌输其传统或文化，从而改变其群体的思想，进而改变其群体的行为，最终改变世界，赢得胜利。当然，在竞争或斗争中，有的群体失败了，就可能抛弃其传统或文化（这种传统或文化就可能消亡了），接受别的传统或文化，这就是波普尔所说的"理论代替我们死亡"。

费耶阿本德批判哲学，因为哲学是抽象的，追求客观性和不变性，使世界失去丰富性，令人的生活枯燥贫乏。他说："与诗歌和常识相比，哲学话语是贫乏的——而且也是没有感情的。它厌恶使人得以前进的情

---

① ［美］费耶阿本德：《知识对话录》，郭元林译，韩永进校，中国科学技术出版社 2020 年版，第 127 页。

感纽带和变化，这意味着哲学家们摧毁了他们发现的东西……"① 因此，他主张从理性哲学的束缚中解放出来，转向艺术和人文学科，创立一种真正的综合世界观，而且这种综合的世界观，并不是一种理论，而是一种心灵态度。他说："这种心灵态度部分可用言语来表达；部分可用行动来表达，如演奏音乐、写下方程、爱、绘画、吃饭、与他人谈论。这种心灵态度能弄懂许多事情，即能向别人说明许多事情……"② 在他看来，这种心灵态度超越了抽象、理性、语言和二分法，转向具体的行动和实践，综合了科学、理性、抽象、艺术、人文和具体，是一种真正的综合世界观。

费耶阿本德因哲学抽象而批判哲学，进而反对西方文明。理性和抽象是西方传统的根基，科学和民主是现代西方文明的标志，普遍真理和普遍道德是其理想追求。费耶阿本德批判和反对科学，赞美其他传统，极力为之辩护，进而研究理性和抽象的兴起和发展，认为抽象和理性使世界失去了丰富性，使人的生活失去了活力和多样性。因此，西方文明给其他传统的人们带来各种各样的不幸，甚至造成各种各样的灾难，而这一切的根源是抽象和理性，需要从根本上清除它们，摧毁西方文明的根基。显然，费耶阿本德批判和反对抽象和理性，实质上就是从根基上来批判和反对西方文明。在这种情况下，他对西方文明很少有敬意，称西方文明是"白人传统"，称其中的一些成员是"白人理性主义者"或"白人知识分子"。

费耶阿本德批判西方文明，是为了捍卫文化多样性。他极力批判和反对西方文明，认为西方传统在近代成为优势文明，不是凭借其本身的认识和道德力量经过公平竞争所致，而是凭借政治和军事等其他强制力量欺凌和侵犯其他传统所致。费耶阿本德这种看法既不符合历史，也不

---

① Paul Feyerabend. *Conquest of Abundance：A Tale of Abstraction versus the Richness of Being*. Chicago：The University of Chicago Press，1999，p. 270. 另外，请参见［美］费耶阿本德《征服丰富性》（特波斯特拉编），戴建平译，中国人民大学出版社 2007 年版，第 274 页。根据英文原文，笔者对上述中文引文有所改动。

② ［美］费耶阿本德：《知识对话录》，郭元林译，韩永进校，中国科学技术出版社 2020 年版，第 167 页。

符合实际，更不符合马克思主义。马克思和恩格斯在《共产党宣言》中
明确指出，西方传统在近现代成为优势文明，是其科学技术及生产力进
步与生产和经济发展所致，不是凭借其强权暴力。

> 　　资产阶级，由于一切生产工具的迅速改进，由于交通的极其便
> 利，把一切民族甚至最野蛮的民族都卷到文明中来了。它的商品的
> 低廉价格，是它用来摧毁一切万里长城、征服野蛮人最顽强的仇外
> 心理的重炮。它迫使一切民族——如果它们不想灭亡的话——采用
> 资产阶级的生产方式；它迫使它们在自己那里推行所谓文明，即变
> 成资产者。一句话，它按照自己的面貌为自己创造出一个世界。
> 　　资产阶级使乡村屈服于城市的统治。它创立了巨大的城市……。
> 正像它使乡村从属于城市一样，它使未开化的和半开化的国家从属
> 于文明的国家，使农民的民族从属于资产阶级的民族，使东方从属
> 于西方。①

在上述引文中，马克思和恩格斯所批判的资产阶级无疑是近现代西
方文明的重要组成部分。纵然，他们对资产阶级和市场经济持否定和批
判的态度，但是，他们仍然认为西方资产阶级征服和创造了世界，从而
使落后的传统和国家从属于先进的文明和国家，使东方从属于西方，是
通过经济竞争（至少，主要是通过经济竞争），即通过改进工具、发展科
技、提高生产力、发展经济、生产和倾销大量价廉物美的商品，是竞争
优势所致，不是通过武力掠夺和杀戮。当然，费耶阿本德可能说，马克
思和恩格斯是西方中心主义者，他们从欧洲人的角度来观察世界。可是，
我们不要忘了，马克思和恩格斯是真正的国际主义者，他们的目的是解
放全人类，实现共产主义，实现人类大同，建成全人类的"自由人联合
体"。

　　费耶阿本德的上述观点之所以不符合马克思主义，其根本原因是他

---

　　① 马克思、恩格斯：《共产党宣言》，中共中央马克思恩格斯列宁斯大林著作编译局译，
人民出版社 1971 年版，第 28 页。

们的历史观不同。马克思主义认为历史是进步的，人类社会由低级到高级经过五个阶段：原始社会、奴隶社会、封建社会、资本主义社会和共产主义社会。因此，在马克思主义者看来，传统、社会和国家就有先进和落后之分，有野蛮和文明之分。但是，在费耶阿本德及其新左派看来，这是西方中心主义的观点，是一种族群歧视、文化歧视、社会歧视、"传统"歧视。他们认为历史不是进步的，甚至是退步的，往往今不如昔，无所谓先进落后，无所谓野蛮文明，无所谓优劣，所有传统平权。总之，费耶阿本德不遗余力地赞美和美化非西方传统和文化，不分好坏优劣，这不符合马克思主义。

在攻击西方文明时，费耶阿本德甚至把它与奥斯维辛集中营相比拟，批判其过分重视技术、科学、知识、专业和效率，而忽视伦理价值。他写道："现在，西方文明作为一个整体如此重视效率，以致有时使得伦理反对显得是'幼稚的'和'不科学的'。在这种文明和'奥斯维辛精神'之间存在很多相似性。"①

特别是，他批判西方传统侵略和拷贝其他传统，犯有屠杀和种族灭绝等罪行。然而，有些其他传统也犯有同样的罪行，甚至有过之无不及②，但是，他很少提到，更不用说批判了。这明显有失偏颇，是观念先行，也就是他自己所说的"理论决定事实"。

# 第八节 总结

费耶阿本德不是专门研究古希腊哲学的专家和学者，而是从当代现实问题和学术兴趣切入，继而开展古希腊哲学研究。专门研究古希腊哲学的古典学者会尽量远离其生活的社会环境和问题，甚至脱离当代的科技和社会发展，皓首穷经，研究具体的字词、语句和文本的解释问题，是非常专业化的专家，因此，在他们看来，费耶阿本德的古希腊哲学研

---

① Paul Feyerabend. *Farewell to Reason*. London：Verso, 1988, p. 23.
② 例如，蒙古人在征服世界的过程中，屠城的暴行比比皆是，共计约屠杀两亿人。当然，具体数字有争议。再如，伊斯兰教征服世界，一手拿《古兰经》，一手拿宝剑。

究不够"专业化"和"高水平"。例如，研究费耶阿本德哲学的英国学者普瑞斯顿，虽然不是专门研究古希腊哲学的专家，但是，他却对费耶阿本德所建构的荷马世界中的古希腊人提出了质疑和批评，认为"他们太离奇了，是不可信的"。① 然而，这种看法是片面的，是以偏概全，或者套用费耶阿本德自己的话语和思想来说，就是传统不同，也就是说，二者是"不可通约的"。费耶阿本德是现实的哲学家，是非系统的哲学家，其所有研究都紧密结合"实际问题"和自己的需要。例如，他研究过亚里士多德，也写过专门的文章，但不是从故纸堆里挖掘微言大义，也不是挑古人的毛病，更不是总结其"光辉思想"，而是从批判现代科技的角度进行探究，比较研究亚里士多德与伽利略，从中借鉴亚里士多德的思想资源。其中，他发现了亚里士多德一个宝贵的观点："科学成果的使用和解释是政治事务"。②

费耶阿本德研究古希腊哲学是为了寻找思想发展的源头，为其哲学奠定深厚的历史基础。例如，在《告别理性》《知识对话录》和《科学的专横》等著作中，费耶阿本德多次复述埃斯库罗斯的戏剧《俄瑞斯忒亚》中的一个情节：俄瑞斯忒斯要为父亲复仇，这是古代的一条法则；而为父报仇，就要杀害母亲，但这违背了另一条法则"禁止杀害血亲"。而关于母亲是不是血亲，又产生了争论，一方认为是，另一方认为不是。在现代观点来看，母亲是不是血亲，这是一个科学问题，是一个认识问题。而在戏剧中，它却变成了民主问题，需要由公民投票来解决。最后，投票结果否定了母亲是血亲，俄瑞斯忒斯被无罪释放了。从这一戏剧情节中，费耶阿本德得到其两个思想源头。一是，推理悖论，推理论证的归谬法（反证法）。二是，民主监督科学，民主高于认识。

费耶阿本德的研究目的是利用此观点来批判现代科技，来增强其说服力和战斗力。在当今世界，科技无疑具有举足轻重的作用，甚至统治

---

① Preston, John. The Rise of Western Rationalism: Paul Feyerabend's Story. *Studies in History and Philosophy of Science*, Vol. 57, 2016, p. 84.

② Paul Feyerabend. *Conquest of Abundance*: *A Tale of Abstraction versus the Richness of Being*. Chicago: The University of Chicago Press, 1999, pp. 219–220. 另外，请参见［美］费耶阿本德《征服丰富性》（特波斯特拉编），戴建平译，中国人民大学出版社 2007 年版，第 192 页。

了世界和人类。大量科学家、技术专家和工程师在不遗余力地研制战争武器，为屠杀人类自身做准备。单就研制的核武器来说，就足可以毁灭人类几次了，更不用说生化武器和各种各样的常规武器了。特别是，当前的人工智能、大数据和云计算等各种最新科技，可以在任何时刻、任何地点监视和控制任何人，人的隐私、权利和尊严荡然无存，真正实现了奥威尔的《1984》。更不用说，一些科学家和技术专家弄虚作假，编造假数据和假论文，骗取资助，耗费民脂民膏，祸害人类。因此，从这个角度看，相比于"专门的"古希腊哲学研究，费耶阿本德的古希腊哲学研究更具有现实意义，也更能增进人的福祉，而增进人的幸福是其学术活动的最高目的。正是在这一目的感召下，他才进行古希腊哲学研究。只有这样，才能很好地理解其所有学术研究，尤其是古希腊哲学研究。

# 尾 声

# 问题、争论、评价和影响

本书较为系统地总结了费耶阿本德的思想渊源、物理学哲学、科学知识论和古希腊哲学研究，这在国内外哲学界还是首次。费耶阿本德的科学哲学虽然曾经在国内外产生了很大影响，但也主要集中于一般科学哲学，热点没有超出多元主义方法论、无政府主义知识论和反科学这三个方面。因此，关于其思想渊源、物理学哲学和古希腊哲学研究可能在国内外还是第一次比较系统地涉及和研究，当然，许多方面有待完善和深入。

科学、理性和西方文明的地位和性质，即与其他传统相比，西方文明的优劣，是费耶阿本德哲学着重探讨的问题。费耶阿本德哲学的一个最重要特征是批判和反对西方文明，认为它几乎没有给其他传统带来什么好处，却带来了不少灾难。然而，问题来了，西方文明为什么在近代成为强势文明？它为什么能够战胜和征服其他传统？其他传统为什么自愿或被迫接受它呢？面对这些问题，费耶阿本德认为西方文明没有优势，它主要是凭借军事、政治等强制手段（如战争、奴役和屠杀）来战胜、征服和消灭其他传统，因此，他更多的是从表面上进行道德批判，甚至是感情宣泄，没有从世界历史和文化比较等角度探讨深层次的原因，没有从学理上认真总结这一历史过程背后的根本原因，因而他的一些观点和论证并不能令人信服。

下面举一个例子。近代日本面对西方文明冲击时，实施了全面的"脱亚入欧"的转向，可以说是全面西化，从思想观念和制度到科学、实用技术和生产全盘接受西方，所以，很快实现富国强兵的目的，并最终实现现代化。从整个日本民族来看，他们之所以这样做，是因为认识到西方文明优于其传统，至少一些日本思想家是这样看的。例如，福泽谕吉在《文明论概略》中写道："现代世界的文明情况，要以欧洲各国和美国为最文明的国家，土耳其、中国、日本等亚洲国家为半开化的国家，而非洲和澳洲的国家算是野蛮的国家。这种说法已经成为世界的通论，不仅西洋各国人民自诩为文明，就是那些半开化和野蛮的人民也不以这种说法为侮辱，并且也没有不接受这个说法而强要夸耀本国的情况认为胜于西洋的。不但不这样想，而且稍识事理，对事理懂得越透彻，越能洞悉本国的情况，越明了本国情况，也就越觉得自己国家远不如西洋，而感到忧虑不安。于是有的就想效仿西洋，有的就想发愤图强以与西洋并驾齐驱。亚洲各国有识之士的终身事业似乎只在于此。……所以，文明、半开化、野蛮这些说法是世界的通论，且为世界人民所公认。那么，为什么能够这样呢？因为人们看到了明显的事实和确凿的证据。"①

在上述引文中，福泽谕吉明确表达了两个思想：第一，西方国家是最文明的国家，而日本是半开化国家，这得到世界的公认，日本人也是这样认为的，而且，事实明显，证据确凿；第二，日本不但真心实意地承认自己落后于西方文明，而且一心向西方学习，发愤图强，力争成为像西方一样的文明国家。然而，费耶阿本德却不这么看，认为日本人是迫于西方的船坚炮利，被迫接受西方文化，内心不一定承认西方传统优于日本传统，甚至认为西方传统是不文明的，是野蛮的，这是一种机会主义策略。② 显然，福泽谕吉认为传统之间是可以比较的，有好坏优劣之分，西方文化优于日本传统，所以，为了日本的生存和强大，必须抛弃日本传统，"脱亚入欧"。而在费耶阿本德看来，传统无所谓优劣，各有特色，无所谓文明和野蛮，不能进行比较。比较二者的观点，福泽谕吉的观点是一种探求世界发展的认识，符合世界现实，可以解释近代历史，而费耶阿本德的观点却只能视作一种道德理想和情感慰藉，无视现实，甚至背离常识和世界大势，无法解释近代历史。

---

① ［日］福泽谕吉：《文明论概略》，北京编译社译，商务印书馆 2017 年版，第 9 页。
② Paul Feyerabend. *Farewell to Reason*. London：Verso，1988，p. 86.

　　费耶阿本德思想和哲学最主要的失误在于反科学和批判民主社会，很少批判非科学传统和专制（极权主义）社会，却经常赞美非科学传统，偶尔还为非民主社会辩护。科学和民主绝对不是完美无缺的，必定有瑕疵和纰漏，他抓住其缺陷，无情批判，大力攻击，从而给人造成这种印象：科学和西方文明一无是处。然而，如果不把科学、民主社会和西方文明与非科学、专制（极权主义）社会和其他传统进行比较研究，一味地批判、攻击和反对前者，那么，这种研究和思想有什么意义呢？其研究结论是不是一种误导呢？20世纪，给人类带来最大灾难的肯定不是科学和民主，而是专制、极权主义和其他意识形态。他避重就轻，对真正的祸害避而不谈，而对给人类带来福音的事物却大加挞伐。从这种意义上说，他的研究是一种误导。这种研究犹如医生不去救治病人，却整天批判健康的人长相不好看。

　　费耶阿本德要求民主社会应当给予所有传统平等的机会和权利。当然，他身处民主社会，有机会和权利提这种要求。但是，他的这一要求会陷于悖论。有的传统不能与其他传统和平共生共处，要消灭其他一切传统，只允许自身存在。如果允许这种传统存在，那么，其他传统必须灭亡，根本谈不上平等的机会和权利。反过来，如果不允许它存在，或没有给它平等的机会和权利，就违反了他的要求。还有的传统要求传统在机会和权利方面是不平等的，如果给予这种传统平等的机会和权利，那么，其他传统就不能得到平等的机会和权利，这根本满足不了他的这一要求。他似乎没有意识到这种悖论。[①] 实际上，当今的西方文明已经包容和吸收了某些传统，这些传统正在试图吞噬和消灭西方文明，而西方左派的政治正确不但给予它们平等的机会和权利，甚至赋予了其特权。如果这种现象不能及时纠正，西方文明很可能会被其他传统颠覆和消灭。

　　费耶阿本德的这一要求在民主社会很容易实现，而且也已经实现了。这似乎并不是什么难题，也没有多少新意。在非民主社会，特别是在专

---

　　① 有人提出这种悖论。他的答复是，这一要求不是"必然"原理，而是应用的经验法则，不会"必然"导致任何事。这似乎有点诡辩。请参见 Paul Feyerabend. *Farewell to Reason*. London：Verso, 1988, p. 41.

制极权主义社会,如何给予所有传统平等的机会和权利,这才是重大的问题,也是真正的难题。可是,费耶阿本德对此却避而不谈。例如,在他生活过的第三帝国,在希特勒的极权主义制度下,如何给予犹太传统和日耳曼传统平等的机会和权利,这才是真正具有挑战性的问题。虽然,他在纳粹制度下生活过,参过军,打过仗,受过伤,并留下终身残疾,有切身的生活体验,但是,他却对此一言不发。当然,他深知在这种制度下没有机会和权利提这种要求,如果胆大妄为地提出这种要求,有失去工作、坐牢乃至掉脑袋的危险。因此,他的这种要求似乎是避重就轻,有专挑民主社会毛病之嫌。

一般观点认为,费耶阿本德是相对主义者。说他赞同或主张实践相对主义和认识相对主义,应该没什么问题。然而,笔者认为在其各种各样的相对主义背后,他也在追寻绝对主义,至少没有摆脱绝对主义。正如他自己所言:"当然,所有这一切意味着,像绝对主义一样,相对主义也是一种幻想,二者是一对喜好争吵的孪生子。"① 根据理论决定事实和不可通约性等思想,他主张传统或理论不同,世界或实在不同。在抽象的理论层次,这种主张似乎没有什么问题。因为神话理论和科学理论不同,所以,神话世界中有神存在,而科学世界中没有神存在。因为日心说不同于地心说,所以,日心宇宙也不同于地心宇宙,前者是哥白尼体系,后者是托勒密体系。但是,他追寻绝对主义或极端主义,把这种主张推广到感觉常识层次,似乎就违背了常识,不能令人信服。例如,他主张不同传统的健康标准不同,在有的传统中,梅毒是病,而在其他传统中,它就不是病。他甚至认为,在不同传统中,人们的病痛感觉也会不同,这就涉及哲学中的主体际性问题,至少从生活常识上来看不是这样。纵然,科学世界不同于神话世界,日心宇宙不同于地心宇宙,但是,它们都是人建构的世界,有了人,才有了这些不同的世界,人早于这些不同的传统和世界,而从经验常识来看,不同传统的人的感觉经验是相

---

① Paul Feyerabend. Concluding Unphilosophical Conversation. In Munevar, G. (ed.). *Beyond Reason: Essays on the Philosophy of Paul Feyerabend.* Dordrecht: Kluwer Academic Publishers, 1991, p. 515.

通的，尽管有个体差异和传统差异，但仍会在某些方面达成共识没有问题。费耶阿本德似乎忘记了一点：把传统相对主义绝对化，就是一种绝对主义。此外，他批判科学、理性和西方文明也是一种绝对主义，认为其使世界失去了丰富性，攻击一点，不及其余。

　　一些哲学家把自己的观点和理论当作"真理"，让人顶礼膜拜。相反，费耶阿本德却并不重视自己的观点和理论，认为它们是主观意见，连信念都不是，更谈不上是知识。因此，他从来不强迫别人接受自己的观点和理论，只是提出一种意见来供大家参考和争论，进行"理论增生"，丰富对世界的认识，而把最终是否接受这种意见的权利留给相关者，而不是留给自己和其他专家。他写道："在《反对方法》和《自由社会中的科学》中，关于政府、伦理、教育和科学行业，我做了松散粗略的评论。但是，这些评论必须被所涉及的人来检验、分析。它们是主观意见，不是客观准则。它们要被其他主体来检验，而不是要受'客观'标准来检验。只有在与之相关的每个人考虑它们之后，它们才能获得政治力量：最终，是相关者的一致同意决定事情，而不是我的论证决定事情。"① 在笔者看来，费耶阿本德对自己的观点和理论的态度是真诚的，也是恰当的。他的一部分观点和理论应该归属于意见层次，另一部分观点和理论应该归属于信念层次，也有一部分观点和理论可以归属于知识层次。但是，在他的观点和理论中，没有任何部分可以归属于绝对真理。在这方面，费耶阿本德是诚恳的，也有自知之明。不像一些所谓的理论家或学者，动不动就发明或发现了无数的"绝对真理"，不允许质疑和批评，让人们无条件地学习和服从。更为要命的是，他们本来所构建的知识（意见或信念）只是"个人知识（意见或信念）"，凭借宣传、欺骗、利诱和权力等摇身一变成为"共同体知识（意见或信念）"，甚至成为"全人类知识（意见或信念）"，乃至成为"全宇宙知识（意见或信念）"，代替和代表他人和"他物"认识世界、改造世界和争取权益，而事实上他们并没有获得他人和"他物"的代替授权和代表授权，更不用说哲学上的主体间性难题了。

───────────────

① Paul Feyerabend. *Farewell to Reason*. London：Verso，1988，p. 307.

费耶阿本德不承认自己有一种哲学，更不承认自己有一种关于万物的系统阐释（即体系哲学），只承认自己有许多意见。在他看来，哲学是系统的意见集合："因此，哲学是一个意见集合，它由某种普遍的东西融合在一起。这太死板了，不适合我的口味。"① 哲学家通常区分意见、信念、知识和智慧这四个层次，认为它们是从低级到高级的序列，哲学处于顶端，是爱智慧，是追求智慧，甚至就是智慧。而费耶阿本德却把哲学定位为系统的意见体系，降低为最低级的意见层次，进而认为自己的学说是"杂乱无章"的意见，缺乏系统性，因此，就不是哲学。费耶阿本德在贬低自己的学说，实质上也在贬低主流哲学，认为它也仅仅是意见，不是信仰，不是知识，更不是智慧。他这是在批判主流哲学，"拆它的窝"。他甚至也不承认自己教过哲学，只承认自己做过讲座，讲过故事。这意味着，他自己压根就没有什么哲学，所谓的主流哲学不过是一套意见集合，于是，追求智慧的哲学终结了，真正的哲学终结了。因此，对于主流哲学来说，他是破坏者，是摧毁家园的敌人。正因如此，主流哲学家普遍对他没有好感。

本书的费耶阿本德哲学研究吸收了大量的中外文研究成果。研究费耶阿本德思想的中外文资料可以说是汗牛充栋，为写作本书奠定了扎实的基础，需要认真阅读、梳理、分析、批判和总结。实事求是地说，本书的写作较为全面地收集了相关的中外文资料，较为细致地研究了主要的一手资料和二手资料。费耶阿本德的著作差不多都有中译本，但是，本书还是以英文或德文原著为基础进行的研究。笔者认真研读了其外文原著，并与中译本进行了比对。当然，为了方便读者查阅，在引用时，笔者尽量引用可靠的中译本。如果没有可靠的中译本，在引用时，笔者就直接把外文翻译成中文。对于研究费耶阿本德思想的外文二手文献来说，很少有被翻译成中文的，因此，笔者大多只能研读和引用外文资料了。

---

① Paul Feyerabend. Last Interview. In Preston, John, Gonzalo Munevar and David Lamb (eds.). *The Worst Enemy of Science*? ——*Essays in Memory of Paul Feyerabend*. New York: Oxford University Press, 2000, p. 163.

在本书中，一切从文本出发，不预设观点，不硬贴标签，不强入框架。本书主要总结和概括费耶阿本德说了什么（当然，这方面的研究仍然有欠缺），而对其所说的评价还是很粗浅的，需要进一步完善和深入。费耶阿本德是实在论者还是反实在论者？是唯物论者还是唯心论者？是实证论者还是证伪主义者？是经验主义者还是先验主义者？是理性主义者还是批判理性主义者？是非理性主义者还是反理性主义者？是非科学主义者还是反科学主义者？是反科学还是反科学主义？是马克思主义者还是非马克思主义者？是相对主义者还是绝对主义者？是自由主义者还是反自由主义者？是左派还是右派？是赞成方法还是反对方法？是主观主义者还是客观主义者？是无政府主义者还是集权主义者？是民主主义者还是极权主义者？是历史主义者还是批判理性主义者？对于所有这些问题，本研究没有过多争论和探讨，所以，就很少给他贴上一个"某某主义"的标签，因为任何"主义"标签都难免有简化甚至歪曲之嫌。特别是，费耶阿本德思想复杂多变，对于其不同时期的转变，也很少用贴标签的方式来划分，而是根据哲学思想的内容来划分。

对于费耶阿本德哲学研究来说，本书的研究成果还是初步的，有许多方面有待深入，有的方面甚至还没有涉及。在笔者看来，至少在如下四个方面值得深入研究。第一，费耶阿本德思想渊源研究还比较薄弱，其他学者在这方面的研究也刚开始起步，本书的相关研究有待进一步深化和扩展。但是，其中一些问题非常值得研究。例如，马赫对费耶阿本德的影响就是一个非常有价值的研究课题，因为马赫的科学、哲学、心理学和历史思想及其研究方法深刻影响了他的物理学哲学、科学哲学和科学史研究。再如，费耶阿本德与波普尔及其学派的关系问题，也值得进一步从学理上进行研究。第二，在其学术生涯中，费耶阿本德的哲学思想是如何变化的？其变化原因是什么？笔者曾从《反对方法》版本变化角度研究过这些问题，但是，角度单一，范围有限。[①] 本书虽然对这些问题也有所涉及，但是涉及得非常少，也非常肤浅，需要对此进行系统、

---

① 郭元林、王瑞：《从〈反对方法〉不同版本看费耶阿本德思想变化》，《自然辩证法研究》2015 年第 10 期，第 120—124 页。

细致的研究。第三，费耶阿本德的本体论思想，如取消型唯物论、身心问题、理论实体存在问题。费耶阿本德在这方面的研究不是很多，也不占据重要地位。本书虽然在这方面有所涉及，但是，在深度和广度上都有待加强。第四，费耶阿本德哲学的地位、影响和评价。本书对此有所涉及，但需要在宏观的视角下，进行更加系统和深入的研究。费耶阿本德哲学对科学哲学、后现代思潮、科学社会学、科学政治学、科学文化学、科学技术史、科学与宗教关系研究、环保主义等都产生了一定影响，随着时间推移，这种影响日益明显，因此需要系统和深入地研究费耶阿本德哲学所产生的影响，并对其在哲学史上的地位做出评价。

总的来看，本书"塑造"了费耶阿本德哲学的综合整体形象，突破了国内外多年来为这种哲学"打造"的片面"固型"。多年来，国内外一直把这种哲学误解（或消解，或削减）为科学哲学（科学知识论），甚至进一步简化为以下口号或标语："怎么都行"、反科学、反科学主义、相对主义、非理性、无政府主义知识论、多元主义方法论。同时，学界还把费耶阿本德固化为一个"固型"："科学最坏的敌人"。根据费耶阿本德哲学，这种抽象"固型"使他本人及其哲学失去了丰富性，变得贫乏不堪。本书打破了这种抽象"固型"，为其至少添加了如下三部分内容：思想渊源、物理学哲学和古希腊哲学。在此基础上，本书也对费耶阿本德哲学有所评价。当然，打破费耶阿本德哲学的这种抽象"固型"，也可能让原来的一些"粉丝"失望，甚至使其感到愤怒。因为这种抽象"固型"破灭了，原来虚幻的理想也会化为泡影。说实话，笔者现在就再也没有多年前初读《自由社会中的科学》时独有的那种震撼感了，就是因为知道得多了，认识深刻了，先前的"固型"和理想幻灭了。换言之，费耶阿本德哲学没这种抽象"固型"所刻画的那样美好、光鲜漂亮和引人入胜，反而是矛盾、模糊、冲突、漏洞、宣传和欺骗等随处可见。更为要命的是，费耶阿本德哲学往往是立场先行，预设观点，然后，用论证、文学和艺术等手段来达到感化人和震撼人心的效果，从而战胜对手。如果一种哲学只是一味地为某些立场和观点（反科学、反理性和反西方文明）辩护，而不是认识、分析和评价这些立场和观点，与不同的立场和观点进行历史和经验的比较分析，那么，这种哲学可能算不得真正的哲学，只能算是一种"宣传"。特别是，对于那些压根就不赞同（或反对）这些立场和观点的人来说，更是如此。即使是欧几里得几何学，也不适用于爱因斯坦的广义相对论。因为广义相对论描述的是弯曲和扭曲的空间，欧几里得几何学描述的是平直空间，前者不承认后者的第五公设，所以，它就需要引入另外一种几何学体系——非欧几何学。对于费耶阿本德哲学，也可同样如此对待。根据费耶阿本德本人的思想和信念，我想他会认可这种对待方式和态度的。

# 参考文献

## 一 费耶阿本德的著述

### （一）外文著述

Feyerabend, P.. Mental Events and the Brain. *The Journal of Philosophy*, Vol. 60, no. 11, 1963, pp. 295 – 296.

Feyerabend, P.. Review of *Erkenntnislehre* by Viktor Kraft. *The British Journal for the Philosophy of Science*, Vol. 13, No. 52, February 1963, pp. 319 – 323.

Feyerabend, P. and Grover Maxwell (eds.). *Mind, Matter and Method: Essays in Philosophy and Science in Honor of Herbert Feigl*. Minneapolis: University of Minnesota Press, 1966.

Feyerabend, P.. *Against Method: Outline of an Anarchistic Theory of Knowledge*. In Radner, M. and S. Winokur (eds.). *Analysis of Theories and Methods of Physics and Psychology: Minnesota Studies in the Philosophy of Science*, Vol. 4. Minnepolis: University of Minnesota Press, 1970, pp. 17 – 130.

Feyerabend, P. and Imre Lakatos. *The British Journal for the Philosophy of Science*, Vol. 26, No. 1, March 1975, pp. 1 – 18.

Feyerabend, P.. *Wider den Methodenzwang. Skizze einer anarchistischen Erkenntnistheorie*. Translated by H. Vetter. Frankfurt am Main: Suhrkamp, 1976.

Feyerabend, P.. *Against Method: Outline of an Anarchistic Theory of Knowledge*. London: Verso, 1978.

Feyerabend, P.. *Erkenntnis fuer Freie Menschen*. Frankfurt am Main: Suhrkamp，1979.

Feyerabend, P. . *Realism, Rationalism and Scientific Method* (Philosophical Papers Volume 1). New York：Cambridge University Press, 1981.

Feyerabend, P. . *Problems of Empiricism* (Philosophical Papers Volume 2). New York：Cambridge University Press, 1981.

Feyerabend, P. . *Science in a Free Society* . London：Verso. 1982.

Feyerabend, P. . *Wider den Methodenzwang.* Translated by H. Vetter. Frankfurt am Main：Suhrkamp, 1983.

Feyerabend, P. . *Wissenschaft als Kunst.* Frankfurt am Main：Suhrkamp, 1984.

Paul Feyerabend. *Farewell to Reason.* London：Verso, 1988.

Feyerabend, P. . *Against Method.* London：Verso. 1988.

Feyerabend, P. . *Three Dialogues on Knowledge.* Oxford：Basil Blackwell Ltd, 1991.

Feyerabend, P. . Concluding Unphilosophical Conversation. In Munevar, G. (ed. ) . *Beyond Reason：Essays on the Philosophy Paul Feyerabend.* Dordrecht：Kluwer Academic Publishers, 1991, pp. 487－527.

Feyerabend, P. . *Against Method.* London：Verso, 1993.

Feyerabend, P. . *Killing Time：The Autobiography of Paul Feyerabend.* Chicago：The University of Chicago Press, 1995.

Feyerabend, P. . *Briefe an einen Freund* (Herausgegeben von Hans Peter Duerr) . Frankfurt am Main：Suhrkamp Verlag, 1995.

Feyerabend, P. (Herausgegeben von Thorsten Hinz) . *Thesen zum Anarchismus.* Berlin：Karin Kramer Verlag, 1996.

Feyerabend, P. . Wilhelm Baum (ed. ) . *Paul Feyerabend—Hans Albert Briefwechsel.* Frankfurt am Main：Fischer Taschenbuch Verlag GmbH, 1997.

Feyerabend, P. . *Knowledge, Science and Relativism* (Philosophical Papers Volume 3) . New York：Cambridge University Press, 1999.

Feyerabend, P. . *Conquest of Abundance：A Tale of Abstraction versus the Richness of Being.* Chicago：The University of Chicago Press, 1999.

Feyerabend, P. . Imre Lakatos and Paul Feyerabend. *For and Against Meth-*

od. Edited and with an Introduction by Matteo Motterlini. Chicago，USA：the University of Chicago Press，1999.

Feyerabend，P.. Last Interview. In Preston，John，Gonzalo Munevar and David Lamb（eds.）. *The Worst Enemy of Science*? —— *Essays in Memory of Paul Feyerabend.* New York：Oxford University Press，2000.

Feyerabend，P.. *Naturphilosophie.* Frankfurt am Main：Suhrkamp Verlag，2009.

Feyerabend，P.. *Against Method.* London：Verso，2010.

Feyerabend，P.. *The Tyranny of Science*（Edited，and with an Introduction，by Eric Oberheim）. Cambridge，UK：Polity Press，2012.

Feyerabend，P.. Stefano Gattei and Joseph Agassi（eds.）. *Physics and Philosophy*（Philosophical Papers Volume 4）. New York：Cambridge University Press，2016.

Feyerabend，P.. *Philosphy of Nature.* Cambridge，UK：Polity Press，2016.

Feyerabend，P.. Matteo Collodel and Eric Oberheim（eds.）. *Feyerabend's Formative Years*（Volume 1. Feyerabend and Popper，Correspondence and Unpublished Papers）. Cham，Switzerland：Springer Nature Switzerland AG，2020.

（二）中文译著

［美］费耶阿本德：《反对方法》，周昌忠译，时报文化出版企业股份有限公司 1996 年版。

［美］费耶阿本德：《自由社会中的科学》，兰征译，上海译文出版社 2005 年版。

［美］费耶阿本德：《无根基的知识：知识、科学与相对主义》（哲学论文集第三卷），陈健等译，江苏人民出版社 2006 年版。

［美］费耶阿本德：《反对方法》，周昌忠译，上海译文出版社 2007 年版。

［美］费耶阿本德：《征服丰富性》（特波斯特拉编），戴建平译，中国人民大学出版社 2007 年版。

［美］费耶阿本德：《实在论、理性主义和科学方法》（哲学论文集第一卷），朱萍等译，江苏人民出版社 2010 年版。

［美］费耶阿本德：《经验主义问题》（哲学论文集第二卷），朱萍、王富

银译，江苏人民出版社 2010 年版。

［美］费耶阿本德：《自然哲学》，张灯译，人民出版社 2014 年版。

［美］费耶阿本德：《科学的专横》，郭元林译，韩永进校，中国科学技术
出版社 2018 年版。

［美］费耶阿本德：《知识对话录》，郭元林译，韩永进校，中国科学技术
出版社 2020 年版。

［美］费耶阿本德：《告别理性》，陈健、柯哲和曹妍译，江苏人民出版社
2021 年版。

［美］费耶阿本德：《物理学和哲学》（哲学论文集第四卷），郭元林译，
中国科学技术出版社 2023 年版（即将出版）。


## 二　其他参考文献

（一）中文参考文献

［德］阿伦特：《黑暗时代的人们》，王凌云译，江苏教育出版社 2006
年版。

［丹］玻尔：《玻尔哲学文选》，戈革译，商务印书馆 1999 年版。

［美］波洛克和克拉兹：《当代知识论》，陈真译，复旦大学出版社 2008
年版。

［奥］波普尔：《实在论与科学目标》，刘国柱译，万木春校，中国美术学
院出版社 2021 年版。

［奥］波普尔：《科学发现的逻辑》，查汝强、邱仁宗、万木春译，中国美
术学院出版社 2022 年版。

［古希腊］柏拉图：《柏拉图对话集》，王太庆译，商务印书馆 2016 年版。

［古希腊］柏拉图：《泰阿泰德》，詹文杰译注，商务印书馆 2015 年版。

陈乐民：《在中西之间：陈乐民自述》，东方出版社 2021 年版。

陈乐民：《欧洲文明十五讲》，北京大学出版社 2022 年版。

董光璧：《科学历史的沉思》，河北教育出版社 2001 年版。

［日］福泽谕吉：《文明论概略》，北京编译社译，商务印书馆 2017 年版。

桂起权、沈健：《物理学哲学研究》，武汉大学出版社 2012 年版。

郭颖颐：《中国现代思想中的唯科学主义》，江苏人民出版社 1998 年版。

郭元林：《复杂性科学知识论》，中国书籍出版社 2012 年版。

[美] 亨廷顿：《文明的冲突与世界秩序的重建》，周琪、刘绯和张立平等译，新华出版社 2002 年版。

洪汉鼎、陈治国编：《知识论读本》，中国人民大学出版社 2010 年版。

胡军：《知识论》，北京大学出版社 2006 年版。

胡志强：《费尔阿本德》，生智文化事业有限公司 2002 年版。

[美] 霍根：《科学的终结——在科学时代的暮色中审视知识的限度》，孙雍君等译，安道校，远方出版社 1997 年版。

[丹] 克尔凯郭尔：《哲学片段》，翁绍军译，商务印书馆 2015 年版。

[美] 库恩：《科学革命的结构》，金吾伦、胡新和译，北京大学出版社 2003 年版。

[美] 库恩：《结构之后的路》，邱慧译，北京大学出版社 2012 年版。

[匈] 拉卡托斯：《科学研究纲领方法论》，兰征译，上海译文出版社 1999 年版。

[匈] 卡卡托斯：《数学、科学和认识论》，林夏水、薛迪群和范建年译，范岱年和赵中立校，商务印书馆 2019 年版。

[德] 赖欣巴赫：《科学哲学的兴起》，伯尼译，商务印书馆 2004 年版。

[德] 莱辛巴哈：《量子力学的哲学基础》，侯德彭译，商务印书馆 2016 年版。

[美] 劳丹：《进步及其问题》，刘新民译，华夏出版社 1999 年版。

[苏] 列宁：《哲学笔记》，中共中央马克思恩格斯列宁斯大林著作编译局译，人民出版社 1974 年版。

马本堃、高尚惠、孙煜编：《热力学与统计物理学》，高等教育出版社 1989 年版。

[奥] 马赫：《认识与谬误》，李醒民译，商务印书馆 2010 年版。

[德] 马克思、恩格斯：《共产党宣言》，中共中央马克思恩格斯列宁斯大林著作编译局译，人民出版社 1971 年版。

[英] 米尔：《论自由》，许宝骙译，商务印书馆 2007 年版。

[英] 牛顿：《牛顿自然哲学著作选》（塞耶编），王福山等译校，上译文出版社 2001 年版。

牛秋业:《不可通约:费耶阿本德的科学哲学研究》,光明日报出版社
　2010 年版。

[美] 梯利:《西方哲学史》,葛力译,商务印书馆 2003 年版。

吴飙:《简明量子力学》,北京大学出版社 2020 年版。

吴国胜:《科学的历程》,北京大学出版社 2002 年版。

[古希腊] 亚里士多德:《形而上学》,吴寿彭译,商务印书馆 1995 年版。

[古希腊] 亚里士多德:《物理学》,张竹明译,商务印书馆 2004 年版。

杨祖陶、邓晓芒:《康德〈纯粹理性批判〉指要》,人民出版社 2005
　年版。

詹文杰:《柏拉图知识论研究》,北京大学出版社 2020 年版。

中共天津市委宣传部编:《马克思主义哲学著作选读》,中共天津市委宣
　传部印 1989 年版。

周世勋编:《量子力学教程》,高等教育出版社 1990 年版。


陈兴安:《对科学"神话"的解构和西方哲学的危机》(评《科学的专
　横》中文版),《中国科学报》2019 年 2 月 22 日。

郭元林:《科学理论是否一定正确》,《科学对社会的影响》2007 年第
　3 期。

郭元林:《费耶阿本德的困惑:反还原论和取消型唯物论》,《世界哲学》
　2014 年第 5 期 (人大复印资料全文转载)。

郭元林:《复杂性科学的非还原论信条》,《自然辩证法研究》2014 年第
　11 期。

郭元林:《时间可反演性与不可逆过程》,《自然辩证法通讯》2014 年第
　5 期。

郭元林:《〈反对方法〉的一些中译问题探讨》,《科学文化评论》2015 年
　第 4 期。

郭元林、王瑞:《从〈反对方法〉不同版本看费耶阿本德思想变化》,
　《自然辩证法研究》2015 年第 10 期。

郭元林、郑鑫:《维特根斯坦对费耶阿本德思想发展的影响——以科学哲
　学为视角》,《江西社会科学》2016 年第 10 期。

胡洁：《库恩与费耶阿本德科学哲学思想比较研究》，硕士学位论文，天津大学，2019 年 5 月。

［英］基德：《费耶阿本德、伪狄奥尼修斯与实在的不可言说性》（译文），郭元林译，《世界哲学》2016 年第 4 期。

［英］基德：《客观性、抽象和个人：克尔凯郭尔对费耶阿本德的影响》（译文），郭元林译，《世界哲学》2018 年第 1 期。

蒋劲松：《无政府主义认识论的再认识》，《清华大学学报》（社科版）2004 年第 6 期。

米建国：《两种德性知识论：知识的本质、价值与怀疑论》，《世界哲学》2014 年第 5 期。

［美］穆内瓦：《征服费耶阿本德的〈征服丰富性〉》（译文），张巍译，《世界哲学》2014 年第 5 期。

牛秋业：《费耶阿本德的不可通约与不可比理论研究》，《北方论丛》2010 年第 2 期。

王瑞：《〈反对方法〉不同版本研究》，硕士学位论文，天津大学，2015 年 5 月。

张来举：《费耶阿本德的认识论图景："增殖"》，《哲学研究》1992 年第 6 期。

张来举：《析"怎么都行"：论费耶阿本德的"无政府主义知识论"》，《自然辩证法研究》1992 年第 8 期。

赵伟：《被忽视的意会知识——评费耶阿本德〈科学的专横〉》，《哲学评论》2019 年第 24 辑。

郑鑫：《费耶阿本德哲学与马克思主义》，硕士学位论文，天津大学，2017 年 5 月。

（二）外文参考文献

Agassi, J.. As You Like it. In Munevar, G. (ed.). *Beyond Reason：Essays on the Philosophy of Paul Feyerabend*. Dordrecht：Kluwer Academic Publishers, 1991, pp. 379 – 387.

Agassi, J.. *Popper and His Popular Critics*. London：Springer, 2014.

Alford, F.. Epistemological Relativism & Political Theory：The Case of Paul

K. Feyerabend. *Polity*, Vol. 18, No. 2, Winter 1985, pp. 204 – 223.

Baird, F. and Walter Kaufmann (eds.). *Ancient Philosophy* (Third Edition). Upper Saddle River, New Jersey: Prentice Hall, 2000.

Baum, W. (ed.). *Paul Feyerabend—Hans Albert Briefwechsel*. Frankfurt am Main: Fischer Taschenbuch Verlag GmbH, 1997.

Brown, M.. The Abundant World: Paul Feyerabend's Metaphysics of Science. *Studies in History and Philosophy of Science*, Vol. 57, 2016, pp. 142 – 154.

Brown, M. and Ian Kidd. Introduction: Reappraising Paul Feyerabend. *Studies in History and Philosophy of Science*, Vol. 57, 2016.

Brown, M. and Ian Kidd (eds.). *Reappraising Feyerabend* (Special Issue). In *Studies in History and Philosophy of Science*, Vol. 57, 2016.

Bschir, K. and Jarnie Shaw (eds.), *Interpreting Feyerabend: Critical Essays*. New York: Cambridge University Press, 2021.

Collodel, M.. Was Feyerabend Popperian? Methodological Issues in the History of the Philosophy of Science. *Studies in History and Philosophy of Science*, Vol. 57, 2016, pp. 27 – 56.

Couvalis, G.. *Feyerabend's Critique of Foundationalism*. Brookfield: Avebury, 1989.

Curthoys, J. and W. Suchting. Feyerabend's Discourse against Method: A Marxist Critique (Review Discussion). *Inquiry*, Vol. 20, 1977, pp. 243 – 397.

Dwight van de Vate, Jr.. A New Slant on the Tower Experinebt. In Munevar, G. (ed.). *Beyond Reason: Essays on the Philosophy of Paul Feyerabend*. Dordrecht: Kluwer Academic Publishers, 1991.

Farrel, R.. *Feyerabend and Scientific Values: Tightrope – Walking Rationality*. London: Kluwer Academic Publishers, 2003.

Giere, R.. Feyerabend's Perspectivism. *Studies in History and Philosophy of Science*, Vol. 57, 2016, pp. 137 – 141.

Guo, Y.. The Philosophy of Science and Technology in China: Political and Ideological Influences, *Science & Education*, Vol. 23, No. 9, 2014, pp. 1835 – 1844.

Guo, Y. andHans Radder. The Chinese Practice – Oriented Views of Science and Their Political Grounds, *Zygon*, Vol. 55, No. 3, September 2020, pp. 591 – 614.

Guo, Y. andDavid Ludwig. Philosophy of Science in China: Politicized, Depoliticized, and Repoliticized. In D. Ludwig, I. Koskinen, Z. Mncube, etc. (eds.) . *Global Epistemologies and Philosophies of Science*. New York: Routledge, 2021: pp. 51 – 60.

Hanson, N. . *Patterns of Discovery*. London: The Syndics of the Cambridge University Press, 1977.

Heller, L. . Between Relativism and Pluralism: Philosophical and Political Relativism in Feyerabend's Late Work. *Studies in History and Philosophy of Science*, Vol. 57, 2016, pp. 96 – 105.

Hoyningen – Huene, P. (ed.) . Two Letters of Paul Feyerabend to Thomas S. Kuhn on a draft of *The Structure of Scientific Revolutions*. *Studies in History and Philosophy of Science*, Vol. 26, 1995, pp. 353 – 387.

Hoyningen – Huene, P. . Paul Feyerabend and Thomas Kuhn. In Preston, John, Gonzalo Munevar and David Lamb (eds.) . *The Worst Enemy of Science*? —— *Essays in Memory of Paul Feyerabend*. New York: Oxford University Press, 2000, pp. 102 – 114.

Hoyningen – Huene, P. (ed.) . More Two Letters by Paul Feyerabend to Thomas S. Kuhn on Proto – Structure. *Studies in History and Philosophy of Science*, Vol. 37, 2006, pp. 610 – 632.

Huemer, M. (ed.) . *Epistemology: Contemporary Readings*. New York: Routeledge, 2002.

Kent, R. . Paul Feyerabend and the Dialectical Character of Quantum Mechanics: A Lesson in Philosophical Dadaism. *International Studies in Phisophy of Science*, Vol. 35, No. 1, 2022, pp. 51 – 67.

Kidd, I. . Objectivity, Abstraction and the Individual: The Influence of Soren Kierkegaard on Paul Feyerabend. *Studies in History and Philosophy of Science*, Vol. 42, 2011, pp. 125 – 134.

Kidd, I.. Feyerabend, Pseudo – Dionysius, and the Ineffability of Reality. *Philosophia*, *Vol.* 40, 2012, pp. 365 – 377.

Kusch, M.. Relativism in Feyerabend's Later Writings. *Studies in History and Philosophy of Science*, Vol. 57, 2016, pp. 106 – 113.

Lakatos, I. and Alan Musgrave ( eds. ) . *Criticism and the Growth of Knowledge.* London: the Cambridge University Press, 1970.

Lloyd, E.. Feyerabend, Mill, and pluralism. *Philosophy of science* , Vol. 64, 1996, pp. 396 – 407 ( supplement) .

Mill, J.. *On Liberty.* New York: Dover Publications, Inc. , 2002.

Mumford, M.. *Bertolt Brecht.* New York: Routledge, 2009.

Shaw, J.. Feyerabend and Manufactured Disagreement: Reflections on Expertise, Consensus, and Science Policy, *Synthese*, Vol. 198, No. 25 ( suppl) , 2020, pp. 6053 – 6084.

Shaw, J.. Feyerabend, Funding, and the Freedom of Science: The Case of Traditional Chinses Medicine, *Eropean Journal of Philosophy*, Vol. 37, No. 11, 2021, 1 – 27.

Munchin, D.. *Is theology a science?* . Leiden: Koninklijke Brill NV, 2011.

Munevar, G. ( ed. ) . *Beyond Reason: Essays on the Philosophy of Paul Feyerabend.* Dordrecht: Kluwer Academic Publishers, 1991.

Munevar, G.. Conquering Feyerabend's Conquest of Abundance. *Philosophy of Science*, Vol. 69, September, 2002.

Munevar, G.. *Variaciones sobre Temas de Feyerabend.* Cali: Universidad del Valle, 2006.

Munevar, G.. Historical Antecedents to the Philosophy of Paul Feyerabend. *Studies in History and Philosophy of Science*, Vol. 57, 2016, pp. 9 – 16.

Munevar, G.. *A Theory of Wonder: Evolution, Brain and the Radical Nature of Science.* Malaga: Vernon Press, 2021.

Oberheim, E. and Paul Hoyningen – Huene. Feyerabend's Early Philosophy ( Essay Review) . *Studies in History and Philosophy of Science*, Vol. 31,

No. 2, pp. 363 – 375, 2000.

Oberheim, E. . *Feyerabend's Philosophy.* Berlin: Walter de Gruyter, 2006.

Oberheim, E. . Rediscovering Einstein's Legacy: How Einstein Anticipated Kuhn and Feyerabend on the Nature of Science. *Studies in History and Philosophy of Science*, Vol. 57, 2016, pp. 17 – 26.

Preston, J. Feyerabend's retreat from relativism. *Philosophy of science*, Vol. 64, 1997, pp. 421 – 431.

Preston, J. . *Feyeabend: Philosophy, Science and Society.* Cambridge, UK: Polity Press, 1997.

Preston, J. . Science as Supermarket: ' Post – Modern ' Themes in Paul Feyerabend's Later Philosophy of Science. *Studies in History and Philosophy of Science*, Vol. 29, No. 3, pp. 425 – 447, 1998.

Preston, J. , Gonzalo Munevar and David Lamb ( eds. ) . *The Worst Enemy of Science? —— Essays in Memory of Paul Feyerabend.* New York: Oxford University Press, 2000.

Prston, J. The Rise of Western Rationalism: Paul Feyerabend's Story. *Studies in History and Philosophy of Science*, Vol. 57, 2016, pp. 79 – 86.

Radder, H. *From Commodification to the Common Good: Reconstructing Science, Technology and Society.* Pittsburgh: University of Pittsburgh Press, 2019.

Sowell, T. *Intellectuals and Society.* New York: Basic Books, 2011.

Watkins, J. . Feyerabend among Popperians, 1948 – 1978. In Preston, John, Gonzalo Munevar and David Lamb ( eds. ) . *The Worst Enemy of Science? —— Essays in Memory of Paul Feyerabend.* New York: Oxford University Press, 2000.

# 索　引

## C

## G

# 后　记

　　又要出书了，心情难平，想唠叨几句，算作后记。出书发文，本意是为了交流传播，把自己的想法化成文字，让更多的人看到，以便于交流讨论、激发思想、发展学术和创造创新，正如量子力学创始人海森堡所言："科学来源于交流，扎根于讨论。"在古代，因技术和材料所限，出版发表并非易事，交流传播亦是难事。今天，得益于网络的高速发展，交流传播极为方便，自己的想法随时可以公之于众，找到感兴趣的同道，进行讨论。但是，正式出版、发表（特别是发表论文）却好像变得更加困难了，发表失败者比比皆是。显然，当下的出版、发表不单是为了交流传播，它异化了，成为竞技场、职场、考场，甚至名利场。学者必须到"场"拼杀，要么"出版"（publish），要么"出局"（perish）。为了生存，学者竭力避免"出局"，也不得不混迹"职场"，常常被"异化"，甚至可能忘记了出版、发表的"初心"，而一心想着"名利"。本书的出版目的两者兼而有之。一方面，是为了交流传播，非常欢迎感兴趣的同道和读者批评指正，交流讨论。另一方面，不能免俗，本人尽管竭力脱俗，但六根不净，名利之心不灭，难忘生存之局，忧思"出局"。

　　本书探讨费耶阿本德哲学思想。通常，人们把费耶阿本德看作科学哲学家，但是，实际上，似乎没那么简单。他的哲学内容非常"庞杂"，哲学思想也纷繁"复杂"。当然，我在这儿不想啰唆这些。如果有人对此感兴趣，请翻翻本书，它基本上描绘了费耶阿本德哲学的"全貌"。

　　在这里，笔者想回观一下自己关注和研究费耶阿本德哲学的"心路历程"和"思想史"。本人大学学习物理学，但是，大学二年级后，就提不起兴趣了。因为吸引我注意力的总是人间沧桑和世事纷繁，而物理学却关注物，其手段就是计算和实验，似乎远离了人和社会。所以，我在研究生阶段就改学科技哲学了，可是，课程和研究似乎也没有多少哲学和"超越"，大多还是围绕"经世济用"。我有点不满足于现状，有时就去北京大学蹭课。有一次，在傅世侠老师的研究生课上，好像是在讨论库恩的思想，有一个研究生（我不知道他的名字）就拿着费耶阿本德的《反对方法》，并用费耶阿本德来反对库恩。这应该是我第一次听到费耶阿本德，给我留下了深刻的印象，似乎也触发了什么。后来，我旁听清华大学刘元亮老师的课（好像是给第二学位开设的），第一次听到讲解"怎么都行"。从那时起，我始终保持着对"费耶阿本德思想"的兴趣，也有所学习和思考。然而，无奈机缘巧合，我不能专心于"费耶阿本德"。我的硕士学位论文写了别的东西，考北大博士也失败了，随后的工作也与此没有多大关系。

在中国社会科学院读博士研究生期间，我虽然在博士论文中研究了别的东西，但是，人文社会环境改善了许多，有时我也可以关注一下"费耶阿本德"。有一次国庆放假，我在回天津的火车上读《自由社会中的科学》，其文笔优美，一气贯通，魅力四射，感染力爆棚，很是震撼，但感觉有的观点明显违背"常理"，可不知如何反驳。特别值得一提的是，我与陈志远兄（叶秀山老师的学生）食堂吃饭聊天时，他主张做人物研究，并建议我研究费耶阿本德。博士毕业后，我到大学任教，研究有了相对的自主和自由，就想"回归"费耶阿本德。有一次，我到南开大学溜达，看到书摊上卖中译本《告别理性》（江苏人民出版社出版），翻一翻，也没有买。因为想直接读原著。当然，后来为了研究和对照，我尽可能购买了费耶阿本德著作的全部中译本。

2012年7月至2013年7月，我在美国访学一年，穆内瓦教授是我的指导教师。他是费耶阿本德唯一指导毕业的博士研究生，也是世界著名的费耶阿本德研究专家。穆内瓦教授为人特别热心、热情、热忱，给我和家人以无私的指导和帮助。在这次访学期间，我搜集了大量的外文材料，阅读和消化了大部分材料，而且，经常向穆内瓦教授请教，并与之探讨相关问题，获益匪浅。特别是，在穆内瓦教授指导下，本人写作和发表了第一篇英文论文。

正是在此基础上，我成功申请到两个项目：天津市哲学社会科学基金重点项目"费耶阿本德的科学知识论研究"（TJZX16－002）和全国哲学社会科学规划项目"费耶阿本德哲学研究"（17BZX007）。有了项目资助，费耶阿本德哲学研究就可以做更多的事情了。在这两个项目和天津大学科学技术与社会研究中心（天津市人文社会科学重点研究基地）的资助下，我翻译出版了费耶阿本德的三部著作：《科学的专横》《知识对话录》和《物理学和哲学》。现在，唯一遗憾的是，费耶阿本德的自传《消磨时光》还没有中译本。2024 年是费耶阿本德诞辰一百周年，去世三十周年。届时世界各地要举办一些纪念活动。为此，费耶阿本德遗孀格拉茨亚女士希望翻译出版《消磨时光》的中译本。可惜，因大小环境所致，这一希望暂时很难变成现实。不过，本人希望，在不远的将来，能够实现格拉茨亚女士的这一"希望"。

本书是在笔者多年研究积累和学术发展基础上写成的。当然，能写成并出版本书，离不开老师、同事和朋友等许多人的帮助和鼓励，在此向他（她）们表示衷心感谢！上述两个课题组的成员有：方在庆、李光福、李世新、陈兴安、周小兵、周小华、王越楠、郑鑫、谭小琴、张巍和张全乐。其中，李光福、李世新、陈兴安、周小华和郑鑫参加了两个课题的研究。在这些成员中，有同学，有同事，也有朋友，还有老师。中国科学院的方在庆研究员是我在清华大学读研究生时的老师，他一直帮助和提携我，感恩不尽。他学问大，我无法望其项背，永远是我真正的老师：任何时候，我遇到疑难问题，只要向他请教，立马便能化解。同事周小兵老师，在北京大学访学期间，给我复印了多本费耶阿本德的英文原著；后来，他在哥伦比亚大学访学时，帮我购买了《反对方法》英文第一版。

另外，在荷兰阿姆斯特丹自由大学访学期间的指导教师拉德教授，也是一位令人敬佩的老师，非常关注我的学术研究和本书的写作，提出了很好的建议，提供了不少帮助。中国社会科学院的李河和鲁旭东两位老师，在我多年的学习和研究过程中，给予了不少的帮助和指导。在我研究费耶阿本德哲学思想的过程中，同事韩永进教授给予了我很大的帮助，帮忙联系并批准资助出版相关著作。朋友弗兰克帮我从美国购买赠送费耶阿本德的哲学论文集第四卷《物理学和哲学》。朋友高声伟大哥帮我购买台湾出版的《费耶阿本德》（胡志强著）和其他外文书籍。原同事王云霞教授，在美国访学期间，也帮我查找相关资料。同学郑文明教授出钱、出力在国家图书馆复印了费耶阿本德的多部外文原著。天津大学研究生高一歌，在意大利访学期间，帮我购买了《反对方法》德文第一版。在此，对他（她）们九位一并表示诚挚的谢意！值得一提的是，儿子郭俊宇现在加拿大读书，经常帮我查找外文资料，当我遇到外语和研究方面的一些问题时，也时常与之探讨，为写作本书提供了不少便利和帮助。在此，说声谢谢！也衷心希望他健康、快乐和幸福地生活、学习和成长！

　　在本书出版过程中，中国社会科学出版社的朱华彬主任及其他工作人员以高度负责任的精神，认真工作，一丝不苟，勤勉创新，默默付出，值得敬佩！在此，对他（她）们致以崇高的敬意和真诚的感谢！最后，非常感谢北京师范大学出版社的刘溪先生！他热情地帮助联系和推荐出版此书。

郭元林<br>2023 年 1 月 18 日于天津